Reihe: Praxis der medizinischen Begutachtung

Behinderungen zutreffend einschätzen und begutachten

Reihe: Praxis der medizinischen Begutachtung

Herausgeber:

PETRA NIEDER
CHRISTA RIECK
EBERHARD LOSCH
KLAUS-DIETER THOMANN

Behinderungen zutreffend einschätzen und begutachten

Die Feststellung des Grades der Behinderung (GdB)
Kommentar zur Versorgungsmedizin-Verordnung

Handbuch für Mitarbeiter in Betrieben, Verwaltungen, Sozialverbänden, für Richter, Anwälte, Ärzte und Betroffene

Aktualisierte und erweiterte Neuauflage

Bibliografische Information der Deutschen Bibliothek: Die Deutsche Bibliothek verzeichnet diese Publikation in der Deutschen Nationalbibliografie; detaillierte bibliografische Daten sind im Internet über ›http://dnb.ddb.de‹ abrufbar.

Gender-Hinweis: Zur besseren Lesbarkeit wird bei Begriffen, bei denen es um Personen geht (z. B. Mitarbeiter), auf die weibliche Form verzichtet. Es sind also immer sowohl Frauen als auch Männer gemeint, wenn die männliche Form verwendet wird.

Lektorat: Dorothee Kremer

Umschlag und Grafik: Marie Hübner-Wolff, Eveline Junqueira

Satz: buch4U Bernhard Heun

ISBN: 978-3-943441-29-1

Druck und Bindung: CPI – Clausen & Bosse, Leck
Printed in Germany

www.referenz-verlag.de

Inhaltsverzeichnis

Versorgungsmedizinische Grundsätze Verordnungstext und Kommentar

Teil A: Gemeinsame Grundsätze

Teil B: GdS-Tabelle

Teil C:
Begutachtung im sozialen Entschädigungsrecht

Teil C ist nicht Gegenstand der in diesem Band zusammengestellten Kommentare, da sich die Ausführungen auf die Überprüfung der Kausalität im Rahmen des sozialen Entschädigungsrechts beziehen. Teil C kommt für die Feststellung einer Schwerbehinderung nach dem SGB IX keine Bedeutung zu und wird nur der Vollständigkeit halber im Inhaltsverzeichnis aufgeführt.

Teil D:
Merkzeichen

Anhang

Vorwort der Herausgeberinnen und Herausgeber

Seit dem ersten Erscheinen dieses Werkes wurde das Neunte Sozialgesetzbuch SGB IX auf der Basis der am 11. März 2009 in Deutschland in Kraft getretenen UN-Behindertenrechtskonvention und des Bundesteilhabegesetzes (BTHG) einer umfassenden Reform mit dem Ziel unterzogen, die inklusive Gesellschaft voranzubringen und Menschen mit Behinderungen die gleichberechtigte Teilhabe am Leben in der Gesellschaft zu ermöglichen. Die vierstufige Einführung des BTHG betraf das Schwerbehindertenrecht mit Neuregelungen zu den mobilitätsbezogenen Merkzeichen zum 1. Januar 2017 sowie mit der endgültigen Eingliederung in das SGB IX als dessen Teil 3 zum 1. Januar 2020.

Bemessungsgrundlage für die Feststellung des Grades der Behinderung (GdB) und von den medizinischen Sachverständigen verbindlich anzuwenden sind seit dem 1. Januar 2009 die „Versorgungsmedizinischen Grundsätze". Als Anlage zu § 2 der Versorgungsmedizin-Verordnung (VersMedV) sind sie Bestandteil der VersMedV und ermöglichen als maßgebliches Grundgerüst somit allen Verfahrensbeteiligten einschließlich der Sozialgerichte eine Überprüfung der Verwaltungsentscheidungen. Mit der höchstrichterlich geforderten Verrechtlichung der Anhaltspunkte, die bis dahin einer demokratischen Legitimation entbehrten, unterblieb jedoch die schon damals erforderliche inhaltliche Anpassung an den aktuellen Stand der evidenzbasierten Medizin. Das Bundesministerium für Arbeit und Soziales ist als Verordnungsgeber ermächtigt und verpflichtet, diese Grundsätze zu ermitteln. Mit Unterstützung des „Ärztlichen Sachverständigenbeirates Versorgungsmedizin" wurden diese bisher entsprechend dem aktuellen Stand der medizinischen Wissenschaft und versorgungsmedizinischer Erkenntnisse fortentwickelt. Dabei ist im Rahmen der Umsetzung der UN-Behindertenrechtskonvention im Hinblick auf Behinderungen von den international gültigen Maßstäben auszugehen, wie sie auf der Basis der „Internationalen Klassifikation der Funktionsfähigkeit, Behinderung und Gesundheit (ICF)" definiert werden. In diesem Sinne hat der Bundesrat die Bundesregierung gebeten, die Begutachtungsmaßstäbe und -kriterien der VersMedV zum nächstmöglichen Zeitpunkt auf ICF-Standard umzustellen (Empfehlung vom 17. November 2008, BR-DS 767/I/08).

Nach der Ablösung der Anhaltspunkte durch die Versorgungsmedizinischen Grundsätze zum 1. Januar 2009 folgten in diesem Sinne bis Oktober 2011 fünf Änderungsverordnungen in rascher Folge. Seitdem ist die Überarbeitung der Versorgungsmedizinischen Grundsätze unter den Vorzeichen des vorgesehenen Wechsels zum bio-psycho-sozialen Modell der ICF ins Stocken geraten. So liegen neben den aus den Anhaltspunkten unverändert übernommenen Vorschriften, die der inhaltlichen Anpassung an den derzeitigen Wissensstand dringend bedürften, nur wenige überarbeitete Kapitel vor. Diese haben den auch von der Rechtsprechung des Bundessozialgerichtes geforderten Paradigmenwechsel zur Teilhabeorientierung bereits vollzogen.

Bei Drucklegung hat der Bundestag den Regierungsentwurf eines Gesetzes zur Förderung eines inklusiven Arbeitsmarkts verabschiedet, der in einem § 153a SGB IX eine Neuausrichtung des zukünftigen „Sachverständigenbeirates Versorgungsmedizinische Begutachtung“ unter partizipativen Gesichtspunkten vorsieht. Demnach sollen dafür zukünftig auch Sachverständige mit nicht medizinischer Kompetenz von unterschiedlichen Akteuren aus dem Bereich der Politik für Menschen mit Behinderungen benannt werden können*[1].

Es liegt auf der Hand, dass die Versorgungsmedizinischen Grundsätze als Normengerüst für eine einheitliche Bewertung verschiedenster Auswirkungen von Gesundheitsstörungen nicht alle Sachverhalte wie ein medizinisches Lehrbuch detailliert beschreiben können. Erschwerend kommt hinzu, dass im Zuge der gesetzlichen Normenhierarchie Rechtsgrundlagen aus anderen Rechtsgebieten in einer Verordnung des Bundesministeriums nicht zu wiederholen und überdies Durchführungsempfehlungen Aufgabe der mit dem Feststellungsverfahren betrauten Behörden in den Ländern sind: Somit stellen die Versorgungsmedizinischen Grundsätze in Gestalt der vom Bundesministerium für Arbeit und Soziales zuletzt im Mai 2020 veröffentlichten Publikation keine vollständige Handreichung für die Begutachtung nach dem Schwerbehindertenrecht dar.

Vor diesem Hintergrund und um die Qualitätssicherung der sozialmedizinischen Begutachtung zu unterstützen sowie die Einheitlichkeit in der Bewertung zu fördern, haben die Herausgeber Fachärztinnen und

1 https://www.bmas.de/SharedDocs/Downloads/DE/Gesetze/Regierungsentwuerfe/reg-inklusiver-arb.pdf?__blob=publicationFile&v=4, Stand 2023-10-02.

Fachärzte mit besonderer Expertise in der Begutachtung (schwer-)behinderter Menschen nach dem SBG IX gebeten, den Verordnungstext auch für den medizinisch nicht versierten Leser zu erklären und zu ergänzen. Die Autoren geben Hinweise zur Bewertung von Befunden und Untersuchungsergebnissen in Bezug auf die Auswirkungen der im Einzelfall nachgewiesenen Gesundheitsstörung auf die Teilhabe am Leben in der Gesellschaft.

Abschließend möchten sich die Herausgeber bei allen Verfasserinnen und Verfassern mit Nachdruck bedanken. Frau Dr. Marianne Neumann redigierte Beiträge und gab wichtige Hinweise für die Bearbeitung. Die graphische Gestaltung des Umschlags lag in den Händen von Frau Hübner-Wolff. Für das Layout, Herstellung und Satz war Herr Bernhard Heun zuständig. Frau Dorothee Kremer korrigierte die Druckfahnen. Gerd Hofmann zeichnete im Referenz-Verlag für die Produktion und Koordination verantwortlich. Allen Mitarbeiterinnen und Mitarbeitern sei ganz herzlich gedankt. Trotz sorgfältiger Recherche und Überarbeitung kann keine Gewähr für die absolute Richtigkeit gegeben werden, verbliebene Fehler bitten wir als Herausgeber zu entschuldigen.

Frankfurt am Main
Im Herbst 2023
PETRA NIEDER
CHRISTA RIECK
EBERHARD LOSCH
KLAUS-DIETER THOMANN

Herausgeberinnen und Herausgeber

Dr. med. PETRA NIEDER
Fachärztin für Anästhesiologie, Sozialmedizin
Medizinische Sachverständige cpu

Dr. med. CHRISTA RIECK
Fachärztin für Innere Medizin, Sozialmedizin

Dr. med. EBERHARD LOSCH
Facharzt für Hals-Nasen-Ohrenheilkunde, Sozialmedizin

Prof. Dr. med. KLAUS-DIETER THOMANN
Facharzt für Orthopädie und Unfallchirurgie, Rheumatologie, Sozialmedizin
Landesarzt für Menschen mit Körperbehinderung in Hessen

c/o Referenz-Verlag
Am Lindenbaum 6a
60433 Frankfurt am Main

Autorinnen und Autoren

Dr. med. PETER AUGST
Facharzt für Dermatologie und Venerologie, Allergologie, Umweltmedizin
Frankfurt am Main

Dr. med. FRANK DOHT-RÜGEMER
Facharzt für Innere Medizin, Sozialmedizin
Euerbach

PD Dr. med. CHARLY GAUL
Facharzt für Neurologie, Spezielle Schmerztherapie
Kopfschmerzzentrum Frankfurt
Dalbergstr. 2a
65929 Frankfurt

Prof. (em.) Dr. med. Dr. med. dent. ALEXANDER HEMPRICH
Arzt für Mund-, Kiefer- und Gesichtschirurgie/Plastische Operationen
Leipzig

Priv.-Doz. Dr. med. BERNHARD KLEISER
Facharzt für Neurologie und Psychiatrie
Sozialmedizin, Rehabilitationswesen, Klinische Geriatrie
Medizinische Begutachtung (DGNB)
Abteilungsdirektor
Zentrum Bayern Familie und Soziales (ZBFS)
Hegelstr. 2
95447 Bayreuth

Dr. med. MARGARETHE LORENZ
Fachärztin für Innere Medizin, Kardiologie
Sozialmedizin
München

Dr. med. EBERHARD LOSCH
Facharzt für Hals-Nasen-Ohrenheilkunde, Sozialmedizin
c/o Referenz-Verlag
Am Lindenbaum 6a
60433 Frankfurt am Main

Prof. Dr. med. ELISABETH MÄRKER-HERMANN
Fachärztin für Innere Medizin, Rheumatologie und Nephrologie
DKD Helios Klinik Wiesbaden
Aukammallee 33
65191 Wiesbaden

Dr. med. ULRICH MECKLER
Facharzt für Innere Medizin, Gastroenterologie
Frankfurt am Main

PD Dr. med. habil. HANKE MOLLNAU
Facharzt für Innere Medizin und Kardiologie
Leitender Oberarzt Abt. Elektrophysiologie und operative
Device-Therapie
Universitätsmedizin Mainz
Zentrum für Kardiologie Kardiologie II – Rhythmologie
Langenbeckstr. 1
55131 Mainz

Dr. med. PETRA NIEDER
Fachärztin für Anästhesiologie, Sozialmedizin
Medizinische Sachverständige cpu
c/o Referenz-Verlag
Am Lindenbaum 6a
60433 Frankfurt am Main

Dr. med. ANGELIKA RETZ-ENGLESOS
Ärztin für Kinder- und Jugendpsychiatrie und -psychotherapie, Sozialmedizin
Forensische Gutachterin des Kindes- und Jugendalters (BAG, DGKJP, BKJPP)
Berlin

Dr. med. CHRISTA RIECK
Fachärztin für Innere Medizin, Sozialmedizin
c/o Referenz-Verlag
Am Lindenbaum 6a
60433 Frankfurt am Main

Dr. med. NORBERT RÖSNER, MinR a.D.
Facharzt für Urologie
Meckenheim

Prof. Dr. med. KLAUS ROHRSCHNEIDER
Facharzt für Augenheilkunde
Sektionsleiter
Sektion Ophthalmologische Rehabilitation und seltene Augenerkrankungen
Landesarzt für blinde und sehbehinderte Menschen in Baden-Württemberg
Universitäts-Augenklinik Heidelberg
Im Neuenheimer Feld 400
69120 Heidelberg

Prof. Dr. med. ROLF SCHUHMANN (†)
Facharzt für Gynäkologie

Prof. Dr. med. MARKUS STEFFENS
Chefarzt Allgemeine Psychiatrie, Sozialpsychiatrie, Suchtmedizin und Psychotherapie
Klinik Hohe Mark
Friedländerstr. 2
61440 Oberursel (Taunus)
Katholische Hochschule Mainz
Saarstr. 3
55122 Mainz

Prof. Dr. med. KLAUS-DIETER THOMANN
Facharzt für Orthopädie und Unfallchirurgie, Rheumatologie, Sozialmedizin
Landesarzt für Menschen mit Körperbehinderung in Hessen
c/o Referenz-Verlag
Am Lindenbaum 6a
60433 Frankfurt am Main

Abkürzungen

AD(H)S	Aufmerksamkeitsdefizitsyndrom
AF	Atemzüge pro Minute
aG	außergewöhnliche Gehbehinderung
AHI	Apnoe-hypopnoe-Index
AHP	Anhaltspunkte
ALAT	Alanin-Aminotransferase
ALL	akute lymphatische Leukämie
AMD	Altersbedingte Makuladegeneration
AMDP	Arbeitsgemeinschaft für Methodik und Didaktik in der Psychiatrie
AML	akute myeloische Leukämie
AnlVersMedV	Anlage zur Versorgungsmedizin-Verordnung
APC-Resistenz	angeborener Gerinnungsdefekt
ARC	AIDS -related complex
ASRM, AFS	Stadieneinteilung der Endometriose der Amerikanischen Gesellschaft für Reproduktionsmedizin (ASRM, früher AFS)
ATG	Anti-T-Lymphozyten-Globulin
AWMF	Arbeitsgemeinschaft der Wissenschaftlichen Medizinischen Fachgesellschaften
BÄK	Bundesärztekammer
BCR/ABL	Gen auf dem Philadelphia-Chromosom
BGBl.	Bundesgesetzblatt
BGG	Behindertengleichstellungsgesetz
BMA	Bundesministerium für Arbeit und Sozialordnung
BMAS	Bundesministerium für Arbeit und Soziales
BMI	Body-Mass-Index
BNP	Herzhormon zur Blutdruckregulation
BSG	Bundessozialgericht
BSHG	Bundessozialhilfegesetz
BTHG	Bundesteilhabegesetzes
BVG	Bundesversorgungsgesetz
BWS	Brustwirbelsäule
CDC	Center for disease control and prevention
cf.	lat.: confer = vergleiche
CFS	Chronisches Fatigue-Syndrom
cIMF	chronische idiopathische Myelofibrose
Cis	Carcinoma in situ
CLL	Chronisch lymphatische Leukämie
CML	chronisch myeloische Leukämie
CMV	Cytomegalie-Virus
COPD	chronisch-obstruktive Lungenerkrankung
CRP	C-reaktives Protein
CRPS	komplexes regionales Schmerzsyndrom
CRT	engl.: Cardiac Resynchronization Therapy, kardiale Resynchronisationstherapie
dB	Dezibel

DIC	disseminierte intravaskuläre Koagulopathie
DIMDI	Deutsches Institut für medizinische Dokumentation und Information
dl	Deziliter = 100 ml
DMARD	engl.: Disease Modifying Antirheumatic Drugs, krankheitsmodifizierende Medikamente (Rheuma)
DOG	Deutsche Ophthalmologische Gesellschaft
DPP4-Inhibitoren	orale Antidiabetika (Gliptine)
DSM IV-TR	diagnostisches und statistisches Manual psychischer Störungen der Amerikanischen Psychiatrischen Assoziation (APA) in der 4. Version von 1994 mit Textrevision 2000
EEC	Endoscopic Endometriosis Classification, Stadieneinteilung für Endometriose
EDSS-Skala	syn.: Kurtzke-Skala, zur Quantifizierung der Behinderung bei Multipler Sklerose
ENZIAN-Klassifikation	Klassifikation der Endometriose
EQ	Entwicklungsquotient
ERV	exspiratorisches Reservevolumen
EStG	Einkommensteuergesetz
ET	essentielle Thrombozythämie
EVAR	engl.: Endovascular Aortic Repair, Endovskuläre Aortenreparatur
FASD	Fetale Alkoholspektrum-Störung
FBA	Finger-Boden-Abstand
FEV1	forciertes exspiratorisches (Ausatmungs-)Volumen in einer Sekunde
FIGO-Stadien	Klassifikation gynäkologischer Tumore
FISH	Fluoreszenz in situ Hybridisierung = zytogenetisches Verfahren zum Nachweis von Chromosomen (Erbsubstanz-)Veränderungen
FRC	Funktionale Residualkapazität
FVC	forcierte Vitalkapazität
FZ	Fingerzählen
G	Erhebliche Beeinträchtigung der Bewegungsfähigkeit im Straßenverkehr, Merkzeichen im Schwerbehindertenrecht
G	Grading = feingewebliche Differenzierung bösartiger Geschwülste nach den Richtlinien der UICC
GCNIS	Keimzellneoplasie in situ des Hodens
GdB	Grad der Behinderung
g/dl	Gramm pro 100 Milliliter
GdS	Grad der Schädigungsfolgen
Gl	gehörlos, Merkzeichen im Schwerbehindertenrecht
Gl	lat.: glandula = Drüse
GlP1-Analoga	unter die Haut zu spritzende Medikamente gegen Typ-2- Diabetes

GIST	gastrointestinale Stromatumore
GOLD	Global Initiative for Chronic Obstructive Lung Disease
GPT-Werte	Glutamat-Pyruvat-Transaminase
GvHD	Graft-versus-host-disease
GdB	Grad der Behinderung
H	Hilflosigkeit, Merkzeichen im Schwerbehindertenrecht
HAI	histologischer Aktivitätsindex
HB	Handbewegungen
HBV	Hepatitis-B-Virus-Infektion
HCV	Hepatitis-C-Virus-Infektion
HF	Herzfrequenz
HIV	Humanes Immundefizienz-Virus
HLA-System	(human leukocyte antigen) System von Transplantationsantigenen
HMV	Herzminutenvolumen
HUS	hämolytisch-urämisches Syndrom
HWS	Halswirbelsäule
I.A.	Intelligenz-Alter
ICD	engl.: Implantable Cardioverter-defibrillator, Implantierbarer Kardoverter/Defibrillator
ICD-10 **ICD-11**	Internationale statistische Klassifikation der Krankheiten und verwandter Gesundheitsprobleme, Diagnosemanual
ICF	Internationale Klassifikation der Funktionsfähigkeit, Behinderung und Gesundheit
IFN-α	Interferon-alfa
IgA-Dermatose	Blasenbildende Hauterkrankung
IgE	Immunglobulin der Klasse E
IPI	international prognostic index
IPSS	International Prognostic Scoring System = Prognosescore für myelodysplastische Erkrankungen
IQ	Intelligenzquotient
IRV	inspiratorisches Reservevolumen
IVC	inspiratorische Vitalkapazität
JAK2	Janus Kinase 2 = diagnostischer Marker für myeloproliferative Erkrankungen
KBV	Kassenärztliche Bundesvereinigung
kPa	Kilopascal
KG	Körpergewicht
l	Liter
LAVH	laparoskopisch assistierte vaginale Hysterektomie
LAS	Lymphadenopathiesyndrom
LASH	laparoskopische suprazervikale Hysterektomie
LDL	Low Density Lipoprotein = Eiweißstoff (Protein) zum Transport von Blutfetten
LDL-Apherese	Lipidapherese

LK	Lymphknoten
LLN	engl.: Lower Limit of Normal, unterer Grenzwert
LRH	laparoskopische radikale Hysterektomie
LRS	Lese- und Rechtschreibstörung (Legasthenie)
LS	Lichtscheinwahrnehmung
LSG	Landessozialgericht
LTOT	long-term oxygen therapy
LVAD	engl.: Left Ventricular Assistant Device, Linksherzunterstützungssystem
LVEF	linksventrikuläre Ejektionsfraktion, Auswurfmenge der linken Herzkammer
LWS	Lendenwirbelsäule
MCS	Multiple Chemical Sensitivity
MdE	Minderung der Erwerbsfähigkeit
MDS	Medizinischer Dienst des GKV-Spitzenverbandes
MedSach	Der Medizinische Sachverständige
MEF	maximale Ausatemstromstärke
mg%	Milligramm pro 100 ml
µl	Mikroliter
ml	Milliliter
mm HG	Millimeter Quecksilbersäule = Einheit für Drücke, besonders den Blutdruck
MPL	myeloproliferatives Leukämie-Virus-Onkogen
MS	Multiple Sklerose
MZ	Merkzeichen
N.	lat.: Nervus = Nerv
NHL	Non-Hodgkin-Lymphome
nn.	lat.: nervi = Nerven (Plural)
NYHA	New York Heart Association
OPSI	overwhelming post-splenectomy infection
P.	Pemphigus
Pa	Pascal = aus dem internationalen Einheitensystem (SI) abgeleitete Maßeinheit für Druck
paCO2	arterieller Kohlendioxidpartialdruck
paO2	arterieller Sauerstoffpartialdruck
PBW	Persönlicher Bestwert
PCO	Polycystische Ovarien
PCR	Polymerase-Kettenreaktion
PDGFR	platelet derived growth factor
PEF	Peak Flow = maximale Atemstromstärke bei forcierter Ausatmung
Peak-VO2	Maximale Sauerstoffaufnahme
PPI	Protonenpumpeninhibitoren
PSS	Postsplenektomie-Syndrom
PSA	prostataspezifisches Antigen
PV	Polyzythämia vera
rASM-	Klassifikation der

Klassifikation	extragenitalen Endometriose
RBH-Index	Bewertungsverfahren zur Einschätzung der Rauheit, Behauchtheit und Heiserkeit
RDS	Reizdarmsyndrom
RGBl.	Reichsgesetzblatt
RF	Befreiung von der Rundfunkgebührenpflicht, Nachteilsausgleich im Schwerbehindertenrecht
RV	Residualvolumen
Sa O_2	Sauerstoffsättigung
SBAS	Schlafbezogene Atmungsstörungen
SGB	Sozialgesetzbuch
SGG	Sozialgerichtsgesetz
StVG	Straßenverkehrsgesetz
SVB	Sachverständigenbeirat
SZT	Stammzelltherapie
T-Wert	statistische Größe
TEVAR	engl.: Thoracic Endovascular Aortic Repair, Thorakale endovaskuläre Aortenreparatur
TIN	testikuläre intraepitheliale Neoplasie
TKI	Tyrosinkinaseinhibitoren
TLC	Totale Lungenkapazität
TLCO	engl.: Transfer Factor of he Lung for Carbon Monoxide, Maß für die pulmonale Diffusionskapazität
TLH	totale laparoskopische Hysterektomie
TMMR	totale mesometriale Resektion
TNM-System	internationale Stadieneinteilung bösartiger Geschwülste (maligner Tumoren)
TTP	thrombotisch-thrombozytopenische Purpura
UN-BRK	Behindertenrechtskonvention der Vereinten Nationen
UICC	Union internationale contre le cancer = Internationale Vereinigung gegen Krebs
VEP	visuell evozierte Potentiale
VersMedV	Versorgungsmedizin-Verordnung
VK	inspiratorische (Einatmungs-)Vitalkapazität
VMG	Versorgungsmedizinische Grundsätze
VO2-AT	Sauerstoffaufnahme
Vt	Atemzugsvolumen
VwV	Verwaltungsvorschrift
VwV-StVO	Straßenverkehrsordnung
WHO	Weltgesundheitsorganisation
WPSS	WHO adapted prognostic scoring system = Prognosescore für myelodysplastische Erkrankungen
Z-Wert	statistische Größe

CHRISTA RIECK

Die Implementierung des bio-psycho-sozialen Modells des modernen Behinderungsbegriffs in die Versorgungsmedizinische Begutachtung

In jedem Fachgebiet der Medizin erfordert der Fortschritt eine kontinuierliche Aktualisierung der Handlungsempfehlungen. Dies ist für alle Beteiligten selbstverständlich. Für Begutachtungsgrundsätze, wie sie in der Anlage zu § 2 der Versorgungsmedizin-Verordnung (VersMedV) – den Versorgungsmedizinischen Grundsätzen (VMG) – und den Handlungsempfehlungen verschiedener Sozialversicherungsträger (wie z. B. der Rentenversicherungsträger oder der Medizinischen Dienste der Krankenkassen) niedergelegt sind, bedeutet dies, dass auch sie regelmäßig an den aktuellen Stand der evidenzbasierten Medizin anzupassen sind bzw. dieser der Begutachtung zugrunde zu legen ist (BMAS 2020, MDS 2016, DRV 2021).

Der zuständige Senat des Bundessozialgerichts hat in einem Urteil 2003 zudem klargestellt, dass er davon ausgeht, dass sich die Anhaltspunkte für die ärztliche Gutachtertätigkeit im sozialen Entschädigungsrecht und nach dem Schwerbehindertenrecht (Anhaltspunkte, AHP) – als Vorgänger der VMG – durch fortlaufende Überarbeitung des Sachverständigenbeirats Versorgungsmedizin stets auf dem aktuellen wissenschaftlichen Stand befinden (BSG 2003).

Neben dieser für alle Beteiligten selbstverständlichen Weiterentwicklung aufgrund des medizinischen Fortschritts haben Begutachtungsgrundsätze auch dem aktuellen Stand der für diesen Zweck von der Weltgesundheitsorganisation (WHO) herausgegebenen Klassifikationssysteme zu entsprechen. Hier erfolgte in den letzten Jahrzehnten der Wandel weg von der primär ausschließlich defizitorientierten „International Classification of Impairments, Disabilities and Handicaps" (WHO 1980) hin zum bio-psycho-sozialen Modell der Behinderung der „International Classification of Functioning, Disability and Health" (WHO 2001).

Parallel zu dieser Entwicklung fand auch ein Paradigmenwechsel im Verständnis dessen statt, was unter einer Behinderung zu verstehen ist: Lag im Verlauf des 20. Jahrhunderts der Fokus auf dem Defizit, das der einzelne behinderte Mensch zu beklagen hatte, so wurde durch die Behindertenrechtskonvention der Vereinten Nationen (UN-BRK) ein Behinderungsbegriff weltweit etabliert, der ebenso wie das bio-psycho-soziale Modell der ICF der WHO verdeutlicht, dass Menschen mit Beeinträchtigungen erst durch vorhandene Barrieren (Treppen, Bürgersteige, Engstellen, Kontrastarmut, umständliche Sprache etc.) Behinderungen erfahren (Beauftragter der Bundesregierung für die Belange von Menschen mit Behinderungen 2017; Hirschberg 2021). Die UN-BRK wurde in New York am 30. März 2007 von der Bundesrepublik Deutschland unterzeichnet und enthält sowohl das Übereinkommen als auch das Fakultativprotokoll vom 13. Dezember 2006 über die Rechte von Menschen mit Behinderungen (BGBl. Deutschland, Teil II, 2008, 1419).

Von den Anhaltspunkten zu den Versorgungsmedizinischen Grundsätzen

Die Geschichte der Versorgungsmedizinischen Begutachtung reicht jedoch weit vor die Zeit internationaler Klassifikationssysteme zurück: Bereits zur Zeit des Ersten Weltkriegs im Jahr 1916 und damit vor über 100 Jahren wurden erstmals aufgrund von Beratungen des wissenschaftlichen Senats bei der Kaiser-Wilhelm-Akademie Anhaltspunkte für die militärärztliche Beurteilung der Frage der Dienstbeschädigung oder Kriegsdienstbeschädigung bei den häufigsten psychischen und nervösen Erkrankungen der Heeresangehörigen herausgegeben, um den begutachtenden Ärzten eine einheitliche Anleitung und Einschätzungshilfe an die Hand zu geben. Nach dem Krieg folgte 1920 die erste Ausgabe der Anhaltspunkte für die Beurteilung der Minderung der Erwerbsfähigkeit. Vordringliches Ziel der Begutachtung war es, die Reintegration der „Kriegsbeschädigten" in das Erwerbsleben zu fördern (Hollo 2015).

Die für Kriegsopfer mit diversen, oftmals äußerlich ad hoc erkennbaren Körperschäden entwickelten Grundsätze wurden nach Ende des Zweiten Weltkrieges – angesichts von Millionen von Kriegsopfern – als sogenannte Anhaltspunkte für die Ärztliche Gutachtertätigkeit im Versorgungswesen regelmäßig überarbeitet (BMA 1952, `54, `58, `65, `73). Herausgegeben wurden diese vom jeweiligen Bundesarbeitsministerium und die Fortentwicklung erfolgte durch den Ärztlichen Sachverständigenbeirat Versorgungsmedizin (Beirat). Als gesetzliche Grundlage dienten neben dem Bundesversorgungsgesetz (BVG) besondere Verordnungen und Verwaltungsvorschriften. Der Beirat setzte sich zusammen aus besonders erfahrenen Versorgungsärzten der durchführenden Länder, wobei jedes Land in der Regel ein Mitglied entsandte – meist handelte es sich um die leitende Ärztin oder den leitenden Arzt des jeweiligen Landes.

Die Wurzeln der versorgungsmedizinischen Begutachtung liegen somit in der kausalen Beurteilung von Körperschäden und deren Folgen. In einer Verwaltungsvorschrift (VwV) zum BVG waren Mindestsätze für äußere Körperschäden festgesetzt (VwV 5 zu § 30 BVG).

Jahrzehntelang wurde dieses Beurteilungsgefüge durch den Beirat weiterentwickelt und ergänzt. Zu Beginn wurde als einzige Bezugsgröße die Erwerbsfähigkeit gesehen und folgerichtig wurde auch im Versorgungswesen eine Minderung der Erwerbsfähigkeit (MdE) festgestellt bzw. anerkannt. Obwohl sich die Bezugsgröße bereits durch die Rechtsprechung des Reichsversorgungsgerichts in den 30er Jahren des letzten Jahrhunderts erweiterte und das BVG seit Jahrzehnten explizit die Beurteilung „in allen Lebensbereichen" vorsieht, erfolgte die begriffliche Neubestimmung in Grad der Schädigungsfolgen erst in diesem Jahrtausend (BVG Änderungsgesetz; 2007). Im Gegensatz dazu bezieht sich die MdE der gesetzlichen Unfallversicherung (SGB VII) weiterhin definitionsgemäß auf den Umfang der sich aus der Beeinträchtigung des körperlichen und geistigen Leistungsvermögens ergebenden verminderten Arbeitsmöglichkeiten auf dem gesamten Gebiet des Erwerbslebens, das heißt bezogen auf alle Arbeitsplätze in Deutschland (Hollo 2015).

Wer die VMG der VersMedV aufmerksam liest, erkennt an den Formulierungen, in welchem Abschnitt der letzten 100 Jahre die jeweiligen Begutachtungsgrundsätze entwickelt wurden (Schädigung, Funktionsstörung, Beeinträchtigung der Teilhabe).

Nach Verabschiedung des sogenannten „Schwerbehindertengesetzes" im Jahr 1974 wurden einmalig Anhaltspunkte für die Begutachtung Behinderter nach dem Schwerbehindertengesetz herausgegeben. Die Beurteilung auf der Basis dieses Gesetzes hatte nicht kausal, sondern rein final zu erfolgen, also unabhängig davon, wodurch und wann die Beeinträchtigung entstanden war.

Stand zu Beginn der versorgungsmedizinischen Begutachtung die Bewertung leicht nachweisbarer (z. T. offensichtlicher) Körperschäden im Fokus, mussten nun zunehmend Funktionsstörungen bewertet werden, die nicht ohne weitere Untersuchungen objektiviert werden können. Um zu verdeutlichen, dass eine Bewertung nur erfolgen darf, falls die Funktionsstörung auch durch Befunde belegt ist, wurden die AHP entsprechend ergänzt, z. B.: heute VMG, Teil B 4: „Bei der Beurteilung des Sehvermögens ist darauf zu achten, dass der morphologische Befund die Sehstörung erklärt."

Da das Ausmaß einer Beeinträchtigung – unabhängig davon, ob sie final oder kausal zu beurteilen ist – jeweils den gleichen 10er Grad bedingen muss, wurden die Begutachtungsgrundsätze bei den folgenden Ausgaben ab 1983 zu den Anhaltspunkten für die ärztliche Gutachtertätigkeit im sozialen Entschädigungsrecht und nach dem Schwerbehindertenrecht zusammengefasst. Die Anhaltspunkte blieben aufgrund weiterhin gültiger Verwaltungsvorschriften im BVG, unter anderem der oben erwähnten VwV 5 zu § 30, die umgangssprachlich „Knochentabelle" genannt wurde, in den „alten Teilen" dem Schädigungskonzept verhaftet, da diese Verwaltungsvorschrift rechtlich bindenden Charakter hatte.

Diese rechtlichen Auswirkungen auf die AHP bestanden fort, als 2001 das Schwerbehindertengesetz durch das Neunte Buch Sozialgesetzbuch (SGB IX) abgelöst wurde. Erstmals findet sich in § 2 SGB IX eine Begriffsbestimmung der Behinderung, die die Beeinträchtigung der Teilhabe in den Mittelpunkt rückt: „Menschen sind behindert, wenn ihre körperliche Funktion, geistige Fähigkeit oder seelische Gesundheit mit hoher Wahrscheinlichkeit länger als sechs Monate von dem für das Lebensalter typischen Zustand abweichen und daher ihre Teilhabe am Leben in der Gesellschaft beeinträchtigt ist."

Im Zuge des SGB IX wurde somit sowohl der bis heute unverändert verwendete Begriff Grad der Behinderung (GdB) geprägt als auch der Teilhabegedanke der ICF in die Begriffsbestimmung aufgenommen.

Grundlage für die Weiterentwicklung der AHP waren – wie bereits erläutert – über zahlreiche Jahrzehnte hinweg die Beschlüsse und Empfehlungen des Ärztlichen Sachverständigenbeirats Versorgungsmedizin beim jeweiligen Bundesarbeitsministerium. Die Rechtsprechung akzeptierte die AHP als antizipierte Sachverständigengutachten. Ihre darüber hinaus gehende Beachtlichkeit ergab sich dadurch, dass sie eine dem allgemeinen Gleichheitsgrundsatz entsprechende Rechtsanwendung gewährleisteten. Zudem stellten sie ein geeignetes und auf jahrzehntelanger Erfahrung der Verwaltung und der medizinischen Wissenschaft beruhendes Beurteilungsgefüge dar (BMAS 2020).

Die Rechtsprechung des Bundesverfassungsgerichtes und des Bundessozialgerichtes hatte bereits in den letzten Jahrzehnten des letzten Jahrhunderts wiederholt gerügt, dass die AHP nicht demokratisch legitimiert seien. Weder für die AHP selbst noch für die Organisation, das Verfahren oder die Zusammensetzung des beratenden Expertengremiums gab es bis in dieses Jahrtausend hinein eine Rechtsgrundlage im Sinne eines materiellen Gesetzes (BSG 2003, BMAS 2020).

Durch das Gesetz zur Änderung des BVG vom 13. Dezember 2007 wurde § 30 Absatz 17 eingefügt und damit die geforderte Ermächtigungsgrundlage geschaffen, die es ermöglichte, die Versorgungsmedizin-Verordnung zu erlassen.

Die Anlage zu § 2 der VersMedV, die versorgungsmedizinischen Grundsätze, entspricht in großen Teilen – redaktionell angepasst – den in der Ausgabe 2008 der AHP niedergelegten Texten und Tabellen. Dadurch sollten die von den Gerichten und Ländern gewünschte Kontinuität sowie die Einheitlichkeit und Qualität der versorgungsärztlichen Begutachtung gewahrt bleiben (BMAS 2015). Die notwendige Anpassung der Begutachtungsgrundsätze an den aktuellen Stand der medizinischen Wissenschaft erfolgte aufgrund dessen nicht unmittelbar im Zuge der Verrechtlichung, sondern wurde auf einen späteren Zeitraum verschoben.

Durch In-Kraft-Treten der VersMedV wurde die Zusammensetzung des Beirats geändert, dem seitdem neben acht erfahrenen Versorgungsärzten der Länder und einem bzw. einer ebensolchen der Bundeswehr acht Wissenschaftlerinnen und Wissenschaftler versorgungsärztlich relevanter Fachgebiete als stimmberechtigte Mitglieder angehören. Durch sie wurde sichergestellt, dass eine Fortentwicklung und Anpassung der „Versorgungsmedizinischen Grundsätze" ausschließlich aus medizinisch-wissenschaftlichen Gründen erfolgte (BMAS 2020).

Versorgungsmedizinische Begutachtung und ICF

Die Anhaltspunkte hatten den Wechsel zum bio-psycho-sozialen Modell der ICF vor Erscheinen des SGB IX schon vorab in Teilen vollzogen. Dies geschah in Kenntnis der Diskussionen auf internationaler Ebene und der Vorarbeiten zum SGB IX. Allerdings war es auf Grund besonderer gesetzlicher Vorgaben – u. a. der oben erwähnten VwV 5 zu § 30 – bis zum Erlass der Verordnung nicht möglich, dieses Modell in den Anhaltspunkten überall konsequent umzusetzen (BMAS 2020).

Zeitgleich mit dem Wandel der Klassifikationssysteme und der Anpassung der gesetzlichen Vorgaben kam es zu einer Veränderung der Zusammensetzung des Personenkreises, der auf der Basis der Anhaltspunkte beziehungsweise der VersMedV zu begutachten ist. Die Zahl der zu versorgenden Kriegsopfer sank im Verlauf der letzten Jahrzehnte kontinuierlich, während die Anzahl der behinderten und schwerbehinderten Menschen in Deutschland stetig ansteigt (Destatis online: >www.destatis.de<).

Derzeit werden jährlich in Deutschland weit über eine Million Anträge auf Feststellung oder Neufeststellung einer Behinderung nach §152 SGB IX gestellt. Diese große Masse an Anträgen in möglichst kurzer Zeit in gleichbleibender Qualität und mit bundesweit einheitlichen Ergebnissen zu bewältigen, stellt für die zuständigen Verwaltungen der Länder und ihre ärztlichen Dienste eine große Herausforderung dar.

Dies gilt insbesondere, da bedingt durch therapeutische Erfolge auf dem Boden des rasanten medizinischen Fortschritts bei gleicher Diagnose die resultierenden Beeinträchtigungen einem GdB von 10, aber auch einem GdB von 100 entsprechen können. Als Beispiel sei hier die Chronisch Myeloische Leukämie erwähnt, deren Therapieoptionen sich deutlich verbessert haben (Hehlmann R et al. 2007). Hier wurde durch die vierte Verordnung zur Änderung der VersMedV bereits eine zeitnahe Anpassung des vorgegebenen GdB an die unter moderner, erfolgreicher Therapie mit Tyrosinkinasehemmern noch vorhandene Beeinträchtigung vorgenommen (Bundesgesetzblatt 2011).

Die adäquate Bewertung vieler Gesundheitsstörungen erfordert somit heutzutage einen deutlich höheren Aufwand bei der Sachaufklärung als bei der Einführung des Gesetzes vor über 40 Jahren. Zur genauen Einschätzung müssen nun neben der Diagnose die Therapie und deren Erfolg, ggfs. aber auch deren Nebenwirkungen bekannt sein. Auch der Einsatz von Hilfsmitteln hat in den letzten Jahrzehnten durch den technischen Fortschritt an Bedeutung gewonnen. Eine Brille oder Kontaktlinsen mindern die Beeinträchtigung durch eine Funktionsstörung. Hierzu ist in VMG B4 ausgeführt: „Die Sehbehinderung umfasst alle Störungen des Sehvermögens. Für die Beurteilung ist in erster Linie die korrigierte Sehschärfe maßgebend; daneben sind u. a. Ausfälle des Gesichtsfeldes und des Blickfeldes zu berücksichtigen. Die Sehschärfe ist grundsätzlich entsprechend den Empfehlungen der Deutschen Ophthalmologischen Gesellschaft (DOG) nach DIN 58220 zu bestimmen; ...“

Dies bedeutet, dass die nach Korrektur verbleibende Funktionsstörung (hier: des Sehvermögens) für die Bewertung der resultierenden Beeinträchtigung herangezogen wird.

Auch die aus der Gesundheitsstörung oder deren Behandlung resultierenden Gebzw. Verbote gilt es zu beachten, da durch ärztlich verordnete notwendige Verhaltensmaßregeln die Teilhabe beeinträchtigt sein kann. Ein ausformuliertes Beispiel findet sich in VMG B 9.1.1: „Notwendige körperliche Leistungsbeschränkungen (z. B. bei höhergradiger Aortenklappenstenose, hypertrophischer obstruktiver Kardiomyopathie) sind wie Leistungsbeeinträchtigungen zu bewerten.“

Der Therapieaufwand und die Nebenwirkungen der Therapie sind in der Regel im GdB für die entsprechende Ausprägung der Gesundheitsstörung enthalten. Falls nicht, so geht dies aus dem Text der VMG hervor.

Seit vielen Jahren erfolgt durch den Ärztlichen Sachverständigenbeirat Versorgungsmedizin und seine Facharbeitsgruppen beim Bundesministerium für Arbeit und Soziales (BMAS) im Rahmen einer Gesamtüberarbeitung neben der Anpassung der Versorgungsmedizinischen Grundsätze (VMG) an den aktuellen Stand der evidenzbasierten Medizin die systematische Implementierung des bio-psycho-sozialen Modells des modernen Behinderungsbegriffs der ICF in die VMG der VersMedV (BMAS 2020). In den Jahren 2010 und 2011 wurden die Empfehlungen des nun gesetzlich legitimierten Ärztlichen Sachverständigenbeirats Versorgungsmedizin in rascher Folge in fünf Verordnungen zur Änderung der VersMedV umgesetzt, wobei die Bewertung der darin enthaltenen Gesundheitsstörungen dem aktuellen Stand der medizinischen Wissenschaft und dem Teilhabegedanken der ICF angepasst wurde. Obwohl der wissenschaftliche Fortschritt unvermindert anhält, sind seit zehn Jahren keine weiteren Verordnungen erlassen worden.

Die adäquate Umsetzung der Vorgaben des SGB IX und die damit assoziierte Implementierung der ICF wurden durch entsprechende höchstrichterliche Rechtsprechung forciert: In seinem richtungsweisenden Urteil vom 24.04.2008 hatte das BSG eine stärkere Orientierung an der Beeinträchtigung der Teilhabe gefordert. In diesem Urteil zur Bewertung des Diabetes mellitus führt es aus: „So wird der GdB relativ niedrig anzusetzen sein, wenn mit geringem Therapieaufwand eine ausgeglichene Stoffwechsellage erreicht wird. Mit (in beeinträchtigender Weise) wachsendem Therapieaufwand und/oder abnehmendem Therapieerfolg (instabilerer Stoffwechsellage) wird der GdB höher einzuschätzen sein. Dabei sind jeweils – im Vergleich zu anderen Behinderungen – die Auswirkungen auf die Teilhabe am Leben in der Gesellschaft in Betracht zu ziehen."

Da die Komponenten der ICF überwiegend ihre Entsprechung im SGB IX finden und der Beirat bei der Formulierung der Anhaltspunkte bereits seit den 80er Jahren Vorarbeiten geleistet hatte, ist dies durch eine konsequente Umsetzung des Teilhabegedankens des bio-psycho-sozialen Modells möglich (BMAS 2020).

Betrachtet man die Komponenten der ICF und deren Wechselwirkungen (DIMDI, ICF 2005, S. 23), kann man folgende Korrelation erkennen: Das „Gesundheitsproblem" entspricht dem „vom Lebensalter abweichende(n) Zustand", die „Schädigung" der „Funktionsstörung", die „Aktivitäten und die Teilhabe" entsprechen den „Auswirkungen in allen Lebensbereichen" und „personenbezogene Faktoren" finden sich zum Teil in der Vorgabe wieder, dass „Wechselwirkungen" der Beeinträchtigungen zu beachten sind (SGB IX). Die Ausrichtung erfolgt am Konstrukt der standardisierten Umwelt, das weiter unten im Text näher erläutert wird.

Auch wenn durch die Einführung des bio-psycho-sozialen Modells des modernen Behinderungsbegriffs die Beeinträchtigung der Teilhabe am Leben in der Gesellschaft Zielgröße versorgungsmedizinischer Begutachtung geworden ist, darf nicht übersehen werden, dass wie zuvor als Ursache der Beeinträchtigung ein Gesundheitsproblem identifiziert sein muss. In der Einführung zur Publikation „Internationale Klassifikation der Funktionsfähigkeit, Gesundheit und Behinderung; ICF" des DIMDI (S. 9) wird deshalb darauf hingewiesen, dass die ICF als Ergänzung zur ICD zu verwenden ist. Dies bedeutet für die versorgungsmedizinische Begutachtung, dass primär für ein Gesundheitsproblem eine Diagnose zu stellen ist (es wird gleichsam objektiviert und nach ICD verschlüsselt). Erst dann kann die mit der vorhandenen Ausprägung des Gesundheitsproblems verbundene Teilhabebeeinträchtigung als Behinderung mit einem in den VMG vorgegebenen GdB bewertet werden.

Neben der Schaffung eines neuen Grundverständnisses, was eine Behinderung ausmacht, hat die ICF ein weiteres Ziel: Sie gibt allen am jeweiligen Einschätzungs-, Gesundungs-, Hilfe- oder Rehabilitationsprozess Teilnehmenden verschiedenster Berufsgruppen eine einheitliche Terminologie an die Hand (vgl. ICF, DIMDI, S. 11). Hierdurch werden das Verständnis und die Zusammenarbeit zwischen den Beteiligten gebessert und gefördert. In den bereits erlassenen fünf Verordnungen zur Änderung der VersMedV und den durch In-Kraft-Treten des Bundesteilhabegesetzes (BTHG) verbindlichen neuen Gesetzestext (§ 229 SGB IX) für das Merkzeichen Außergewöhnliche Gehbehinderung (aG) wurde die einheitliche Sprache der ICF zum Teil bereits verwendet. Diese sprachliche Erneuerung der VMG wird auf längere Sicht die Abkehr vom tradierten Schädigungsgedanken in der versorgungsmedizinischen Begutachtung erleichtern.

Versorgungsmedizinische Grundsätze und bio-psycho-soziales Modell

Die zukünftigen VMG müssen zudem die Vorgaben der beiden Gesetze erfüllen, die mittlerweile als Ermächtigungsgrundlage dienen: des BVG bzw. des SGB XIV (ab dessen In- Kraft-Treten am 1. Januar 2024) und des SGB IX. Die Wertigkeit der UN-BRK wurde bereits oben erläutert. Im folgenden Schaubild sind diese Einflussgrößen dargestellt:

Mit dem BTHG wurde als wesentliche Neuerung auch ein Behinderungsbegriff gesetzlich verankert, der den Begriff der Barrieren etabliert – wie es in der UN-BRK und im Behindertengleichstellungsgesetz (BGG) vom 27. April 2002 (BGBl. I 2002, S. 1467, 1468), zuletzt geändert durch Artikel 3 des Gesetzes vom 10. Juli 2018 (BGBl. I 2018, S. 1117), bereits geschehen war.

SGB IX § 2, Abs. 1: „Menschen mit Behinderungen sind Menschen, die körperliche, seelische, geistige oder Sinnesbeeinträchtigungen haben, die sie in Wechselwirkung mit einstellungs- und umweltbedingten Barrieren an der gleichberechtigten Teilhabe an der Gesellschaft mit hoher Wahrscheinlichkeit länger als sechs Monate hindern können. Eine Beeinträchtigung nach Satz 1 liegt vor, wenn der Körper- und Gesundheitszustand von dem für das Lebensalter typischen Zustand abweicht."

In den sogenannten Leistungsgesetzen, zu denen das SGB IX gehört, wird gefordert, dass zur Feststellung einer Behinderung der Körper- und Gesundheitszustand von dem für das Lebensalter typischen Zustand abzuweichen hat. Hierin unterscheidet sich der Behinderungsbegriff des SGB IX von dem des BGG.

Sich regelhaft im Alter entwickelnde Leistungseinschränkungen, d. h. solche, „die für das jeweilige Alter nach ihrer Art und ihrem Umfang typisch sind" (VMG A2c), bedingen demnach keine Behinderung.

Ausgerichtet an diesen Behinderungsbegriffen hat nun in Deutschland die sozialmedizinische Begutachtung zu erfolgen. Die einstellungs- und umweltbedingten Barrieren des Gesetzestextes finden ihr Bedeutungsäquivalent in den Kontextfaktoren der ICF.

Im Zuge des BTHG wurde 2017 die VersMedV verändert: Seitdem haben die Verbände von Menschen mit Behinderungen ein Mitberatungsrecht im Beirat, wozu zwei vom Deutschen Behindertenrat benannte sachverständige Personen vom BMAS berufen werden (BTHG 2016).

Mit der Einführung der ICF war die Möglichkeit geschaffen worden, die individuellen Ressourcen von Betroffenen bei der Begutachtung in den Fokus zu rücken. Dies wurde zu Recht insbesondere von den Betroffenenverbänden begrüßt, da die Identifizierung der individuellen Ressourcen eine Abkehr von dem rein defizitär orientierten Behinderungsbegriff markierte (Welti 2013). Richtungsweisend wurde dies bereits in der bedarfsorientierten sozialmedizinischen Begutachtung der Habilitation und Rehabilitation eingesetzt. Hier gehört es inzwischen zum etablierten Standard, individuelle Kontextfaktoren in den Prozess mit einzubeziehen (Empfehlungen der Bundesarbeitsgemeinschaft für Rehabilitation; 2021).

Bei der versorgungsmedizinischen Begutachtung handelt es sich jedoch nicht um eine bedarfsorientierte, sondern um eine einstufende Begutachtung, wie sie z. B. auch von der Pflegebegutachtung bekannt ist. Versorgungsmedizinisch gibt es GdB-Stufen von 10 bis 100 in 10er Schritten – wie vom BVG und SGB IX vorgegeben –, in der Pflegebegutachtung seit 1. Januar 2017 durch das Pflegestärkungsgesetz Pflegegrade von 1 bis 5 (MDS 2016).

Bei der einstufenden Begutachtung wird das Konstrukt der Standardumwelt der ICF zugrunde gelegt. Diese Möglichkeit wurde explizit in der ICF der WHO vorgesehen. Auch die Möglichkeit, neben der ressourcenorientierten Herangehensweise weiterhin eine Beeinträchtigung (also eine defizitäre Beschreibung) zu beurteilen, ist im bio-psycho-sozialen Modell der Behinderung der ICF weiterhin vorhanden. Deutlich wird dies am folgenden Schaubild aus der Publikation des DIMDI zur ICF (S. 17), in dem sich das Konstrukt der Standardumwelt ebenso wie der negative Aspekt der Beeinträchtigung der Aktivität und Teilhabe finden:

Tabelle 1: Überblick über die ICF

	Teil 1: Funktionsfähigkeit und Behinderung		**Teil 2: Kontextfaktoren**	
Komponenten	Körperfunktionen und -strukturen	Aktivitäten und Partizipation [Teilhabe]	Umweltfaktoren	personbezogene Faktoren
Domänen	Körperfunktionen, Körperstrukturen	Lebensbereiche (Aufgaben, Handlungen)	Äußere Einflüsse auf Funktionsfähigkeit und Behinderung	Innere Einflüsse auf Funktionsfähigkeit und Behinderung
Konstrukte	Veränderung in Körperfunktionen (physiologisch) Veränderung in Körperstrukturen (anatomisch)	Leistungsfähigkeit (Durchführung von Aufgaben in einer standardisierten Umwelt) Leistung (Durchführung von Aufgaben in der gegenwärtigen, tatsächlichen Umwelt)	fördernde oder beeinträchtigende Einflüsse von Merkmalen der materiellen, sozialen und einstellungsbezogenen Welt	Einflüsse von Merkmalen der Person
positiver Aspekt	Funktionale und strukturelle Integrität	Aktivitäten Partizipation [Teilhabe]	positiv wirkende Faktoren	nicht anwendbar
	Funktionsfähigkeit			
negativer Aspekt	Schädigung	Beeinträchtigung der Aktivität Beeinträchtigung der Partizipation [Teilhabe]	negativ wirkende Faktoren (Barrieren, Hindernisse)	nicht anwendbar
	Behinderung			

Welche fördernden oder beeinträchtigenden Einflüsse von Merkmalen der materiellen, sozialen und einstellungsbezogenen Welt eine standardisierte Umwelt ausmachen, wurde von der WHO nicht konkretisiert. Die Erarbeitung einer solchen Konkretisierung im Einzelnen für alle Lebensbereiche und denkbaren Aktivitäten – wie es bei der versorgungsmedizinischen Begutachtung, die all dies umfassen muss, theoretisch erforderlich wäre – würde einen sehr großen Aufwand erfordern, falls dies überhaupt realisierbar wäre.

Die Frage, wie weit die Begriffe Barriere und Barrierefreiheit letztlich zu fassen sind, ist erst in letzter Zeit in den Fokus des wissenschaftlichen Interesses gerückt, die Diskussion hierzu befindet sich also erst am Anfang (Schäfers, Welti 2021).

Derzeit muss bei den in Deutschland allgemein anzutreffenden Verhältnissen – also der Standardumwelt – noch davon ausgegangen werden, dass negativ wirkende Faktoren (Barrieren) vorhanden sind, denn das gesamtgesellschaftliche Ziel einer barrierefreien Gesellschaft ist noch nicht erreicht: Bürgersteige sind nicht überall abgesenkt, oft existieren nur Treppen und keine Aufzüge. Unsere Umgebung ist häufig noch nicht ausreichend kontrastreich, nicht alle Informationen liegen in einfacher Sprache vor – um nur einige Beispiele zu nennen (Dittmann 2018). Diese Barrieren werden bei der Festlegung von GdB in den VMG für die verschiedenen körperlichen, seelischen, geistigen oder Sinnesbeeinträchtigungen als vorhanden vorausgesetzt. Da Kontextfaktoren im Sinne der derzeit vorhandenen Standardumwelt mit Barrieren bereits in den vorgegebenen GdB-Werten eingearbeitet sind, ist es für die Durchführung des Feststellungsverfahrens wie bisher völlig unerheblich, ob der Betroffene mit Gehbehinderung im dritten Stock mit oder ohne Aufzug lebt.

Die gleiche Systematik findet man bei der neuen (ebenfalls einstufenden, standardumweltbezogenen) Pflegebegutachtung, z. B. im Modul Mobilität: Unabhängig davon, ob der Betroffene in seiner Umgebung Treppen zu überwinden hat, wird diese Aktivität bewertet und fließt in die Gesamtsumme zur Bildung des Pflegegrads mit ein. Eine Höherbewertung des Moduls beim tatsächlichen Vorhandensein von Treppen – und somit eine Berücksichtigung individueller Kontextfaktoren – erfolgt, zusätzlich zu den standardisierten Kontextfaktoren, logischerweise nicht (MDS 2016).

Ausblick

Wie der Leser nun nachvollziehen kann, hat die Komplexität der versorgungsmedizinischen Begutachtung in den letzten Jahrzehnten enorm zugenommen. Die Erfolge des medizinischen Fortschritts, die konsequente Weiterentwicklung der Klassifikationssysteme der WHO und die Änderungen der gesetzlichen Vorgaben machen eine deutlich differenziertere Bewertung bei gleicher Diagnose erforderlich, als dies vor 100 Jahren zu Beginn der versorgungsmedizinischen Begutachtung notwendig war: Stand damals der unabänderliche, meist offensichtliche Kriegsschaden im Fokus der Begutachtung, so ist es heute die Beeinträchtigung der Teilhabe, die durch eine nachgewiesene Funktionsstörung auf dem Boden eines Gesundheitsproblems in Wechselwirkung mit Barrieren hervorgerufen wird und wahrscheinlich über einen Zeitraum von mehr als sechs Monaten anhält.

Diese gesteigerte Komplexität erfordert neben einer deutlich umfangreicheren Sachverhaltsaufklärung durch die Verwaltung eine hohe Expertise der gutachtlich tätigen Ärzte sowohl in Bezug auf die Systematik der versorgungsmedizinischen Begutachtung (inklusive der Klassifikationssysteme ICD und ICF) als auch der unterschiedlichen Auswirkungen der einzelnen Gesundheitsstörungen aller ärztlichen Fachgebiete, um weiterhin eine „sachgerechte, einwandfreie und bei gleichen Sachverhalten einheitliche Bewertung der verschiedensten Auswirkungen von Gesundheitsstörungen auf die Teilhabe am Leben in der Gesellschaft unter besonderer Berücksichtigung einer sachgerechten Relation untereinander“ (BMAS 2020) zu gewährleisten.

Dieser Herausforderung haben sich die Versorgungsverwaltungen mit ihren Ärztlichen Diensten, aber auch die Sozialgerichtsbarkeit und die Rechtsberater der Betroffenen zu stellen.

Literatur

Beauftragter der Bundesregierung für die Belange von Menschen mit Behinderungen (Hg.) (2017) UN-Behindertenrechtskonvention. Übereinkommen über die Rechte von Menschen mit Behinderungen. Die amtliche gemeinsame Übersetzung von Deutschland, Österreich, Schweiz und Lichtenstein, Berlin.

BGBl. Deutschland, Teil II, 2008, 1419.

BSG-Urteil vom 18.09.2003 – B 9 SB 6/02 R.

BSG-Urteil vom 18.09.2003 – B 9 SB 3/02 R.

BSG-Urteil vom 24.04.2008 – B 9/9a SB 10/06 R.

BSG-Urteil vom 02.12.2010 – B 9 SB 3/09 R.

Bundesarbeitsgemeinschaft für Rehabilitation (Hg.). Gemeinsame Empfehlungen (BAR Frankfurt online: >www.bar-frankfurt.de< [Stand 2021-08-05]).

Bundesministerium für Arbeit und Sozialordnung (Hg.) (1952, 1954, 1958, 1965, 1973). *Anhaltspunkte für die Ärztliche Gutachtertätigkeit im Versorgungswesen.* Bonn.

Bundesministerium für Arbeit und Sozialordnung (Hg.) (1976). *Anhaltspunkte für die Begutachtung Behinderter nach dem Schwerbehindertengesetz.* Bonn.

Bundesministerium für Arbeit und Soziales (Hg.) (2008). *Anhaltspunkte für die Ärztliche Gutachtertätigkeit im Schwerbehindertenrecht (SGB IX) und sozialen Entschädigungsrecht.* Bonn.

Bundesministerium für Arbeit und Soziales (Hg.) (September 2015). *Versorgungsmedizin-Verordnung. Versorgungsmedizinische Grundsätze.* Bonn.

Bundesministerium für Arbeit und Soziales (Hg.) (Mai 2020). *Versorgungsmedizin-Verordnung. Versorgungsmedizinische Grundsätze.* Bonn.

Bundesministerium für Arbeit und Soziales (23. Juni 2020) Ergänzendes Rundschreiben zum Rundschreiben des Bundesministeriums für Arbeit und Sozialordnung. Soziale Entschädigung – IV c 3 – 46052-2/60 vom 2. Dezember 2008, Az.: Va2-55021-6.

Bundesteilhabegesetz vom 23. Dezember 2016 (BGBl. I S. 3234), das zuletzt durch Artikel 2 Nummer 2 des Gesetzes vom 30. November 2019 (BGBl. I S. 1948) geändert worden ist.

Bundesversorgungsgesetz (Dezember 1950), Bundesgesetzblatt Nr. 53, Seite 791, Bonn.

Das Siebte Buch Sozialgesetzbuch – Gesetzliche Unfallversicherung – (Artikel 1 des Gesetzes vom 7. August 1996, BGBl. I S. 1254), das zuletzt durch Artikel 13 des Gesetzes vom 28. März 2021 (BGBl. I S. 591) geändert worden ist.

Deutsches Institut für Medizinische Dokumentation und Information (Hg.) (2005). *Internationale Klassifikation der Funktionsfähigkeit, Behinderung und Gesundheit.* Köln.

DRV: >www.deutsche-rentenversicherung.de/DRV/DE/Experten/Infos-fuer-Aerzte/Begutachtung/begutachtung.html< [Stand 01.06.2021].

DITTMANN, R. (2018). *Praktische Erfahrungen mit dem BGG. Bericht zur Fachveranstaltung der Schlichtungsstelle BGG und der Bundesfachstelle Barrierefreiheit: „Das Behindertengleichstellungsgesetz in Recht und Praxis – Teil II"* (reha-recht online: >www.reha-recht.de< [Stand 09.05.2021]).

Gesetz zur Änderung des Bundesversorgungsgesetzes und anderer Vorschriften des Sozialen Entschädigungsrechts v. 13.12.2007 BGBl. I, S. 2904.

HEHLMANN, R.; HOCHHAUS, A. & BACCARANI, M. (2007). Chronic myeloid leukaemia. In: *Lancet* 370: 342–350.

HIRSCHBERG, M. (2021). Barrieren als gesellschaftliches Hindernis – sozialwissenschaftliche Überlegungen. In: M. Schäfer; F. Welti (Hg.). *Barrierefreiheit – Zugänglichkeit – Universelles Design. Zur Gestaltung teilhabeförderlicher Umwelten.* Bad Heilbrunn: 23–35.

HOLLO, D. F.; SCHILTENWOLF, M. & THOMANN, K.-D. (März 2015). Entschädigung im Sozialrecht: Was ist ein Bein wert? In: *Deutsches Ärzteblatt. Jahrgang 112 Heft 12*, 20. März 2015.

Medizinischer Dienst des Spitzenverbandes Bund der Krankenkassen (Hg.) (2016). *Das neue Begutachtungsinstrument. Die Selbstständigkeit als Maß der Pflegebedürftigkeit.* Essen.

SCHÄFERS, M. & WELTI, F. (Hg.) (2021). *Barrierefreiheit – Zugänglichkeit – Universelles Design. Zur Gestaltung teilhabeförderlicher Umwelten*. Bad Heilbrunn.

Statistisches Bundesamt (Hg.) Destatis. Behinderte Menschen (Destatis online: >www.destatis.de<).

Versorgungsmedizin-Verordnung vom 10. Dezember 2008 (BGBl. I S. 2412), die zuletzt durch Artikel 27 des Gesetzes vom 12. Dezember 2019 (BGBl. I S. 2652) geändert worden ist.

Vierte Verordnung zur Änderung der Versorgungsmedizin-Verordnung Bundesgesetzblatt I, Seite 2153.

WELTI, F.: *Die sozialrechtliche Bedeutung des Schwerbehindertenrechts im SGB IX – Teil II; Forum D, Beitrag D2-2013* unter www.reha-recht.de; [Stand 01.06.2021].

Zweites Gesetz zur Stärkung der pflegerischen Versorgung und zur Änderung weiterer Vorschriften (Zweites Pflegestärkungsgesetz – PSG II) v. 21.12.2015, BGBl I 2015, S. 2424.

Verordnung zur Durchführung des § 1 Abs. 1 und 3, des § 30 Abs. 1 und des § 35 Abs. 1 des Bundesversorgungsgesetzes (Versorgungsmedizin-Verordnung – VersMedV)

Versorgungsmedizin-Verordnung vom 10. Dezember 2008 (BGBl. I S. 2412), die zuletzt durch Artikel 2 der Verordnung vom 19. Juni 2023 (BGBl. 2023 I Nr. 158) geändert worden ist

Eingangsformel

Auf Grund des § 30 Abs. 17 des Bundesversorgungsgesetzes, der durch Artikel 1 Nr. 32 Buchstabe i des Gesetzes vom 13. Dezember 2007 (BGBl. I S. 2904) eingefügt worden ist, verordnet das Bundesministerium für Arbeit und Soziales im Einvernehmen mit dem Bundesministerium der Verteidigung:

§ 1
Zweck der Verordnung

Diese Verordnung regelt die Grundsätze für die medizinische Bewertung von Schädigungsfolgen und die Feststellung des Grades der Schädigungsfolgen im Sinne des § 30 Abs. 1 des Bundesversorgungsgesetzes, für die Anerkennung einer Gesundheitsstörung nach § 1 Abs. 3 des Bundesversorgungsgesetzes, die Kriterien für die Bewertung der Hilflosigkeit und der Stufen der Pflegezulage nach § 35 Abs. 1 des Bundesversorgungsgesetzes und das Verfahren für deren Ermittlung und Fortentwicklung.

§ 2
Anlage „Versorgungsmedizinische Grundsätze"

Die in § 1 genannten Grundsätze und Kriterien sind in der Anlage zu dieser Verordnung* als deren Bestandteil festgelegt.

* Die Anlage „Versorgungsmedizinische Grundsätze" wird als Anlageband zu dieser Ausgabe des Bundesgesetzblatts ausgegeben. Abonnenten des Bundesgesetzblatts Teil I wird der Anlageband auf Anforderung gemäß den Bezugsbedingungen des Verlags übersandt.

Kommentar: PETRA NIEDER

Mit dem „Gesetz zur Förderung eines inklusiven Arbeitsmarktes" wurden die Bestimmungen der Versorgungsmedizinverordnung zum bis dahin als „Ärztlicher Sachverständigenbeirat Versorgungsmedizin" bezeichneten Beirat neu gefasst und als neuer § 153 a in das Neunte Buch Sozialgesetzbuch SGB IX aufgenommen. Im Rahmen der gesetzlichen Normenhierarchie sind sie damit nicht mehr Gegenstand der VersMedV und werden hier nicht mehr aufgeführt. Bis zum Inkrafttreten des Gesetzes bestand der Beirat aus insgesamt 17 Mitgliedern, davon acht versorgungsmedizinisch besonders qualifizierten Ärzten, einem Arzt aus dem versorgungsmedizinisch gutachtlichen Bereich der Bundeswehr sowie acht wissenschaftlich besonders qualifizierten Ärzten aus versorgungsmedizinisch relevanten medizinischen Fachgebieten. Zwei vom Deutschen Behindertenrat benannte Personen hatten bis dato Mitberatungs-, jedoch kein Stimmrecht. Bis zum Zeitpunkt der Drucklegung dieses Werkes ist der neue Sachverständigenbeirat nicht zu einer konstituierenden Sitzung zusammengetreten.

Aufgrund der langen Historie und der Vollständigkeit halber werden die neuen Bestimmungen zum Sachverständigenbeirat angefügt:

Gesetz zur Förderung eines inklusiven Arbeitsmarkts

vom 6. Juni 2023 (BGBl. 2023 I Nr. 146 vom 13.06.2023)

Artikel 1

Änderung des Neunten Buches Sozialgesetzbuch

...

5. Nach § 153 wird folgender § 153a eingefügt:

„§ 153a

Sachverständigenbeirat, Verfahren

(1) Beim Bundesministerium für Arbeit und Soziales wird ein unabhängiger „Sachverständigenbeirat Versorgungsmedizinische Begutachtung" gebildet. Der Beirat berät das Bundesministerium für Arbeit und Soziales zu allen versorgungsärztlichen Angelegenheiten und bereitet die Fortentwicklung der in der Versorgungsmedizin-Verordnung enthaltenen Versorgungsmedizinischen Grundsätze vor, die bei der Begutachtung im Schwerbehindertenrecht und im Sozialen Entschädigungsrecht verbindlich anzuwenden sind. Dies geschieht teilhabeorientiert auf der Grundlage des aktuellen Standes der medizinischen Wissenschaft und der Medizintechnik unter Berücksichtigung versorgungsmedizinischer Erfordernisse.

(2) Für den Beirat benennen die Länder, der Deutsche Behindertenrat und das Bundesministerium für Arbeit und Soziales jeweils sieben Personen, darunter jeweils mindestens vier Ärztinnen und Ärzte, die versorgungsmedizinisch oder wissenschaftlich besonders qualifiziert sind. Eine der vom Bundesministerium für Arbeit und Soziales zu benennenden Personen ist ein Vertreter oder eine Vertreterin aus dem versorgungsmedizinischen ärztlich-gutachterlichen Bereich der Bundeswehr. Das Bundesministerium für Arbeit und Soziales beruft die benannten Personen als Mitglieder in den Beirat.

(3) Die Mitglieder des Beirates werden für die Dauer von vier Jahren berufen. Die Mitgliedschaft im Beirat ist ein persönliches Ehrenamt, das keine Vertretung zulässt. Die Mitglieder des Beirates unterliegen keinerlei Weisungen, üben ihre Tätigkeit unabhängig aus und sind nur ihrem Gewissen verantwortlich. Scheidet ein Mitglied aus, erfolgt für dieses Mitglied eine Neuberufung für den restlichen Zeitraum der Berufungsperiode. Der Beirat bestimmt durch Wahl aus seiner Mitte den Vorsitz sowie die Stellvertretung des Vorsitzes und gibt sich eine Geschäftsordnung. Die Geschäftsführung des Beirates wird vom Bundesministerium für Arbeit und Soziales ausgeübt, welches zu den Sitzungen einlädt und im Einvernehmen mit dem vorsitzenden Mitglied die Tagesordnung festlegt.

(4) Die Beschlüsse des Beirates werden mit einfacher Mehrheit der berufenen Mitglieder gefasst. Zu den Beratungen des Beirates können externe Sachverständige hinzugezogen werden. Es können Arbeitsgruppen gebildet werden."

Begründet wurde dies wie folgt:

„Auch wenn die fachliche Kompetenz der Beiratsmitglieder außer Zweifel steht, ist unter partizipativen Gesichtspunkten Kritik an der Zusammensetzung laut geworden. Bemängelt wurde insbesondere eine unzureichende Beteiligung der Betroffenen als Expertinnen und Experten in eigener Sache an der Arbeit des Beirates....Praktisch zeigt sich die Neuausrichtung darin, dass die maßgeblichen Akteure im Bereich der Politik für Menschen mit Behinderungen (Verbände der Menschen mit Behinderungen, Länder, Bundesministerium für Arbeit und Soziales) künftig ein Benennungsrecht haben. Sie können so dafür sorgen, dass auch Sachverständige mit einer anderen als der medizinischen Kompetenz in den Beirat gelangen." (BR-DS 682/22)

Anlage zu § 2 der Versorgungsmedizin-Verordnung

„Versorgungsmedizinische Grundsätze“

EBERHARD LOSCH, PETRA NIEDER

Einführung und Hinweise zur Nutzung

Im Jahr 2021 war von den Versorgungsämtern in Deutschland bei 7,8 Millionen Menschen eine Schwerbehinderung festgestellt worden, rund 9,4 % der Bevölkerung besaßen einen amtlichen Schwerbehindertenausweis. Seit 2011 ist die Zahl der schwerbehinderten Menschen um 6,9 % gestiegen (Statistisches Bundesamt Wiesbaden, 2022).

Damit ist etwa jeder zehnte Einwohner in Deutschland schwerbehindert. Die demographische Entwicklung in der Gesellschaft lässt eine weitere Steigerung erwarten, da bevorzugt ältere Menschen von Behinderungen betroffen sind. Als schwerbehindert gelten nach § 2 Abs. 2 Neuntes Buch Sozialgesetzbuch (SGB IX) Menschen, bei denen ein Grad der Behinderung von wenigstens 50 vorliegt.

Jährlich werden etwa zwei Millionen Anträge nach dem SGB IX gestellt. Sind neben dem Vorliegen einer Behinderung weitere gesundheitliche Merkmale Voraussetzung für die Inanspruchnahme von Nachteilsausgleichen, so treffen die zuständigen Behörden gemäß § 152 Abs. 4 SGB IX die erforderlichen Feststellungen. Nachteilsausgleiche können zu steuerlichen Vergünstigungen oder der unentgeltlichen Beförderung im Nahverkehr berechtigen. Hierzu regelt u. a. § 228 Abs. 1 SGB IX: „Schwerbehinderte Menschen, die infolge ihrer Behinderung in ihrer Bewegungsfähigkeit im Straßenverkehr erheblich beeinträchtigt oder hilflos oder gehörlos sind, werden von Unternehmern, die öffentlichen Personenverkehr betreiben, gegen Vorzeigen eines entsprechend gekennzeichneten Ausweises… unentgeltlich befördert."

Hinweise zu Nachteilsausgleichen finden sich sowohl in Teil A (z. B. Hilflosigkeit) als auch in Teil D (z. B. erhebliche Gehbehinderung) der Versorgungsmedizinischen Grundsätze. Einige Merkzeichen werden in den Versorgungsmedizinischen Grundsätzen nicht (mehr) erwähnt (z. B. außergewöhnliche Gehbehinderung, Befreiung von der Rundfunkgebührenpflicht, RF), da sie Bestandteil anderer Gesetze (z. B. des SGB IX) sind oder wie RF auf dem Rundfunkbeitragsstaatsvertrag basieren, für dessen Konkretisierung keine Ermächtigung besteht. Zu den im Feststellungsverfahren zu berücksichtigenden Merkzeichen und Nachteilsausgleichen finden sich Erläuterungen im Kapitel „Teil D".

Auch wenn von den meisten Nutzern dieses Buches der Teil B mit den GdB-Tabellen als integraler Bestandteil angesehen wird, so ist für die versorgungsmedizinische Begutachtung „lege artis" die subtile Kenntnis der Gemeinsamen Grundsätze des Teil A und der Hinweise zur GdB-Tabelle unerlässlich. In diesen Texten wird die Systematik bzw. Logik der versorgungsmedizinischen Begutachtung erläutert, ohne die eine „sachgerechte, einwandfreie und bei gleichen Sachverhalten einheitliche Bewertung der verschiedensten Auswirkungen von Gesundheitsstörungen unter besonderer Berücksichtigung einer sachgerechten Relation untereinander" (BMAS 2020) nicht möglich ist. Die abgedruckten Originaltexte der Versorgungsmedizinverordnung (VersMedV) sowie der Anlage zu § 2 „Versorgungsmedizinische Grundsätze" entsprechen dem aktuellen Stand der Gesetzgebung und enthalten somit die Änderungen durch die bis dahin in Kraft getretenen fünf Änderungsverordnungen. Darin wird ausschließlich der dem Sozialen Entschädigungsrecht entstammende Begriff „Grad der Schädigungsfolgen", GdS, verwendet. GdS und GdB als Maß für die körperlichen, geistigen, seelischen und sozialen Auswirkungen einer Funktionsbeeinträchtigung aufgrund eines Gesundheitsschadens werden nach gleichen Grundsätzen bemessen (Teil A 2. a]). Da sich die folgenden Kommentare allein auf das Schwerbehindertenrecht beziehen, erscheint darin das in diesem Rechtsgebiet übliche Kürzel GdB für Grad der Behinderung. Als Bestandteil eines Zitates wurde das Kürzel GdS jedoch beibehalten. Für die Gutachtenerstellung noch zu beachtende zentrale Protokolle der Tagungen des Ärztlichen Sachverständigenbeirats der Sektion Versorgungsmedizin beim zuständigen Bundesministerium (zuletzt Bundesministerium für Arbeit und Soziales, BMAS) aus der Zeit vor dem Inkrafttreten der Versorgungsmedizinverordnung, im Folgenden „Beirat" genannt, finden in den folgenden Ausführungen mit ihrem Erscheinungsdatum (Monat/Jahr) ebenso Berücksichtigung wie Hinweise zur Begutachtung, die danach in dessen Nachfolge von der Arbeitsgemeinschaft der Leitenden Ärztinnen und Ärzte der Versorgungsverwaltungen (AG Leitende Ärzte) der Länder erstellt wurden.

Die in den Kommentaren verwendeten Personen- und Berufsbezeichnungen beziehen sich auf alle Geschlechter.

Teil A:

Gemeinsame Grundsätze

Kommentare: E. LOSCH, P. NIEDER, CH. RIECK, K. ROHRSCHNEIDER (A 6. Blindheit und hochgradige Sehbehinderung)

Als maßgebliche Beurteilungsgrundlage für die ärztliche Begutachtung bestehen die Versorgungsmedizinischen Grundsätze (VMG) aus einem allgemeinen Teil A und einem Tabellenteil B, gefolgt von den Teilen C zur Begutachtung der Kausalität im Sozialen Entschädigungsrecht und D zu den gesundheitlichen Voraussetzungen für Merkzeichen im Schwerbehindertenrecht.

Enthielten die Anhaltspunkte in Teil A neben den Erläuterungen zum Inhalt von GdS und GdB und zum Umgang damit noch einen umfangreichen Katalog an allgemeinen Hinweisen für die Durchführung der ärztlichen Begutachtung im Versorgungswesen sowie zu den Aufgaben der Leitenden Ärzte (Nr. A 1-15 AHP 2008), konnten in die Versorgungsmedizinischen Grundsätze nur verordnungsfähige und solche Inhalte übernommen werden, die nicht Bestandteil einer anderweitigen gesetzlichen Regelung sind, deswegen fehlt darin unter anderem die Definition einer Behinderung bzw. von Menschen mit Behinderungen gemäß § 2 SGB IX. Seit dem Inkrafttreten der VersMedV umfasst Teil A verbindliche Angaben, was in den verschiedenen GdB des Tabellenteils B grundsätzlich enthalten und wie grundsätzlich bei der versorgungsmedizinischen Begutachtung damit umzugehen ist, insbesondere wenn das gesamte Ausmaß der Teilhabebeeinträchtigung bei Vorliegen mehrerer Gesundheitsstörungen sozialmedizinisch zu bewerten, also ein Gesamt-GdB zu bilden ist. Teil B kann mit seinem Katalog von Tabellenwerten als Baukasten mit normierten Elementen verstanden werden, während Teil A die „Material-" bzw. Produktbeschreibung und Bauanleitung enthält – beide sind untrennbar. Die Kenntnis der Inhalte von Teil A ist Voraussetzung für den korrekten Umgang mit den Tabellenwerten aus Teil B.

Bis heute spiegelt Teil A den Paradigmenwechsel der sozialmedizinischen Begutachtung hin zum bio-psycho-sozialen Modell nur ansatzweise wider: Ausschließlich in der Vorbemerkung wird erwähnt, dass mit dem Grad der Behinderung und dem Grad der Schädigungsfolgen die Beeinträchtigung der Teilhabe am Leben in der Gemeinschaft gemeint ist. Zwar ist die zur geplanten Umsetzung dieses Modells in den VMG (BMAS 2009) notwendige Änderung der gesetzlichen Vorgaben erfolgt, aus vielerlei Gründen ist der Prozess seiner Implementierung bis heute jedoch nur unzureichend fortgeschritten. Ein Vorschlag zur Neufassung von Teil A auf der Basis des bio-psycho-sozialen Modells als Grundlage der versorgungsärztlichen Begutachtung liegt seit 2018 in Gestalt eines Entwurfs zu einer 6. Änderungsverordnung zur VersMedV vor, jedoch konnte das Verordnungsverfahren bis zur Drucklegung nicht eingeleitet werden.

Vorbemerkung:

Wenn mit dem Grad der Behinderung und dem Grad der Schädigungsfolgen das Maß für die Beeinträchtigung der Teilhabe am Leben in der Gemeinschaft gemeint ist, wird einheitlich die Abkürzung GdS benutzt.

1. Schädigungsfolgen

a) Als Schädigungsfolge wird im sozialen Entschädigungsrecht jede Gesundheitsstörung bezeichnet, die in ursächlichem Zusammenhang mit einer Schädigung steht, die nach dem entsprechenden Gesetz zu berücksichtigen ist.

b) Die Auswirkungen der Schädigungsfolge werden mit dem Grad der Schädigungsfolgen (GdS) bemessen.

c) Zu den Schädigungsfolgen gehören auch Abweichungen vom Gesundheitszustand, die keinen GdS bedingen (z. B. funktionell bedeutungslose Narben, Verlust von Zähnen).

2. Grad der Schädigungsfolgen (GdS), Grad der Behinderung (GdB)

a) GdS und GdB werden nach gleichen Grundsätzen bemessen. Beide Begriffe unterscheiden sich lediglich dadurch, dass der GdS nur auf die Schädigungsfolgen (also kausal) und der GdB auf alle Gesundheitsstörungen unabhängig von ihrer Ursache (also final) bezogen ist. Beide Begriffe haben die Auswirkungen von Funktionsbeeinträchtigungen in allen Lebensbereichen und nicht nur die Einschränkungen im allgemeinen Erwerbsleben zum Inhalt. GdS und GdB sind ein Maß für die körperlichen, geistigen, seelischen und sozialen Auswirkungen einer Funktionsbeeinträchtigung aufgrund eines Gesundheitsschadens.

Für die Durchführung des Verwaltungsverfahrens enthalten die Ausgangsgesetze (SGB IX, § 152 Abs. 1; BVG, § 30 Abs. 1) mit der Weisung, die Auswirkungen einer Behinderung auf die Teilhabe am Leben in der Gesellschaft pauschalierend in Zehnergraden als Grad der Behinderung bzw. Grad der Schädigungsfolgen abgestuft festzustellen, einen Normbefehl zur Quantifizierung von Behinderungen – ohne hierzu eigene Regelungen zu treffen. Bei der Beurteilung unterschiedlicher Behinderungen sind zur einheitlichen Rechtsanwendung und gleichmäßigen Gutachtertätigkeit identische Maßstäbe jedoch unentbehrlich. Auch wenn das bio-psycho-soziale Modell noch nicht flächendeckend Eingang in die VMG gefunden hat, bilden standardisierte GdB-Werte auf der Grundlage des Behinderungsbegriffes der ICF bereits heute die Grundlage des Bewertungssystems (BSG 2013, Kainz 2018).

Hierbei ist beachtlich, dass die ICF eine Behinderung als die Beeinträchtigung von Aktivitäten und Teilhabe auf dem Boden einer gesundheitlichen Beeinträchtigung („Schädigung“) definiert. Folglich muss das Ausmaß der durch eine bestimmte Gesundheitsstörung hervorgerufenen Teilhabebeeinträchtigung nicht nur von Art und Ausprägung der jeweiligen Gesundheitsstörung, sondern auch von der Anzahl der betroffenen Aktivitäten und Lebensbereiche sowie davon abhängig sein, wie schwer spezifische Aktivitäten beeinträchtigt sind. Es zählt also wie bisher nicht allein die Diagnose, sondern vielmehr sind bei der Ermittlung der auf Gesundheitsstörungen bezogenen Teilhabebeeinträchtigung eine Vielzahl von Faktoren zu berücksichtigen. Hierzu zählen gemäß dem Konzept der funktionalen Gesundheit der ICF neben den bereits genannten Faktoren die Körperfunktionen, Körperstrukturen, der zugehörige Therapieaufwand und krankheitsgebotene Beschränkungen.

Schwerbehinderung

Menschen sind nach § 2 Abs. 2 SGB IX im Sinne des Teils 3 schwerbehindert, wenn bei ihnen ein Grad der Behinderung von wenigstens 50 vorliegt. Die begriffliche Abgrenzung der Schwerbehinderung in § 2 Abs. 2 des SGB IX baut auf der Behinderungsdefinition des Abs. 1 auf, stellt jedoch zusätzlich auf eine erhebliche Schwere der Behinderung ab (Deutscher Bundestag, 2001). Ab einem Grad der Behinderung von 50 wird unwiderlegbar vermutet, dass betroffenen Personen ein bestimmter Bedarf an Hilfen und Schutzrechten zusteht. Das Feststellungsverfahren „dient dem Nachweis eines faktischen Zustandes", in dessen Folge für schwerbehinderte Menschen Leistungsansprüche bestehen, ohne dass es in jedem Einzelfall erneut des Nachweises der Schwere der Behinderung bedarf (Welti 2005).

b) Aus dem GdB und aus dem GdS ist nicht auf das Ausmaß der Leistungsfähigkeit zu schließen. GdB und GdS sind grundsätzlich unabhängig vom ausgeübten oder angestrebten Beruf zu beurteilen, es sei denn, dass bei Begutachtungen im sozialen Entschädigungsrecht ein besonderes berufliches Betroffensein berücksichtigt werden muss.

c) GdB und GdS setzen stets eine Regelwidrigkeit gegenüber dem für das Lebensalter typischen Zustand voraus. Dies ist insbesondere bei Kindern und alten Menschen zu beachten. Physiologische Veränderungen im Alter sind bei der Beurteilung des GdB und GdS nicht zu berücksichtigen. Als solche Veränderungen sind die körperlichen und psychischen Leistungseinschränkungen anzusehen, die sich im Alter regelhaft entwickeln, d. h. für das Alter nach ihrer Art und ihrem Umfang typisch sind. Demgegenüber sind pathologische Veränderungen, d. h. Gesundheitsstörungen, die nicht regelmäßig und nicht nur im Alter beobachtet werden können, bei der Beurteilung des GdB und GdS zu berücksichtigen, auch dann, wenn sie erstmalig im höheren Alter auftreten oder als „Alterskrankheiten" (z. B. „Altersdiabetes", „Altersstar") bezeichnet werden.

d) Die in der GdS-Tabelle aufgeführten Werte sind aus langer Erfahrung gewonnen und stellen altersunabhängige (auch trainingsunabhängige) Mittelwerte dar. Je nach Einzelfall kann von den Tabellenwerten mit einer die besonderen Gegebenheiten darstellenden Begründung abgewichen werden.

e) Da der GdS seiner Natur nach nur annähernd bestimmt werden kann, sind beim GdS nur Zehnerwerte anzugeben. Dabei sollen im

Allgemeinen die folgenden Funktionssysteme zusammenfassend beurteilt werden: Gehirn einschließlich Psyche; Augen; Ohren; Atmung; Herz- Kreislauf; Verdauung; Harnorgane; Geschlechtsapparat; Haut; Blut einschließlich blutbildendes Gewebe und Immunsystem; innere Sekretion und Stoffwechsel; Arme; Beine; Rumpf. Die sehr wenigen in der GdS-Tabelle noch enthaltenen Fünfergrade sind alle auf ganz eng umschriebene Gesundheitsstörungen bezogen, die selten allein und sehr selten genau in dieser Form und Ausprägung vorliegen.

f) Der GdS setzt eine nicht nur vorübergehende und damit eine über einen Zeitraum von mehr als sechs Monaten sich erstreckende Gesundheitsstörung voraus. Dementsprechend ist bei abklingenden Gesundheitsstörungen der Wert festzusetzen, der dem über sechs Monate hinaus verbliebenen – oder voraussichtlich verbleibenden – Schaden entspricht. Schwankungen im Gesundheitszustand bei längerem Leidensverlauf ist mit einem Durchschnittswert Rechnung zu tragen. Dies bedeutet: Wenn bei einem Leiden der Verlauf durch sich wiederholende Besserungen und Verschlechterungen des Gesundheitszustandes geprägt ist (Beispiele: chronische Bronchitis, Hautkrankheiten, Anfallsleiden), können die zeitweiligen Verschlechterungen – aufgrund der anhaltenden Auswirkungen auf die gesamte Lebensführung – nicht als vorübergehende Gesundheitsstörungen betrachtet werden. Dementsprechend muss in solchen Fällen bei der GdB- und GdS-Beurteilung von dem „durchschnittlichen" Ausmaß der Beeinträchtigung ausgegangen werden.

g) Stirbt ein Antragsteller oder eine Antragstellerin innerhalb von sechs Monaten nach Eintritt einer Gesundheitsstörung, so ist für diese Gesundheitsstörung der GdS anzusetzen, der nach ärztlicher Erfahrung nach Ablauf von sechs Monaten nach Eintritt der Gesundheitsstörung zu erwarten gewesen wäre. Fallen Eintritt der Gesundheitsstörung und Tod jedoch zusammen, kann ein GdS nicht angenommen werden. Eintritt der Gesundheitsstörung und Tod fallen nicht nur zusammen, wenn beide Ereignisse im selben Augenblick eintreten. Dies ist vielmehr auch dann der Fall, wenn die Gesundheitsstörung in so rascher Entwicklung zum Tode führt, dass der Eintritt der Gesundheitsstörung und des Todes einen untrennbaren Vorgang darstellen.

h) Gesundheitsstörungen, die erst in der Zukunft zu erwarten sind, sind beim GdS nicht zu berücksichtigen. Die Notwendigkeit des Abwartens einer Heilungsbewährung stellt eine andere Situation dar; während der Zeit dieser Heilungsbewährung ist ein höherer GdS gerechtfertigt, als er sich aus dem festgestellten Schaden ergibt.

Das Konstrukt der Heilungsbewährung sieht für bestimmte Gesundheitsstörungen eine pauschale Bewertung für die Beeinträchtigung der Teilhabe für einen begrenzten Zeitraum vor. Entgegen den sonstigen Prinzipien müssen die Beeinträchtigungen nicht im Einzelnen ärztlich belegt sein (Höhe des GdB) und die Wahrscheinlichkeit möglicher zukünftiger Ereignisse (Rezidiv) wird bei der Länge der Heilungsbewährung mit einbezogen.

Eine Heilungsbewährung kommt unter folgenden Voraussetzungen in Betracht:

a) wenn die Gesundheitsstörung unbehandelt einen entweder fortschreitenden, wiederkehrenden oder trotz Behandlung möglicherweise tödlichen Verlauf nimmt,
b) wenn bei regelhaft kurativem Behandlungsziel mit der Therapie ein definierbarer Gesundheitszustand erreicht werden kann (bei soliden Tumoren und malignen Systemerkrankungen: R0-Resektion oder Remission nach Chemotherapie und/oder Bestrahlung, Remission nach Behandlung psychischer Störungen, nach Transplantation von inneren Organen oder Extremitäten),
c) wenn der Verlauf trotz durchgeführter Prophylaxe wegen möglicher Rezidive ungewiss ist,
d) wenn Rezidivgefahr und Ungewissheit über den weiteren Verlauf in einem bestimmten Zeitraum abnehmen.

Zu beachten ist, dass weder der Beginn des Zeitraums der Heilungsbewährung noch dessen Ende bedeuten, dass die jeweilige Gesundheitsstörung tatsächlich „geheilt“ und nicht mehr vorhanden ist. Gleichwohl bedeutet der Ablauf des Zeitraums der Heilungsbewährung vor allem dann eine wesentliche Änderung der Verhältnisse im Sinne von § 48 SGB X, wenn es währenddessen zu keinem Rezidiv der Gesundheitsstörung gekommen ist. Dem liegt die auf wissenschaftlichen Erkenntnissen beruhende Annahme zugrunde, dass in dem – in Teil B für in Betracht kommende Gesundheitsstörungen – jeweils konkret genannten Zeitraum die Wahrscheinlichkeit eines Rezidivs erheblich abgenommen hat und bis dahin die körperliche und psychische Anpassung an die Erkrankung einschließlich der krankheitsbedingt notwendigen Umstellungen in der Lebensführung üblicherweise abgeschlossen ist.

i) Bei der Beurteilung des GdS sind auch seelische Begleiterscheinungen und Schmerzen zu beachten. Die in der GdS-Tabelle niedergelegten Sätze berücksichtigen bereits die üblichen seelischen Begleiterscheinungen (z. B. bei Entstellung des Gesichts, Verlust der weiblichen Brust). Sind die seelischen Begleiterscheinungen erheblich höher als aufgrund der organischen Veränderungen zu erwarten wäre, so ist ein höherer GdS gerechtfertigt. Vergleichsmaßstab ist nicht der behinderte Mensch, der überhaupt nicht oder kaum unter seinem Körperschaden leidet, sondern die allgemeine ärztliche Erfahrung hinsichtlich der regelhaften Auswirkungen. Außergewöhnliche seelische Begleiterscheinungen sind anzunehmen, wenn anhaltende psychoreaktive Störungen in einer solchen Ausprägung vorliegen, dass eine spezielle ärztliche Behandlung dieser Störungen – z. B. eine Psychotherapie – erforderlich ist.

j) Ähnliches gilt für die Berücksichtigung von Schmerzen. Die in der GdS-Tabelle angegebenen Werte schließen die üblicherweise vorhandenen Schmerzen mit ein und berücksichtigen auch erfahrungsgemäß besonders schmerzhafte Zustände. Ist nach Ort und Ausmaß der pathologischen Veränderungen eine über das übliche Maß hinausgehende Schmerzhaftigkeit nachgewiesen, die eine ärztliche Behandlung erfordert, können höhere Werte angesetzt werden. Das kommt zum Beispiel bei Kausalgien und bei stark ausgeprägten Stumpfbeschwerden nach Amputationen (Stumpfnervenschmerzen, Phantomschmerzen) in Betracht. Ein Phantomgefühl allein bedingt keinen GdS.

Die hier genannten, derzeit noch gültigen Vorgaben der VMG zur grundsätzlichen Bewertung der durch psychische Begleiterscheinungen und Schmerzen hervorgerufenen Teilhabebeeinträchtigung entsprechen nicht mehr dem aktuellen Stand der medizinischen Wissenschaft. Insbesondere fehlt bei gegebener psychischer Komorbidität für die zusätzliche Berücksichtigung der durch eine behandlungspflichtige psychische Störung hervorgerufenen Teilhabebeeinträchtigung das Kriterium der gesicherten Diagnose nach einem aktuellen Klassifikationssystem, die sich zudem auf eine Befunderhebung im Sinne des AMDP-Systems stützen sollte. Laut Ergänzendem Rundschreiben des BMAS zu Klinik und Begutachtung von posttraumatischen Belastungsstörungen vom 23. Juni 2020 ist für die Begutachtung psychischer Störungen auch im Schwerbehindertenrecht der aktuell anerkannte wissenschaftliche Stand maßgeblich.

Wie in der derzeit noch gültigen ICD 10-basierten Leitlinie zur ärztlichen Begutachtung von Menschen mit chronischen Schmerzen (AWMF 2017) dargelegt, können aus gutachtlicher Sicht drei Kategorien unterschieden werden:

- Schmerzen als Ausdruck einer Gewebeschädigung, die sich in „übliche Schmerzen“ als Begleitsymptom einer körperlichen Erkrankung bzw. Nervenschädigung sowie „außergewöhnliche Schmerzen“ zum Beispiel bei Stumpf- und Phantomschmerzen oder im Rahmen eines komplexen regionalen Schmerzsyndroms (CRPS) unterteilen lassen.
  Diese Fallgruppe wird von den Ausführungen in Teil A 2 j) erfasst.

- Schmerzen, die durch eine Gewebeschädigung bedingt und durch psychische Komorbidität verstärkt werden.
  Dabei entsprechen das Ausmaß der Teilhabebeeinträchtigung und damit der GdB der aus beiden Erkrankungen resultierenden Teilhabebeeinträchtigung, wobei die Regeln für die Bildung des Gesamt-GdB zu beachten sind.
- Schmerzen als Leitsymptom einer psychischen Erkrankung.
  In diesen Fällen ist das Symptom Schmerz im GdB für die psychische Störung voll enthalten.

Mit der Einführung der ICD 11 wird die aktuelle 5. Version der Leitlinie für die ärztliche Begutachtung von Menschen mit chronischen Schmerzen („Leitlinie Schmerzbegutachtung", AWMF Registernummer 187-006) zunehmend an Bedeutung gewinnen (https://register.awmf.org/assets/guidelines/187-006l_S2k_Aerztliche-Begutachtung-chronische-Schmerzen_2023-08.pdf, Stand 2023-20-09)

Zu beachten ist, dass auch bei Zustandsbegutachtungen nach dem Schwerbehindertenrecht die zu beurteilenden Gesundheitsstörungen und die daraus resultierenden Funktionsbeeinträchtigungen für eine Dauer von mehr als sechs Monaten nachgewiesen sein müssen. Die einschlägigen Leitlinien zur ärztlichen Begutachtung psychischer und psychosomatischer Störungen sowie von Menschen mit chronischen Schmerzen orientieren sich an den Begutachtungskriterien der ICF und sind ein wichtiges Instrument zur Qualitätssicherung und Vereinheitlichung der Begutachtung bei der Einschätzung der Teilhabebeeinträchtigung und damit des GdB bei psychischen Störungen und chronischen Schmerzen.

3. Gesamt-GdS

Während die Angaben unter Teil A 2 den grundsätzlichen Inhalt von im Tabellenteil B aufgeführten GdB-Werten beschreiben, befassen sich die Einlassungen in Teil A 3 mit Anleitungen für den gutachtlichen Prozess im Einzelfall. Bei gleichzeitigem Vorliegen mehrerer Funktionsbeeinträchtigungen wird für die Bewertung des Gesamtausmaßes der Teilhabebeeinträchtigung die ärztliche Gesamtschau unter Berücksichtigung der wechselseitigen Beziehungen der einzelnen Beeinträchtigungen zueinander ausdrücklich gefordert. Diese wechselseitigen Beziehungen werden im Einzelfall z. B. vom Vorhandensein von Kompensationsmechanismen oder vom Fehlen von Ausgleichsfunktionen mitbestimmt, so dass an dieser Stelle personenbezogene Kontextfaktoren, die in den Tabellenwerten keine Berücksichtigung finden können, im Sinne des bio-psycho-sozialen Modells der ICF Eingang in die versorgungsmedizinische Begutachtung finden.

a) Liegen mehrere Funktionsbeeinträchtigungen vor, so sind zwar Einzel-GdS anzugeben; bei der Ermittlung des Gesamt-GdS durch alle Funktionsbeeinträchtigungen dürfen jedoch die einzelnen Werte nicht addiert werden. Auch andere Rechenmethoden sind für die Bildung eines Gesamt-GdS ungeeignet. Maßgebend sind die Auswirkungen der einzelnen Funktionsbeeinträchtigungen in ihrer Gesamtheit unter Berücksichtigung ihrer wechselseitigen Beziehungen zueinander.

b) Bei der Gesamtwürdigung der verschiedenen Funktionsbeeinträchtigungen sind unter Berücksichtigung aller sozialmedizinischen Erfahrungen Vergleiche mit Gesundheitsschäden anzustellen, zu denen in der Tabelle feste GdS-Werte angegeben sind.

c) Bei der Beurteilung des Gesamt-GdS ist in der Regel von der Funktionsbeeinträchtigung auszugehen, die den höchsten Einzel-GdS bedingt, und dann im Hinblick auf alle weiteren Funktionsbeeinträchtigungen zu prüfen, ob und inwieweit hierdurch das Ausmaß der Behinderung größer wird, ob also wegen der weiteren Funktionsbeeinträchtigungen dem ersten GdS 10 oder 20 oder mehr Punkte hinzuzufügen sind, um der Behinderung insgesamt gerecht zu werden.

d) Um die Auswirkungen der Funktionsbeeinträchtigungen in ihrer Gesamtheit unter Berücksichtigung ihrer wechselseitigen Beziehungen zueinander beurteilen zu können, muss aus der ärztlichen Gesamtschau heraus beachtet werden, dass die Beziehungen der

Funktionsbeeinträchtigungen zueinander unterschiedlich sein können:

aa) Die Auswirkungen der einzelnen Funktionsbeeinträchtigungen können voneinander unabhängig sein und damit ganz verschiedene Bereiche im Ablauf des täglichen Lebens betreffen.

bb) Eine Funktionsbeeinträchtigung kann sich auf eine andere besonders nachteilig auswirken. Dies ist vor allem der Fall, wenn Funktionsbeeinträchtigungen an paarigen Gliedmaßen oder Organen – also z. B. an beiden Armen oder beiden Beinen oder beiden Nieren oder beiden Augen – vorliegen.

cc) Die Auswirkungen von Funktionsbeeinträchtigungen können sich überschneiden.

dd) Die Auswirkungen einer Funktionsbeeinträchtigung werden durch eine hinzutretende Gesundheitsstörung nicht verstärkt.

ee) Von Ausnahmefällen (z. B. hochgradige Schwerhörigkeit eines Ohres bei schwerer beidseitiger Einschränkung der Sehfähigkeit) abgesehen, führen zusätzliche leichte Gesundheitsstörungen, die nur einen GdS von 10 bedingen, nicht zu einer Zunahme des Ausmaßes der Gesamtbeeinträchtigung, auch nicht, wenn mehrere derartige leichte Gesundheitsstörungen nebeneinander bestehen. Auch bei leichten Funktionsbeeinträchtigungen mit einem GdS von 20 ist es vielfach nicht gerechtfertigt, auf eine wesentliche Zunahme des Ausmaßes der Behinderung zu schließen.

Die Ermittlung des Gesamtgrades der Behinderung

Zu den Rechenmethoden hatte sich schon Goetz (1966) dahingehend geäußert, dass „alle Berechnungsmethoden eine Exaktheit vortäuschen, die es bei der Bewertung biologischer Zustände nicht geben kann". In Fortführung hierzu hat das Bundessozialgericht (1979) in mehreren Urteilen unter anderem Folgendes festgestellt:

„Nach dem gegenwärtigen Kenntnisstand ist eine einheitliche mathematische Formel zur Errechnung der Gesamt-MdE, die für alle Möglichkeiten des Zusammentreffens mehrerer Behinderungen geeignet wäre, nicht vorstellbar."

Trotzdem haben sich gerade um die Ermittlung des Gesamt-GdB und insbesondere zur Feststellung des Status der Schwerbehinderung mehr oder weniger festliegende Verfahrensabläufe eingeschlichen, die letztlich dem Ergebnis nach auf Rechenmethoden beruhen und deutlich der Intention des Schwerbehindertenrechts, die im Absatz 2 Kapitel 19 der „Anhaltspunkte" formuliert wurde, zuwiderlaufen.

Auch darf der Gesamt-GdB nicht ohne weitere Erläuterungen festgestellt werden, was auch heute gerade im Zeitalter der Bearbeitung am Bildschirm mit vorgegebener Maske vielfach nicht beachtet wird. Hierzu schreibt Hennies (1991): „Das ärztliche Gutachten darf daher nicht nur mit Befunden, Diagnosen, einzelnen Behinderungsgraden und als Endergebnis mit Angabe eines Gesamtgrades versehen sein. Der Sachverständige muss – wenigstens kurz und bündig – beschreiben, wie er gerade zu diesem Gesamtgrad gelangt ist."

Wechselseitige Beziehungen von Funktionsbeeinträchtigungen

Das Bundessozialgericht hatte in mehreren Urteilen aus dem Jahre 1979 zur Bildung der Gesamt-MdE Fallgruppen herausgearbeitet und diese in der Folgezeit wiederholt bestätigt, die sowohl in die Anhaltspunkte als auch aktuell in die Versorgungsmedizinischen Grundsätze in Teil A unter Nr. 3 d) Eingang gefunden haben:

- **Eine Funktionsbeeinträchtigung wirkt sich auf eine andere besonders nachteilig aus**
  Hier wären beispielhaft aufzuführen der Verlust aller fünf Finger an beiden Händen, weiter der Teilverlust beider Füße (Vorliegen von Beeinträchtigungen an paarigen Organen), wobei diese hier genannten Zustände in Teil B mit eigenen GdB hinterlegt sind. Von großer Bedeutung in dieser Rubrik kann das Zusammentreffen eines Sehverlustes mit einem Hörverlust sein. Die Versorgungsmedizinischen Grundsätze erwähnen ausdrücklich, dass in einem solchen Fall ein Teil-GdB von 10 für die hochgradige Schwerhörigkeit eines Ohres bei gleichzeitig bestehender schwerer beidseitiger Einschränkung des Sehvermögens entgegen sonstiger Auffassung eine Erhöhung des Gesamt-GdB zur Folge hat.

- **Eine Funktionsbeeinträchtigung wirkt sich wegen einer schon vorliegenden anderen gar nicht oder nicht voll aus**
  Hier wird als klassisches Beispiel das Zusammenwirken einer Peronaeusparese mit einer Sprunggelenksversteifung genannt, ferner eine Herzinsuffizienz in Verbindung mit einer Lungenfunktionseinschränkung oder etwa die Versteifung eines Handgelenkes mit dem Verlust der Finger IV und V bei einer Radialislähmung. Funktionell ergeben sich hier so starke Überschneidungen, dass die hinzutretende Gesundheitsstörung nur einen gering erhöhenden GdB-Einfluss ausübt.

- **Die Auswirkungen einzelner Funktionsbeeinträchtigungen können voneinander unabhängig sein und damit ganz verschiedene Bereiche im Ablauf des täglichen Lebens betreffen**
  Während die beiden zuerst genannten Fallgruppen bereits zahlenmäßig von untergeordneter Bedeutung sind, stellt diese am häufigsten auftretende Fallgruppe bei der

Bildung des Gesamt-GdB die größte Herausforderung dar. Selbstverständlich kann diese Aussage in den Versorgungsmedizinischen Grundsätzen so nicht voll überzeugen, da Funktionsstörungen bei ein und demselben Menschen niemals völlig beziehungslos nebeneinanderstehen können. Es geht hier im Einzelnen um Funktionsstörungen an verschiedenen Organsystemen, ohne dass deren gegenseitige Verstärkung in Bezug auf das Gesamtausmaß der Teilhabebeeinträchtigung auf Anhieb erkennbar wäre, wie es beispielsweise bei dem bereits in den Anhaltspunkten genannten Beispiel der Kombination eines insulinpflichtigen Diabetes mit einer Hör- und Gehbehinderung deutlich wird.

Analogbewertung und Referenzwerte

Zwar fehlte schon in den Anhaltspunkten eine allgemeingültige Definition für den Begriff der Schwerbehinderung, stattdessen aber waren in dem Abschnitt zur Festlegung des aus einzelnen Behinderungsgraden zu bestimmenden Gesamt-Behinderungsgrades (Gesamt-GdB) Gesundheitsstörungen beschrieben, deren funktionelle Auswirkungen als Maßstab für eine Schwerbehinderung (Kapitel 19, Satz 2) herangezogen werden können:

„Ein Gesamt-GdB von 50 kann beispielsweise nur angenommen werden, wenn die Gesamtauswirkung der verschiedenen Funktionsbeeinträchtigungen so erheblich ist wie etwa beim Verlust einer Hand oder eines Beines im Unterschenkel, bei einer vollständigen Versteifung großer Abschnitte der Wirbelsäule, ...“

Diese besonderen, in den Anhaltspunkten noch enthaltenen Ausführungen zur Festlegung des aus einzelnen Behinderungsgraden zu bestimmenden Gesamt-Behinderungsgrades (Gesamt-GdB) wurden zwar nicht in die Verordnung übernommen. Dennoch kann die Teilhabebeeinträchtigung, die in den Versorgungsmedizinischen Grundsätzen bei bestimmten Gesundheitsstörungen ebenfalls mit einem GdB von 50 bewertet wird, als Referenzgröße zum Vergleich bei der Prüfung dienen, ob die Feststellung der Schwerbehinderteneigenschaft im Einzelfall in Betracht zu ziehen ist. Die ständige Rechtsprechung des Bundessozialgerichtes geht weiterhin davon aus, dass, wie es auch in den VMG A3b gefordert wird, „vielmehr ... bei der Gesamtwürdigung der verschiedenen Funktionsbeeinträchtigungen unter Berücksichtigung aller sozialmedizinischen Erfahrungen Vergleiche mit Gesundheitsschäden anzustellen (sind), für die in der GdB-Tabelle der AHP/AnlVersMedV feste Grade angegeben sind“ (BSG 2013 – B 9 SB 3/12 R, Rn 54).

Ständige Rechtsprechung

Der in § 2 Abs. 1 Satz 1 SGB IX definierte Begriff der Behinderung setzt nur voraus, dass die „Teilhabe an der Gesellschaft“ in irgendeiner Form beeinträchtigt ist – ohne dass nach einzelnen Bereichen differenziert würde. Die Feststellung des GdB erfordert daher, wie das BSG wiederholt bestätigt hat, die Auswirkungen nicht nur vorübergehender

Funktionsbeeinträchtigungen in allen Lebensbereichen zu ermitteln und zu berücksichtigen.

Ebenfalls nach ständiger Rechtsprechung des BSG ist die Bemessung des GdB grundsätzlich tatrichterliche Aufgabe. Zu deren Erfüllung und um die zugrunde liegenden Gesundheitsstörungen festzustellen, haben die Gerichte in der Regel ärztliches Fachwissen heranzuziehen. Maßgeblich für die darauf aufbauende GdB-Feststellung ist nach § 2 Abs 1, § 152 Abs 1 und 3 SGB IX, wie sich nicht nur vorübergehende Gesundheitsstörungen auf die Teilhabe am Leben in der Gesellschaft auswirken und welcher GdB deshalb dafür nach den VMG festzusetzen ist. Teil B Nr. 1 Buchst a) VMG schreibt in dieser Hinsicht vor, alle die Teilhabe beeinträchtigenden körperlichen, geistigen und seelischen Störungen „im Einzelfall" zu berücksichtigen und dessen Besonderheiten Rechnung zu tragen. Mehrere Funktionsbeeinträchtigungen sind dabei nach Teil A Nr. 3 Buchst a) bis d) VMG in ihrer Gesamtheit zueinander zu beurteilen; ihre möglichen wechselseitigen Beziehungen sind zu beachten (zuletzt BSG 2020).

Verfolgt man die Rechtsprechung der Landessozialgerichte der letzten Jahre, finden sich in den einzelnen Urteilen unterschiedliche Darlegungen und Leitsätze, wonach manche erkennenden Senate ein bestimmtes Muster bei unterschiedlichen Konstellationen bevorzugen und von diesen Vorgaben zum Teil abweichen. In einem Urteil des LSG Nordrhein-Westfalen vom 28.06.2007 wird Folgendes ausgeführt: „Wegen der unterschiedlichen Auswirkung von drei Gesundheitsstörungen – Einschränkung der Gebrauchsfähigkeit einer Hand (GdB 30), psychische Beeinträchtigung mit Alpträumen und Schlafstörungen (GdB 20), Darmerkrankung mit häufiger Stuhlfrequenz und abdominellen Störungen (GdB 20), diese bei vermehrter psychischer Beeinträchtigung mit erhöhten Beschwerden – wird ein GdB von 50 erreicht." In einer weiteren Entscheidung vom 31.3.2009 wurde dem Kläger (Gesundheitsstörung 1: GdB 30, Gesundheitsstörung 2 und 3: jeweils GdB 20) ein Gesamt-GdB von 50 zugebilligt: Leiden mit einem GdB „von gerade eben", also einem „schwachen" GdB von 20 flössen grundsätzlich nicht in die Gesamt-GdB-Bildung ein, wohl aber – wie damals nach Einschätzung der erkennenden Kammer im Falle des Klägers vorliegend – „mittlere" 20er-Werte. Diese seien u. a. dann geeignet, das Gesamtmaß der Beeinträchtigung zu erhöhen, wenn sie unabhängig nebeneinander und neben der Hauptbeeinträchtigung stünden.

Unlängst hat sich das LSG Nordrhein-Westfalen zur Bildung des Gesamt-GdB bei Verlust oder Fehlen einer Niere demgegenüber wie folgt geäußert: „Entscheidend ist aus Sicht des Senats, dass die Einnierigkeit praktisch zu keinen funktionellen Beeinträchtigungen führt. Dass bei Einnierigkeit gefährliche Sportarten oder vergleichbare körperliche Tätigkeiten vermieden werden sollten, fällt praktisch kaum ins Gewicht (vgl. Urteil des Senats vom 30.01.2015 – L 13 SB 381/13, juris Rn. 28). Die Klägerin schildert passend hierzu auch keine Beeinträchtigungen aufgrund der Einnierigkeit. Allein die Vergabe eines Wertes von 25 in den VMG führt nicht zwangsläufig zu einer erhöhenden Wirkung." (Landessozialgericht Nordrhein-Westfalen – L 13 SB 236/19 – Urteil vom 20.11.2020 Rn 22)

Während das LSG Baden-Württemberg in seinem Urteil vom 24.10.2018 ausdrücklich darauf abhebt, dass „eine schematische Bewertung dahingehend, dass bei einem

Einzel-GdB von 30 ein weiterer Einzel-GdB von 30 regelmäßig nur zu einer Erhöhung um 10 Punkte und nur ausnahmsweise zu einer Erhöhung um 20 Punkte führt", mit den in Teil A aufgestellten und vom BSG gebilligten Grundsätzen zur Bildung des Gesamt-GdB nicht in Einklang stehe, wird andernorts einem schematischen Vorgehen geradezu das Wort geredet, wie aus dem Leitsatz zu einem Urteil des LSG Berlin-Brandenburg vom 6.1.2020 hervorgeht: „Aus den Einzel-GdB von 40 und 30 – die weiteren Einzel-GdB sind nur mit höchstens 10 zu bewerten – folgt hier der Gesamt-GdB von 50. Aus Einzel-GdB von 40 und 10 folgt in aller Regel ein Gesamt-GdB von 40, aus Einzel-GdB von 40 und 20 ein Gesamt-GdB von regelmäßig 40 und nur ausnahmsweise von 50 und aus Einzel-GdB von 40 und 30 in aller Regel ein Gesamt-GdB von 50."

Ähnlich der Tenor eines Urteils des LSG Niedersachsen Bremen vom 26.05.2021 L13 SB 40/20: „Bei der Bildung des Gesamt-GdB bestehen in Abwägung der Beschwerdeintensität deutliche Anhaltspunkte dafür, dass jedenfalls im Falle der Klägerin eine Zusammenfassung eines führenden Einzel-GdB von 30 und zweier Einzel-GdB von 20 zu einem Gesamt-GdB von 50 nicht gerechtfertigt ist. Aber auch darüber hinaus geht der Senat für den Regelfall davon aus, dass in derartigen Konstellationen die Annahme der Schwerbehinderteneigenschaft nur in begründeten besonderen Fällen möglich ist und eine Gesamtabwägung eines führenden Einzel-GdB von 30 und zweier Einzel-GdB von 20 im Einzelfall häufiger zur Annahme eines GdB von 40 als eines solchen von 50 führen wird."

In diesen Urteilen vermisst man eine Auseinandersetzung mit den in den Anhaltspunkten unter Nr. 19 Satz 2 für die Annahme eines GdB von 50 genannten und vom BSG seitdem unwiderrufenen Voraussetzungen. Auch wird darin nicht erkennbar, inwieweit der mit der Einführung des SGB IX im Jahr 2001 eingetretene Paradigmenwechsel beim Behinderungsbegriff mit Beeinträchtigung der Teilhabe am Leben in der Gesellschaft Eingang in die Entscheidungen gefunden hat. Ein medikamentös eingestelltes Bluthochdruckleiden mit funktionell unbedeutenden Augenhintergrundsveränderungen dürfte sich auf die Teilhabe wesentlich weniger auswirken als eine beiderseitige, dauernde Minderung des Sehvermögens auf 40%, bei der sich das Führen eines Kraftfahrzeuges verbietet – beide Störungen werden bisher mit einem GdB von 20 bewertet.

Im Übrigen sei darauf hingewiesen, dass höchstrichterliche Urteile den medizinischen Sachverständigen in seiner Begutachtung grundsätzlich nicht binden, auch dann nicht, wenn das Bundessozialgericht in seiner ständigen Rechtsprechung eine bestimmte medizinische Auffassung zugrunde legt (Krasney 2009).

Maßstab für die Feststellung einer Schwerbehinderung (GdB 50) bei Vorliegen mehrerer Beeinträchtigungen

Sicherlich ist die Bestimmung der „Auswirkungen der einzelnen Funktionsbeeinträchtigungen in ihrer Gesamtheit unter Berücksichtigung ihrer wechselseitigen Beziehungen zueinander" schwierig, weil gerade diese „wechselseitigen Beziehungen" eigentlich einer Bewertung gar nicht zugänglich sind, wie es auch in einem aktuellen Urteil des LSG

Berlin Brandenburg (2021) nachzulesen ist: „Allerdings sind nach Teil A Nr. 3 b) der Anlage zu § 2 VersMedV nach wie vor bei der Gesamtwürdigung der verschiedenen Funktionsbeeinträchtigungen unter Berücksichtigung aller sozialmedizinischen Erfahrungen Vergleiche mit Gesundheitsschäden anzustellen, zu denen in der Tabelle feste GdB-Werte angegeben sind. Unter der Einschränkung, dass Vergleiche von Fällen, die einen GdB von 50 rechtfertigen, häufig schwierig sind und nicht selten ‚Äpfel mit Birnen' verglichen werden (wer mag etwa eine Kieferklemme mit Notwendigkeit der Aufnahme flüssiger oder passierter Nahrung und entsprechenden Sprechstörungen mit einem Kleinwuchs, Körpergröße über 120 bis 130 cm, vergleichen, obwohl beides mit einem GdB von 50 bewertet wird), hält der Senat die hier vorliegenden Funktionsbeeinträchtigungen – erhebliche Hauterkrankung und erhebliche psychische Erkrankung – durchaus für vergleichbar mit sonstigen Fällen, in denen der GdB 50 beträgt." Hierzu ist anzumerken, dass nach höchstrichterlicher Rechtsprechung des Bundesverfassungsgerichtes (1995) Verwaltungen und Gerichte zur Konkretisierung des in § 152 Abs. 1 Satz 5 enthaltenen Normbefehls sich „auch an den ‚Anhaltspunkten' des Bundesministeriums für Arbeit und Sozialordnung orientieren" (dürfen) „zumal sich diese nach den langjährigen Erfahrungen des Bundessozialgerichts als ein einleuchtendes und abgewogenes, in sich geschlossenes Beurteilungsgefüge zum GdB darstellen, das darauf angelegt ist, eine gleichmäßige Gutachtertätigkeit und damit eine gleichmäßige Rechtsanwendung zu gewährleisten". Die Fortentwicklung dieses über Jahrzehnte im Sinne von antizipierten Sachverständigengutachten bewährten Regelwerkes als „Versorgungsmedizinische Grundsätze" ist Aufgabe zukünftigen Sachverständigenbeirates Versorgungsmedizinische Begutachtung beim BMAS, der mit Inkrafttreten der VersMedV in Verbindung mit § 153 Abs. 2 SGB IX die zuvor geforderte demokratische Legitimation erfahren hat.

Die integrierende Bewertung des Gesamt-GdB in der Zusammenschau der im jeweiligen Einzelfall vorliegenden Behinderungen bedarf der besonderen sozialmedizinischen Expertise und ist auch dann nur im Sinne einer Schätzung möglich, und Wesensmerkmal einer Schätzung ist nun einmal, dass sie nie in vollem Umfange überzeugen kann.

Ausgewählte Behinderungen: Vergleichsmaßstab für einen Gesamt-GdB von 50

Sehbehinderung

Bei einer „Sehminderung auf 0,2 auf beiden Augen" kann keine Fahrerlaubnis mehr erworben werden. In Gutachtenwerken ist bei einem Visus von 0,3 beidseits ausgeführt, dass hierbei „mangelhafte Ausnutzbarkeit von Schwarzdruck und Probleme bei optischen Tätigkeitskontrollen" zu erwarten sind. Die Sehschärfe von 0,2 bis 0,3 bds. ist Grenzwert für handwerkliche Tätigkeiten außerhalb der klassischen Blindenberufe.

Hörminderung

Eine „hochgradige Schwerhörigkeit beiderseits" bedeutet, dass Umgangssprache ohne Hörhilfen nur noch in einem Abstand von einem Meter verstanden wird.

Stimmstörung, Artikulationsstörung
Bei Störungen der Stimm- und Sprechfunktionen „mit völliger Stimmlosigkeit" oder „mit unverständlicher Sprache" ist man auf eine Kontaktaufnahme mit Menschen durch schriftliche Kommunikation angewiesen.

Funktionsverlust des Afterschließmuskels, völlige Harninkontinenz
Fehlende Kontrolle über die Ausscheidungsfunktionen führt zu erheblichen psychosozialen Einschränkungen und Beeinträchtigung zahlreicher Aktivitäten in einer Vielzahl von Lebensbereichen.

Diabetes
An Diabetes erkrankte Menschen, die täglich mindestens vier Insulininjektionen durchführen und die Dosis in Abhängigkeit vom aktuellen Blutzuckerwert, den folgenden Mahlzeiten und körperlichen Aktivitäten selbstständig variieren müssen und durch erhebliche Einschnitte in der Lebensführung, wie z. B. häufige Hypoglykämien, die Fremdhilfe erfordern, zusätzlich beeinträchtigt sind, erleiden aufgrund des Therapieaufwandes in Kombination mit einer instabilen Stoffwechsellage eine ausgeprägte Teilhabebeeinträchtigung.

Gliedmaßenverlust: Verlust einer Hand
Heutzutage werden an die Handfunktionen besondere Anforderungen gestellt. Bei Verlust oder Gebrauchsunfähigkeit einer Hand sind Aktivitäten, die beidhändigen Einsatz erfordern, unmöglich und führen zu erheblichen Teilhabebeeinträchtigungen nicht nur im Bereich der Selbstversorgung, der Mobilität oder im beruflichen und schulischen Leben, sondern in allen Partizipationsbereichen. Dies gilt umso mehr, als die prothetische Versorgung sich an der oberen Extremität deutlich schwieriger gestaltet als an der unteren, ein Funktionsausgleich ist hier kaum zu erzielen.

Fazit

Vor dem Hintergrund der funktionellen Auswirkungen der in Tabellenteil B mit einem GdB von 50 genannten Erkrankungen vermag man in etlichen Urteilen kaum in überzeugender Weise die Eigenschaft einer Schwerbehinderung vergleichbar zu erkennen. Vielmehr sind die Sachverständigen im Hinblick auf die Beeinträchtigung der Teilhabe in allen Lebensbereichen in jedem Einzelfall gehalten, darauf zu achten, dass GdB-Werte von 10 „nicht zu einer Zunahme des Ausmaßes der Gesamtbeurteilung führen, auch dann nicht, wenn mehrere derartige leichte Gesundheitsstörungen nebeneinander bestehen" und es auch „bei leichten Funktionsbeeinträchtigungen mit einem GdB von 20 vielfach nicht gerechtfertigt ist, auf eine wesentliche Zunahme des Ausmaßes der Behinderung zu schließen". Diese Betrachtungsweise ist, wie die zitierten Urteile zeigen, mehr oder weniger zugunsten von verwaltungstechnisch einfacher zu handhabenden Rechenmethoden wie „30 plus 20 plus 20 GdB = GdB 50" in Verlust geraten. Zum einen sind Analogieschlüsse nachvollziehbar zu begründen, zum anderen sind sie natürlich schwieriger von den Gerichten zu überprüfen. Will man aber nicht fortwährend gegen Geist und Buchstaben der „Versorgungsmedizinischen Grundsätze" verstoßen, wird man auch in Zeiten knapper personeller Ressourcen und elektronischer Aktenbearbeitung um diese Begründungen nicht herumkommen.

Die Praxis einer schematisierten Zusammenfassung mehrerer einzelner Beeinträchtigungen zu einem Gesamt-GdB von 50 oder mehr benachteiligt tendenziell Menschen mit schweren Behinderungen, die des Schutzes und der Hilfen des Schwerbehindertenrechts in besonderer Weise bedürfen.

4. Hilflosigkeit

a) Aufgehoben.

b) Hilflos sind diejenigen, die infolge von Gesundheitsstörungen – nach dem Neunten Buch Sozialgesetzbuch (SGB IX) und dem Einkommensteuergesetz „nicht nur vorübergehend" – für eine Reihe von häufig und regelmäßig wiederkehrenden Verrichtungen zur Sicherung ihrer persönlichen Existenz im Ablauf eines jeden Tages fremder Hilfe dauernd bedürfen. Diese Voraussetzungen sind auch erfüllt, wenn die Hilfe in Form einer Überwachung oder einer Anleitung zu den genannten Verrichtungen erforderlich ist oder wenn die Hilfe zwar nicht dauernd geleistet werden muss, jedoch eine ständige Bereitschaft zur Hilfeleistung erforderlich ist.

c) Häufig und regelmäßig wiederkehrende Verrichtungen zur Sicherung der persönlichen Existenz im Ablauf eines jeden Tages sind insbesondere An- und Auskleiden, Nahrungsaufnahme, Körperpflege, Verrichten der Notdurft. Außerdem sind notwendige körperliche Bewegung, geistige Anregung und Möglichkeiten zur Kommunikation zu berücksichtigen. Hilflosigkeit liegt im oben genannten Sinne auch dann vor, wenn ein psychisch oder geistig behinderter Mensch zwar bei zahlreichen Verrichtungen des täglichen Lebens der Hilfe nicht unmittelbar bedarf, er diese Verrichtungen aber infolge einer Antriebsschwäche ohne ständige Überwachung nicht vornähme. Die ständige Bereitschaft ist z. B. anzunehmen, wenn Hilfe häufig und plötzlich wegen akuter Lebensgefahr notwendig ist.

d) Der Umfang der notwendigen Hilfe bei den häufig und regelmäßig wiederkehrenden Verrichtungen muss erheblich sein. Dies ist der Fall, wenn die Hilfe dauernd für zahlreiche Verrichtungen, die häufig und regelmäßig wiederkehren, benötigt wird. Einzelne Verrichtungen, selbst wenn sie lebensnotwendig sind und im täglichen Lebensablauf wiederholt vorgenommen werden, genügen nicht (z. B. Hilfe beim Anziehen einzelner Bekleidungsstücke, notwendige Begleitung bei Reisen und Spaziergängen, Hilfe im Straßenverkehr, einfache Wund- oder Heilbehandlung, Hilfe bei Heimdialyse ohne Notwendigkeit weiterer Hilfeleistung). Verrichtungen, die mit der Pflege der Person nicht unmittelbar zusammenhängen (z. B. im Bereich der hauswirtschaftlichen Versorgung) müssen außer Betracht bleiben.

e) Bei einer Reihe schwerer Behinderungen, die aufgrund ihrer Art und besonderen Auswirkungen regelhaft Hilfeleistungen in erheblichem Umfang erfordern, kann im Allgemeinen ohne nähere Prüfung angenommen werden, dass die Voraussetzungen für das Vorliegen von Hilflosigkeit erfüllt sind. Dies gilt stets
   aa) bei Blindheit und hochgradiger Sehbehinderung,
   bb) Querschnittslähmung und anderen Behinderungen, die auf Dauer und ständig – auch innerhalb des Wohnraums – die Benutzung eines Rollstuhls erfordern,

f) in der Regel auch
   aa) bei Hirnschäden, Anfallsleiden, geistiger Behinderung und Psychosen, wenn diese Behinderungen allein einen GdS von 100 bedingen,
   bb) Verlust von zwei oder mehr Gliedmaßen, ausgenommen Unterschenkel- oder Fußamputation beiderseits. (Als Verlust einer Gliedmaße gilt der Verlust mindestens der ganzen Hand oder des ganzen Fußes).

g) Führt eine Behinderung zu dauerndem Krankenlager, so sind stets auch die Voraussetzungen für die Annahme von Hilflosigkeit erfüllt. Dauerndes Krankenlager setzt nicht voraus, dass der behinderte Mensch das Bett überhaupt nicht verlassen kann.

h) Stirbt ein behinderter Mensch innerhalb von sechs Monaten nach Eintritt einer Gesundheitsstörung, so ist die Frage der Hilflosigkeit analog Nummer 2 Buchstabe g zu beurteilen.

Führt man sich die Definition der Pflegebedürftigkeit in der Sozialen Pflegeversicherung (§ 14 Abs. 1 SGB XI) vor Augen, wird als gemeinsames Merkmal für Hilflosigkeit und Pflegebedürftigkeit erkennbar, dass betroffene Personen aufgrund gesundheitlicher Einschränkungen, die mehr als sechs Monate bestehen, der Hilfe durch andere bedürfen. Darüber hinaus sind weder die Voraussetzungen noch die damit verbundenen Nachteilsausgleiche bzw. Leistungen miteinander vergleichbar. Die Soziale Pflegeversicherung berücksichtigt bei Mangel an Selbstständigkeit in sechs maßgeblichen Bereichen (Mobilität, kognitive und kommunikative Fähigkeiten, Verhaltensweisen und psychische Problemlagen, Selbstversorgung, Bewältigung von und selbstständiger Umgang mit krankheits- oder therapiebedingten Anforderungen und Belastungen, Gestaltung des Alltagslebens und sozialer Kontakte) neben Kriterien der Behandlungspflege auch

Beeinträchtigungen im Bereich der Haushaltsführung, die für das Vorliegen von Hilflosigkeit nach den Vorgaben der Versorgungsmedizinischen Grundsätze außer Betracht bleiben. Das Begutachtungsinstrument der Sozialen Pflegeversicherung ist in den sechs genannten Bereichen in entsprechende Module gegliedert, denen bei der Begutachtung jeweils Einzelpunkte zugeordnet und die anschließend nach einem bestimmten Schema gewichtet werden, um das individuelle Ausmaß der Pflegebedürftigkeit gemäß den fünf möglichen Pflegegraden zu ermitteln.

Dem versorgungsärztlichen Gutachter werden regelmäßig neben ärztlichen Befundunterlagen Gutachten zur Pflegebedürftigkeit nach dem SGB XI zur Auswertung vorgelegt. Diese Gutachten können, soweit sie auf persönlicher Inaugenscheinnahme von Antragstellern beruhen, zwar aufgrund der Teilhabeorientierung für das Verfahren zur Feststellung von Behinderungen wichtige Informationen liefern, sie bedürfen aber nach dem Beiratsbeschluss vom November 2005 auch nach Inkrafttreten der Pflegestärkungsgesetze nach wie vor der Überprüfung, ob diese Gutachten „dem notwendigen gutachtlichen Qualitätsstandard entsprechen". Damit verbietet sich eine alleinige oder auch nur überwiegende Übernahme der Informationen aus diesen Gutachten, es bedarf immer qualifizierter, aussagekräftiger ärztlicher Behandlungsunterlagen zu dieser Prüfung.

Bei den Pflegegraden 1 und 2 werden die Voraussetzungen für das Merkzeichen H selten zu diskutieren sein (Ausnahme: Rollstuhlnotwendigkeit auf Dauer und ständig auch in den Wohnräumen, die in diesen Gruppen vorkommen kann). Bei Pflegegrad 3 ist immer eine sorgfältige Abwägung unter Einbeziehung sämtlicher sonstiger Informationen erforderlich. Gemäß dem Schreiben des Bundesministeriums der Finanzen vom 19.08.2016 (IV C 8 – S 2286/07/10004:005) berechtigt die Einstufung in die Pflegegrade 4 und 5 bereits zur Vergabe des Pauschbetrages, der auch bei Vorhandensein des MZ H gewährt wird.

5. Besonderheiten der Beurteilung der Hilflosigkeit bei Kindern und Jugendlichen

a) Bei der Beurteilung der Hilflosigkeit bei Kindern und Jugendlichen sind nicht nur die bei der Hilflosigkeit genannten „Verrichtungen" zu beachten. Auch die Anleitung zu diesen „Verrichtungen", die Förderung der körperlichen und geistigen Entwicklung (z. B. durch Anleitung im Gebrauch der Gliedmaßen oder durch Hilfen zum Erfassen der Umwelt und zum Erlernen der Sprache) sowie die notwendige Überwachung gehören zu den Hilfeleistungen, die für die Frage der Hilflosigkeit von Bedeutung sind.

b) Stets ist nur der Teil der Hilfsbedürftigkeit zu berücksichtigen, der wegen der Behinderung den Umfang der Hilfsbedürftigkeit eines gesunden gleichaltrigen Kindes überschreitet. Der Umfang der wegen der Behinderungen notwendigen zusätzlichen Hilfeleistungen muss erheblich sein. Bereits im ersten Lebensjahr können infolge der Behinderung Hilfeleistungen in solchem Umfang erforderlich sein, dass dadurch die Voraussetzungen für die Annahme von Hilflosigkeit erfüllt sind.

c) Die Besonderheiten des Kindesalters führen dazu, dass zwischen dem Ausmaß der Behinderung und dem Umfang der wegen der Behinderung erforderlichen Hilfeleistungen nicht immer eine Korrelation besteht, so dass – anders als bei Erwachsenen – auch schon bei niedrigerem GdS Hilflosigkeit vorliegen kann.

d) Bei angeborenen oder im Kindesalter aufgetretenen Behinderungen ist im Einzelnen folgendes zu beachten:

   aa) Bei geistiger Behinderung kommt häufig auch bei einem GdS unter 100 – und dann in der Regel bis zur Vollendung des 18. Lebensjahres – Hilflosigkeit in Betracht, insbesondere wenn das Kind wegen gestörten Verhaltens ständiger Überwachung bedarf. Hilflosigkeit kann auch schon im Säuglingsalter angenommen werden, z. B. durch Nachweis eines schweren Hirnschadens.

   bb) Bei tief greifenden Entwicklungsstörungen, die für sich allein einen GdS von mindestens 50 bedingen, und bei anderen gleich schweren, im Kindesalter beginnenden Verhaltens- und emotionalen Störungen mit lang andauernden erheblichen Einordnungsschwierigkeiten ist regelhaft Hilflosigkeit bis zum 18. Lebensjahr anzunehmen.

cc) Bei hirnorganischen Anfallsleiden ist häufiger als bei Erwachsenen auch bei einem GdS unter 100 unter Berücksichtigung der Anfallsart, Anfallsfrequenz und eventueller Verhaltensauffälligkeiten die Annahme von Hilflosigkeit gerechtfertigt.

dd) Bei sehbehinderten Kindern und Jugendlichen mit Einschränkungen des Sehvermögens, die für sich allein einen GdS von wenigstens 80 bedingen, ist bis zur Vollendung des 18. Lebensjahres Hilflosigkeit anzunehmen.

ee) Bei Taubheit und an Taubheit grenzender Schwerhörigkeit ist Hilflosigkeit ab Beginn der Frühförderung und dann – insbesondere wegen des in dieser Zeit erhöhten Kommunikationsbedarfs – in der Regel bis zur Beendigung der Ausbildung anzunehmen. Zur Ausbildung zählen in diesem Zusammenhang: der Schul-, Fachschul- und Hochschulbesuch, eine berufliche Erstausbildung und Weiterbildung sowie vergleichbare Maßnahmen der beruflichen Bildung.

ff) Bei Lippen-Kiefer-Gaumenspalte und kompletter Gaumensegelspalte ist bis zum Abschluss der Erstbehandlung (in der Regel ein Jahr nach der Operation) Hilflosigkeit anzunehmen. Die Kinder benötigen während dieser Zeit in hohem Maße Hilfeleistungen, die weit über diejenigen eines gesunden gleichaltrigen Kindes hinausgehen, vor allem bei der Nahrungsaufnahme (gestörte Atmung, Gefahr des Verschluckens), bei der Reinigung der Mundhöhle und des Nasen-Rachenraumes, beim Spracherwerb sowie bei der Überwachung beim Spielen.

gg) Beim Bronchialasthma schweren Grades ist Hilflosigkeit in der Regel bis zur Vollendung des 16. Lebensjahres anzunehmen.

hh) Bei angeborenen oder in der Kindheit erworbenen Herzschäden ist bei einer schweren Leistungsbeeinträchtigung entsprechend den in Teil B Nummer 9.1.1 angegebenen Gruppen 3 und 4 Hilflosigkeit anzunehmen, und zwar bis zu einer Besserung der Leistungsfähigkeit (z. B. durch Operation), längstens bis zur Vollendung des 16. Lebensjahres.

ii) Bei Behandlung mit künstlicher Niere ist Hilflosigkeit bis zur Vollendung des 16. Lebensjahres anzunehmen. Bei einer Niereninsuffizienz, die für sich allein einen GdS von 100 bedingt, sind Hilfeleistungen in ähnlichem Umfang erforderlich, sodass auch hier bis zur Vollendung des 16. Lebensjahres die Annahme von Hilflosigkeit begründet ist.

jj) Beim Diabetes mellitus ist Hilflosigkeit bis zur Vollendung des 16. Lebensjahres anzunehmen.

kk) Bei Phenylketonurie ist Hilflosigkeit ab Diagnosestellung – in der Regel bis zum 14. Lebensjahr – anzunehmen. Über das 14. Lebensjahr hinaus kommt Hilflosigkeit in der Regel nur noch dann in Betracht, wenn gleichzeitig eine relevante Beeinträchtigung der geistigen Entwicklung vorliegt.

ll) Bei der Mukoviszidose ist bei der Notwendigkeit umfangreicher Betreuungsmaßnahmen – im Allgemeinen bis zur Vollendung des 16. Lebensjahres – Hilflosigkeit anzunehmen. Das ist immer der Fall bei Mukoviszidose, die für sich allein einen GdS von wenigstens 50 bedingt (siehe Teil B Nummer 15.5). Nach Vollendung des 16. Lebensjahres kommt Hilflosigkeit bei schweren und schwersten Einschränkungen bis zur Vollendung des 18. Lebensjahres in Betracht.

mm) Bei malignen Erkrankungen (z. B. akute Leukämie) ist Hilflosigkeit für die Dauer der zytostatischen Intensiv-Therapie anzunehmen.

nn) Bei angeborenen, erworbenen oder therapieinduzierten schweren Immundefekten ist Hilflosigkeit für die Dauer des Immunmangels, der eine ständige Überwachung wegen der Infektionsgefahr erforderlich macht, anzunehmen.

oo) Bei der Hämophilie ist bei Notwendigkeit der Substitutionsbehandlung – und damit schon bei einer Restaktivität von antihämophilem Globulin von 5 % und darunter – stets bis zur Vollendung des 6. Lebensjahres, darüber hinaus häufig je nach Blutungsneigung (zwei oder mehr ausgeprägte Gelenkblutungen pro Jahr) und Reifegrad auch noch weitere Jahre, Hilflosigkeit anzunehmen.

pp) Bei der juvenilen chronischen Polyarthritis ist Hilflosigkeit anzunehmen, solange die Gelenksituation eine ständige Überwachung oder andauernd Hilfestellungen beim Gebrauch der betroffenen Gliedmaßen sowie Anleitungen zu Bewegungsübungen erfordert, in der Regel bis zur Vollendung des 16. Lebensjahres. Bei der systemischen Verlaufsform (Still-Syndrom) und anderen systemischen Bindegewebskrankheiten (z. B. Lupus erythematodes, Sharp-Syndrom, Dermatomyositis) ist für die Dauer des aktiven Stadiums Hilflosigkeit anzunehmen.

qq) Bei der Osteogenesis imperfecta ist die Hilflosigkeit nicht nur von den Funktionseinschränkungen der Gliedmaßen sondern auch von der Häufigkeit der Knochenbrüche abhängig. In der Regel bedingen zwei oder mehr Knochenbrüche pro Jahr Hilflosigkeit. Hilflosigkeit aufgrund einer solchen Bruchneigung ist solange anzunehmen, bis ein Zeitraum von zwei Jahren ohne Auftreten von Knochenbrüchen abgelaufen ist, längstens jedoch bis zur Vollendung des 16. Lebensjahres.

rr) Bei klinisch gesicherter Typ-I-Allergie gegen schwer vermeidbare Allergene (z. B. bestimmte Nahrungsmittel), bei der aus dem bisherigen Verlauf auf die Gefahr lebensbedrohlicher anaphylaktischer Schocks zu schließen ist, ist Hilflosigkeit – in der Regel bis zum Ende des 12. Lebensjahres – anzunehmen.

ss) Bei der Zöliakie kommt Hilflosigkeit nur ausnahmsweise in Betracht. Der Umfang der notwendigen Hilfeleistungen bei der Zöliakie ist regelmäßig wesentlich geringer als etwa bei Kindern mit Phenylketonurie oder mit Diabetes mellitus.

e) Wenn bei Kindern und Jugendlichen Hilflosigkeit festgestellt worden ist, muss bei der Beurteilung der Frage einer wesentlichen Änderung der Verhältnisse Folgendes beachtet werden: Die Voraussetzungen für die Annahme von Hilflosigkeit können nicht nur infolge einer Besserung der Gesundheitsstörungen entfallen, sondern auch dadurch, dass behinderte Jugendliche infolge des Reifungsprozesses – etwa nach Abschluss der Pubertät – ausreichend gelernt haben, die wegen der Behinderung erforderlichen Maßnahmen selbstständig und eigenverantwortlich durchzuführen, die vorher von Hilfspersonen geleistet oder überwacht werden mussten.

Als Kind gilt, wer noch nicht 14 Jahre alt ist; als Jugendlicher, wer 14, aber noch nicht 18 Jahre alt ist (§ 7 SGB VIII Kinder- und Jugendhilfe). Hilflosigkeit ist *nicht an ein Mindestalter gebunden*. Bereits im frühen Säuglingsalter kann behinderungsbedingt die Notwendigkeit ständiger Überwachung in lebensgefährdenden Situationen gegeben sein. Im Rahmen der Frühförderung können bei schwer hirngeschädigten, blinden oder gehörlosen Kindern zusätzliche Hilfeleistungen in erheblichem Umfang erforderlich werden. Hinzu kommt, dass bei Kindern trotz eher leichter Funktionseinschränkungen ein ungleich höherer Hilfebedarf dadurch entsteht, dass sie sich an die Behinderung noch nicht in gleichem Maße wie ein Erwachsener anpassen können und in diese erst „hineinwachsen" müssen.

6. Blindheit und hochgradige Sehbehinderung

a) Blind ist ein behinderter Mensch, dem das Augenlicht vollständig fehlt. Als blind ist auch ein behinderter Mensch anzusehen, dessen Sehschärfe auf keinem Auge und auch nicht beidäugig mehr als 0,02 (1/50) beträgt oder wenn andere Störungen des Sehvermögens von einem solchen Schweregrad vorliegen, dass sie dieser Beeinträchtigung der Sehschärfe gleichzustellen sind.

b) Eine der Herabsetzung der Sehschärfe auf 0,02 (1/50) oder weniger gleichzusetzende Sehbehinderung liegt nach den Richtlinien der Deutschen Ophthalmologischen Gesellschaft bei folgenden Fallgruppen vor:

   aa) bei einer Einengung des Gesichtsfeldes, wenn bei einer Sehschärfe von 0,033 (1/30) oder weniger die Grenze des Restgesichtsfeldes in keiner Richtung mehr als 30° vom Zentrum entfernt ist, wobei Gesichtsfeldreste jenseits von 50° unberücksichtigt bleiben,

   bb) bei einer Einengung des Gesichtsfeldes, wenn bei einer Sehschärfe von 0,05 (1/20) oder weniger die Grenze des Restgesichtsfeldes in keiner Richtung mehr als 15° vom Zentrum entfernt ist, wobei Gesichtsfeldreste jenseits von 50° unberücksichtigt bleiben,

   cc) bei einer Einengung des Gesichtsfeldes, wenn bei einer Sehschärfe von 0,1 (1/10) oder weniger die Grenze des Restgesichtsfeldes in keiner Richtung mehr als 7,5° vom Zentrum entfernt ist, wobei Gesichtsfeldreste jenseits von 50° unberücksichtigt bleiben,

   dd) bei einer Einengung des Gesichtsfeldes, auch bei normaler Sehschärfe, wenn die Grenze der Gesichtsfeldinsel in keiner Richtung mehr als 5° vom Zentrum entfernt ist, wobei Gesichtsfeldreste jenseits von 50° unberücksichtigt bleiben,

   ee) bei großen Skotomen im zentralen Gesichtsfeldbereich, wenn die Sehschärfe nicht mehr als 0,1 (1/10) beträgt und im 50°-Gesichtsfeld unterhalb des horizontalen Meridians mehr als die Hälfte ausgefallen ist, ff) bei homonymen Hemianopsien, wenn die Sehschärfe nicht mehr als 0,1 (1/10) beträgt und das erhaltene Gesichtsfeld in der Horizontalen nicht mehr als 30° Durchmesser besitzt,

gg) bei bitemporalen oder binasalen Hemianopsien, wenn die Sehschärfe nicht mehr als 0,1 (1/10) beträgt und kein Binokularsehen besteht.

c) Blind ist auch ein behinderter Mensch mit einem nachgewiesenen vollständigen Ausfall der Sehrinde (Rindenblindheit), nicht aber mit einer visuellen Agnosie oder anderen gnostischen Störungen.

Für die Feststellung von Blindheit ist die Begutachtung nach den Richtlinien der Deutschen Ophthalmologischen Gesellschaft (DOG) durch einen gutachtlich erfahrenen Augenarzt erforderlich, der zur Vermeidung von Interessenskonflikten nicht gleichzeitig Behandler sein sollte (Beirat 11/2007).

Da subjektive Angaben durch den objektiven Befund erklärt sein müssen, können elektrophysiologische Funktionsuntersuchungen wie Blitz-VEP und Muster-VEP sowie Elektroretinogramm Schäden aufzeigen oder ausschließen. Dabei kann ein pathologisches Muster-VEP Blindheit jedoch nicht begründen, ein Normalbefund bei Reizmustern von 15 Winkelminuten jedoch eine Sehschärfe von mindestens 0,1 sichern. Auch ein optokinetischer Nystagmus setzt eine Wahrnehmung des Streifenmusters voraus, hier sind Streifenabstand und Prüfungsabstand wesentlich zur Einschätzung der Funktion (1cm Streifenabstand in 1 m ergibt ein Visusäquivalent von 0,03). Allerdings kann es hierbei ähnlich wie bei Untersuchungen der Sehschärfe mit Streifenmustern (preferential looking Tests) zu einer Überschätzung der Sehschärfe bei Amblyopie oder Makulaerkrankungen kommen. Eine isolierte Sehschärfeminderung wie bei Makuladegeneration erklärt keine Gesichtsfeldeinengung, daher ist auch eine Orientierung durchaus weiter möglich.

Mit dem aktuellen Urteil vom 24.10.2019 (B 9 SB 1/18 R) hat das Bundessozialgericht klargestellt, dass es keinen einheitlichen Blindheitsbegriff gibt. Somit bestehen deutliche Differenzierungen zwischen den Vorgaben der „Versorgungsmedizinischen Grundsätze“ einerseits und den Blindengeldgesetzen der Länder andererseits. Es heißt im Urteil: „Im Schwerbehindertenrecht setzt Blindheit bzw. die Zuerkennung des Merkzeichens Bl Störungen des Sehapparats im organischen Sinn voraus. Für gnostische – neuropsychologische – Störungen des visuellen Erkennens, die schwerpunktmäßig anderen Funktionsbereichen zuzuordnen sind, stehen im Schwerbehindertenrecht … andere Nachteilsausgleiche passgenau zur Verfügung“ und weiter: „Der Begriff der Blindheit nach der AnlVersMedV braucht nicht zwangsläufig vollständig deckungsgleich mit dem der Blindheit in anderen Gesetzen zu sein. Insbesondere weicht die Ausgangslage maßgeblich von der nach Art 1 Abs. 2 Satz 1 BayBlindG ab, die den Senat veranlasst hat, seine Rechtsprechung zur Unterscheidung von Störungen beim Erkennen und Benennen sowie zur spezifischen Sehstörung als Voraussetzung der Blindheit für einen Blindengeldanspruch aufzugeben.“

Wie das BSG in seiner Entscheidung vom 24.10.2019 (B 9 SB 1/18 R) festgelegt hat, reicht die Unfähigkeit zur Sinneswahrnehmung, die aus einer visuellen Agnosie oder anderen gnostischen Störungen resultiert, zur Annahme von Blindheit nach Teil A Nr. 6 der „Versorgungsmedizinischen Grundsätze“ nicht aus. Dabei soll es nach dem Entwurf der Sechsten Änderungsverordnung zur VersMedV vom 28.08.2018 (http://infothek.paritaet.org/pid/fachinfos.nsf/0/d1b5c893b161af93c125835300438b40/$FILE/Entwurf_6-%C3%84ndVO-VersMedV_2018-08-28.pdf, Stand 2021-01-12) auch in Zukunft bleiben.

Bezüglich der Gewährung von Blindengeld liegt daher in der Regel keine Bindungswirkung durch Entscheidung über das Merkzeichen Bl vor, sofern die Anspruchsvoraussetzung des Landesblindengeldes nicht an den Feststellungsbescheid nach dem SGB IX geknüpft ist, wie z. B. in Niedersachsen und Schleswig-Holstein.

Die erfolgte Ausweitung des Blindheitsbegriffs im Blindengeldrecht wird in vielen Fällen durch den Zweckverfehlungseinwand relativiert; nach der Zurückverweisung durch das BSG-Urteil vom 14.06.2018 (B 9 BL 1/17 R) lehnte das bayerische Landessozialgericht die Klage ab, da das konkrete Krankheitsbild (schwere Alzheimer Demenz) blindheitsbedingte Mehraufwendungen ausschließt (Urteil v. 11.02.2020 – L 15 BL 9/14).

d) Für die Feststellung von Hilflosigkeit ist im Übrigen zu prüfen, ob eine hochgradige Sehbehinderung vorliegt. Hochgradig in seiner Sehfähigkeit behindert ist ein Mensch, dessen Sehschärfe auf keinem Auge und auch nicht beidäugig mehr als 0,05 (1/20) beträgt oder wenn andere hinsichtlich des Schweregrades gleichzusetzende Störungen der Sehfunktion vorliegen. Dies ist der Fall, wenn die Einschränkung des Sehvermögens einen GdS von 100 bedingt und noch keine Blindheit vorliegt.

Da es in verschiedenen Bundesländern zu recht unterschiedlichen Einordnungen kam, welche Funktionsstörungen einen GdB von 100 bedingen können, sei exemplarisch auf die Vorschläge verwiesen, die ebenfalls im Rahmen des Entwurfs der Sechsten Änderungsverordnung vom 28.08.2018 (s. o.) veröffentlicht wurden und die Eingang in die bayerische Beurteilung der hochgradigen Sehbehinderung gefunden haben:

a) Bei einer Einengung des Gesichtsfelds, wenn bei einer Sehschärfe von 0,08 oder weniger die Grenze des Restgesichtsfelds in keiner Richtung mehr als 30° vom Zentrum des Gesichtsfeldschemas entfernt ist, wobei Gesichtsfeldreste jenseits von 50° (vom Gesichtsfeldschema) unberücksichtigt bleiben.
b) Bei einer Einengung des Gesichtsfelds, wenn bei einer Sehschärfe von 0,16 oder weniger die Grenze des Restgesichtsfelds in keiner Richtung mehr als 20° vom Zentrum des Gesichtsfeldschemas entfernt ist, wobei Gesichtsfeldreste jenseits von 50° (vom Gesichtsfeldschema) unberücksichtigt bleiben.
c) Bei einer Einengung des Gesichtsfelds, wenn bei einer Sehschärfe von 0,25 oder weniger die Grenze des Restgesichtsfelds in keiner Richtung mehr als 15° vom Zentrum des Gesichtsfeldschemas entfernt ist, wobei Gesichtsfeldreste jenseits von 50° (vom Gesichtsfeldschema) unberücksichtigt bleiben.
d) Bei einer Einengung des Gesichtsfelds, wenn bei einer Sehschärfe von 0,32 oder weniger die Grenze des Restgesichtsfelds in keiner Richtung mehr als 10° vom Zentrum des Gesichtsfeldschemas entfernt ist, wobei Gesichtsfeldreste jenseits von 50° (vom Gesichtsfeldschema) unberücksichtigt bleiben.
e) Bei einer Einengung des Gesichtsfelds, auch bei normaler Sehschärfe. Wenn das Restgesichtsfeld maximal 15° im Durchmesser beträgt, wobei Gesichtsfeldreste jenseits von 50° (vom Gesichtsfeldschema) unberücksichtigt bleiben.
f) Bei großen Skotomen innerhalb von 50° des Gesichtsfeldschemas, die zum Ausfall von mehr als der Hälfte unterhalb des horizontalen Meridians führen und von unten mindestens bis zum Zentrum des Gesichtsfeldschemas reichen, wenn die Sehschärfe nicht mehr als 0,16 beträgt.
g) Bei homonymen Hemianopsien, wenn die Sehschärfe nicht mehr als 0,16 beträgt und das erhaltene Gesichtsfeld in der Horizontalen nicht mehr als 30° Durchmesser besitzt.
h) Bei bitemporalen oder binasalen Hemianopsien, wenn die Sehschärfe nicht mehr als 0,16 beträgt und das erhaltene binokulare Gesichtsfeld in der Horizontalen nicht mehr als 30° Durchmesser besitzt.

Bei einer beidseitigen Herabsetzung der Sehschärfe auf 0,06 ist ein GdB von 100 und in der Folge auch das Merkzeichen H zu vergeben, obwohl die für die Definition einer hochgradigen Sehbehinderung festgelegten Voraussetzungen nicht erfüllt sind (s. auch Kommentar zu B 4.3).

7. Wesentliche Änderung der Verhältnisse

a) Eine wesentliche Änderung im Ausmaß der Schädigungsfolgen oder der Behinderung liegt nur vor, wenn der veränderte Gesundheitszustand mehr als sechs Monate angehalten hat oder voraussichtlich anhalten wird und die Änderung des GdS wenigstens 10 beträgt. Eine wesentliche Änderung ist auch gegeben, wenn die entscheidenden Voraussetzungen für weitere Leistungen im sozialen Entschädigungsrecht oder für Nachteilsausgleiche für behinderte Menschen erfüllt werden oder entfallen sind.

b) Nach Ablauf der Heilungsbewährung ist auch bei gleichbleibenden Symptomen eine Neubewertung des GdS zulässig, weil der Ablauf der Heilungsbewährung eine wesentliche Änderung der Verhältnisse darstellt.

c) Bei Beurteilungen im sozialen Entschädigungsrecht ist bei einer Zunahme des Leidensumfangs zusätzlich zu prüfen, ob die Weiterentwicklung noch Folge einer Schädigung ist. Auch bei gleichbleibendem Erscheinungsbild kann eine wesentliche Änderung der gesundheitlichen Verhältnisse vorliegen, wenn sich die schädigungsbedingte Störung, die dem Erscheinungsbild zunächst zugrunde lag, gebessert oder ganz zurückgebildet hat, das Leidensbild jedoch aufgrund neuer Ursachen bestehen geblieben ist („Verschiebung der Wesensgrundlage").

Da dazu ebenfalls eine Regelung durch den Gesetz- und Verordnungsgeber an anderer Stelle getroffen wurde, hat folgender Passus aus den Anhaltspunkten keinen Eingang in die Versorgungsmedizin-Verordnung gefunden: „Liegt bereits eine bindende Entscheidung über Schädigungsfolgen oder Behinderungen vor, muss nach § 48 SGB X bei neuen Anträgen oder auch bei Nachprüfungen von Amts wegen beurteilt werden, ob in den tatsächlichen oder rechtlichen Verhältnissen, die beim Erlass des Verwaltungsaktes vorgelegen haben, eine wesentliche Änderung eingetreten ist." Eine Änderung der rechtlichen Verhältnisse ergibt sich im Rahmen des Schwerbehindertenrechtes in unregelmäßiger zeitlicher Folge durch die fortlaufende Anpassung der Versorgungsmedizinischen Grundsätze an den aktuellen Stand der medizinischen Wissenschaft durch Änderungsverordnungen.

Als maßgeblicher Bezugspunkt für die Annahme einer Änderung kommt auch der Eintritt eines bestimmten Lebensalters wie der Volljährigkeit in Betracht. So können bei einer wesentlichen Änderung der Verhältnisse durch Eintritt eines bestimmten Lebensalters Begünstigungen wie z. B. Merkzeichen entzogen werden (BSG 1996).

Literatur

AWMF (2017). *Leitlinie für die ärztliche Begutachtung von Menschen mit chronischen Schmerzen („Leitlinie Schmerzbegutachtung“),* 4. Aktualisierung 2017, AWMF-Registernummer 094 – 003 (https://www.awmf.org/leitlinien/detail/ll/094-003.html, Stand 2022-01-03)

AWMF (2019). *Leitlinie „Begutachtung psychischer und psychosomatischer Störungen“,* AWMF-Registernummer 051-029 (https://www.awmf.org/leitlinien/detail/ll/051-029.html, Stand 2022-01-03)

Bundesministerium für Arbeit und Soziales (2020). *Ergänzendes Rundschreiben zum Rundschreiben des Bundesministeriums für Arbeit und Sozialordnung Soziale Entschädigung* – IV c 3 – 46052-2/60 vom 2. Dezember 2008, 23.06.2020, AZ Va2-55021-6

Bundesministerium für Gesundheit und Soziale Sicherung (Hg.) (2008). *Anhaltspunkte für die Ärztliche Gutachtertätigkeit im sozialen Entschädigungsrecht und nach dem Schwerbehindertenrecht.* Bonn.

Entwurf des Bundesministeriums für Arbeit und Soziales
Sechste Verordnung zur Änderung der Versorgungsmedizin-Verordnung, Bearbeitungsstand 28.08.2018 (http://infothek.paritaet.org/pid/fachinfos.nsf/0/d1b5c893b161af93c125835300438b40/$FILE/Entwurf_6-%C3%84ndVO-VersMedV_2018-08-28.pdf, Stand 2022-20-02)

BSG-Urteil vom 15.03.1979 – 9 RVs 7/78

BSG-Urteil vom 15.03.1979 – 9 RVs 16/78

BSG-Urteil vom 15.03.1979 – 9 RVs 17/78

BSG-Urteil vom 07.11.1979 – RVs 12/78

BSG-Urteil vom 16.03.1994 – RVs 6/93

BSG-Urteil vom 12.11.1996 – 9 RVs 18/94

BSG-Urteil vom 24.04.2008 – B 9/9a SB 6/06 R

BSG-Beschluss vom 09.12.2010 – B 9 SB 35/10 B

BSG-Urteil vom 17.04.2013 – B 9 SB 3/12 R

BSG-Urteil vom 16.12.2014 – B 9 SB 2/13 R

BSG-Beschluss vom 20.04.2015 – B 9 SB 98/14 B.

BSG-Beschluss vom 02.10.2020 – B 9 SB 10/20 B

BSG-Beschluss vom 27.11.2020 – B 9 SB 29/20 B

BSG-Beschluss vom 12.11.2019 – B 9 SB 58/19 B

BVerfG-Urteil vom 06.03.1995 – 1 BvR 60/95

Deutscher Bundestag (2001). *Drucksache 14/5074,* S. 98–99

GOETZ, E. (1973). Die Bildung der MdE. In: *KOV 22:* 97.

HENNIES, G. (1991). MdE-GdB, Tafeln für den Gutachter. In: *MedSach 4:* 107.

KAINZ, W. J. (2018). Auswirkungen des neuen Begriffs der Behinderung auf den Grad der Behinderung? In: *NZS 2018:* 297.

KRASNEY, O. (2009). Zur Bedeutung höchstrichterlicher Urteile für die medizinische Begutachtung. In: *MedSach 105:* 85–88.

LSG Baden-Württemberg – Urteil vom 24.10.2018 – L 3 SB 5/17

LSG Berlin-Brandenburg – Urteil vom 06.01.2020 – L 11 SB 177/17

LSG Niedersachsen Bremen – Urteil vom 26.05.2021 – L 13 SB 40/20

LSG Nordrhein-Westfalen – Urteil vom 31.03.2009 – L 6 SB 110/08

LSG Nordrhein-Westfalen – Urteil vom 20.11.2020 – L 13 SB 236/19 –

Versorgungsmedizin-Verordnung – VersMedV – Anlage zu §2 „Versorgungsmedizinische Grundsätze“ (2015). Hg. Bundesministerium für Arbeit und Soziales. Bonn.

WELTI, F. (2010). Kommentar zu § 2 SGB IX „Behinderung“. In: K. Lachwitz; W. Schellhorn & F. WELTI (Hg.). HK-SGB IX. Handkommentar zum SGB IX. 3. Aufl. Neuwied: 53–67.

Teil B:

GdS-Tabelle

1. Allgemeine Hinweise zur GdS-Tabelle

Kommentare: PETRA NIEDER, EBERHARD LOSCH, CHRISTA RIECK

a) Die nachstehend genannten GdS sind Anhaltswerte. Es ist unerlässlich, alle die Teilhabe beeinträchtigenden körperlichen, geistigen und seelischen Störungen im Einzelfall zu berücksichtigen. Die Beurteilungsspannen tragen den Besonderheiten des Einzelfalles Rechnung.

b) Bei Gesundheitsstörungen, die in der Tabelle nicht aufgeführt sind, ist der GdS in Analogie zu vergleichbaren Gesundheitsstörungen zu beurteilen.

c) Eine Heilungsbewährung ist abzuwarten nach Transplantationen innerer Organe und nach der Behandlung von Krankheiten, bei denen dies in der Tabelle vorgegeben ist. Dazu gehören vor allem bösartige Geschwulstkrankheiten. Für die häufigsten und wichtigsten solcher Krankheiten sind im Folgenden Anhaltswerte für den GdS angegeben. Sie sind auf den Zustand nach operativer oder anderweitiger Beseitigung der Geschwulst bezogen. Der Zeitraum des Abwartens einer Heilungsbewährung beträgt in der Regel fünf Jahre; kürzere Zeiträume werden in der Tabelle vermerkt. Maßgeblicher Bezugspunkt für den Beginn der Heilungsbewährung ist der Zeitpunkt, an dem die Geschwulst durch Operation oder andere Primärtherapie als beseitigt angesehen werden kann; eine zusätzliche adjuvante Therapie hat keinen Einfluss auf den Beginn der Heilungsbewährung. Der aufgeführte GdS bezieht den regelhaft verbleibenden Organ- oder Gliedmaßenschaden ein. Außergewöhnliche Folgen oder Begleiterscheinungen der Behandlung – z. B. lang dauernde schwere Auswirkungen einer wiederholten Chemotherapie – sind zu berücksichtigen. Bei den im Folgenden nicht genannten malignen Geschwulstkrankheiten ist von folgenden Grundsätzen auszugehen: Bis zum Ablauf der Heilungsbewährung – in der Regel bis zum Ablauf des fünften Jahres nach der Geschwulstbeseitigung – ist in den Fällen, in denen der verbliebene Organ- oder Gliedmaßenschaden für sich allein keinen GdS von wenigstens 50 bedingt, im Allgemeinen nach Geschwulstbeseitigung im Frühstadium ein GdS von 50 und nach Geschwulstbeseitigung in höheren Stadien ein GdS von 80 angemessen. Bedingen der verbliebene Körperschaden oder die Therapiefolgen einen GdS von 50 oder mehr, ist der bis zum Ablauf der Heilungsbewährung anzusetzende GdS entsprechend höher zu bewerten.

d) Ein Carcinoma in situ (Cis) rechtfertigt grundsätzlich kein Abwarten einer Heilungsbewährung. Ausgenommen hiervon sind das Carcinoma in situ der Harnblase und das Carcinoma in situ der Brustdrüse (intraduktales und lobuläres Carcinoma in situ), bei denen wegen klinischer Besonderheiten bei Vorliegen o. g. Voraussetzungen das Abwarten einer Heilungsbewährung begründet ist.

Seit dem Inkrafttreten der VersMedV am 1. Januar 2009 sind die versorgungsärztlichen Sachverständigen gehalten, sich an einem teilhabebezogenen Behinderungsbegriff, wie er in Gestalt der allgemeinen Klausel unter B 1 a) in die Anlage zu § 2 „Versorgungsmedizinische Grundsätze" aufgenommen wurde, zu orientieren und bei der Verwendung von bisher nicht im Sinne des bio-psycho-sozialen Modells überarbeiteten Tabellenwerten sowie bei der Bildung des Gesamt-GdB entsprechende Aspekte ggf. in ihre Bewertung einfließen zu lassen.

Heilungsbewährung

Bereits im Kommentar zu Teil A 2 ist dargelegt, unter welchen Voraussetzungen eine Heilungsbewährung in Betracht kommt. Ursprünglich wurde der Begriff der Heilungsbewährung in Zusammenhang mit der Beurteilung von Lungentuberkulosen entwickelt. Hierzu hatte das Bundessozialgericht im Urteil v. 22.05.1962 (9 RV 590/59) ausgeführt: „Ist aus Anlass des Übergangs einer aktiven (Lungen)-Tbc in eine inaktive die MdE wegen wesentlicher Änderung der Verhältnisse herabgesetzt worden und dauert die Inaktivität der Tbc längere Zeit – etwa fünf Jahre – ohne Rückfälle an, so kann die damit eingetretene klinische Heilung eine weitere wesentliche Änderung der Verhältnisse darstellen." Weitere Erläuterungen ließ das BSG in Urteilen vom 11.10.1994 (9 RV 2/93) und 09.08.1995 (9 RVs 14/94) folgen: „Die Ungewissheit darüber, welchen Weg das Krankheitsgeschehen einschlagen wird, kann später nach rückfallfreiem Verlauf einer ‚Bewährungszeit' weggefallen sein, und dies vermag die Herabsetzung der MdE unter dem Gesichtspunkt einer Änderung der Verhältnisse zu rechtfertigen. Dies gilt ebenso dann, wenn die im Bescheid genannte nicht unerhebliche Behinderung (der Organverlust) weiterhin besteht, aber eine nicht genannte erhebliche Behinderung – hier ‚Schonungsbedürftigkeit' nach Krebsoperation – weggefallen ist."

Bis in die jüngste Vergangenheit war die Heilungsbewährungspauschale Gegenstand höchstrichterlicher Entscheidungen. In seinem Urteil vom 11.08.2015 (B 9 SB 2/15 R) äußerte das BSG zuletzt keine grundsätzlichen gleichheitsrechtlichen Bedenken gegen die hierzu bestehenden Regeln. Wegen der Pflicht der Versorgungsbehörden, trotz der grundsätzlich vorgesehenen Pauschalierung besonders gelagerten Einzelfallkonstellationen (wie unter B 1 c] aufgeführt) zugunsten der Betroffenen Rechnung zu tragen, gebe es keine zwingenden verfassungsrechtlichen Erwägungen, das Modell der Heilungsbewährung zu überarbeiten.

Die Heilungsbewährung beginnt mit dem Zeitpunkt, an dem die Maßnahmen der Erstbehandlung (z. B. chirurgische Entfernung von soliden Tumoren, Bestrahlung in kurativer Absicht, Chemotherapie) abgeschlossen sind und das Leiden klinisch beseitigt oder eine Vollremission bei hämatologischen Systemerkrankungen bzw. nach akuten Phasen bzw. Episoden bestimmter psychischer Gesundheitsstörungen bestätigt ist. Adjuvante Maßnahmen (wie etwa die Gabe von Antiöstrogenen bei Tumoren der weiblichen Brust) sind nicht zu berücksichtigen (Beirat 4/1989 und 4/2002). Eine Rückdatierung vor den Zeitpunkt der klinischen Diagnose ist nicht möglich. Auch wenn ein Krebsleiden vor diesem Datum in der Entstehung begriffen war (Beirat 11/2002), ist ohne Sicherung des klinischen Bildes keine Beeinträchtigung der Teilhabe zu unterstellen.

Der Ablauf der in den Versorgungsmedizinischen Grundsätzen angegebenen Fristen stellt – bei Ausschluss eines Rezidivs – eine wesentliche Änderung der Verhältnisse dar, die zum Zeitpunkt der Feststellung maßgeblich waren (s. auch Teil A: Gemeinsame Grundsätze, Nr. 7. B]). Dies rechtfertigt eine Neubewertung des GdB, der dann allein noch vom Umfang der verbleibenden Funktionseinschränkung und weiteren möglichen Therapiefolgen bestimmt wird. Sind keine Folgen mehr nachzuweisen, ist der GdB auf 0 zu schätzen.

Der Ablauf der Heilungsbewährungsfrist ist für die verschiedenen Gesundheitsstörungen in den einzelnen Kapiteln der „Versorgungsmedizinischen Grundsätze“ angegeben. In über 90 % der Fälle treten mögliche Rezidive binnen fünf Jahren auf, so dass ohne Rezidiv danach vom Eintritt der Heilungsbewährung ausgegangen werden kann. Erkrankungen, die im Einzelfall längere Zeiträume als angegeben rechtfertigten, können nicht angenommen werden (Beirat 3/1987, 11/1991, 8/2008).

Allgemeines zur Beurteilung von Tumorerkrankungen

Ist bei einem Tumorleiden keine kurative Therapie möglich, so dass es also klinisch nicht beseitigt und nur palliativ behandelt werden kann, kann keine Heilungsbewährung angesetzt werden. Gleiches gilt für das Auftreten von ausgedehnten **Rezidiven** und **Metastasen**, wobei eine neue Zeit der Heilungsbewährung nur nach ihrer sicheren Beseitigung beginnt (Beirat 3/1998). Allein ein sicher beseitigtes **Lokalrezidiv** verlängert bei unverändertem GdB lediglich den Zeitraum der Heilungsbewährung (Beirat 11/1999). Auch beim Wiederauftreten eines **Frühkarzinoms** lange nach einem vorausgegangenen Tumorleiden ist nur eine erneute Beurteilung nach den Vorgaben der Versorgungsmedizinischen Grundsätze unter Ansatz einer Heilungsbewährung angezeigt (Beirat 4/1999).

Zur Beurteilung bei **unbekanntem Primärtumor** (CUP-Syndrom) empfiehlt die Arbeitsgemeinschaft der versorgungsmedizinisch tätigen Leitenden Ärztinnen und Ärzte der Länder und der Bundeswehr, in jedem Fall eine Einzelfallprüfung vorzunehmen, welche dann ggf. den Nachweis von Malignität erbringen muss. Unter dieser Voraussetzung ist eine Heilungsbewährung abzuwarten und die Nachuntersuchung durchzuführen. Der GdB ist gemäß VersMedV (B1c) mit mindestens 80 zu bewerten (Beschluss 10/2013).

Besteht nach operativer Beseitigung eines **Prostatakarzinoms** auch nur durch Wiederanstieg des prostataspezifischen Antigens (PSA) der Verdacht auf ein Rezidiv oder eine Metastasierung und wird daraufhin eine Hormonbehandlung eingeleitet, ist der GdB mit mindestens 60 anzunehmen, eine Heilungsbewährung ist nicht anzusetzen. Eine beiderseitige plastische Hodenentfernung ist als Hormonbehandlung anzusehen (Beirat 10/1998).

Neuroendokrine Tumoren (Karzinoide): Lokalisierte Karzinoide des Darmes und anderer Organe sind mit einem GdB von 50 und einer Heilungsbewährung von zwei Jahren zu bewerten (Beirat 3/2000).

Voraussetzungen für **Merkzeichen** können bei Tumorleiden bei reduziertem Allgemeinzustand gegeben sein (s. auch Kommentar zum Merkzeichen aG). Wenn eine Besserung des Allgemeinzustandes schon vor Ablauf des Zeitraums der Heilungsbewährung zu erwarten ist, kann hierzu eine gesonderte Prüfung angesetzt werden.

Bei einigen hämatologischen Neoplasien werden die Auswirkungen einer mehr als sechs Monate andauernden Intensivtherapie bis zu ihrer Beendigung je nach Auswirkung auf den Allgemeinzustand in den Versorgungsmedizinischen Grundsätzen mit einem eigenen GdB berücksichtigt. Die Heilungsbewährung beginnt bei diesen Gesundheitsstörungen mit der Bestätigung der Vollremission.

Für solide Tumoren ist bislang keine Regelung getroffen worden, die den Therapieaufwand und die durch die Therapie bedingte Teilhabebeeinträchtigung bei sich präoperativ oftmals über Monate erstreckender neoadjuvanter Chemotherapie vergleichbar berücksichtigt. Hier kann ein vom jeweiligen klinischen Stadium cT (s. u.) ausgehender GdB gebildet und nach Entfernung des Tumors eine Nachuntersuchung zur Festsetzung der Heilungsbewährung angesetzt werden. Die Höhe des GdB bleibt hierbei unverändert und richtet sich nach dem klinischen Ausgangsstadium.

TNM-Klassifikation

Es hat sich bewährt, die Ausbreitung bösartiger Geschwulsterkrankungen nach international gültigen Regeln zu beschreiben, um Therapeuten, Wissenschaftlern und Patienten einen vergleichbaren Informationsstand zu vermitteln.

Zur Beurteilung des **Tumorstadiums** orientieren sich die Versorgungsmedizinischen Grundsätze überwiegend an der TNM-Klassifikation für maligne Tumoren (Krebserkrankungen), die in der Mitte des vorigen Jahrhunderts von dem Franzosen Pierre Denoix ins Leben gerufen wurde. Die Fortschreibung der heute weltweit gebräuchlichen Einteilung obliegt der Union internationale contre le cancer (UICC, Internationale Vereinigung gegen den Krebs), einer 1933 gegründeten Dachorganisation mit Sitz in der Schweiz, die sich der Erforschung von Krebserkrankungen verschrieben hat. Zu ihren Mitgliedern zählen in Deutschland bedeutende Organisationen wie die Deutsche Krebshilfe, die Deutsche Krebsgesellschaft und das Deutsche Krebsforschungszentrum.

Verläufe und Stadien von krebsartigen Erkrankungen des Blutes und der blutbildenden Organe wie Leukämien und Lymphome müssen als im gesamten Körper vorhandene

Systemerkrankungen verstanden werden und lassen sich in diesem System nicht oder nur unzureichend abbilden, weswegen zu ihrer Einordnung andere Kriterien maßgeblich sind, die in die Versorgungsmedizinischen Grundsätze an entsprechender Stelle Eingang gefunden haben (s. hierzu auch: B16. Blut, blutbildende Organe, Immunsystem).

Mit dem Buchstaben **T** werden der Primärtumor und seine Größe (1–4) bezeichnet, **N** und **M** beschreiben das Fehlen (N0, M0) oder die Existenz (z. B. N1, M1) von befallenen regionalen Lymphknoten (lat. Nodus) bzw. von Metastasen (Absiedelungen) in anderen Körperregionen. Die früher häufig anzutreffende Bezeichnung Nx oder Mx, die besagte, dass keine klare Aussage über die Existenz von Lymphknoten- oder Fernmetastasen möglich war, wurde vor wenigen Jahren aus dem Katalog des TNM-Systems gestrichen, nachdem sie wiederholt zu Missverständnissen vor allem in der statistischen Erfassung durch die Krebsregister geführt hatte.

Zusätzliche Unterscheidungen durch die **Buchstaben c** und **p** erklären, ob das Stadium vor der Behandlung durch klinische (c) oder nach einer Operation durch feingeweblich-histopathologische Untersuchungsmethoden (p) bestimmt wurde. Der Buchstabe y wird vorangestellt, wenn eine Geschwulst zum Zeitpunkt der Diagnose so groß ist, dass sie durch eine strahlen- oder chemotherapeutische Vorbehandlung vor der Operation verkleinert werden muss, um z. B. organerhaltend operieren zu können. Die dem Pathologen übergebenen operativ entfernten Tumoranteile entsprechen danach nicht mehr der Ausgangsgröße und werden mit diesem Zusatz gekennzeichnet, der für die Bewertung des Tumorstadiums im Schwerbehindertenrecht jedoch nicht herangezogen werden kann.

In der Regel wird der Primärtumor nach dem histopathologischen Stadium (pT) eingestuft. Im Falle einer neoadjuvanten Chemotherapie mit dem Ziel der präoperativen Tumorverkleinerung ist jedoch das prätherapeutische Stadium (cT) bei der GdB-Bemessung zu berücksichtigen. In den Ausnahmefällen, wo keine feingewebliche Untersuchung durchgeführt bzw. kein histologischer Befund erhoben wurde, kann alleine auf die klinische Klassifikation zurückgegriffen werden (Beirat 03/2001).

Eine weitere Kategorie **G** (Grading) befasst sich mit der Differenzierung des Tumorgewebes. Ein niedriger Grad (G1) bedeutet, dass das Ausgangsgewebe noch gut erkennbar ist, bei einem hohen Entdifferenzierungsgrad (G3 und G4) kann dieses kaum noch identifiziert werden. Dieser Parameter spielt bei Tumoren des Urogenitaltraktes eine Rolle für die Festsetzung des GdB bzw. die Dauer der Heilungsbewährungsfrist.

Der Buchstabe **R** (von lat: residuus, zurückgeblieben, übrig) erfasst, ob nach einer Behandlung mit Heilungsabsicht noch Tumorreste verblieben sind. Die Bezeichnung R0 (kein Resttumor) darf auch vergeben werden, wenn sich nach abgeschlossener Strahlen- oder Chemotherapie unter Berücksichtigung festgelegter Kautelen bei histologischer und/oder Überprüfung mittels bildgebender Verfahren keine Hinweise auf Residuen ergeben. Die Kategorien R1 oder R2 werden vergeben, wenn eine Gewebeprobe unter dem Mikroskop auf sichtbare Tumorreste schließen lässt oder Resttumor bei der Operation, auf einem Röntgenbild oder bei anderen Gelegenheiten mit bloßem Auge zu erkennen war. Mögliche Zusatzkennzeichnungen durch die Buchstaben **L**, **V** und **Pn** beschreiben das Fehlen bzw. den Nachweis von Tumorzellen in Lymphbahnen, Venen und nervenumgebendem Gewebe (perineural) der Tumorregion. In den letzten Jahren sind außerdem für unterschiedliche Tumorerkrankungen eine Vielzahl von zusätzlichen feingeweblichen Submerkmalen gefunden worden, die zum einen auf die Prognose, zum anderen auf die Auswahl des Therapieregimes Auswirkungen haben können, für die versorgungsmedizinische Beurteilung aber sämtlich keine Bedeutung haben.

Literatur

Arbeitskompendium der versorgungsmedizinisch tätigen Leitenden Ärztinnen und Ärzte der Länder und der Bundeswehr. Band I Schwerbehindertenrecht https://rp-giessen.hessen.de/sites/rp-giessen.hessen.de/files/content-downloads/Arbeitskompendium_Band_I_15_2.pdf [Stand: 2021-10-13]

WITTEKIND, C. & MEYER, H. J. (Hg.). (2010). TNM-Klassifikation maligner Tumoren. Weinheim.
https://de.wikipedia.org/wiki/TNM-Klassifikation [Stand: 2021-10-13]

Krebsinformationsdienst des deutschen Krebsforschungszentrums:
https://www.krebsinformationsdienst.de/untersuchung/krebs-befunde-verstehen.php [Stand 2021-10-13]

2. Kopf und Gesicht

Kommentare: CHARLY GAUL, EBERHARD LOSCH

2.1 Narben nach Warzenfortsatzaufmeißelung	0
Einfache Schädelbrüche ohne Komplikationen im Heilverlauf	0
Kleinere Knochenlücken, Substanzverluste (auch größere gedeckte) am knöchernen Schädel	0–10
Schädelnarben am Hirnschädel mit erheblichem Verlust von Knochenmasse ohne Funktionsstörung des Gehirns (einschließlich entstellender Wirkung)	30

Hierzu gehören insbesondere alle traumatisch entstandenen erheblichen (nicht gedeckten) Substanzverluste am Hirnschädel, die auch das innere Knochenblatt betreffen.

Einfache Gesichtsentstellung	
nur wenig störend	10
sonst	20–30
Hochgradige Entstellung des Gesichts	50

In den „Anhaltspunkten" 2008 war noch statt von „hochgradiger Gesichtsentstellung" von „abstoßender Gesichtsentstellung" die Rede. Hierzu hatte definierend das BSG ausgeführt: „Eine abstoßend wirkende Gesichtsentstellung liegt vor, wenn die Entstellung bei Menschen, die nur selten Umgang mit behinderten Menschen haben, üblicherweise Missempfindungen wie Erschrecken oder Abscheu oder eine anhaltende Abneigung gegenüber dem behinderten Menschen auszulösen vermag" (Urteil vom 29.11.1973 – 10 RV 541/72). Die Einschätzung einer Gesichtsentstellung ist naturgegeben sehr individuell geprägt, wobei eine pejorative Bezeichnung dieser Gesundheitsstörung zugunsten einer teilhabeorientierten Ausdrucksweise vermieden werden sollte. Bei entsprechenden Gesundheitsstörungen bedingt eine Beeinträchtigung des äußeren Erscheinungsbildes eine Beeinträchtigung der Teilhabe (BMAS 2018). In Streitfällen ist es nach einem weiteren Urteil des BSG vom 26.01.1994 (9 RV 25/93) erforderlich, hier den Betroffenen selbst zur Inaugenscheinnahme einzuladen. Für den Gutachter ist es in unklaren bzw. strittigen Fällen damit immer hilfreich, auf die Vorlage einer Fotodokumentation zu dringen.

2.2 Sensibilitätsstörungen im Gesichtsbereich

leicht	0–10
ausgeprägt, den oralen Bereich einschließend	20–30

Gesichtsneuralgien (z. B. Trigeminusneuralgie)

leicht (seltene, leichte Schmerzen)	0–10
mittelgradig (häufigere, leichte bis mittelgradige Schmerzen, schon durch geringe Reize auslösbar)	20–40
schwer (häufige, mehrmals im Monat auftretende starke Schmerzen bzw. Schmerzattacken)	50–60
besonders schwer (starker Dauerschmerz oder Schmerzattacken mehrmals wöchentlich)	70–80

Erforderlich ist eine genaue Beschreibung des Gesichtsareals, das von der Gefühlsstörung betroffen ist (besondere Bedeutung der oralen Region!). Bei Neuralgien sind die Häufigkeit, Dauer, Schwere und der Ausbreitungsbereich der Schmerzen sowie die die Schmerzanfälle auslösenden Trigger anzugeben. Tagebücher zur Dokumentation der Anfallshäufigkeit werden bei der Trigeminusneuralgie kaum geführt und stehen deshalb nicht zur Verfügung. Die Angabe eines Gewichtsverlustes ist ein Hinweis auf eine schwere Beeinträchtigung durch die Trigeminusneuralgie im zweiten und/oder dritten Ast. Neben einem über einen längeren Zeitraum geführten Schmerzkalender sind auch ein Nachweis der verordneten Medikation und ein Nachweis der attestierten Arbeitsunfähigkeit durch den behandelnden Arzt hilfreich. Die Unterlagen sollten zur genauen Beurteilung auch Auskunft geben zu durch die Schmerzen hervorgerufenen Beeinträchtigungen in der beruflichen und privaten Teilnahme am Alltagsleben (gilt auch zu 2.3).

2.3 Echte Migräne

je nach Häufigkeit und Dauer der Anfälle und Ausprägung der Begleiterscheinungen.

leichte Verlaufsform (Anfälle durchschnittlich einmal monatlich)	0–10

mittelgradige Verlaufsform (häufigere Anfälle, jeweils einen oder mehrere Tage anhaltend)	20–40
schwere Verlaufsform (lang andauernde Anfälle mit stark ausgeprägten Begleiterscheinungen, Anfallspausen von nur wenigen Tagen)	50–60

Genaue Angaben zu Art, Häufigkeit, Dauer und Schwere der Schmerzsymptomatik sind für eine zutreffende Bewertung erforderlich, dazu bei der subjektiven Symptomatik ein (ärztlich validierter!) Anfalls- bzw. Schmerzkalender über einen längeren Zeitraum. Neurologische Begleiterscheinungen der Migräne müssen umfassend geschildert werden, ebenso vegetative Begleiter wie Übelkeit und Erbrechen. Bei der Migräne wird die chronische Migräne als Verlaufsform unterschieden. Sie wird diagnostiziert, wenn an 15 oder mehr Tagen im Monat Kopfschmerzen bestehen, von denen an mindestens acht Tagen die Diagnosekriterien der Migräne (durch Auftreten der vegetativen Begleitsymptomatik oder Ansprechen auf ein Triptan) erfüllt sind. Bei der chronischen Migräne liegt bei mehr als 50 % der Betroffenen darüber hinaus ein Kopfschmerz durch Medikamentenübergebrauch vor, der zusätzlich diagnostiziert werden sollte. Psychische Komorbidität (Angst, Depression u. a.) ist sehr häufig und sollte explizit geprüft werden.

Das allgemeine Kopfschmerzsyndrom und auch der Cluster-Kopfschmerz finden in diesem Punkt in Analogie ihre Bewertung, wobei der Cluster-Kopfschmerz wegen seiner häufig stärkeren Schmerzen mit eher höheren GdB-Werten berücksichtigt werden muss (Beirat November 2001).

2.4 Periphere Fazialisparese

einseitig	
kosmetisch nur wenig störende Restparese	0–10
ausgeprägtere Restparese oder Kontrakturen	20–30
komplette Lähmung oder entstellende Kontraktur	40
beidseitig komplette Lähmung	50

Das Ausmaß der Lähmung in den einzelnen Ästen (Stirn-, Augen- und Mundast) muss exakt beschrieben werden, weiter das Vorliegen von Synkinesien (ungewollte Mitbewegung einzelner Gesichtsmuskeln) in den einzelnen Nervenästen. Falls das Auge nicht geschlossen werden kann, sind auch evtl. Schäden an der Hornhaut zu bewerten. Ein sog. gustatorisches Schwitzen (Frey-Syndrom) geht bei Nachweis GdB-erhöhend in die Bewertung ein (siehe hierzu die Ausführungen unter B 7.1). Eine normierte Einteilung bietet das Schema nach House und Brackmann (s.u.).

		Befund in Ruhe	Aktive Bewegung für			Vorschlag zum GdB
	Beschreibung		**Stirn**	**Lidschluss**	**Mund**	
I Normal	Normal	Normal	Normal	Normal	Normal	0
II Leichte Parese	Schwäche/ Synkinesie nur bei genauer Beobachtung erkennbar	Normal	Reduziert	Fast normal	Gering	0–10
III Mäßige Parese	Offensichtliche Seitendifferenz, Synkinesie, Kontraktur	Normal	Noch vorhanden	Vollständig	Gering reduziert	20
IV Mäßig-starke Parese	Entstellende Asymmetrie	Normal	Keine	Inkomplett	Asymmetrie	30
V Starke Parese	Noch geringe Restbewegung erkennbar	Asymmetrie	Keine	Inkomplett	Asymmetrie	30–40
VI Paralyse	Keine Restbewegung erkennbar	Tonusverlust	Keine	Keine	Keine	40

Abb. 1:
(House JW; Brackmann DE (1985) Facial nerve grading system. In: Otolaryn. *Head Neck Surg 93:* 146–147.)

3. Nervensystem und Psyche

Kommentare: BERNHARD KLEISER (3.1–3.3, 3.9–3.11), ANGELIKA RETZ-ENGLESOS (3.4–3.5.3) und MARKUS STEFFENS (3.6–3.8)

Neurologische Erkrankungen

Zu den neurologischen Krankheiten zählen Erkrankungen des Gehirns, des Rückenmarks, der peripheren Nerven und der Muskeln. Im Kapitel über das Nervensystem finden sich allerdings nur die Grundsätze zur Bewertung von Hirnschäden und Rückenmarkschäden. Zur Beurteilung der peripheren Nervenschäden und Muskelkrankheiten ist dagegen auf das Kapitel über Haltungs- und Bewegungsorgane sowie rheumatische Krankheiten zurückzugreifen. Die Ausführungen in diesem Kapitel beziehen sich deshalb vor allem auf die Funktionsstörungen von Gehirn und Rückenmark, ansonsten wird auf die nachfolgenden Kapitel verwiesen.

3.1 Hirnschäden

a) Ein Hirnschaden ist nachgewiesen, wenn Symptome einer organischen Veränderung des Gehirns – nach Verletzung oder Krankheit nach dem Abklingen der akuten Phase – festgestellt worden sind. Wenn bei späteren Untersuchungen keine hirnorganischen Funktionsstörungen und Leistungsbeeinträchtigungen mehr zu erkennen sind beträgt der GdS dann – auch unter Einschluss geringer z. B. vegetativer Beschwerden – 20; nach offenen Hirnverletzungen nicht unter 30.

b) Bestimmend für die Beurteilung des GdS ist das Ausmaß der bleibenden Ausfallserscheinungen. Dabei sind der neurologische Befund, die Ausfallserscheinungen im psychischen Bereich unter Würdigung der prämorbiden Persönlichkeit und ggf. das Auftreten von zerebralen Anfällen zu beachten. Bei der Mannigfaltigkeit der Folgezustände von Hirnschädigungen kommt ein GdS zwischen 20 und 100 in Betracht.

c) Bei Kindern ist zu berücksichtigen, dass sich die Auswirkungen eines Hirnschadens abhängig vom Reifungsprozess sehr verschieden (Besserung oder Verschlechterung) entwickeln können, so dass in der Regel Nachprüfungen in Abständen von wenigen Jahren angezeigt sind.

d) Bei einem mit Ventil versorgten Hydrozephalus ist ein GdS von wenigstens 30 anzusetzen.

e) Nicht nur vorübergehende vegetative Störungen nach Gehirnerschütterung (reversible und morphologisch nicht nachweisbare Funktionsstörung des Gesamthirns) rechtfertigen im ersten Jahr nach dem Unfall einen GdS von 10 bis 20.

Für die Beurteilung ist also ausschlaggebend, ob eine Hirnschädigung vorliegt und zu welchen neurologischen, organisch-psychischen bzw. vegetativen Störungen diese führt. Zusätzlich zu den aufgeführten Konstellationen sind folgende Fälle zu berücksichtigen: Da nach dem Protokoll des Sachverständigenbeirats vom 15./16.04.1997 nach einer Hirnoperation von einer Hirnschädigung auszugehen ist, ergibt sich dafür ein GdS/GdB von mindestens 30. Nach dem Beschluss der Arbeitsgemeinschaft der versorgungsmedizinisch tätigen Leitenden Ärzte von 10/2017 resultiert nur ein GdB/GdS von 30, wenn bei einer offenen Hirnverletzung die Dura mater eröffnet wurde und nach dem Abklingen der akuten Phase Symptome zur Verifizierung einer Hirnschädigung vorhanden waren, aber nicht nach dem folgenlosen Abklingen eines subduralen Hämatoms nach einem mikrochirurgischen Entlastungseingriff. Es wurde darauf hingewiesen, dass nicht jede Schädeleröffnung/Hirnoperation eine Hirnschädigung verursacht, beispielsweise auch eine mikrochirurgische Operation des Akustikusneurinoms in der Regel nicht zu einer Hirnschädigung führt sowie je nach Größe und Operationsmethode des Akustikusneurinoms zu prüfen ist, ob eine Hirnschädigung eingetreten ist. Gemäß dem Protokoll des Sachverständigenbeirats vom 17.05.2006 bleibt es nach der Entfernung eines Ventrikelshunts wegen des Hirnschadens bei einem GdS/GdB von 30. Ein Meningeom ohne Hirnschädigung ergibt dagegen keinen GdB.

Ein besonderes Problem in der Begutachtung stellt die diffuse axonale Schädigung des Gehirns dar (Wallesch und Schmidt 2007). Die Betroffenen sind nach einem Schädel-Hirn-Trauma häufig nicht länger bewusstlos, zeigen klinisch wenig gravierende Ausfälle und in der akuten Bildgebung oft keine eindeutig pathologischen Befunde, weisen aber neuropsychologische Defizite auf. Die Abgrenzung zu depressiven und somatoformen Störungen, Aggravation oder Dissoziation kann sich im Einzelfall schwierig gestalten. Am ehesten ist ein Nachweis in der Kernspintomographie im Zeitraum zwischen zwölf Stunden und einigen Monaten nach dem schädigenden Ereignis möglich.

Bei der folgenden GdS-Tabelle der Hirnschäden soll die unter Nummer 3.1.1 genannte Gesamtbewertung im Vordergrund stehen. Die unter Nummer 3.1.2 angeführten isoliert vorkommenden bzw. führenden Syndrome stellen eine ergänzende Hilfe zur Beurteilung dar.

3.1.1 Grundsätze der Gesamtbewertung von Hirnschäden

Hirnschäden mit geringer Leistungsbeeinträchtigung	30 – 40
Hirnschäden mit mittelschwerer Leistungsbeeinträchtigung	50 – 60
Hirnschäden mit schwerer Leistungsbeeinträchtigung	70 – 100

Hier handelt es sich also insgesamt um einen sehr weiten Bewertungsbereich, für den sich zunächst keine genauen Definitionen für die Begriffe einer geringen, mittelschweren oder schweren Leistungsbeeinträchtigung finden. Zur Einschätzung der zentralen neurologischen Defizite können allerdings oft Vergleiche mit Gliedmaßenverlusten, peripheren Lähmungen und anderen Funktionseinbußen gezogen werden, die im Kapitel Haltungs- und Bewegungsorgane detaillierter beschrieben werden. In ähnlicher Form kann für andere zerebral bedingte Symptome wie Sehstörungen auf das Kapitel Sehorgan, Sprachstörungen auf das Kapitel Mundhöhle, Rachen und obere Luftwege, Gleichgewichtsstörungen auf das Kapitel Hör- und Gleichgewichtsorgan, Blasenentleerungsstörungen auf das Kapitel Harnorgane sowie Darmentleerungsstörungen auf das Kapitel Verdauungsorgane zurückgegriffen werden. Die psychoorganischen Veränderungen sind wiederum analog zu den psychischen Störungen und ihren Auswirkungen zu bewerten. In der Gesamtbeurteilung können mehrere leichte Störungen in der Summe auch zu einer mittelgradigen Beeinträchtigung führen.

3.1.2 Bewertung von Hirnschäden mit isoliert vorkommenden bzw. führenden Syndromen

(bei Begutachtungen im sozialen Entschädigungsrecht auch zur Feststellung der Schwerstbeschädigtenzulage)

Hirnschäden mit psychischen Störungen	
leicht (im Alltag sich gering auswirkend)	30 – 40
mittelgradig (im Alltag sich deutlich auswirkend)	50 – 60
schwer	70 – 100
Zentrale vegetative Störungen als Ausdruck eines Hirndauerschadens (z. B. Störungen des Schlaf-Wach-Rhythmus, der Vasomotorenregulation oder der Schweißregulation)	
leicht	30
mittelgradig, auch mit vereinzelten synkopalen Anfällen	40

mit häufigeren Anfällen oder erheblichen Auswirkungen auf den Allgemeinzustand 50

Koordinations- und Gleichgewichtsstörungen (spino-) zerebellarer Ursache je nach dem Ausmaß der Störung der Ziel- und Feinmotorik einschließlich der Schwierigkeiten beim Gehen und Stehen (siehe hierzu auch bei Hör- und Gleichgewichtsorgan) .... 30 – 100

Hirnschäden mit kognitiven Leistungsstörungen (z. B. Aphasie, Apraxie, Agnosie)

leicht (z. B. Restaphasie) .... 30 – 40

mittelgradig (z. B. Aphasie mit deutlicher bis sehr ausgeprägter Kommunikationsstörung) .... 50 – 80

schwer (z. B. globale Aphasie) .... 90 – 100

Bei der Aphasie ist nach dem Protokoll des Sachverständigenbeirats vom 30.10.1985 vor allem der Anteil der sensorischen Störung zu berücksichtigen. Bei einer mittelgradigen gemischten Aphasie mit einer ausgeprägten sensorischen Komponente oder einer vollständigen sensorischen Aphasie sind wegen der Orientierungsschwierigkeiten die Merkzeichen G und B gerechtfertigt.

Eine visuelle Agnosie ist entsprechend Teil A 6 c) der VMG nicht einer Blindheit gleichzusetzen. Bei Sehstörungen infolge cerebraler Schäden bzw. Schädigung der cerebralen Sehstrukturen ist die laufende Rechtsprechung zu berücksichtigen.

Zerebral bedingte Teillähmungen und Lähmungen

leichte Restlähmungen und Tonusstörungen der Gliedmaßen 30

bei ausgeprägteren Teillähmungen und vollständigen Lähmungen ist der GdS aus Vergleichen mit dem GdS bei Gliedmaßenverlusten, peripheren Lähmungen und anderen Funktionseinbußen der Gliedmaßen abzuleiten.

vollständige Lähmung von Arm und Bein (Hemiplegie) 100

Die folgende Tabelle soll eine zusammenfassende Übersicht über die gutachtliche Einschätzung von GdS/GdB und Merkzeichen bei Hirnschäden in Abhängigkeit von der klinischen Symptomatik geben (Kleiser 2002):

Klinische Symptomatik von Hirnschäden	Begutachtung
	GdS/GdB und Merkzeichen
Hirnschaden mit zeitweise aufgetretenen neurologischen Störungen, aber ohne relevante Restsymptomatik	20
Leichte neurologische Störungen mit geringen Auswirkungen im Alltag: geringe zerebrale Leistungsbeeinträchtigung, leichte organisch-psychische Störungen, leichte Teillähmungen, leichte Sprachstörungen, leichte Koordinations- oder Gleichgewichtsstörungen, leichte zentrale vegetative Störungen	30 – 40
Mittelgradige neurologische Störungen mit zunehmender Beeinträchtigung der Aktivitäten des täglichen Lebens: mittelschwere zerebrale Leistungsbeeinträchtigung, mittelgradige organisch-psychische Störungen; mittelgradige Teillähmungen, mittelgradige Koordinations- oder Gleichgewichtsstörungen, mittelgradige zentrale vegetative Störungen, Sprech-/Sprachstörung mit deutlicher Kommunikationsstörung; Kombination mehrerer leichter Störungen	50 – 60 Merkzeichen G?
Schwere neurologische Störungen: schwere zerebrale Leistungsbeeinträchtigung, schwere organisch-psychische Störungen, hochgradige Paresen bis Plegien, schwere Koordinations- oder Gleichgewichtsstörungen bis zur Geh- und Stehunfähigkeit, schwere Sprech-/Sprachstörungen wie globale Aphasie; Kombination mehrerer mittelgradiger Störungen	70 – 100 Merkzeichen G, B, aG, H, RF?

Parkinson-Syndrom

ein- oder beidseitig, geringe Störung der Bewegungsabläufe, keine Gleichgewichtsstörung, geringe Verlangsamung	30 – 40
deutliche Störung der Bewegungsabläufe, Gleichgewichtsstörungen, Unsicherheit beim Umdrehen, stärkere Verlangsamung	50 – 70
schwere Störung der Bewegungsabläufe bis zur Immobilität	80 – 100

Bei den Parkinson-Syndromen sind meist die motorischen Symptome wie Rigor, Tremor und Bradykinese hauptverantwortlich für die Behinderung (Muhl und Timmann 2007). Am häufigsten wird die Stadieneinteilung von Hoehn und Yahr (1967) verwendet.

In Anlehnung an die gutachtlichen Bewertungstabellen im Lehrbuch „Begutachtung in der Neurologie" von B. Widder und P. W. Gaidzik (S. 675–676) ergeben sich für motorische Symptomatik, den GdS/GdB, die Merkzeichen und die erforderliche Therapie in Analogie zu einer antikonvulsiven Medikation folgende Korrelationen:

Symptomatik von Parkinson-Syndromen	GdB/GdS	MZ
Ein- oder beidseitige Symptomatik, geringe Störung der Bewegungsabläufe, geringe Verlangsamung (Hoehn u. Yahr I–II)	30–40	
Deutliche Störung der Bewegungsabläufe, Gleichgewichtsstörung, Unsicherheit beim Umdrehen, stärkere Verlangsamung (Hoehn u. Yahr III–IV)	50–70	G, B*?
Schwere Störung der Bewegungsabläufe bis zur Immobilität (Hoehn u. Yahr IV–V)	80–100	B, G, aG, H, RF?
Erfordernis einer Therapie mit L-Dopa oder vergleichbaren Präparaten ohne erkennbare Symptome	30	

*Merkzeichen B korreliert in der Regel mit Gesundheitsstörungen ab einem GdB um 70

Außerdem kann es zu vegetativen Regulationsstörungen wie Hypotonie, Blasen- und Sexualfunktionsstörungen, sensorischen Symptomen von Sehen und Geruch, psychischen Störungen wie Depressionen und kognitiven Beeinträchtigungen sowie sekundären Funktionsstörungen durch Nebenwirkungen der mehrjährigen L-Dopa-Therapie kommen (Muhl und Timmann 2007). Diese können je nach Ausprägung zusätzlich bewertet werden.

Andere extrapyramidale Syndrome – auch mit Hyperkinesen – sind analog nach Art und Umfang der gestörten Bewegungsabläufe und der Möglichkeit ihrer Unterdrückung zu bewerten; bei lokalisierten Störungen (z. B. Torticollis spasmodicus) sind niedrigere GdS als bei generalisierten (z. B. choreatische Syndrome) in Betracht zu ziehen.

Epileptische Anfälle

je nach Art, Schwere, Häufigkeit und tageszeitlicher Verteilung

sehr selten (generalisierte [große] und komplex-fokale Anfälle mit Pausen von mehr als einem Jahr; kleine und einfach-fokale Anfälle mit Pausen von Monaten)	40
selten (generalisierte [große] und komplex-fokale Anfälle mit Pausen von Monaten; kleine und einfach-fokale Anfälle mit Pausen von Wochen)	50 – 60
mittlere Häufigkeit (generalisierte [große] und komplex-fokale Anfälle mit Pausen von Wochen; kleine und einfach-fokale Anfälle mit Pausen von Tagen)	60 – 80
häufig (generalisierte [große] oder komplex-fokale Anfälle wöchentlich oder Serien von generalisierten Krampfanfällen, von fokal betonten oder von multifokalen Anfällen; kleine und einfach-fokale Anfälle täglich)	90 – 100
nach drei Jahren Anfallsfreiheit bei weiterer Notwendigkeit antikonvulsiver Behandlung	30

Ein Anfallsleiden gilt als abgeklungen, wenn ohne Medikation drei Jahre Anfallsfreiheit besteht. Ohne nachgewiesenen Hirnschaden ist dann kein GdS mehr anzunehmen.

Die generalisierten und komplex-fokalen Anfälle sind mit Beeinträchtigungen des Bewusstseins verbunden, die einfach-fokalen dagegen nicht. Deshalb sind die generalisierten und komplex-fokalen Anfälle bei gleicher Frequenz in der Regel höher als einfach-fokale Anfälle zu bewerten. Sie rechtfertigen ab einer mittleren Anfallshäufigkeit mit einem GdS/GdB von wenigstens 70 und einem Auftreten überwiegend am Tage die Merkzeichen G und B. Der Mindest-GdS/GdB von 70 ist in der ersten Verordnung zur Änderung der Versorgungsmedizin-Verordnung vom 1.03.2010 zu den bisherigen Bestimmungen ergänzt worden. Das Merkzeichen aG steht dagegen wegen eines Anfallsleidens nicht zu, wenn nicht ständig ein Rollstuhl erforderlich ist (BSG-Urteil vom 13.12.1994 – 9 RVs 3/94).

Trotz etwas unterschiedlicher Verläufe verschiedener Epilepsieformen lässt sich im Einzelfall die Prognose nicht sicher vorhersagen. Auch aufgrund der Fortschritte bei den Behandlungen kann es sogar bei langjährigen Verläufen durchaus noch Besserungen geben. Deshalb sollten regelmäßig Nachprüfungen erfolgen. Als Zeitraum ist vor allem bei seltenen Anfällen ein Termin drei Jahre nach dem letzten bekannten Anfall sinnvoll.

3.2 Narkolepsie

Je nach Häufigkeit, Ausprägung und Kombination der Symptome (Tagesschläfrigkeit, Schlafattacken, Kataplexien, automatisches Verhalten im Rahmen von Ermüdungserscheinungen, Schlaflähmungen – häufig verbunden mit hypnagogen Halluzinationen) ist im Allgemeinen ein GdS von 50 bis 80 anzusetzen.

3.3 Hirntumore

Der GdS von Hirntumoren ist vor allem von der Art und Dignität und von der Ausdehnung und Lokalisation mit ihren Auswirkungen abhängig.

Nach der Entfernung gutartiger Tumoren (z. B. Meningeom, Neurinom) richtet sich der GdS allein nach dem verbliebenen Schaden.

Bei Tumoren wie Oligodendrogliom, Ependymom, Astrozytom II, ist der GdS, wenn eine vollständige Tumorentfernung nicht gesichert ist, nicht niedriger als 50 anzusetzen.

Bei malignen Tumoren (z. B. Astrozytom III, Glioblastom, Medulloblastom) ist der GdS mit wenigstens 80 zu bewerten.

Das Abwarten einer Heilungsbewährung (von fünf Jahren) kommt in der Regel nur nach der Entfernung eines malignen Kleinhirntumors des Kindesalters (z. B. Medulloblastom) in Betracht. Der GdS beträgt während dieser Zeit (im Frühstadium) bei geringer Leistungsbeeinträchtigung 50.

Die Einteilung der Hirntumoren richtet sich nach der Klassifikation der WHO. Die gutartigen Tumoren entsprechen Grad I und II, die malignen Tumoren Grad III und IV. Einzelne Tumorarten können dabei verschiedene Malignitätsgrade aufweisen. Beispielsweise handelt es sich bei Meningeomen meist um gutartige Tumoren Grad I, in seltenen Fällen können jedoch auch die Grade II bis IV erreicht werden. Zusätzlich können gutartige Tumoren aufgrund einer ungünstigen Lokalisation zu Symptomen führen, die aufgrund einer ausgeprägten klinischen Symptomatik eine höhere Bewertung rechtfertigen. Für die gutachtliche Beurteilung sind deshalb nicht nur die Tumorart, sondern auch der Malignitätsgrad und die klinische Symptomatik zu berücksichtigen.

3.4 Beeinträchtigungen der geistigen Leistungsfähigkeit im Kindes- und Jugendalter

Vorbemerkung:

Der gesamte Bereich kinder- und jugendpsychiatrischer Störungsbilder in den VMG bedarf aus Sicht der Autorin im Hinblick auf die Einführung der ICD 11 sowie unter Berücksichtigung der ICF dringend der Überarbeitung und Aktualisierung.

Insbesondere der Bereich der Entwicklungsstörungen und kognitiven Beeinträchtigungen im Kindes- und Jugendalter ist teilweise redundant und verwirrend und für den Gutachter wenig übersichtlich. Hier erscheint eine Neufassung dringend geboten.

Grundsätzliche Überlegungen zur Bewertung kinder- und jugendpsychiatrischer Störungsbilder

Häufig bestehen bei Kindern und Jugendlichen komplexe Störungsbilder, d. h., es liegen mehrere Diagnosen bzw. Funktionsstörungen vor. Dies liegt zum einen an der schwierigen Abgrenzung bzw. symptomatischen Überlappung einzelner Störungsbilder, zum anderen an der hohen Rate an Komorbiditäten. In diesen Fällen empfiehlt es sich, zunächst das Störungsbild zu bewerten, das nach der ICF mit der höchsten Teilhabebeeinträchtigung einhergeht. Danach ist zu prüfen, ob und inwieweit hinzukommende Störungen die psychosoziale Teilhabe weiter erschweren. Sämtliche auf psychiatrisch-neurologischem Gebiet vorliegenden Funktionsstörungen sollten abschließend unter dem Funktionsbereich Nervensystem/Psyche zusammenfassend bewertet werden.

Eine gute Orientierungshilfe ist das in der Kinder-und Jugendpsychiatrie gebräuchliche Multiaxiale Klassifikationsschema. Hier werden die Diagnose (n) nach ICD (Achse 1), umschriebene Entwicklungsstörungen (Achse 2), Intelligenzniveau (Achse 3), die körperliche Symptomatik (Achse 4), assoziierte psychosoziale Umstände (Achse 5) sowie das psychosoziale Funktionsniveau (Achse 6) angegeben. Auch wenn die Bewertungen, insbesondere zur Achse 6 (Globale Beurteilung des psychosozialen Funktionsniveaus), nicht unkritisch übernommen werden sollten, geben sie dem Gutachter doch relevante Hinweise auf die Schwere der Störung.

Zur Bewertung der Teilhabebeeinträchtigung sind ärztliche Befundberichte häufig nur wenig ergiebig. Es empfiehlt sich in den meisten Fällen, zusätzlich auf vorhandene Entwicklungsberichte, pädagogische Berichte/Zeugnisse, Protokolle von Hilfeplankonferenzen, Therapieberichte o. Ä. zurückzugreifen. Auch Angaben zur Schulform und zum sonderpädagogischen Förderbedarf sind hilfreich.

Ab einem GdB von 50 ist bei tiefgreifenden Entwicklungsstörungen, Intelligenzminderungen oder anderen schweren Verhaltens- oder emotionalen Störungen im Kindes- und Jugendalter das Merkzeichen (Mz) H zu vergeben [siehe Teil A5 d) bb]. Viele dieser Kinder weisen zudem eine ausgeprägte Impulskontrollstörung, Konzentrations-

und Aufmerksamkeitsdefizite oder Wahrnehmungsstörungen auf. Hierdurch kann die Sicherheit im Straßenverkehr und bei der Benutzung öffentlicher Verkehrsmittel deutlich beeinträchtigt sein. In diesen Fällen sollte zusätzlich das Merkzeichen B (ab einem GdB von 70) geprüft werden. Mit Erreichen der Volljährigkeit ändert sich die Rechtsgrundlage für die Vergabe des Merkzeichens H, so dass zu diesem Zeitpunkt die Voraussetzungen neu zu prüfen sind.

Grundsätzlich eignen sich als günstige Zeitpunkte für eine Nachuntersuchung die Einschulung (etwa 6. Lebensjahr), die beginnende Pubertät (etwa 12. Lebensjahr) oder das junge Erwachsenenalter (18.–20. Lebensjahr).

Die GdS-Beurteilung der Beeinträchtigungen der geistigen Entwicklung darf nicht allein vom Ausmaß der Intelligenzminderung und von diesbezüglichen Testergebnissen ausgehen, die immer nur Teile der Behinderung zu einem bestimmten Zeitpunkt erfassen können. Daneben muss stets auch die Persönlichkeitsentwicklung auf affektivem und emotionalem Gebiet, wie auch im Bereich des Antriebs und der Prägung durch die Umwelt mit allen Auswirkungen auf die sozialen Einordnungsmöglichkeiten berücksichtigt werden.

3.4.1 Entwicklungsstörungen im Kleinkindesalter

Die Beurteilung setzt eine standardisierte Befunderhebung mit Durchführung geeigneter Testverfahren voraus (Nachuntersuchung mit Beginn der Schulpflicht).

Umschriebene Entwicklungsstörungen in den Bereichen Motorik, Sprache oder Wahrnehmung und Aufmerksamkeit

leicht, ohne wesentliche Beeinträchtigung der Gesamtentwicklung	0 – 10
sonst – bis zum Ausgleich – je nach Beeinträchtigung der Gesamtentwicklung	20 – 40
bei besonders schwerer Ausprägung	50

Umschriebene Entwicklungsstörungen im Kleinkindalter

Unter Teilleistungsstörungen versteht man Entwicklungsverzögerungen und Leistungsdefizite in begrenzten Teilbereichen wie der Motorik, des Sprechens und der Sprache oder schulischer Fertigkeiten (Lesen, Schreiben, Rechnen) bei Normintelligenz.

Sie fallen dann auf, wenn altersentsprechende Entwicklungsschritte nicht oder nur deutlich verzögert eintreten. Auch kombinierte umschriebene Entwicklungsstörungen kommen vor und können in ihrem Zusammenwirken die Teilhabe entsprechend stärker beeinträchtigen.

Häufig werden betroffene Kinder einer gezielten Übungsbehandlung (z. B. Physiotherapie, Ergotherapie oder Logopädie) zugeführt, was in vielen Fällen zusammen mit der allgemeinen Reifung und Entwicklung des Kindes zu einem weitgehenden Ausgleich der Beeinträchtigungen führt. Motorische Entwicklungsverzögerungen sind in der Regel ab dem zwölften Lebensjahr nicht mehr nachweisbar.

Je nach dem Maß der individuellen, altersbezogenen Teilhabebeeinträchtigung und des Therapie- und Betreuungsaufwands ist ein GdB zwischen 10 und 20 bei geringen Beeinträchtigungen und 30 bis 40 bei stärkeren Beeinträchtigungen angemessen. Die Beeinträchtigung erreicht nur in seltenen, besonders ausgeprägten Einzelfällen einen GdB von 50.

Globale Entwicklungsstörungen (Einschränkungen in den Bereichen Sprache und Kommunikation, Wahrnehmung und Spielverhalten, Motorik, Selbständigkeit, soziale Integration) je nach Ausmaß der sozialen Einordnungsstörung und der Verhaltensstörung (z. B. Hyperaktivität, Aggressivität)

geringe Auswirkungen	30 – 40
starke Auswirkungen (z. B. Entwicklungsquotient [EQ] von 70 bis über 50)	50 – 70
schwere Auswirkungen (z. B. EQ 50 und weniger)	80 – 100

Globale Entwicklungsstörungen im Kleinkindalter

Bei einer globalen Entwicklungsstörung liegen in allen oder den meisten Bereichen deutliche Entwicklungsrückstände vor, wobei jedoch inhomogene Entwicklungsprofile häufig sind. Globale Entwicklungsstörungen im Alter von null bis sechs Jahren sind in der Regel Ausdruck einer Intelligenzminderung, welche im Kleinkindalter mit kognitiven Leistungstests noch nicht mit der notwendigen Sicherheit nachgewiesen werden kann.

Neben Entwicklungstests, welche Entwicklungsprofile in allen wichtigen Teilbereichen ermitteln (evtl. mit Angabe eines Entwicklungsquotienten), sind der Beurteilung weitere Angaben zur Teilhabebeeinträchtigung zugrunde zu legen, z. B. Berichte der Sozialpädiatrischen Zentren, der Frühfördereinrichtungen und der Kindertagesstätten, daneben sonderpädagogische Gutachten, Pflegegutachten und Angaben der Eltern.

Das Ausmaß der Beeinträchtigung der Teilhabe bei einer globalen Entwicklungsstörung im Kindesalter richtet sich nach den Beeinträchtigungen der für das Lebensalter typischen Fähigkeiten, insbesondere in den Aktivitätsbereichen Mobilität, Kommunikation, Selbstversorgung, Lernen und Wissensanwendung und interpersonelle Interaktionen und Beziehungen.

Sollte ein Entwicklungstest vorliegen, so empfiehlt sich als Richtwert, dass bei einem allgemeinen Entwicklungsrückstand von bis zu einem Drittel des Lebensalters (LA) ein GdB von 30 bis 40, bis zur Hälfte des LA ein GdB von 50 bis 70 und darüber ein GdB von 80 bis 100 anzusetzen ist.

Sonstige vorliegende körperliche/neurologische Funktionsstörungen sowie die Beeinträchtigungen durch Verhaltensauffälligkeiten und/oder psychische Störungen sind zusätzlich zu bewerten.

Kinder, die bereits bei der Geburt sicher erkennbare Entwicklungsbeeinträchtigungen aufweisen und umfassende Frühfördermaßnahmen benötigen (z. B. Kinder mit angeborenen schweren Entwicklungsstörungen), sollten je nach dem Ausmaß der erkennbaren Entwicklungsstörungen und der notwendigen Unterstützungsleistungen einen GdB von mindestens 50 und das Mz H erhalten, häufig sind höhere GdB-Werte gerechtfertigt.

Es wird eine generelle Nachuntersuchung zum Zeitpunkt der Einschulung empfohlen, da aus diesem Anlass regelhaft eine schulärztliche Untersuchung durchgeführt wird. Hieraus lassen sich Informationen zum allgemeinen und kognitiven Entwicklungsstand, Empfehlungen zum Schultyp sowie eine Einschätzung des schulischen und therapeutischen Förderbedarfs entnehmen.

3.4.2 Einschränkung der geistigen Leistungsfähigkeit im Schul- und Jugendalter

Kognitive Teilleistungsschwächen (z. B. Lese-Rechtschreib-Schwäche [Legasthenie], isolierte Rechenstörung)

leicht, ohne wesentliche Beeinträchtigung der Schulleistungen	0–10
sonst – auch unter Berücksichtigung von Konzentrations- und Aufmerksamkeitsstörungen – bis zum Ausgleich .	20–40
bei besonders schwerer Ausprägung (selten)	50

Umschriebene Entwicklungsstörungen schulischer Fertigkeiten

Es handelt sich hierbei um die Lese- und Rechtschreibstörung (LRS, Legasthenie), die isolierte Rechtschreibstörung sowie um die Rechenstörung (Dyskalkulie). Auch kombinierte Formen sind anzutreffen.

Seh- oder Hörstörungen sowie neurologische Krankheiten müssen ausgeschlossen sein.

Auch wenn sich bereits früh Hinweise auf eine LRS ergeben können, kann diese zuverlässig erst am Ende der zweiten Klasse testdiagnostisch festgestellt werden.

Für eine Anerkennung schulischer Teilleistungsstörungen müssen diese durch standardisierte Verfahren testpsychologisch nachgewiesen sein. Hierbei ist neben entsprechenden Testverfahren die psychometrische Bestimmung der Intelligenzentwicklung für die Diagnosestellung zwingend erforderlich.

Die Diagnose kann nur bei Vorliegen bestimmter Kriterien gestellt werden (IQ > 70, Lese-Rechtschreibleistung mind. 1 bis 1,5 Standardabweichungen < IQ).

Auch entsprechende schulpsychologische oder sonderpädagogische Unterlagen können herangezogen werden (Förderstatus, Notenaussetzung o. A.).

Je nach Schwere der Teilleistungsstörungen und deren Auswirkungen auf die Schulleistungen bzw. Höhe des nötigen Aufwandes für Förderung und Therapie ist der GdB zu bewerten. Nur in seltenen Ausnahmefällen wird ein GdB von 50 erreicht. Unter entsprechender schulischer Förderung und lerntherapeutischer Behandlung können Besserungen der Symptomatik erwartet werden.

Zu beachten ist, dass viele Kinder unter komorbiden Störungen leiden (z. B. Hyperkinetische Störungen, ADS u. a.), welche die Problematik zusätzlich erschweren. Auch kann das jahrelange Misserfolgserleben zu emotionalen Störungen mit Versagensängsten und depressiven Verstimmungen, Schulangst oder Störungen des Sozialverhaltens führen. Diese psychische Problematik wäre zusätzlich nach dem Ausmaß der Teilhabebeeinträchtigung zu bewerten.

Einschränkung der geistigen Leistungsfähigkeit mit einem Intelligenzrückstand entsprechend einem Intelligenz-Alter (I.A.) von etwa 10 bis 12 Jahren bei Erwachsenen (Intelligenzquotient [IQ] von etwa 70 bis 60)

wenn während des Schulbesuchs nur geringe Störungen, insbesondere der Auffassung, der Merkfähigkeit, der psychischen Belastbarkeit, der sozialen Einordnung, des Sprechens, der Sprache, oder anderer kognitiver Teilleistungen vorliegen	30 – 40
wenn sich nach Abschluss der Schule noch eine weitere Bildungsfähigkeit gezeigt hat und keine wesentlichen, die soziale Einordnung erschwerenden Persönlichkeitsstörungen bestehen	30 – 40
wenn ein Ausbildungsberuf unter Nutzung der Sonderregelungen für behinderte Menschen erreicht werden kann	30 – 40

wenn während des Schulbesuchs die oben genannten Störungen stark ausgeprägt sind oder mit einem Schulversagen zu rechnen ist	50 – 70
wenn nach Abschluss der Schule auf eine Beeinträchtigung der Fähigkeit zu selbständiger Lebensführung oder sozialer Einordnung geschlossen werden kann ..	50 – 70
wenn der behinderte Mensch wegen seiner Behinderung trotz beruflicher Fördermöglichkeiten (z. B. in besonderen Rehabilitationseinrichtungen) nicht in der Lage ist, sich auch unter Nutzung der Sonderregelungen für behinderte Menschen beruflich zu qualifizieren	50 – 70

Intelligenzmangel mit stark eingeengter Bildungsfähigkeit, erheblichen Mängeln im Spracherwerb, Intelligenzrückstand entsprechend einem I.A. unter zehn Jahren bei Erwachsenen (IQ unter 60)

bei relativ günstiger Persönlichkeitsentwicklung und sozialer Anpassungsmöglichkeit (Teilerfolg in einer Sonderschule, selbständige Lebensführung in einigen Teilbereichen und Einordnung im allgemeinen Erwerbsleben mit einfachen motorischen Fertigkeiten noch möglich)	80 – 90
bei stärkerer Einschränkung der Eingliederungsmöglichkeiten mit hochgradigem Mangel an Selbständigkeit und Bildungsfähigkeit, fehlender Sprachentwicklung, unabhängig von der Arbeitsmarktlage und auf Dauer Beschäftigungsmöglichkeit nur in einer Werkstatt für Behinderte	100

Die Feststellung einer Intelligenzminderung muss psychometrische Testergebnisse (IQ-Wert) einbeziehen, diese sollten aber nur als Orientierungspunkte benutzt werden. Daneben ist es wichtig, die Persönlichkeitsentwicklung auf sozialem und emotionalem Gebiet, die sprachlichen und kommunikativen Fähigkeiten, das Anpassungsverhalten sowie die Fähigkeit zur sozialen Teilhabe zu berücksichtigen. Teilhabebeeinträchtigungen finden sich u. a. im Bereich der Selbstversorgung, der Mobilität, der sozialen Kontaktgestaltung sowie insbesondere im schulischen und beruflichen Bereich. In die gutachterliche Bewertung sind schulischer Förderstatus, entsprechende sonderpädagogische Begutachtungen sowie die Art der beruflichen Eingliederung und entsprechende Untersuchungen der Arbeitsagenturen einzubeziehen.

Der in der ICD gewählte Begriff der „leichten Intelligenzminderung“ (IQ 69–50) täuscht über die Tatsache hinweg, dass bereits bei der „leichten Intelligenzminderung“

eine gravierende Beeinträchtigung der Intelligenzfunktionen im Sinne einer geistigen Behinderung vorliegt. Aufgrund der komplexen Anforderungen des modernen gesellschaftlichen und beruflichen Lebens wirken sich die Einschränkungen in besonderer Weise aus und können wesentlich nur durch personelle Unterstützung und besondere sozial-räumliche Angebote (Familie, Schulen, Werkstätten, Tagesstätten, Heime) abgemildert werden. Fast alle Menschen mit einem IQ unter 70 leben und arbeiten in diesen „beschützenden" Orten. In den meisten Lebensbereichen liegen die Fähigkeiten und Möglichkeiten für eine selbstständige Lebensführung weit unterhalb der Altersnorm. Auch in inklusiven Kontexten müssen diese unterstützenden und „beschützenden" Bedingungen geleistet werden, wenn auch in anderer Form. Darin manifestiert sich der erhebliche Hilfe- und Unterstützungsbedarf dieser Menschen, der grundsätzlich eine Mindestzuordnung zum GdB 50 begründet.

Unter einem IQ von 50 wird heute von einer „schweren Intelligenzminderung" gesprochen, die zwar in der ICD noch in mittelgradig bis schwer, im internationalen Schrifttum aber nicht weiter unterschieden wird. Hier ist regelhaft keine selbstständige Lebensführung möglich, es besteht ein umfassender Hilfe- und Unterstützungsbedarf in allen Lebensbereichen.

Menschen mit Intelligenzminderung leiden häufig an zusätzlichen körperlichen Erkrankungen und Behinderungen (Mehrfachbehinderungen). Daneben bestehen häufig Verhaltensauffälligkeiten sowie emotionale und andere psychische Störungen. Diese Komorbiditäten beeinträchtigen wesentlich die Möglichkeiten der gesellschaftlichen Teilhabe und sind zusätzlich zu bewerten.

Schwierigkeiten in der sozialmedizinischen Bewertung bereitet häufig die Fetale Alkoholspektrum-Störung (FASD). Man versteht darunter ein komplexes Störungsbild, das durch eine Schädigung des Nervensystems durch Alkoholkonsum der Mutter während der Schwangerschaft verursacht wird (dazugehörende Begriffe: FAS, pFAS, ARND)). Die Diagnostik ist teilweise schwierig, da häufig Adoptiv- und Pflegekinder betroffen sind, bei denen sich die Anamnese nicht mehr eindeutig nachvollziehen lässt. Typische Dysmorphiezeichen, Fehlbildungen und Wachstumsstörungen, insbesondere aber Störungen des zentralen Nervensystems und Beeinträchtigungen der exekutiven Funktionen (Handlungssteuerung) in unterschiedlichem Schweregrad prägen das Krankheitsbild. Neben einer (nicht regelhaften) Intelligenzminderung und Entwicklungsretardierung (verzögerte Sprachentwicklung, Störung von Konzentrations- und Merkfähigkeit u. a.) bestehen häufig ausgeprägte Verhaltensstörungen (Hyperaktivität, impulsives Verhalten, Distanzlosigkeit, geringe Selbststrukturierung u. a.) Die soziale Anpassung ist auch bei weitgehender Normintelligenz erheblich eingeschränkt, die soziale Teilhabe am Leben in der Gemeinschaft meist nur mit umfassendem Hilfeangebot möglich, die schulische und berufliche Laufbahn sind eingeschränkt. Eine selbstständige Lebensführung wird in vielen Fällen nicht erreicht. Die gutachterliche Bewertung muss somit vorhandene ärztlich-psychologische Befunde sowie den Förderbedarf der Betroffenen berücksichtigen. In den meisten Fällen ist (auch bei Normintelligenz) von einer Schwerbehinderung auszugehen.

Bei intelligenzgeminderten Menschen liegen häufig kognitive Orientierungsstörungen vor, d. h., sie können sich im öffentlichen Raum und im Straßenverkehr nur schwer zurechtfinden oder nur geübte Strecken selbstständig zurücklegen. In diesen Fällen sind ab einem GdB von 80 die Mz G und B häufig zu vergeben, in besonders gelagerten Einzelfällen auch bei einem GdB von 70.

In den Versorgungsmedizinischen Grundsätzen nicht ausdrücklich benannt werden Kinder und Jugendliche mit niedriger Intelligenz (IQ 85–70), man spricht hier von sogenannten „Lernbehinderungen". Auch diese Kinder und Jugendlichen weisen z. T. deutliche Teilhabebeeinträchtigungen auf und benötigen häufig im schulischen und häuslichen Rahmen besondere Unterstützung und Förderung. Das Ausmaß der Einschränkungen variiert stark. Je nach dem notwendigen Förderbedarf (z. B. sonderpädagogische Förderung in der Schule, Integrationsstatus) ist der GdB zu bemessen. Mögliche begleitende emotionale oder andere psychische Problematiken sind zu beachten und entsprechend zu bewerten.

In der Regel bleibt der GdB unter 50, d. h., es ist nicht von einer Schwerbehinderung auszugehen.

3.5 Verhaltens- und emotionale Störungen mit Beginn in der Kindheit und Jugend

Die Kriterien der Definition der ICD 10-GM Version 2011 müssen erfüllt sein. Komorbide psychische Störungen sind gesondert zu berücksichtigen. Eine Behinderung liegt erst ab Beginn der Teilhabebeeinträchtigung vor. Eine pauschale Festsetzung des GdS nach einem bestimmten Lebensalter ist nicht möglich.

3.5.1 Tief greifende Entwicklungsstörungen (insbesondere frühkindlicher Autismus, atypischer Autismus, Asperger-Syndrom)

Bei tief greifenden Entwicklungsstörungen

ohne soziale Anpassungsschwierigkeiten beträgt der . GdS 10 – 20

mit leichten sozialen Anpassungsschwierigkeiten
beträgt der GdS .... 30 – 40

mit mittleren sozialen Anpassungsschwierigkeiten
beträgt der GdS .... 50 – 70

mit schweren sozialen Anpassungsschwierigkeiten
beträgt der GdS .... 80 – 100

Soziale Anpassungsschwierigkeiten liegen insbesondere vor, wenn die Integrationsfähigkeit in Lebensbereiche (wie zum Beispiel Regel-Kindergarten, Regel-Schule, allgemeiner Arbeitsmarkt, öffentliches Leben, häusliches Leben) nicht ohne besondere Förderung oder Unterstützung (zum Beispiel durch Eingliederungshilfe) gegeben ist oder wenn die Betroffenen einer über das dem jeweiligen Alter entsprechende Maß hinausgehenden Beaufsichtigung bedürfen. Mittlere soziale Anpassungsschwierigkeiten liegen insbesondere vor, wenn die Integration in Lebensbereiche nicht ohne umfassende Unterstützung (zum Beispiel einen Integrationshelfer als Eingliederungshilfe) möglich ist. Schwere soziale Anpassungsschwierigkeiten liegen insbesondere vor, wenn die Integration in Lebensbereiche auch mit umfassender Unterstützung nicht möglich ist.

Für tiefgreifende Entwicklungsstörungen hat sich in den letzten Jahren (in Anlehnung an das DSM 5) zunehmend die Bezeichnung Autismus-Spektrum-Störungen durchgesetzt. Man will hierdurch zum Ausdruck bringen, dass es sich um eine große Bandbreite von Störungsbildern handelt, wobei der Ausprägungsgrad der Symptome stark variieren kann. Auch leichte Ausprägungen mit nur geringen Beeinträchtigungen der sozialen Anpassung sind möglich.

Allen Autismus-Spektrum-Störungen gemeinsam sind Auffälligkeiten der sozialen Interaktion, der Kommunikation sowie ein eingeschränktes, stereotypes, sich wiederholendes Repertoire von Interessen und/oder Aktivitäten.

Für das klinische Bild prägend ist, ob die autistische Störung mit einer Beeinträchtigung der Intelligenzentwicklung und/oder einer Beeinträchtigung der funktionalen Sprache verbunden ist. Je nach Ausprägungsgrad der Funktionsstörungen, der dadurch bedingten sozialen Anpassungsstörungen und des individuellen Unterstützungsbedarfs ist der entsprechende GdB festzustellen.

Beim frühkindlichen Autismus findet sich eine deutliche Intelligenzminderung, die Fähigkeit zur sprachlichen Kommunikation ist schwer gestört oder nicht vorhanden. In der Regel ist von einem GdB von 100 auszugehen, verbunden mit den Mz G, B und H. Im Einzelfall kann bei besonderen Verhaltensauffälligkeiten die Teilnahme an öffentlichen Veranstaltungen unmöglich sein, so dass die Voraussetzungen für das Mz RF vorliegen können.

Beim Asperger-Syndrom liegen Intelligenz und Sprachentwicklung in der Regel im Normbereich. Dennoch zeigen die Betroffenen, trotz guter Leistungen in Teilbereichen, ausgeprägte Störungen der interpersonellen Interaktion und Kommunikation sowie die syndromtypischen Verhaltensauffälligkeiten. Hier ist zu prüfen, welches Ausmaß die Teilhabebeeinträchtigungen im Einzelfall haben, eine Schwerbehinderung kann auch in diesen Fällen vorliegen. Im Laufe der Reifeentwicklung und unter therapeutischer Unterstützung sind günstige Verläufe möglich, häufig persistiert die Symptomatik aber bis ins Erwachsenenalter.

Es bleibt aber zu erwähnen, dass im Rahmen der Autismus-Spektrum-Störungen sehr unterschiedliche klinische Bilder vorliegen können, so dass immer der Einzelfall und die spezifischen Einschränkungen gezielt zu prüfen und zu bewerten sind.

Es wird empfohlen, bei Erreichen der Volljährigkeit eine Nachuntersuchung durchzuführen, um die dauerhaften Auswirkungen auf das soziale, häusliche, schulische oder berufliche Leben der Betroffenen zu beurteilen.

Bei den Asperger-Syndromen wird oft eine rückwirkende Anerkennung ab Geburt beantragt. Eine Störung kann aber erst dann sozialmedizinisch berücksichtigt werden, wenn die durch sie verursachten Funktionsbeeinträchtigungen klinisch relevant werden und eine Teilhabebeeinträchtigung bedingen. Die wesentlichen Symptome des Asperger-Autismus (Einschränkungen der sozialen Interaktion und der Kommunikation) lassen sich etwa ab dem dritten und vierten Lebensjahr diagnostizieren. Es wird empfohlen, bei gesicherter Diagnose die Störung ab dem vollendeten dritten Lebensjahr rückwirkend festzustellen, falls keine zusätzlichen Befundberichte vorliegen, die ein früheres Auftreten dokumentieren.

3.5.2 Hyperkinetische Störungen und Aufmerksamkeitsstörungen ohne Hyperaktivität

Ohne soziale Anpassungsschwierigkeiten liegt keine Teilhabebeeinträchtigung vor.

Bei sozialen Anpassungsschwierigkeiten

ohne Auswirkung auf die Integrationsfähigkeit beträgt der GdS 10–20

mit Auswirkung auf die Integrationsfähigkeit in mehreren Lebensbereichen (wie z. B. Regel-Kindergarten, Regel-Schule, allgemeiner Arbeitsmarkt, öffentliches Leben, häusliches Leben) oder wenn die Betroffenen einer über das dem jeweiligen Alter entsprechende Maß hinausgehenden Beaufsichtigung bedürfen, beträgt der GdS .... 30 – 40

mit Auswirkungen, die die Integration in Lebensbereiche nicht ohne umfassende Unterstützung oder umfassende Beaufsichtigung ermöglichen, beträgt der GdS .... 50 – 70

mit Auswirkungen, die die Integration in Lebensbereiche auch mit umfassender Unterstützung nicht ermöglichen, beträgt der GdS .... 80 – 100

Ab dem Alter von 25 Jahren beträgt der GdS regelhaft nicht mehr als 50.

3.5.3 Störungen des Sozialverhaltens und Störungen sozialer Funktionen mit Beginn in der Kindheit und Jugend sind je nach Ausmaß der Teilhabebeeinträchtigung, insbesondere der Einschränkung der sozialen Integrationsfähigkeit und dem Betreuungsaufwand, individuell zu bewerten.

Man fasst hier eine Gruppe von Störungsbildern zusammen, die im Wesentlichen durch die drei Komponenten Aufmerksamkeitsstörung, Hyperaktivität und Impulsivität in unterschiedlichen Ausprägungsgraden gekennzeichnet ist. In der ICD-10-Klassifikation werden Aufmerksamkeitsstörungen ohne Hyperaktivität noch nicht erfasst. Auch andere Bezeichnungen wie ADHS (Aufmerksamkeitsdefizit-Hyperaktivitäts-Syndrom) oder ADS (Aufmerksamkeitsdefizit-Syndrom) sind gebräuchlich. Komorbiditäten sind häufig, insbesondere Teilleistungsstörungen, emotionale Störungen und Störungen des Sozialverhaltens.

Das Ausmaß der Beeinträchtigung der Teilhabe ist je nach individueller Ausprägung unterschiedlich. Eine gezielte und leitliniengerechte Therapie (einschließlich einer medikamentösen Behandlung) kann in vielen Fällen zu einer deutlichen Besserung der Symptomatik führen und die soziale Teilhabe und das schulische Leistungsvermögen erheblich steigern. Dennoch können trotz Behandlung Beeinträchtigungen sozialer, häuslicher, schulischer oder beruflicher Aktivitäten weiterbestehen. Gegebenenfalls sind eine professionelle Förderung und Unterstützung im schulischen und häuslichen Bereich sowie eine erhöhte Beaufsichtigung notwendig (z. B. Teilhabeassistenz, Integrationsstatus u. a.).

In der Regel begründet eine einfache hyperkinetische Störung keine Schwerbehinderung. Ein GdB über 50 kann nur in besonders ausgeprägten Fällen, insbesondere bei Komorbiditäten, vergeben werden. In Einzelfällen ist ein GdB bis 100 möglich.

Aufgrund der gesteigerten Impulsivität verbunden mit Konzentrations-, Aufmerksamkeits- und Wahrnehmungsstörungen ist von einer erhöhten Unfallgefahr im Straßenverkehr auszugehen. Wenn in schweren Fällen (ab einem GdB von 70) aufgrund störungsbedingter situativer Überforderung die selbstständige Nutzung öffentlicher Verkehrsmittel nicht möglich ist, wird neben der Vergabe von Mz H auch das Merkzeichen B empfohlen.

Während sich im Laufe der Reifeentwicklung die motorische Hyperaktivität meist deutlich abschwächt, können Funktionsbeeinträchtigungen bis ins Erwachsenenalter bestehen bleiben und dauerhafte Beeinträchtigungen im familiären, beruflichen und sozialen Kontext verursachen.

Störungen des Sozialverhaltens in Kindheit und Jugend sind nur dann sozialmedizinisch relevant, wenn es sich um eine Hyperkinetische Störung des Sozialverhaltens (ICD-10 F90.1) oder um eine kombinierte Störung des Sozialverhaltens und der Emotionen (ICD-10: F92.0) handelt. Der GdB richtet sich nach dem Ausmaß der Teilhabebeeinträchtigung.

3.6 Schizophrene und affektive Psychosen

Nach den gemeinsamen Grundsätzen der Versorgungsmedizinischen Grundsätze soll im Allgemeinen das Funktionssystem Gehirn einschließlich Psyche zusammenfassend beurteilt werden. Im Falle psychischer Komorbidität ist die Gesamtbeeinträchtigung durch alle bestehenden psychischen Störungen unabhängig von der Zahl der vorhandenen Diagnosen nach ICD zu beurteilen. Im Funktionssystem Psyche erfolgt die GdB-Bewertung in der Regel anhand der resultierenden Einschränkungen der Erlebnis- und Gestaltungsfähigkeit, der resultierenden sozialen und beruflichen Anpassungsschwierigkeiten (dies entspricht etwa den Aktivitäten- und Teilhabebeeinträchtigungen der ICF), in wenigen Fällen anhand der Phasenhäufigkeit oder der Schwere der Störung. In einzelnen Fällen ist eine Heilungsbewährung zu beachten.

Die in dem seit 2018 vorliegenden Entwurf zur sechsten Verordnung zur Änderung der Versorgungsmedizin-Verordnung vorgesehene Neufassung des Teils A (http://infothek.paritaet.org/pid/fachinfos.nsf/0/d1b5c893b161af93c125835300438b40/$FILE/Entwurf_6-%C3%84ndVO-VersMedV_2018-08-28.pdf, Stand 2021-08-08) dient der systematischen Umsetzung des bio-psycho-sozialen Modells des modernen Behinderungsbegriffs. Sie enthält den Hinweis, dass die versorgungsmedizinische Bewertung der Teilhabebeeinträchtigung gemäß der Internationalen Klassifikation der Funktionsfähigkeit, Behinderung und Gesundheit (ICF) anhand der ICF-Säulen Aktivitäten und Partizipation (Teilhabe) erfolgt. Zudem wird darin erläutert, dass sich die in der Verordnung verwendeten Bezeichnungen der Gesundheitsstörungen und die Kriterien von Definitionen in der Regel nach dem Systematischen Verzeichnis der Internationalen statistischen Klassifikation der Krankheiten und verwandter Gesundheitsprobleme, 10. Revision, German Modification (ICD-10-GM) richten. In einem Ergänzenden Rundschreiben des Bundesministeriums für Arbeit und Soziales zu Klinik und Begutachtung Posttraumatischer Belastungsstörungen vom 23. Juni 2020 (https://www.bmas.de/SharedDocs/Downloads/DE/rs-ptbs-2020-06-23-ergaenzendes-rundschreiben.pdf?__blob=publicationFile&v=1, Stand 2021-08-08) wird betont, dass die Begutachtung im Schwerbehinderten- und Sozialen Entschädigungsrecht auf der Grundlage des aktuellen Stands der medizinischen Wissenschaft zu erfolgen hat und die ICD-11 aufgrund des gebündelten aktuellen, international anerkannten wissenschaftlichen Standes insbesondere bei psychischen Störungen beachtenswert ist.

Langdauernde (über ein halbes Jahr anhaltende) Psychose im floriden Stadium je nach Einbuße beruflicher und sozialer Anpassungsmöglichkeiten	50 – 100

Unter der Nummer 3.6 sind die Störungen aus den Kategorien F2 und einige aus der Kategorie F3 des ICD-10 (Dilling et al. 2015) zu bewerten (nach ICD-11 aus Kapitel 6A2, 6A4, 6A6, und in Teilen aus 6A7 und 6A8).

Die Nomenklatur „florides Stadium" taucht in den modernen Klassifikationssystemen nicht mehr auf. Hierunter ist eine andauernde Akutsymptomatik der schizophrenen oder affektiven Störung zu verstehen, öfter wird dies auch als Positivsymptomatik bezeichnet. Zur Konkretisierung ist das Zeitkriterium der Behinderung nochmals aufgeführt.

Im Falle der Schizophrenie gehören dazu beispielsweise folgende andauernde Symptome: Gedankenlautwerden, Beeinflussungswahn, Stimmenhören, bizarrer Wahn, Halluzinationen, schwere formale Denkstörungen oder katatone Symptome.

Der Begriff affektive Psychose ist eng mit dem historischen Konzept der Endogenität verknüpft. Danach wurden bei Melancholie, Manie und Mischformen im Körper liegende, auf erblichen und konstitutionellen Faktoren beruhende Krankheitsursachen angenommen. Die endogene Depression wurde u. a. von neurotischer oder reaktiver Depression abgegrenzt. Diese Abgrenzung der affektiven Störungen ist in den modernen Klassifikationen nicht mehr zu finden, es wurde ein deskriptiver Ansatz der Systematik gewählt. Im Klassifikationssystem ICD-10 werden alle depressiven Störungen in der Kategorie F3 zusammengefasst (im ICD-11 in den Kapiteln 6A6, 6A7 und 6A8), Subgruppen unterscheiden sich bezüglich der Verlaufsform, des Schweregrads und des eventuellen Hinzutretens psychotischer Symptome.

Im Falle der affektiven Störungen gehören zu den andauernden Akutsymptomen beispielsweise: gehoben expansive, reizbare oder depressive Stimmungslage, Verlust des Selbstwertgefühls oder Größenwahn, deutliche Schlafstörungen, Konzentrationsstörungen, Schuldgefühle, Suizidgedanken, Appetitstörungen, starker Rededrang, Ideenflucht, psychomotorische Störungen, Schuldwahn, nihilistischer Wahn oder depressiver Stupor.

Die Bewertung der GdB-Höhe kann trotz leicht abweichender Formulierung (Einbuße beruflicher und sozialer Anpassungsmöglichkeiten) vergleichbar den schizophrenen Residualzuständen und den Störungen der Nummern B 3.7 und B 3.8, also hinsichtlich der krankheitsbedingten mittelgradigen und schweren sozialen Anpassungsschwierigkeiten, erfolgen. Diesbezügliche Abgrenzungskriterien, wie sie auch vom Ärztlichen Sachverständigenbeirat Versorgungsmedizin beschlossen worden sind (März 1998), werden unten näher erläutert.

Da die Dauer der akuten Phasen oder Episoden dieser Störungen unter den aktuellen Behandlungsmöglichkeiten deutlich verkürzt und abgemildert werden kann und oftmals nicht das Zeitkriterium einer Behinderung erfüllt, ist die Bewertung des GdB nach diesen Anhaltswerten der GdB-Tabelle nur in einem kleinen Teil der Fälle zutreffend. Im Falle der schizophrenen Störung ist aufgrund des Erkrankungsverlaufes im Sinne einer Behinderung häufiger die Bewertung nach folgenden Anhaltswerten vorzunehmen:

Schizophrener Residualzustand (z. B. Konzentrationsstörung, Kontaktschwäche, Vitalitätseinbuße, affektive Nivellierung)

mit geringen und einzelnen Restsymptomen	
ohne soziale Anpassungsschwierigkeiten	10 – 20
mit leichten sozialen Anpassungsschwierigkeiten	30 – 40
mit mittelgradigen sozialen Anpassungsschwierigkeiten	50 – 70
mit schweren sozialen Anpassungsschwierigkeiten ...	80 – 100

Das schizophrene Residuum, welches häufiger dem akuten Stadium folgt, ist gekennzeichnet durch überwiegende Negativsymptome: psychomotorische Verlangsamung, verminderte Aktivität, Affektverflachung, Passivität, qualitative und quantitative Spracharmung, geringe nonverbale Kommunikation durch Gesichtsausdruck, Blickkontakt, Modulation der Stimme und Körperhaltung, Vernachlässigung der Körperpflege.

Vom Ärztlichen Sachverständigenbeirat Versorgungsmedizin wurden 1998 Abgrenzungskriterien für die Beurteilung von sozialen Anpassungsschwierigkeiten empfohlen:

Danach sollten krankheitsbedingte leichte soziale Anpassungsschwierigkeiten angenommen werden, wenn z. B. Berufstätigkeit trotz Kontaktschwäche und/oder Vitalitätseinbuße auf dem allgemeinen Arbeitsmarkt noch ohne wesentliche Beeinträchtigung möglich ist. Wesentliche Beeinträchtigungen seien in diesem Falle nur in besonderen Berufen, z. B. Lehrer, Manager, zu finden. Im Falle leichter sozialer Anpassungsschwierigkeiten seien keine wesentlichen Beeinträchtigungen der familiären Situation oder bei Freundschaften zu erwarten, also z. B. keine krankheitsbedingten wesentlichen Eheprobleme.

Bei mittelgradigen sozialen Anpassungsschwierigkeiten bestünden in den meisten Berufen sich auswirkende psychische Veränderungen, die zwar weitere Tätigkeit grundsätzlich noch erlaubten, jedoch eine verminderte Einsatzfähigkeit bedingten, die auch eine berufliche Gefährdung einschließe. Erhebliche familiäre Probleme seien in diesem Falle durch Kontaktverlust und affektive Nivellierung zu erwarten. Es bestünden aber noch keine Isolierung und kein sozialer Rückzug in einem Umfang, der z. B. eine vorher intakte Ehe stark gefährden könne.

Schwere soziale Anpassungsschwierigkeiten in Folge der Störung seien dadurch gekennzeichnet, dass eine weitere berufliche Tätigkeit sehr stark gefährdet oder ausgeschlossen sei. In diesem Fall seien schwerwiegende Probleme in der Familie oder im Freundes- bzw. Bekanntenkreis, bis zur Trennung von der Familie, vom Partner oder Bekanntenkreis, zu finden.

In den Empfehlungen des Beirates werden die Bewertungsschwerpunkte auf die berufliche Tätigkeit und familiäre, in zweiter Linie freundschaftliche Kontakte gelegt. Dabei sind wiederholte Krankschreibungen aufgrund einer psychischen Störung nicht zwingend einer beruflichen Gefährdung gleichzusetzen. Vereinzelte Streitigkeiten in der

Partnerbeziehung vor dem Hintergrund der psychischen Beeinträchtigung entsprechen in diesem Sinne noch keinen erheblichen familiären Problemen.

Unter der Betrachtungsweise der ICF (Deutsches Institut für Medizinische Dokumentation und Information 2005) können psychische Störungen besonders folgende Bereiche der Aktivitäten und Teilhabe beeinträchtigen: Lernen und Wissensanwendung, tägliche Routine durchführen, mit Stress und anderen psychischen Anforderungen umgehen, Kommunikationsfähigkeit, Mobilität, ein Transportmittel benutzen, ein Fahrzeug fahren, Selbstversorgung, sich waschen, Körperteile pflegen, sich kleiden, essen, trinken, auf Gesundheit achten, Beschaffung von Lebensnotwendigkeiten (Waren und Dienstleistungen), Haushaltsaufgaben, Haushaltsgegenstände pflegen, anderen (z. B. Familienmitgliedern) helfen, Wohnraum beschaffen, Mahlzeiten vorbereiten, interpersonelle Interaktionen und Beziehungen pflegen, mit Fremden umgehen, wirtschaftliche Eigenständigkeit, überhaupt die bedeutenden Lebensbereiche der Bildung, Arbeit, Beschäftigung, Gemeinschafts-, soziales und staatsbürgerliches Leben, Erholung und Freizeit, Religion und Spiritualität.

Das Ausmaß der Teilhabebeeinträchtigung ist sowohl von der Anzahl als auch der Schwere der Beeinträchtigung der aufgeführten betroffenen Aktivitäten abhängig. Dafür kann mittels standardisierter ICF-Instrumente (z. B. ICF Core-Sets, Mini-ICF-App) folgende Skalierung mit ansteigender Schwere der Teilhabebeeinträchtigung angewendet werden: „leicht beeinträchtigt“, „stark beeinträchtigt“, „gerade noch möglich“ und „nicht mehr möglich“. Dabei wird Anstrengungsbereitschaft vorausgesetzt. Wenn krankheitsbedingt selbst einfache Alltagsaktivitäten nur mit Anstrengung ausgeführt werden können (auch wenn sie nicht eindeutig identifizierbar beeinträchtigt sind), liegt eine wesentliche Beeinträchtigung der Teilhabe vor.

Die Beeinträchtigungen der Aktivitäten und Teilhabe gemäß ICF können bei den genannten Beurteilungsspannen zur weiteren Differenzierung beitragen und den Besonderheiten des Einzelfalls Rechnung tragen.

Affektive Psychose mit relativ kurz andauernden, aber häufig wiederkehrenden Phasen

bei 1 bis 2 Phasen im Jahr von mehrwöchiger Dauer je nach Art und Ausprägung .... 30 – 50

bei häufigeren Phasen von mehrwöchiger Dauer ..... 60 – 100

Bei diesen Anhaltswerten findet die eindeutig phasenhafte Verlaufsform der rezidivierenden depressiven oder bipolaren Störung Berücksichtigung, bei der die einzelne Phase in der Regel nicht das zeitliche Kriterium einer Behinderung erfüllt. Manche Betroffene erleiden relativ rasch aufeinanderfolgende Erkrankungsphasen. Bei einer Subgruppe bipolarer Erkrankungen mit raschen Wechseln spricht man auch von „rapid cycling“.

Die einzelnen Phasen dieser nicht sehr häufigen Verlaufsform müssen klar abgrenzbar sein. Häufig ist in der einzelnen Krankheitsphase eine Klinikbehandlung oder eine sehr engmaschige, ambulante Behandlung erforderlich. In der Regel kommt es bei diesen Störungen zwischen den Phasen zu einer vollständigen Remission.

> Nach dem Abklingen lang dauernder psychotischer Episoden ist eine Heilungsbewährung von zwei Jahren abzuwarten.
>
> GdS während dieser Zeit, wenn bereits mehrere manische oder manische und depressive Phasen vorangegangen sind 50
>
> sonst 30
>
> Eine Heilungsbewährung braucht nicht abgewartet zu werden, wenn eine monopolar verlaufene depressive Phase vorgelegen hat, die als erste Krankheitsphase oder erst mehr als zehn Jahre nach einer früheren Krankheitsphase aufgetreten ist.

Wenn die lang dauernde Erkrankung symptomlos oder bis auf geringe und einzelne Restsymptome abgeklungen ist, erfolgt die Bewertung nach diesen Anhaltswerten. Im Falle des unipolar manischen und des bipolaren Verlaufes mit mehreren Phasen ist nach zuvor mindestens einem halben Jahr anhaltender oben beschriebener Akutsymptomatik ein GdB von 50 mit einer Heilungsbewährung von zwei Jahren festzustellen. Hinsichtlich der Heilungsbewährung ist das Zeitkriterium von zehn Jahren zwischen zwei Phasen der rezidivierenden Erkrankung zu berücksichtigen.

3.7 Neurosen, Persönlichkeitsstörungen, Folgen psychischer Traumen

Dies ist statistisch die am häufigsten zu beurteilende Gruppe unter den psychischen Störungen. Auch hier taucht wieder das historische triadische Klassifikationssystem auf (Schneider 1992, Huber 1999), zu welchem neben den bereits oben genannten endogenen Psychosen die körperlich begründbaren Psychosen und Defektzustände sowie die abnormen Varianten seelischen Wesens gehörten. Zu letzteren zählten u. a. die abnormen Persönlichkeiten (Psychopathien), die abnormen Erlebnisreaktionen und Entwicklungen (Neurosen) und die abnormen Triebanlagen (sexuelle Deviationen). Die modernen operationalisierten Klassifikationssysteme kennzeichnet ein deutlich anderer, deskriptiver Ansatz. Das traditionelle ätiologisch orientierte Konzept der Neurose ist in diesen Systemen bis auf wenige Ausnahmen nicht mehr anzutreffen.

In der Regel sind Störungen aus den Kategorien F4, F5, F6 nach ICD-10, bei Fortbestehen bis ins Erwachsenenalter auch aus F9, nach den folgenden Anhaltswerten zu beurteilen (nach ICD-11 die Kapitel 6B0, 6B2, 6B4, 6B6, 6B8, 6C2, 6C7, 6C9, 6D1, 6D3, 6D5). Im Falle chronischer Verlaufsformen depressiver Störungen sind dieselben Anhaltswerte auch für Teile der Kategorie F3 nach ICD-10 (Kapitel 6A7 nach ICD-11) zu wählen, wenn es sich nicht um einen eindeutig rezidivierenden Verlauf mit zwischenzeitlicher Remission und einen Verlauf ohne psychotische Symptome handelt.

Im Jahr 2000 empfahl der Ärztliche Sachverständigenbeirat Versorgungsmedizin in Verbindung mit dem Beiratsbeschluss von 1998, die genannten Kriterien heranzuziehen. Für die Beurteilungsspanne ab einem GdB von 50 könnten danach wieder oben genannte Abgrenzungskriterien der sozialen Anpassungsschwierigkeiten berücksichtigt werden. Da für geringergradige Störungen bei Neurosen, Persönlichkeitsstörungen, Folgen nach psychischen Traumen eigene Beurteilungskriterien genannt seien, sei eine Analogbewertung mit den am Beispiel des schizophrenen Residualzustandes genannten leichten sozialen Anpassungsschwierigkeiten nicht erforderlich. Auch hier empfiehlt sich, die versorgungsmedizinische Beurteilung anhand der Beeinträchtigungen der Aktivitäten und Teilhabe gemäß ICF vorzunehmen.

In Abweichung zur vorausgehenden Systematik der Nummer 3.6 soll nach den folgenden Anhaltswerten auch eine Beurteilung nach dem Schwergrad der Störung erfolgen. Eine Operationalisierung der folgenden Schweregrade (leicht, stärker behindernd, schwer) einer solchen psychischen Störung liegt nicht vor. Diese dürfen nicht gleichgesetzt werden mit beispielsweise den operationalisierten Schweregraden einer depressiven Episode nach ICD-10 oder ICD-11. Ebenso existiert keine einheitliche, verbindliche Definition der Erlebnis- und Gestaltungsfähigkeit.

Leichtere psychovegetative oder psychische Störungen ... 0 – 20

In Analogie zur sonstigen Systematik der Versorgungsmedizinischen Grundsätze im Bereich psychischer Störungen sollten auch bei diesen Anhaltswerten die oben näher beschriebenen, mit der Störung verbundenen funktionellen Einschränkungen bzw. Beeinträchtigungen der Teilhabe bei der Bewertung berücksichtigt werden. Nicht erfolgende spezifische Behandlungen der jeweiligen Störung können hier auch Hinweise geben. In Abgrenzung zu den nachfolgenden Anhaltswerten liegen hier noch keine wesentlichen Einschränkungen der Erlebnis- und Gestaltungsfähigkeit vor.

Gemäß einem Beiratsbeschluss und folgendem Rundschreiben des Bundesministeriums für Arbeit und Soziales (BMAS) vom 2. Dezember 2008 ist ein GdB von wenigstens 30 gerechtfertigt, wenn alle Kriterien, also auch die geforderte Mindestzahl der Symptome einer Posttraumatischen Belastungsstörung nach ICD-10 und DSM IV-TR (Saß et al. 2003), erfüllt sind. Es könnten allerdings auch Teilsymptome bzw. andere psychische Traumafolgen Funktionsstörungen bedingen.

In seinem Ergänzenden Rundschreiben von 2020 weist das BMAS auf zwischenzeitlich veraltete Diagnosekriterien hin. Das Klassifikationssystem DSM IV-TR wurde inzwischen vom DSM 5 abgelöst, im ICD-11 werden inhaltliche Änderungen bezüglich Psychotraumafolgestörungen vorgenommen. Die Kriterien „Wiedererleben", „Vermeidung" und „anhaltende Bedrohungswahrnehmung" sind nach dem aktuellen wissenschaftlichen Stand der ICD-11 obligat für die Diagnose einer Posttraumatischen Belastungsstörung. Für die Diagnose einer komplexen PTBS liegen inzwischen mit der ICD-11 international anerkannte, eindeutige Diagnosekriterien vor.

In Analogie zum Rundschreiben von 2008 können beispielsweise langdauernde Anpassungsstörungen einen geringeren GdB als 30 bedingen. Nach ICD-10 werden bei dieser Störung die Kriterien einer anderen Störung der Kapitel F3 und F4 (oder beispielsweise 6A7 nach ICD-11) nicht vollständig erfüllt. Auch für die Dysthymia (ICD -10 F 34.1; ICD-11 6A72) wird in den Diagnosekriterien gefordert, dass keine längerfristige Remission eintritt und keine oder nur sehr wenige der einzelnen depressiven Episoden während eines Zwei-Jahres-Zeitraumes so schwer oder so lange andauern, dass sie die Kriterien für eine rezidivierende leichte depressive Störung erfüllten.

Stärker behindernde Störungen

mit wesentlicher Einschränkung der Erlebnis- und Gestaltungsfähigkeit (z. B. ausgeprägtere depressive, hypochondrische, asthenische oder phobische Störungen, Entwicklungen mit Krankheitswert, somatoforme Störungen) . 30 – 40

Mit den gesicherten vollständigen Kriterien einer chronischen depressiven, phobischen oder somatoformen Störung wird diese Kategorie der Anhaltswerte erfüllt.

Grundzüge der Erlebnis- und Gestaltungsfähigkeit finden ihren Niederschlag in den Beschreibungen der weiteren Bereiche der Aktivitäten und Teilhabe gemäß der ICF, wie bereits oben beschrieben: Lernen und Wissensanwendung, tägliche Routine durchführen, mit Stress und anderen psychischen Anforderungen umgehen, Kommunikationsfähigkeit, Mobilität, ein Transportmittel benutzen, ein Fahrzeug fahren, Selbstversorgung, sich waschen, Körperteile pflegen, sich kleiden, essen, trinken, auf Gesundheit achten, Beschaffung von Lebensnotwendigkeiten (Waren und Dienstleistungen), Haushaltsaufgaben, Haushaltsgegenstände pflegen, anderen (z. B. Familienmitgliedern) helfen, Wohnraum beschaffen, Mahlzeiten vorbereiten, interpersonelle Interaktionen und Beziehungen pflegen, mit Fremden umgehen, wirtschaftliche Eigenständigkeit, überhaupt die bedeutenden Lebensbereiche der Bildung, Arbeit, Beschäftigung, Gemeinschafts-, soziales und staatsbürgerliches Leben, Erholung und Freizeit, Religion und Spiritualität.

Auch die familiäre und soziale Erlebnis- sowie die berufliche Gestaltungsfähigkeit können unter diesen Anhaltswerten Berücksichtigung finden. In Abgrenzung zu den folgenden Anhaltswerten sollen aber noch nicht die oben ausgeführten Kriterien mittelgradiger sozialer Anpassungsschwierigkeiten infolge der psychischen Störung erfüllt sein.

Schwere Störungen (z. B. schwere Zwangskrankheit)

mit mittelgradigen sozialen Anpassungsschwierigkeiten	50 – 70
mit schweren sozialen Anpassungsschwierigkeiten ...	80 – 100

Hinsichtlich dieser Kategorie empfahl der Ärztliche Sachverständigenbeirat Versorgungsmedizin im Jahr 2000 in Verbindung mit dem Beiratsbeschluss von 1998 die genannten Kriterien, wie bereits oben ausgeführt, heranzuziehen.

3.8 Psychische Störungen und Verhaltensstörungen durch psychotrope Substanzen

Mit der ersten Verordnung zur Änderung der Versorgungsmedizin-Verordnung vom 1. März 2010 wurde die Nummer 3.8 des Teils B mit den Absätzen Alkoholkrankheit, -abhängigkeit und Drogenabhängigkeit wie folgt geändert. Unter dieser Nummer sind alle psychischen Störungen des Kapitels F1 der ICD-10 bzw. des Kapitels 6C4 der ICD-11 zu bewerten.

Der schädliche Gebrauch psychotroper Substanzen ohne körperliche oder psychische Schädigung bedingt keinen Grad der Schädigungsfolgen. Die Abhängigkeit von Koffein oder Tabak sowie von Koffein und Tabak bedingt für sich allein in der Regel keine Teilhabebeeinträchtigung.

Der Begriff des schädlichen Gebrauchs in den Versorgungsmedizinischen Grundsätzen ist nicht gleichzusetzen mit der gleichklingenden Diagnose nach ICD-10 oder ICD-11. Dort wird diesbezüglich gefordert, dass der Substanzgebrauch für die körperlichen oder psychischen Probleme verantwortlich ist und die Schädigung klar bezeichnet werden kann. Gemäß diesen Anhaltswerten bedingen die Diagnosen F 17.2 und F 15.2 (im Sinne einer Koffeinabhängigkeit) nach ICD-10 bzw. 6C48 und 6C4A nach ICD-11 für sich allein in der Regel keinen GdB von wenigstens 10.

Abhängigkeit von psychotropen Substanzen liegt vor, wenn als Folge des chronischen Substanzkonsums mindestens drei der folgenden Kriterien erfüllt sind:

- starker Wunsch (Drang), die Substanz zu konsumieren,
- verminderte Kontrollfähigkeit (Kontrollverlust) den Konsum betreffend,
- Vernachlässigung anderer sozialer Aktivitäten zugunsten des Substanzkonsums,
- fortgesetzter Substanzkonsum trotz des Nachweises schädlicher Folgen,
- Toleranzentwicklung,
- körperliche Entzugssymptome nach Beenden des Substanzkonsums.

Hiermit wurden im Wesentlichen die Kriterien der aktuell gültigen Diagnoseklassifikationssysteme eines Abhängigkeitssyndroms an die Stelle der zuvor im Vergleich unpräzisen Definitionen gesetzt. Die Bewertungssystematik wurde dann den Nummern 3.6 und 3.7 angeglichen. Die Beurteilung erfolgt erneut hinsichtlich der Schwere der psychischen Störung in der Beurteilungsspanne 0–20 und im Falle der gesicherten Abhängigkeit hinsichtlich der verknüpften sozialen Anpassungsschwierigkeiten in der Beurteilungsspanne ab einem GdB von 30. Die obigen Beschlüsse und Ausführungen sind bei der Bewertung in Analogie anzuwenden.

Es gelten folgende GdS-Werte:

Bei schädlichem Gebrauch von psychotropen Substanzen mit leichteren psychischen Störungen beträgt der GdS 0 – 20.

Bei Abhängigkeit:

- mit leichten sozialen Anpassungsschwierigkeiten beträgt der GdS 30 – 40
- mit mittleren sozialen Anpassungsschwierigkeiten beträgt der GdS 50 – 70
- mit schweren sozialen Anpassungsschwierigkeiten beträgt der GdS 80 – 100

Ist im Fall einer Abhängigkeit, die zuvor mit einem GdS von mindestens 50 zu bewerten war, Abstinenz erreicht, muss eine Heilungsbewährung von zwei Jahren ab dem Zeitpunkt des Beginns der Abstinenz abgewartet werden. Während dieser Zeit ist ein GdS von 30 anzunehmen, es sei denn, die bleibenden psychischen oder hirnorganischen Störungen rechtfertigen einen höheren GdS. Weitere Organschäden sind unter Beachtung von Teil A Nummer 2 Buchstabe e der Versorgungsmedizinischen Grundsätze zu bewerten.

Im Falle eines vorherigen GdB von 50 unter dieser Nummer wurde das Prinzip der Heilungsbewährung auch bei der ersten Verordnung zur Änderung der Versorgungsmedizin-Verordnung aufrechterhalten, nun aber nicht missverständlich an eine Entziehungsbehandlung, sondern an eine erreichte Abstinenz geknüpft. Da nach den Gemeinsamen Grundsätzen der Versorgungsmedizinischen Grundsätze im Allgemeinen das Funktionssystem Gehirn einschließlich Psyche zusammenfassend beurteilt werden soll, gilt konsequenterweise diese Heilungsbewährungsregelung nur, wenn die bleibenden psychischen oder hirnorganischen Störungen keinen höheren Wert rechtfertigen.

Abnorme Gewohnheiten und Störungen der Impulskontrolle sind nach Teil B Nummer 3.7 zu bewerten.

In der logischen Konsequenz wurden diese psychischen Störungen aus dem Kapitel F 63 der ICD-10 (bzw. den neu gefassten Kapiteln 6C7 und 6C5 der ICD-11) in der Beurteilung beispielsweise den anderen Persönlichkeits- und Verhaltensstörungen des Kapitels F 6 (bzw. 6D1) gleichgestellt.

Vom Vorliegen der gesundheitlichen Voraussetzungen für die Feststellung der Merkzeichen G (erhebliche Beeinträchtigung der Bewegungsfähigkeit im Straßenverkehr) und B (Berechtigung für eine ständige Begleitung) wegen Störungen der Orientierungsfähigkeit kann bei psychisch behinderten Menschen nicht regelmäßig ausgegangen werden. In der Regel erfüllt die Störung der Orientierungsfähigkeit bei den Betroffenen nicht das Zeitkriterium einer Behinderung (mehr als sechs Monate), sondern ist vorübergehender Natur. Eine grundsätzliche Analogie zu geistig behinderten Menschen gemäß den Versorgungsmedizinischen Grundsätzen Teil D, Nummer 1, Abs. f) und Nummer 2, Abs. b) und c) besteht nicht. Ausnahmefälle hinsichtlich dieser Merkzeichen sollten besonders begründet werden. Solche Ausnahmen könnten beispielsweise gesicherte andauernde dissoziative Bewegungsstörungen der unteren Gliedmaßen (ICD-10 F 44.4) und dissoziative Anfälle (ICD-10 F 44.5) in entsprechendem Ausmaß sein (nach ICD-11 aus den Kapiteln 6B60). Dies trifft umso mehr auf das Merkzeichen aG (außergewöhnliche Gehbehinderung) zu, auch hier ist in der Regel nicht vom Vorliegen der gesundheitlichen Voraussetzungen für die Feststellung auszugehen.

Der Ärztliche Sachverständigenbeirat Versorgungsmedizin hat 2008 empfohlen, die bisher geltenden Vorgaben für die ärztliche Begutachtung zu Merkzeichen RF (Befreiung von der Rundfunkgebührenpflicht) weiter anzuwenden. Danach liegen die gesundheitlichen Voraussetzungen für das Merkzeichen RF dann bei seelisch Behinderten vor, wenn befürchtet werden muss, dass sie beim Besuch öffentlicher Veranstaltungen durch motorische Unruhe, lautes Sprechen oder aggressives Verhalten stören. Auch hierbei ist wieder das Zeitkriterium der Behinderung zu beachten. Kritisch ist hierbei zu bemerken, ob mit solchen Kriterien noch der Grundgedanke der Teilhabe des SGB IX und das dahinterliegende Prinzip der Integration und Inklusion der WHO verwirklicht werden. Im Sinne der Abwendung einer Stigmatisierung ist hier eine sehr sensible Prüfung zu empfehlen.

3.9 Rückenmarkschäden

Unvollständige, leichte Halsmarkschädigung mit beidseits geringen motorischen und sensiblen Ausfällen, ohne Störungen der Blasen- und Mastdarmfunktion	30 – 60
Unvollständige Brustmark-, Lendenmark- oder Kauda-schädigung mit Teillähmung beider Beine, ohne Störungen der Blasen- und Mastdarmfunktion	30 – 60
Unvollständige Brustmark-, Lendenmark- oder Kauda-schädigung mit Teillähmung beider Beine und Störungen der Blasen- und / oder Mastdarmfunktion	60 – 80
Unvollständige Halsmarkschädigung mit gewichtigen Teillähmungen beider Arme und Beine und Störungen der Blasen- und / oder Mastdarmfunktion	100
Vollständige Halsmarkschädigung mit vollständiger Lähmung beider Arme und Beine und Störungen der Blasen- und / oder Mastdarmfunktion	100
Vollständige Brustmark-, Lendenmark- oder Kauda-schädigung mit vollständiger Lähmung der Beine und Störungen der Blasen und / oder Mastdarmfunktion ..	100

3.10 Multiple Sklerose

Der GdS richtet sich vor allem nach den zerebralen und spinalen Ausfallserscheinungen. Zusätzlich ist die aus dem klinischen Verlauf sich ergebende Krankheitsaktivität zu berücksichtigen.

Zur klinischen Einordnung der MS-Symptomatik wird am häufigsten die EDSS-Skala verwendet. Diese kann auch für die Bildung von GdS/GdB und Merkzeichen herangezogen werden. Bei Korrelation von klinischer Symptomatik und EDSS mit GdS/GdB und Merkzeichen ergibt sich folgende Tabelle:

Symptomatik von Enzephalomyelitis disseminata	**EDSS**	**GdB/ GDS**	**MZ***
Keine relevanten neurologischen Störungen		20	
Leichte neurologische Störungen: Sensibilitätsstörungen, leichte Lähmungen, leichte Koordinations- oder Gangstörungen, leichte organisch-psychische Störungen	1,0 – 3,5	20 – 30	
Mittelgradige neurologische Störungen: mittelgradige Lähmungen/Hemiparesen, mittelgradige Ataxien, Blasenstörungen, organisch-psychische Störungen; Kombination mehrerer leichter Störungen, zunehmende Beeinträchtigung der Aktivitäten des täglichen Lebens u. der Gehfähigkeit	4,0 – 5,0	30 – 60	G?
Mittel-/schwergradige neurologische Störungen: deutliche Lähmungen, Ataxien, Gangstörungen, Blasen- / Darmstörungen, mittlere bis schwere organisch-psychische Störungen, Kombination mehrerer mittelgradiger Störungen, Hilfsmittel zum Gehen erforderlich	5,5 – 6,0	60 – 80	G, B**?
Schwere neurologische Störungen: weitgehend an den Rollstuhl gebunden, Transfer ohne Hilfe noch möglich	6,5 – 7,0	80 – 100	G, B, aG, H?
Schwerste neurologische Störungen: Steh- und Gehunfähigkeit, an den Rollstuhl gebunden, Stehen und wenige Schritte sowie Transfer nur mit Hilfe möglich	≥ 7,5	100	G, B, aG, H; RF?

Sehstörungen nach Visus und Gesichtsfeld
* Merkzeichen je nach betroffenem System
**Merkzeichen B korreliert in der Regel mit Gesundheitsstörungen ab einem GdB um 70

3.11 Polyneuropathien

Bei den Polyneuropathien ergeben sich die Funktionsbeeinträchtigungen aufgrund motorischer Ausfälle (mit Muskelatrophien), sensibler Störungen oder Kombinationen von beiden. Der GdS motorischer Ausfälle ist in Analogie zu den peripheren Nervenschäden einzuschätzen. Bei den sensiblen Störungen und Schmerzen ist zu berücksichtigen, dass schon leichte Störungen zu Beeinträchtigungen – z. B. bei Feinbewegungen – führen können.

Polyneuropathien können motorische, sensible und autonome Fasern des peripheren Nervensystems betreffen. Sensible Störungen führen oft erst durch zusätzliche Symptome wie Beeinträchtigungen der Feinmotorik, sensible Ataxie oder Schmerzen zu relevanten Auswirkungen. Motorische Defizite sind wie die entsprechenden peripheren Nervenläsionen im Kapitel über Haltungs- und Bewegungsorgane sowie rheumatische Krankheiten zu bewerten.

Entzündlich und toxisch bedingte Polyneuropathien können sich nach Behandlung der Ursache wieder zurückbilden, so dass eine Besserung möglich und eine Nachprüfung sinnvoll ist. Genetisch bedingte Polyneuropathien schreiten dagegen eher fort, abgesehen von zeitweisen Verschlechterungen durch Drucklsäionen. Bei hereditären Neuropathien mit Progredienz im Laufe der Jahre kann deshalb in der Regel auf eine Nachprüfung verzichtet werden.

Literatur

BERER, M. (2019). *Psychische Erkrankungen: Klinik und Therapie*, 6. vollst. neu bearb. Auflage. München u. a.

Bundesministerium für Arbeit und Soziales: Rundschreiben Soziale Entschädigung vom 2.12.2008 – IV c 3 – 46052 – 2/60

Bundesministerium für Arbeit und Soziales: Ergänzendes Rundschreiben zum Rundschreiben Soziale Entschädigung IV c 3 – 46052 – 2/60 vom 23.6.2020 – Va2-55021-6

Deutsches Institut für Medizinische Dokumentation und Information (2005). *ICF. Internationale Klassifikation der Funktionsfähigkeit, Behinderung und Gesundheit.* Neu-Isenburg.

DILLING, H.; MOMBOUR, W. & SCHMIDT, M. H. (2015). Internationale Klassifikation psychischer Störungen: ICD-10 Kapitel V (F). *Klinisch-diagnostische Leitlinien,* 10. überarb. Auflage. Bern u. a.

FALKAI, P. & WITTCHEN, H. U. (2018). *Diagnostisches und Statistisches Manual Psychischer Störungen DSM-5*, 2. korr. Auflage. Bern u. a.

HUBER, G. (1999). *Psychiatrie, Lehrbuch für Studium und Weiterbildung,* 6. Auflage. Stuttgart.

HOEHN, M. M. & YAHR, M. D. (1967). Parkinsonism. Onset, progression, and mortality. *Neurology:* 17427–17442.

KLEISER, B. (2002). Schlaganfall – klinische Symptomatik und Begutachtung im Schwerbehindertenrecht und sozialen Entschädigungsrecht. *Med Sach 98* No 5: 167–171.

LINDEN, M.; BARON, S. & MUSCHALLA, B. (2015). *Mini-ICF-APP. Ein Kurzinstrument zur Fremdbeurteilung von Aktivitäts- und Partizipationsstörungen bei psychischen Erkrankungen in Anlehnung an die Internationale Klassifikation der Funktionsfähigkeit, Behinderung und Gesundheit (ICF) der Weltgesundheitsorganisation.* Manual. 2. Überarb. und erw. Auflage. Bern.

MÖLLER, H.-J.; LAUX, G. & KAPFHAMMER, H.-P. (2017). *Psychiatrie, Psychosomatik und Psychotherapie,* 5. Auflage. Berlin u. a.

MUHL, C. & TIMMANN, D. (2007). Extrapyramidale Syndrome und Ataxien. In: B. Widder & P. W. Gaidzik (Hg.). *Begutachtung in der Neurologie.* Stuttgart: 251 – 261.

SASS, H.; WITTCHEN, H. U. & ZAUDIG, M. (2003). *Diagnostisches und Statistisches Manual Psychischer Störungen.* (DSM-IV-TR): Textrevision, Göttingen.

SCHNEIDER, K. (1992). *Klinische Psychopathologie.* Stuttgart.

WALLESCH, C. W. & SCHMIDT, R. (2007). Schädel-Hirn-Traumen. In: B. Widder, P. W. Gaidzik (Hg.). *Begutachtung in der Neurologie.* Stuttgart: 313–324.

WIDDER, B. (2018). Gutachtliche Bewertungstabellen. In: B. Widder & P. W. Gaidzik (Hg.). *Begutachtung in der Neurologie.* Stuttgart: 675–676.

4. Sehorgan

Kommentare: KLAUS ROHRSCHNEIDER

Die Sehbehinderung umfasst alle Störungen des Sehvermögens. Für die Beurteilung ist in erster Linie die korrigierte Sehschärfe maßgebend; daneben sind u. a. Ausfälle des Gesichtsfeldes und des Blickfeldes zu berücksichtigen.

Die Sehschärfe ist grundsätzlich entsprechend den Empfehlungen der Deutschen Ophthalmologischen Gesellschaft (DOG) nach DIN 58220 zu bestimmen; Abweichungen hiervon sind nur in Ausnahmefällen zulässig (z. B. bei Bettlägerigkeit oder Kleinkindern). Die übrigen Partialfunktionen des Sehvermögens sind nur mit Geräten oder Methoden zu prüfen, die den Empfehlungen der DOG entsprechend eine gutachtenrelevante, einwandfreie Beurteilung erlauben.

Hinsichtlich der Gesichtsfeldbestimmung bedeutet dies, dass zur Feststellung von Gesichtsfeldausfällen nur Ergebnisse der manuell-kinetischen Perimetrie entsprechend der Marke Goldmann III/4e verwertet werden dürfen.

Bei der Beurteilung von Störungen des Sehvermögens ist darauf zu achten, dass der morphologische Befund die Sehstörungen erklärt.

Die Grundlage für die GdS-Beurteilung bei Herabsetzung der Sehschärfe bildet die „MdE-Tabelle der DOG".

Sehschärfeprüfung (DIN 58220 und EN ISO 8596):

- genormte Beleuchtungssituation,
- Prüfung ausschließlich mit Landoltringen zulässig
- Prüfabstand mindestens vier Meter, sofern dies nicht möglich ist (wie bei deutlicher Sehbehinderung), ist auch eine Verkürzung zulässig.
- Beleuchtungssituation und Kontrast sind vorgegeben.
- Eine Visusstufe ist erkannt, wenn 60 % der Sehzeichen richtig benannt werden. Dieser Wert ergibt sich aus der Erkennung von 50 % der Prüfzeichen sowie einer Ratewahrscheinlichkeit von 12,5 % (eine von acht Richtungen), daher ist es wichtig, dass der Proband auch rät, wenn er ein Zeichen nicht erkennt. Diese Forderung ist in der aktuellen Version der DIN jedoch nicht mehr explizit ge-

nannt. Insgesamt ist die korrekte Angabe von drei von fünf oder sechs von zehn dargebotenen Sehzeichen erforderlich, um eine Visusstufe zu erreichen.

- Für jede Visusstufe (auch für 0,02) müssen die Optotypen in mindestens fünf Richtungen dargeboten werden, dies kann bei Visusstufen < 0,2 auch mittels Annäherung erfolgen.

Die Sehschärfeprüfung der klinischen Praxis unterscheidet sich ganz erheblich von einer gutachtlich korrekten Prüfung nach DIN 58220. Dies ist besonders bei Beurteilungen nach Aktenlage wichtig. Auf einer handelsüblichen Sehschärfetafel sind selbst für eine Sollentfernung oder Normalentfernung von 25 m (entspricht in 1 m Prüfabstand einer Sehschärfe von 1/25) nur drei Sehzeichen vorhanden und es wird regelhaft nur mit Zahlen oder Buchstaben untersucht. Gerade bei einer starken Herabsetzung der Sehschärfe sollten nicht quantitative Angaben wie FZ (Fingerzählen) oder HB (Handbewegungen) vermieden werden, in jedem Fall ist dann auch die korrekte Prüfentfernung anzugeben. Fingerzählen in mehr als 50 cm Entfernung entspricht einem Visus von mehr als 1/50. Besser ist die Prüfung mit Optotypen in kürzerem Abstand (z. B. in 30 cm → 0,3/50). Angaben wie Fingerzählen in 6 m ist genauso wenig hilfreich wie 1/50 in 30 cm. Zusätze zur Sehschärfe wie p (partiell), pp oder tw. (teilweise) sind gutachtlich unsinnig und zu vermeiden.

Wichtig ist auch, dass eine vollständige Sehschärfeprüfung neben der isolierten Prüfung beider Augen auch die beidäugige Prüfung einschließt, was der normalen Benutzung entspricht.

Bezüglich der Genauigkeit der Prüfung der Sehschärfe ist anzumerken, dass selbst bei Augengesunden innerhalb eines Tages Schwankungen von ein bis zwei Zeilen (Visusstufen) normal sein können.

Gesichtsfeldbestimmung (Perimetrie)

Die Untersuchung des Gesichtsfeldes ist nur mittels manuell-kinetischer Perimetrie zulässig, hierzu sind neben dem Goldmann-Perimeter aktuell auch das Oculus Twinfield und das Haag-Streit Octopus 900 und 101 mit entsprechender Software zugelassen, nicht jedoch das HFA von Zeiss-Humphrey, da mit diesem Gerät keine freie manuelle Untersuchung möglich ist. Demgegenüber sind Untersuchungsbefunde mittels computergestützter statischer Perimetrie grundsätzlich nicht geeignet, einen GdB zu begründen, hier wird auch meistens nur der zentrale Gesichtsfeldbereich (30 Grad) untersucht, so dass keine Aussage über das periphere Gesichtsfeld möglich ist. Daneben führt die statokinetische Dissoziation meist zu deutlich schwerwiegenderen Ausfällen bei statischer als bei kinetischer Prüfung:

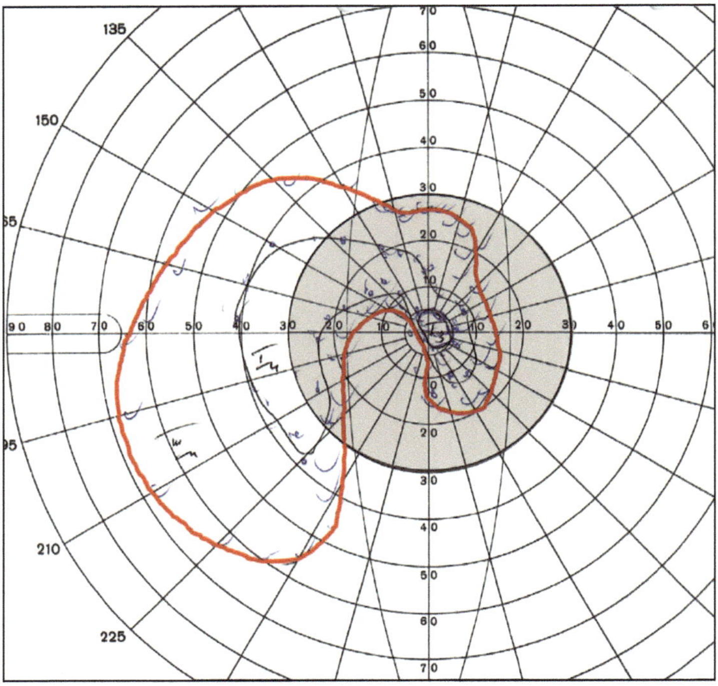

Obwohl in der kinetischen Perimetrie noch ein erhebliches Restgesichtsfeld nach links besteht, erscheint der zentrale Bereich von 30° in der statischen Untersuchung nahezu erloschen (im oberen Befund grau markierte Fläche). Dennoch ist in der unteren Gesichtsfeldhälfte mehr als 50 % innerhalb von 50 Grad ausgefallen.

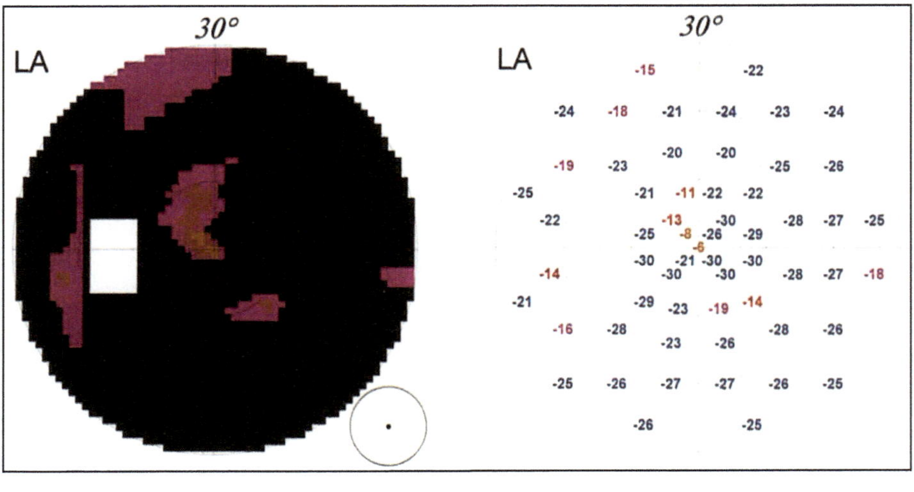

Auch die an manchen Geräten vorhandenen „Blindengeldprogramme" sind nicht verwertbar, hier wird meist statisch und mit größeren Prüfreizen (V/4) untersucht. Grundsätzlich ist auch bei sehr geringer Sehschärfe (z. B. 0,05) eine Perimetrie möglich. Für die Bewertung von Gesichtsfeldeinengungen ist das beidäugige Gesichtsfeld maßgeblich.

4.1 Verlust eines Auges mit dauernder, einer Behandlung nicht zugänglicher Eiterung der Augenhöhle 40

4.2 Linsenverlust

korrigiert durch intraokulare Kunstlinse oder Kontaktlinse

Linsenverlust eines Auges

Sehschärfe 0,4 und mehr 10

Sehschärfe 0,1 bis weniger als 0,4 20

Sehschärfe weniger als 0,1 .... 25 – 30

Linsenverlust beider Augen

Beträgt der sich aus der Sehschärfe für beide Augen ergebende GdS nicht mehr als 60, ist dieser um 10 zu erhöhen.

Die GdS-Werte setzen die Verträglichkeit der Linsen voraus. Maßgebend ist der objektive Befund.

Bei Versorgung mit Starbrille ist der aus der Sehschärfe für beide Augen sich ergebende GdS um 10 zu erhöhen, bei Blindheit oder Verlust des anderen Auges um 20.

Bei Unkorrigierbarkeit richtet sich der GdS nach der Restsehschärfe.

Die Erhöhung des GdB bei Ersatz der natürlichen Linse erklärt sich im Wesentlichen durch den reduzierten Kontrast und vermehrte Blendung. Auch bei einseitigem Linsenverlust am besseren Auge ist daher bei unterschiedlicher Sehschärfe am ehesten eine Erhöhung des sich aus der Sehschärfe für beide Augen ergebenden GdB um 10 zuzuerkennen.

Bei einer stärkeren Sehschärfeminderung, die einen GdB von 70 oder mehr bedingt, führt der Ersatz der natürlichen Linse nicht mehr zu einer zusätzlichen Teilhabebeeinträchtigung, daher erfolgt hier keine weitere Erhöhung des GdB.

Eine Korrektur mit Starbrille kommt heute nahezu nicht mehr vor, selten nach angeborenem grauem Star.

4.3 Die augenärztliche Untersuchung umfasst die Prüfung der einäugigen und beidäugigen Sehschärfe. Sind die Ergebnisse beider Prüfungsarten unterschiedlich, so ist bei der Bewertung die beidäugige Sehschärfe als Sehschärfewert des besseren Auges anzusetzen.

MdE-Tabelle der DOG

Sehschärfe LA	RA	1,0	0,8	0,63	0,5	0,4	0,32	0,25	0,2	0,16	0,1	0,08	0,05	0,02	0
		5/5	5/6	5/8	5/10	5/12	5/15	5/20	5/25	5/30	5/50	1/12	1/20	1/50	0
1,0	5/5	0	0	0	5	5	10	10	10	15	20	20	25	25	*25
0,8	5/6	0	0	5	5	10	10	10	15	20	20	25	30	30	30
0,63	5/8	0	5	10	10	10	10	15	20	20	25	30	30	30	40
0,5	5/10	5	5	10	10	10	15	20	20	25	30	30	35	40	40
0,4	5/12	5	10	10	10	20	20	25	25	30	30	35	40	50	50
0,32	5/15	10	10	10	15	20	30	30	30	40	40	40	50	50	50
0,25	5/20	10	10	15	20	25	30	40	40	40	50	50	50	60	60
0,2	5/25	10	15	20	20	25	30	40	50	50	50	60	60	70	70
0,16	5/30	15	20	20	25	30	40	40	50	60	60	60	70	80	80
0,1	5/50	20	20	25	30	30	40	50	50	60	70	70	80	90	90
0,08	1/12	20	25	30	30	35	40	50	60	60	70	80	90	90	90
0,05	1/20	25	30	30	35	40	50	50	60	70	80	90	100	100	100
0,02	1/50	25	30	30	40	50	50	60	70	80	90	90	100	100	100
0	0	*25	30	40	40	50	50	60	70	80	90	90	100	100	100

Grundsätzlich ergibt sich das Sehvermögen aus der simultanen Benutzung beider Augen. Daher sind die beidäugige Sehschärfe sowie die Sehschärfe des schlechteren Auges zu berücksichtigen, selbst wenn die beidäugige Sehschärfe geringer ist als die Sehschärfe des besseren Auges allein.

In der Bewertung der MdE-Tabelle sind ein mit dem Verlust der Sehschärfe zusammenhängender zentraler Gesichtsfeldausfall sowie ggf. der Verlust des räumlichen Sehens bereits berücksichtigt.

Da die MdE-Tabelle entgegen den Vorgaben für den GdB auch Fünfer-Schritte enthält, gilt hierfür: „Entspricht die Sehschärfe genau der angegebenen Sehschärfe oder ist sie etwas geringer, ist der über dem Fünfergrad gelegene Zehnergrad anzunehmen."

Hierbei ist zusätzlich zu berücksichtigen, dass einzelne Visusstufen der DIN EN ISO 8596 in der Tabelle nicht enthalten sind, vor allem diejenige von 0,06. Damit ist bei einer Sehschärfe von weniger als 0,08, mithin also bei 0,06, eindeutig von einer Sehschärfe von 0,05 auszugehen. Damit liegt bei einer beidseitigen Sehschärfe von 0,06 ein GdB von 100 vor. Nach den Vorgaben von Teil A 6 d) Satz 3 ist folglich das Merkzeichen H zu vergeben, obwohl keine hochgradige Sehbehinderung im Sinne der Definition in Teil A 6 d) Satz 2 besteht.

Weitere Funktionsstörungen, die einen GdB von 100 bzw. eine hochgradige Sehbehinderung bedingen können, sind im Kommentar unter Teil A 6 d) aufgeführt.

4.4 Augenmuskellähmungen, Strabismus

wenn ein Auge wegen der Doppelbilder vom Sehen ausgeschlossen werden muss 30

bei Doppelbildern nur in einigen Blickfeldbereichen bei sonst normalem Binokularsehen ergibt sich der GdS aus dem nachstehenden Schema von Haase und Steinhorst:

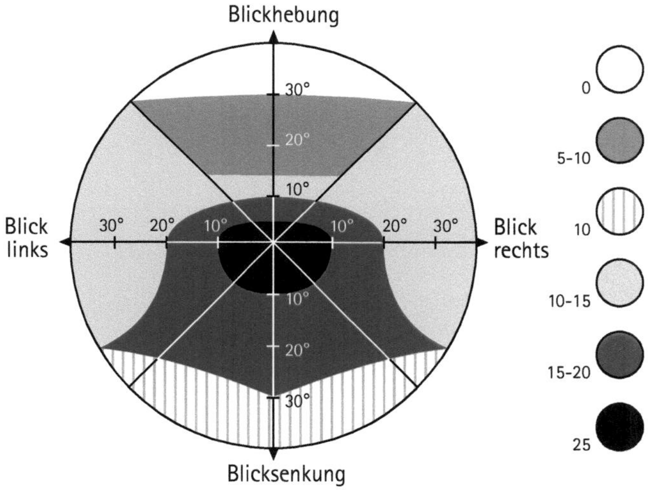

bei einseitiger Bildunterdrückung durch Gewöhnung (Exklusion) und entsprechendem Verschwinden der Doppelbilder 10

Einschränkungen der Sehschärfe (z. B. Amblyopie) oder eine erheblich entstellende Wirkung sind ggf. zusätzlich zu berücksichtigen.

Lähmung des Oberlides mit nicht korrigierbarem, vollständigem Verschluss des Auges 30

sonst .... 10 – 20

Fehlstellungen der Lider, Verlegung der Tränenwege mit Tränenträufeln

einseitig .... 0 – 10

beidseitig .... 10 – 20

4.5 Gesichtsfeldausfälle

Vollständige Halbseiten- und Quadrantenausfälle

Homonyme Hemianopsie	40
Bitemporale Hemianopsie	30
Binasale Hemianopsie	
bei beidäugigem Sehen	10
bei Verlust des beidäugigen Sehens	30
Homonymer Quadrant oben	20
Homonymer Quadrant unten	30
Vollständiger Ausfall beider unterer Gesichtsfeldhälften	60

Ausfall einer Gesichtsfeldhälfte bei Verlust oder Blindheit des anderen Auges

nasal	60
temporal	70

Bei unvollständigen Halbseiten- und Quadrantenausfällen ist der GdS entsprechend niedriger anzusetzen.

Gesichtsfeldeinengungen

Allseitige Einengung bei normalem Gesichtsfeld des anderen Auges	
auf 10° Abstand vom Zentrum	10
auf 5° Abstand vom Zentrum	25
Allseitige Einengung binokular	
auf 50° Abstand vom Zentrum	10
auf 30° Abstand vom Zentrum	30
auf 10° Abstand vom Zentrum	70
auf 5° Abstand vom Zentrum	100
Allseitige Einengung bei Fehlen des anderen Auges	
auf 50° Abstand vom Zentrum	40
auf 30° Abstand vom Zentrum	60
auf 10° Abstand vom Zentrum	90
auf 5° Abstand vom Zentrum	100

Unregelmäßige Gesichtsfeldausfälle, Skotome im 50°-Gesichtsfeld unterhalb des horizontalen Meridians, binokular

mindestens ⅓ ausgefallene Fläche	20
mindestens ⅔ ausgefallene Fläche	50

Bei Fehlen eines Auges sind die Skotome entsprechend höher zu bewerten.

Auch für die Beurteilung von Gesichtsfeldausfällen ist das beidäugige Gesichtsfeld wesentlich. Dies gilt insbesondere bei seitendifferenten unregelmäßigen Gesichtsfeldausfällen.

Die Bewertung von Gesichtsfeldausfällen erfolgt unter der Annahme einer normalen Sehschärfe. Oft kommt es jedoch bei einer Reduktion der Sehschärfe zu gleichzeitigen Gesichtsfeldausfällen. Hier können die GdB-Werte von unterschiedlichen Störungen nicht einfach addiert werden. Da beide Funktionen sich gegenseitig in ihrer Wirkung verstärken, ist i. d. R. aber doch eine relativ höhere Bewertung des geringeren GdB-Wertes (mehr als 50 %) gerechtfertigt.

Allerdings darf der (funktionelle) Verlust eines Auges nicht bei Visus und Gesichtsfeld doppelt berücksichtigt werden!

(Weitere Hinweise und Beispiele in: ROHRSCHNEIDER, K. [2023]. Auswirkungen der Kombination von Visusminderung und Gesichtsfeldeinschränkungen auf GdB und Teilhabe. *Med Sach 119* No 2: 58-62.)

Beispiel für die Beurteilung von Gesichtsfeldeinengungen, die sinnvollerweise durch Ausmessen, z. B. alle 30 Grad, und Bildung eines Mittelwertes erfolgt. Für die rot markierte Reizmarke III/4e ergibt sich eine mittlere Ausdehnung bis 33 Grad:

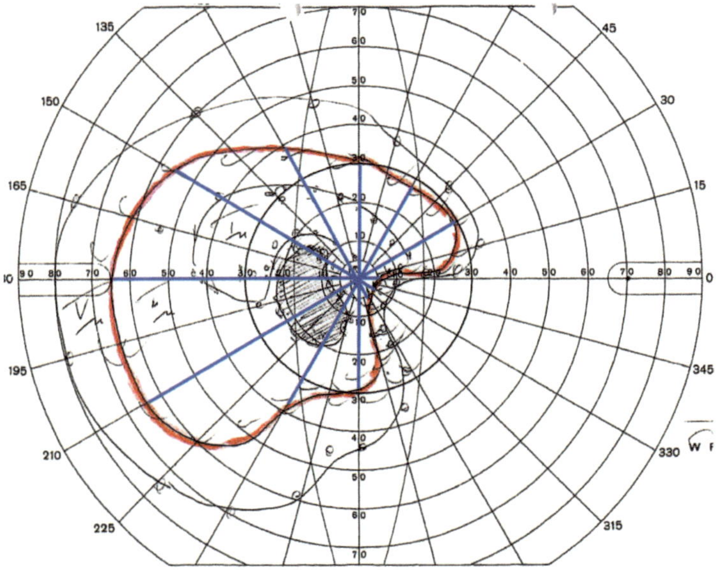

Nicht eindeutig ist die Bewertung des Zentrums des Gesichtsfeldes geregelt. Hierunter ist prinzipiell das Zentrum des Gesichtsfeldschemas zu verstehen, da hier fixiert wird. Bezüglich des GdB wird die mittlere Abweichung bewertet, doch bei der Beurteilung von Blindheit spielt die maximale Ausdehnung eine Rolle. Sowohl anlässlich der Tagung der Sektion „Versorgungsmedizin" am 12./13.11.1997 als auch in mehreren Urteilen des Sozialgerichts Landshut (u. a. Urteil vom 27.05.2019 – S 15 BL 5/18) wurde das Zentrum des Restgesichtsfeldes zur Beurteilung herangezogen. Gerade mit einer Verlagerung nach unten ist funktionell allerdings eine bessere Orientierung und damit Teilhabe verbunden.

Aus diesem Grunde wurde seitens des Sachverständigenbeirats Versorgungsmedizin im Entwurf der 6. Änderungsverordnung der VersMedV klargestellt, dass für Fälle einer deutlichen Gesichtsfeldeinengung (bis 5 bzw. 7,5 Grad vom Zentrum) das Zentrum des Restgesichtsfeldes wesentlich ist, während für ein größeres Restgesichtsfeld, das noch bis 15 oder gar 30 Grad vom Zentrum reicht, tatsächlich das Zentrum des Gesichtsfeldschemas zu berücksichtigen ist.

4.6 Ausfall des Farbensinns 0

Einschränkung der Dunkeladaptation (Nachtblindheit) oder des Dämmerungssehens .... 0 – 10

4.7 Nach Hornhauttransplantationen richtet sich der GdS allein nach dem Sehvermögen.

4.8 Nach Entfernung eines malignen Augentumors ist in den ersten fünf Jahren eine Heilungsbewährung abzuwarten; GdS während dieser Zeit

bei Tumorbegrenzung auf den Augapfel

(auch bei Augapfelentfernung) 50

sonst .... wenigstens 80

Die Heilungsbewährung ist, gerade bei gleichzeitig bestehender Funktionsstörung der Augen, wie sie vor allem beim Retinoblastom die Regel ist, zusätzlich zu einem GdB infolge einer Sehbehinderung zu berücksichtigen.

5. Hör- und Gleichgewichtsorgan

Kommentare: EBERHARD LOSCH

Maßgebend für die Bewertung des GdS bei Hörstörungen ist die Herabsetzung des Sprachgehörs, deren Umfang durch Prüfung ohne Hörhilfen zu bestimmen ist. Der Beurteilung ist die von der Deutschen Gesellschaft für Hals-Nasen-Ohrenheilkunde, Kopf- und Hals-Chirurgie empfohlene Tabelle (siehe Nummer 5.2.4, Tabelle D) zugrunde zu legen. Nach Durchführung eines Ton- und Sprachaudiogramms ist der Prozentsatz des Hörverlustes aus entsprechenden Tabellen abzuleiten.

Die in der GdS-Tabelle enthaltenen Werte zur Schwerhörigkeit berücksichtigen die Möglichkeit eines Teilausgleichs durch Hörhilfen mit.

Sind mit der Hörstörung andere Erscheinungen verbunden, z. B. Ohrgeräusche, Gleichgewichtsstörungen, Artikulationsstörungen oder außergewöhnliche psychoreaktive Störungen, so kann der GdS entsprechend höher bewertet werden.

5.1 Angeborene oder in der Kindheit erworbene Taubheit oder an Taubheit grenzende Schwerhörigkeit mit Sprachstörungen

angeboren oder bis zum siebten Lebensjahr erworben (schwere Störung des Spracherwerbs, in der Regel lebenslang)	100
später erworben (im achten bis 18. Lebensjahr) mit schweren Sprachstörungen (schwer verständliche Lautsprache, geringer Sprachschatz)	100
sonst je nach Sprachstörung	80 – 90

Grundlage der Beurteilung des prozentualen Hörverlustes und damit des GdB ist grundsätzlich das Sprachaudiogramm (Beirat 31.10.1989 und 10.04.1991). Zum Einsatz kommt allein der Freiburger Sprachtest (allerdings nicht vor etwa der Mitte des zweiten Lebensjahrzehnts zu verwenden), andere Sprachtests (z. B. Göttinger Sprachtest, Oldenburger Satztest) sind für gutachtliche Zwecke nicht validiert. Die Berücksichtigung der genannten „Möglichkeit des Teilausgleichs mit Hörhilfen" beruht auf dem Umstand, dass bei der sprachaudiometrischen Untersuchung mit Sprachlautstärken gearbeitet wird, die unter allgemeinen Umweltbedingungen nicht vorkommen und daher die möglichen Erfolge im Sprachverständnis bei Versorgung mit einem Hörgerät abbilden.

Abweichend zu den Vorschlägen nach von Arentsschild (MdE bei gehörbedingten Sprachstörungen. Vortrag vor der Arbeitsgemeinschaft Deutscher Audiologen, Heidelberg 1972) ist sowohl bei Taubheit als auch an Taubheit grenzender Schwerhörigkeit ein GdB von 100 für in der Kindheit auftretende Schwerhörigkeiten vorgesehen. Für eine hochgradige Schwerhörigkeit (mittlerer Hörverlust für Töne nach Röser zwischen 50 und 60 dB) ist nach seinen Vorschlägen ein GdB von 60 angemessen, für eine mittelgradige Schwerhörigkeit beiderseits (mittlerer Hörverlust für Töne nach Röser zwischen 40 und 50) ein GdB von 50 (der mittlere Hörverlust für Töne errechnet sich aus dem Tonaudiogramm wie folgt: Aus den Frequenzen 500 Hz, 1000 Hz und 2000 Hz wird der kleinste Hörverlust 3 x, der zweitgrößte Hörverlust 2 x und der größte Hörverlust 1 x genommen, die Summe wird durch 6 geteilt). Unterhalb einer mittelgradigen Schwerhörigkeit ist keine zusätzliche Berücksichtigung der Störung des Spracherwerbs vorgesehen, da im Allgemeinen mit einer Hörgeräteversorgung keine wesentliche audiogene Störung des Spracherwerbs zu erwarten ist. Liegt dennoch eine Sprachentwicklungsstörung vor, muss diese mit entsprechenden Befunden belegt werden und wäre dann nach den Vorgaben unter Abschnitt B 3.4.1, ggf. auch unter Abschnitt B 7.11 zu beurteilen.

Versorgungen mit einem Cochlea-Implantat bedingen zunächst keine GdB-Herabstufung, bei sehr guter Sprachentwicklung unter dieser Versorgung (wie heute zu erwarten) kann der GdB aber später nach Festigung des Spracherwerbs auf Werte von 80 bis 90 herabgesetzt werden (Beirat 6./7.10.1986; Arbeitsgemeinschaft der versorgungsärztlich tätigen Leitenden Ärztinnen und Ärzte der Länder und der Bundeswehr 3/2010).

Bei Taubheit und an Taubheit grenzender Schwerhörigkeit bestehen die Voraussetzungen für die Merkzeichen G und B bis zum 16. Lebensjahr, darüber hinaus nur bei Störung einer „Ausgleichsfunktion“ (z. B. Sehstörung mit einem GdB von 30, geistige Behinderung mit einem GdB von 50, nicht aber allein Sprachstörungen), für H bis zum Ende der Berufsausbildung, für Gl und RF lebenslang (bei vereinzelt wirklich hervorragend entwickelter Sprache bei an Taubheit grenzender Schwerhörigkeit etwa bei Cochlea-Implantat könnte Gl allerdings im Einzelfall durchaus entfallen). Bei hochgradiger Schwerhörigkeit kommt nur das Merkzeichen RF in Frage (bei Kindern aber immer erst ab dem zweiten Lebensjahr, Beirat 12./13.11.1997). Als Einschränkung der geistigen Leistungsfähigkeit i. S. der genannten „Ausgleichsfunktion“ ist auch eine Unfähigkeit zum Lesen anzusehen (die aber nicht auf der Unfähigkeit beruhen darf, die deutsche Sprache zu beherrschen, Beirat 04.04.1984).

Auditive Wahrnehmungsstörungen (zentrale Störungen des Hörens bei normalem Audiogramm) werden nicht unter den in diesem Kapitel genannten, sondern unter den Voraussetzungen des Kapitels B3 VMG bewertet (Beirat 28./29.04.1999).

5.2 Hörverlust

5.2.1 Zur Ermittlung des prozentualen Hörverlustes aus den Werten der sprachaudiometrischen Untersuchung (nach Boenninghaus u. Röser 1973):

Tabelle A

		Hörverlust für Zahlen in dB											
		< 20	ab 20	ab 25	ab 30	ab 35	ab 40	ab 45	ab 50	ab 55	ab 60	ab 65	ab 70
Gesamtwortverstehen	< 20	100	100	100	100	100	100	100	100	100	100	100	100
	ab 20	95	95	95	95	95	95	95	95	95	95	95	100
	ab 35	90	90	90	90	90	90	90	90	90	90	95	100
	ab 50	80	80	80	80	80	80	80	80	80	90	95	100
	ab 75	70	70	70	70	70	70	70	70	80	90	95	100
	ab 100	60	60	60	60	60	60	60	70	80	90	95	
	ab 125	50	50	50	50	50	50	60	70	80	90		
	ab 150	40	40	40	40	40	50	60	70	80			
	ab 175	30	30	30	30	40	50	60	70				
	ab 200	20	20	20	30	40	50	60					
	ab 225	10	10	20	30	40	50						
	ab 250	0	10	20	30	40							

Das Gesamtwortverstehen wird aus der Wortverständniskurve errechnet. Es entsteht durch Addition der Verständnisquoten bei 60, 80 und 100 dB Lautstärke (einfaches Gesamtwortverstehen).

Bei der Ermittlung von Schwerhörigkeiten bis zu einem Hörverlust von 40 % ist das gewichtete Gesamtwortverstehen (Feldmann 1988) anzuwenden: 3 x Verständnisquote bei 60 dB + 2 x Verständnisquote bei 80 dB + 1 x Verständnisquote bei 100 dB, Summe dividiert durch 2.

Sowohl die Tabelle unter 5.2.3 zur Auswertung des Tonaudiogramms als auch die Berechnung des gewichteten Gesamtwortverstehens stammen aus dem berufsgenossenschaftlichen Verfahren zur Bewertung der Lärmschwerhörigkeit. Beide sollten eine bessere Erfassung von geringen, beruflich bedingten prozentualen Hörverlusten und eine MdE an der dortigen Rentengrenze ermöglichen. Mit der Revision der Vorgaben der „Königsteiner Empfehlung“ (Oktober 2020) wurde darin für diesen Zweck die unter 5.2.1 abgebildete Tabelle zur Ermittlung des prozentualen Hörverlustes durch eine revidierte Fassung ersetzt, die geringe Hörverluste stärker berücksichtigt und damit die Berechnung des gewichteten Gesamtwortverstehens überflüssig macht. Diese revidierte Tabelle darf im teilhabeorientierten Feststellungsverfahren nach dem SGB IX nicht zur Anwendung kommen, hier ist weiter die in der Verordnung wiedergegebene Tabelle 5.2.1 zu verwenden.

Beispiel: Auswertung eines Sprachaudiogramms:

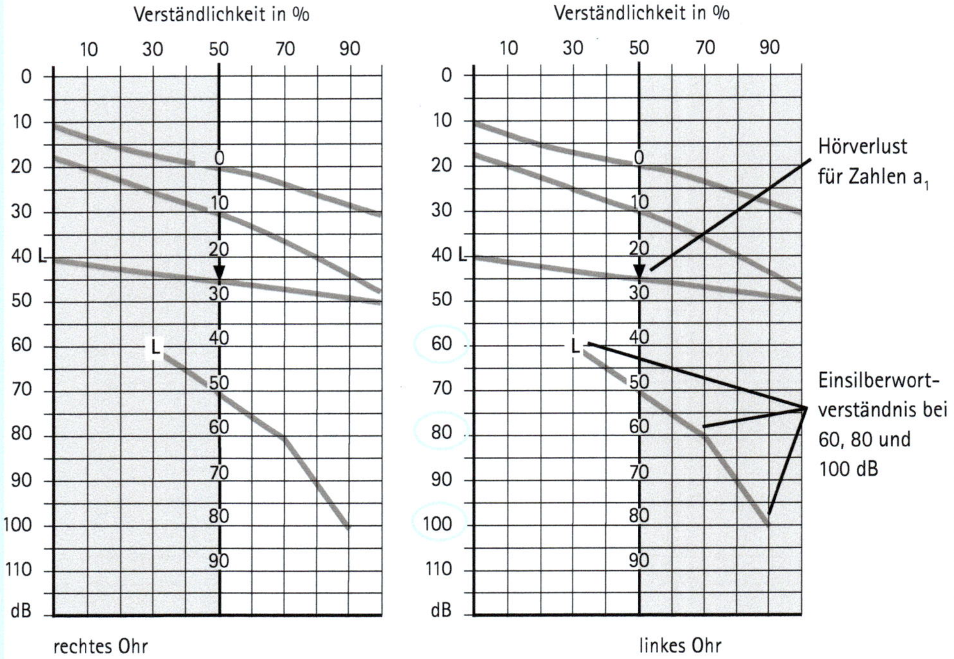

a_1-Wert: 25 dB, einfaches Gesamtwortverstehen: 30 + 70 + 90 = 190
proz. HV bds. 30

a_1-Wert: 25 dB, gewichtetes Gesamtwortverstehen: (3 x 30 + 2 x 70 + 1 x 90) : 2 = 160
proz. HV bds. 40

Sprachaudiogramm. Auswertung: Zahlenverlustwert bds. 25, Gesamtwortverstehen (einfach) 190 (Addition 60 dB: 30, 80 dB: 70, 100 dB: 90); Gesamtwortverstehen (gewichtet) 160 (Addition 60 dB: 3 x 30, 80 dB: 2 x 70, 100 dB: 1 x 90, Summe geteilt durch 2). Prozentualer Hörverlust damit 30 (einfaches Gesamtwortverstehen) bzw. 40 (gewichtetes Gesamtwortverstehen); siehe Tabelle 5.2.1

Wenn, wie nach der Hilfsmittelrichtlinie bei der Hörgeräteversorgung vorgesehen, das Einsilberverständnis nicht bei 60 dB, sondern bei 65 dB gemessen wurde, kann dieser Wert für die Ermittlung des Gesamtwortverstehens herangezogen werden. Wenn die Lautstärke 100 dB im Einzelfall nicht durchgemessen wurde, kann das bei 80 dB ermittelte Einsilberverstehen für diese Lautstärke eingesetzt werden. Immer ist darauf zu achten, dass die ermittelten prozentualen Hörverluste aus Ton- und Sprachaudiogramm ein in etwa vergleichbares Ergebnis zeigen müssen (die Werte aus dem Sprachaudiogramm liegen meist auf geringfügig niedrigeren Werten). Der ermittelte a1-Wert sollte auch (s. o.) dem aus den tonaudiometrischen Schwellenverlusten bei 1, 2 und 4 kHz ermittelten Durchschnitt entsprechen.

5.2.2 Zur Ermittlung des prozentualen Hörverlustes aus dem Tonaudiogramm bei unregelmäßigem Verlauf der Tongehörskurve. Der prozentuale Hörverlust ergibt sich durch Addition der vier Teilkomponenten (4-Frequenztabelle nach Röser 1973):

Tabelle B

Tonhörverlust dB	500 Hz	1000 Hz	2000 Hz	4000 Hz
10	0	0	0	0
15	2	3	2	1
20	3	5	5	2
25	4	8	7	4
30	6	10	9	5
35	8	13	11	6
40	9	16	13	7
45	11	18	16	8
50	12	21	18	9
55	14	24	20	10
60	15	26	23	11
65	17	29	25	12
70	18	32	27	13
75	19	32	28	14
80	19	33	29	14
Ab 85	20	35	30	15

Beispiel der Auswertung eines Tonaudiogramms (kombinierte, d. h. Mittelohr/Innenohrschwerhörigkeit, wobei stets die Luftleitungskurve – im Diagramm immer durchgezogen – ausgewertet wird) mit der 4-Frequenz-Tabelle:

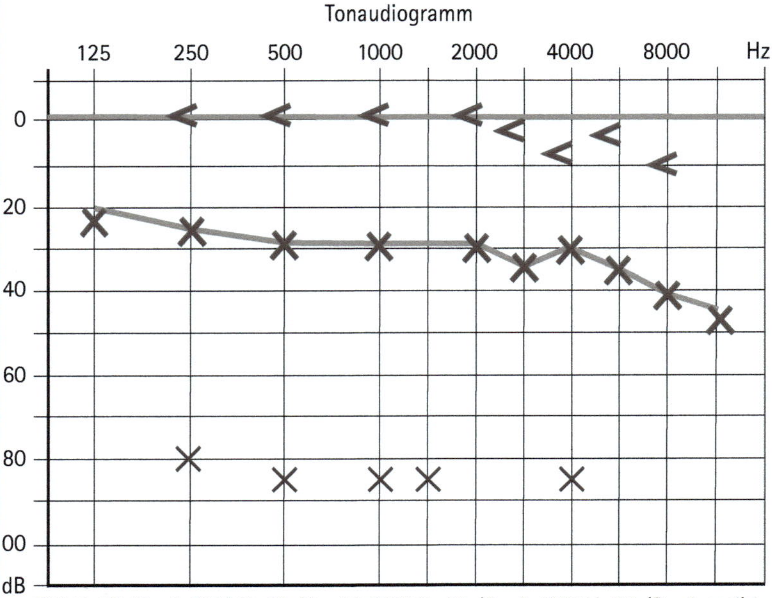

500 Hz 30 dB = 6, 1000 Hz 30 dB = 10, 2000 Hz 30 dB = 9, 4000 Hz 35 dB = 6: ergibt einen prozentualen Hörverlust von 31.

Unten im Diagramm kann zusätzlich die Unbehaglichkeitsschwelle des Hörens (X) eingetragen sein, die zur gutachtlichen Beurteilung des prozentualen Hörverlustes ohne Aussagekraft ist.

5.2.3 3-Frequenztabelle nach Röser 1980

für die Beurteilung bei Hochtonverlusten vom Typ Lärmschwerhörigkeit:

Tabelle C

		Tonverlust bei 1 kHz										
	dB von	0	5	15	25	35	45	55	65	75	85	95
	bis	5	10	20	30	40	50	60	70	80	90	100
Summe bei 2 und 3 kHz	0 – 15	0	0	0	0	5	5			Hörverlust in %		
	20 – 35	0	0	0	5	10	20	30				
	40 – 55	0	0	0	10	15	25	35	45			
	60 – 75	0	0	10	15	25	35	40	50	60		
	80 – 95	0	5	15	25	30	40	50	60	70	80	
	100 – 115	5	15	20	30	40	45	55	70	80	90	100
	120 – 135	10	20	30	35	45	55	65	75	90	100	100
	140 – 155	20	25	35	45	50	60	75	85	95	100	100
	160 – 175	25	35	40	50	60	70	80	95	100	100	100
	80 – 195	30	40	50	55	70	80	90	100	100	100	100
	ab 200	40	45	55	65	75	90	100	100	100	100	100

In den aktualisierten Empfehlungen der Deutschen Gesetzlichen Unfallversicherung für die berufsgenossenschaftliche Begutachtung der Lärmschwerhörigkeit („Königsteiner Empfehlung", Ausgabe Oktober 2020) heißt es: „Wenn die Berechnung des prozentualen Hörverlustes nach dem Sprachaudiogramm einen Wert von weniger als 20 % ergibt, ist für die Entscheidung, ob eine versicherungsrechtlich relevante Schwerhörigkeit vorliegt oder nicht, noch das Tonaudiogramm heranzuziehen. Ergibt sich aus dem Tonaudiogramm bei Anwendung der Drei-Frequenz-Tabelle ein prozentualer Hörverlust von 20 % oder mehr …, so ist eine versicherungsrechtlich relevante Schwerhörigkeit entsprechend einem prozentualen Hörverlust von 20 %, aber auch nicht mehr, anzunehmen." Die Anwendung der Drei-Frequenz-Tabelle kommt damit überhaupt nur bei Hörverlusten in Frage, die keine nennenswerte Teilhabebeeinträchtigung darstellen (GdS/GdB = 0 bis maximal 10). Bei der rein finalen Ausrichtung des GdB erübrigt sich zudem eine Differenzierung von Hörstörungen in Abhängigkeit von der Entstehungsursache, versicherungsrechtliche Aspekte haben hier ebenfalls keine Relevanz. Insofern kann im Schwerbehindertenrecht auf diese Tabelle ganz verzichtet werden.

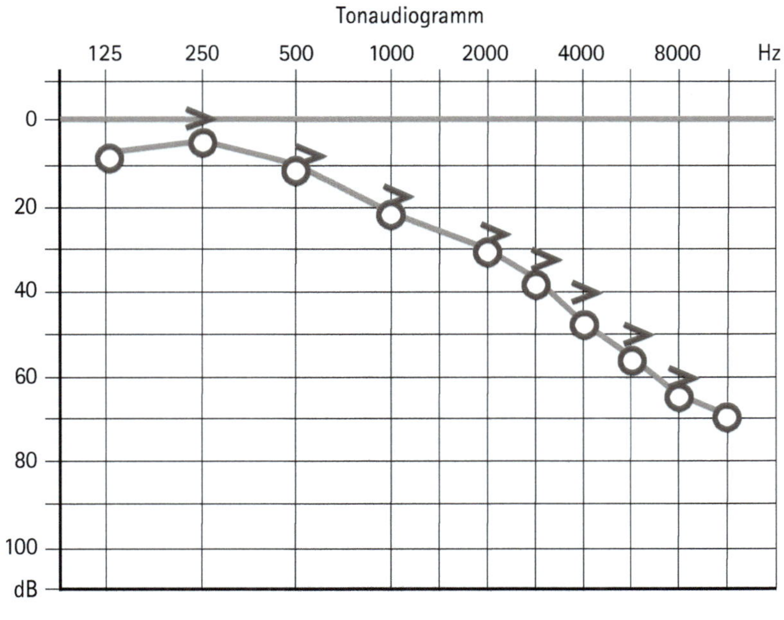

Beispiel der Auswertung eines reinen Schallempfindungsschadens nach dieser Tabelle: 1000 Hz 25 dB, Summe bei 2000 und 3000 Hz (30 und 40 dB) 70 dB = prozentualer Hörverlust von 15

5.2.4 Zur Ermittlung des GdB aus den Schwerhörigkeitsgraden für beide Ohren:

Tabelle D

Rechtes Ohr	Hörverlust in Prozent	Linkes Ohr: Normalhörigkeit 0–20	Geringgradige Schwerhörigkeit 20–40	Mittelgradige Schwerhörigkeit 40–60	Hochgradige Schwerhörigkeit 60–80	An Taubheit grenzende Schwerhörigkeit 80–95	Taubheit 100
Normalhörigkeit	0–20	0	0	10	10	15	20
		10					
Geringgradige Schwerhörigkeit	20–40	0	15	20	20	30	30
			20				
Mittelgradige Schwerhörigkeit	40–60	10	20	30	30	40	40
				40			
Hochgradige Schwerhörigkeit	60–80	10	20	30	50	50	50
					60		
An Taubheit grenzende Schwerhörigkeit	80–95	15	30	40	50	70	70
						80	
Taubheit	100	20	30	40	50	70	80

Auf die Vorlage und Auswertung eines Sprachaudiogramms sollte nur in Ausnahmefällen verzichtet werden (Überprüfung der Validität des Tonaudiogramms, zusammenfassender Ausdruck der Kommunikationsstörung, Berücksichtigung des Teilausgleichs mit Hörhilfen, s. o.) Bei erfolgter Hörgeräteversorgung kann hierzu auch die „Anpassdokumentation" des Akustikers beigezogen werden, die ein solches Sprachaudiogramm enthalten muss.

Auch bei der deutschen Sprache nur eingeschränkt Kundigen kann zumindest meist noch der Mehrsilbertest (Hörverlust für Zahlen) durchgeführt werden, dessen Ergebnis eine Korrelation mit dem tonaudiometrischen Schwellenverlust bis 2 KHz aufweisen muss (nach Röser; aus den Frequenzen 500 Hz, 1000 Hz und 2000 Hz des Tonaudiogramms wird der größte Hörverlust 3 x, der zweitgrößte Hörverlust 2 x und der geringste Hörverlust 1 x genommen, die Summe wird durch 6 geteilt, s. o.). Allein aus nur einem Tonaudiogramm wird man nicht zu einer gutachtlichen Aussage kommen können, also wenn wirklich keine sprachaudiometrische Untersuchung zu erlangen ist, sollte zumindest auf zwei Tonaudiogrammen von verschiedenen Untersuchern bestanden werden.

Bei einem Akustikus-Neurinom (gutartiger Tumor nach VMG B 3.3) ist immer zusätzlich zum Hörverlust an das Vorliegen von Schäden am Gleichgewicht und am Nervus fazialis (siehe Abschnitt B 2.4) zu denken.

In allen Fällen einer hochgradigen Schwerhörigkeit mit einem GdB von 50 ist das Merkzeichen RF festzustellen, bei einem GdB von 80 für eine Taubheit und bei einem GdB von 70 für eine an Taubheit grenzende Schwerhörigkeit kombiniert mit schweren Sprachstörungen das Merkzeichen Gl. Das Merkzeichen TBl (Taubblind) wird für behinderte Menschen vergeben, die mindestens einen GdB für einen Hörverlust von 70 und einen GdB für einen Sehverlust von 100 haben (Näheres siehe hierzu im Kapitel „Nachteilsausgleiche und Merkzeichen").

5.3 Gleichgewichtsstörungen

(Normabweichungen in den apparativ erhobenen neurootologischen Untersuchungsbefunden bedingen für sich allein noch keinen GdS)

ohne wesentliche Folgen

beschwerdefrei, allenfalls Gefühl der Unsicherheit bei alltäglichen Belastungen (z. B. Gehen, Bücken, Aufrichten, Kopfdrehungen, leichte Arbeiten in wechselnder Körperhaltung)

leichte Unsicherheit, geringe Schwindelerscheinungen (Schwanken) bei höheren Belastungen (z. B. Heben von Lasten, Gehen im Dunkeln, abrupte Körperbewegungen)

stärkere Unsicherheit mit Schwindelerscheinungen (Fallneigung, Ziehen nach einer Seite) erst bei außergewöhnlichen Belastungen (z. B. Stehen und Gehen auf Gerüsten, sportliche Übungen mit raschen Körperbewegungen)

keine nennenswerten Abweichungen bei den Geh- und Stehversuchen 0–10

mit leichten Folgen

leichte Unsicherheit, geringe Schwindelerscheinungen wie Schwanken, Stolpern, Ausfallsschritte bei alltäglichen Belastungen

stärkere Unsicherheit und Schwindelerscheinungen bei höheren Belastungen

leichte Abweichungen bei den Geh- und Stehversuchen erst auf höherer Belastungsstufe 20

mit mittelgradigen Folgen

stärkere Unsicherheit, Schwindelerscheinungen mit Fallneigung bereits bei alltäglichen Belastungen

heftiger Schwindel (mit vegetativen Erscheinungen, gelegentlich Übelkeit, Erbrechen) bei höheren und außergewöhnlichen Belastungen

deutliche Abweichungen bei den Geh- und Stehversuchen bereits auf niedriger Belastungsstufe .... 30 – 40

mit schweren Folgen

heftiger Schwindel, erhebliche Unsicherheit und Schwierigkeiten bereits beim Gehen und Stehen im Hellen und bei anderen alltäglichen Belastungen, teilweise Gehhilfe erforderlich .... 50 – 70

bei Unfähigkeit, ohne Unterstützung zu gehen oder zu stehen 80

Ebenso wenig wie die oben genannten reinen Normabweichungen in apparativ erhobenen neuro-otologischen Untersuchungen bedingt die alleinige anamnestische Angabe des Symptoms „Schwindel“ einen GdB. Es muss die zugrunde liegende Erkrankung bekannt sein, zumal in rein peripher-vestibulären Störungen nur ein geringer Anteil von Gleichgewichtsstörungen seine Ursache hat. Auch müssen die anamnestischen Angaben zur Ausprägung der Schwindelerscheinungen immer mit den Befunden der Koordinationsprüfung (z. B. Romberg- oder Unterberger-Versuch) und den Nystagmusbefunden (Spontan- oder Provokationsnystagmus in Schlagfrequenz und Dauer) bzw. den genannten apparativen Befunden korrelieren (Elektronystagmographie mit kalorischer Vestibularisprüfung, Prüfung der Optokinetik, Dreh- und Pendelstuhlprüfung, sog. „Fünf-Rezeptoren-Diagnostik“).

Die ausführlichen Vorschläge von Stoll (1972,1988) zu Intensitäts- und Belastungsstufen, die in verkürzter Form bereits Eingang in die Anhaltspunkte bzw. die Versorgungsmedizin-Verordnung gefunden hatten, helfen bei der Einschätzung des GdB weiter:

Intensitätsstufen der vestibulären Reaktion (Stoll 1979)

	Intensitätsstufen	Subjektive Angaben
0	weitgehend beschwerdefrei	Benommenheit, Gefühl der Unsicherheit
1	leichte Unsicherheit, geringe Schwindelbeschwerden	Schwanken, Stolpern
2	deutliche Unsicherheit, starke Schwindelbeschwerden	Fallneigung, Ziehen nach einer Seite
3	erhebliche Unsicherheit, sehr starke Schwindelbeschwerden	fremder Hilfe bedürftig; unfähig, Tätigkeiten allein auszuführen
4	heftiger Schwindel, vegetative Erscheinungen	Übelkeit, Erbrechen, Orientierungsverlust

Belastungsstufen des gleichgewichtsregulierenden Systems im Alltag und im Labor (Stoll 1979)

Stufe	Belastung	Attribute	Beispiele aus dem Alltag	Beispiele aus dem Labor
0	keine		Ruhelage	Augen offen: keine Belastung
1	niedrig	alltäglich, ständig, kaum vermeidbar	Langsame Kopf- und Körperbewegungen, Drehen im Bett, Aufrichten aus sitzender oder liegender Haltung, leichte Arbeiten im Sitzen (Schreiben)	Augen offen: Romberg, Posturografie
2	mittel	alltäglich, häufig, schwer vermeidbar	Waschen und Anziehen, Bücken und Aufrichten, Gehen, Treppensteigen, leichte Arbeiten im Stehen	Augen geschlossen: Romberg; Augen offen: Unterberger zielorientiertes Gehen
3	hoch	nicht alltäglich, selten, vermeidbar	Heben von Lasten, Gehen im Dunkeln, Autofahren (nachts, im Nebel oder auf ebener Straße), Fahren auf vibrierenden Maschinen (Baggerfahrer)	Augen geschlossen: Unterberger, Kippbühne Tandem-Romberg
4	sehr hoch	ungewöhnlich, absolut vermeidbar (sofern eine derartige Belastung nicht mit der Ausübung des Berufs verbunden ist)	rasche Körperbewegungen, Stehen und Gehen auf Gerüsten (Kranführer), Karussellfahrten, sportliche Übungen (Radfahren, Tanzen, Reiten, Skifahren, Schwimmen usw.)	Augen geschlossen: Seiltänzergang, Balancieren, rasche Drehbewegungen

Die Annahme einer erheblichen Gehbehinderung (Merkzeichen G) ist ab den aufgezählten „schweren Folgen" gegeben, gleichfalls die Voraussetzung für die Notwendigkeit einer ständigen Begleitung (ab einem GdB von 70, Merkzeichen B). Erst bei einer „Unfähigkeit, ohne Unterstützung zu gehen oder zu stehen ist die Voraussetzung für aG erfüllt.

Ohrgeräusche (Tinnitus)

ohne nennenswerte psychische Begleiterscheinungen	0 – 10
mit erheblichen psychovegetativen Begleiterscheinungen	20
mit wesentlicher Einschränkung der Erlebnis- und Gestaltungsfähigkeit (z. B. ausgeprägte depressive Störungen)	30 – 40
mit schweren psychischen Störungen und sozialen Anpassungsschwierigkeiten	mindestens 50

Zur Beurteilung der Plausibilität eines Tinnitus gehören „audiometrische Analysen" (Punkt 8.16 der „Anhaltspunkte" von 2008), also eine Frequenz- und Lautheitsbestimmung vor der Hörschwelle im Tonaudiogramm, eine Prüfung der Verdeckbarkeit (und evtl. der Verdeckungskurven), ferner die Bestimmung der Unbehaglichkeitsschwelle (bei der Auswertung des Tonaudiogramms nicht mit der Luftleitungsschwelle verwechseln!). Die Ergebnisse müssen im Befundbericht beschrieben oder im Diagramm des Tonaudiogramms eingetragen sein (kleiner Strich unter der Hörschwelle entspricht Tinnitus als Sinuston mit Lautheit, geschlängelte Linie entspricht Tinnitus als Schmalbandrauschen mit Lautheit).

Die gutachtliche Beurteilung eines Tinnitus mit einem GdB höher als 10 ist nicht mehr Sache des HNO-Gebiets (von daher ist die Tabelle hier eigentlich – abgesehen von der ersten Kategorie – falsch platziert), sondern wegen der zu erwartenden Komorbiditäten nur nach den Befunden einer nervenärztlichen Untersuchung zu den Auswirkungen eines Tinnitus möglich.

Menière-Krankheit

ein bis zwei Anfälle im Jahr	0 – 10
häufigere Anfälle, je nach Schweregrad	20 – 40
mehrmals monatlich schwere Anfälle	50
Bleibende Hörstörungen und Ohrgeräusche (Tinnitus) sind zusätzlich zu bewerten.	

Die Krankheit wird wesentlich häufiger als Diagnose angegeben, als sie wirklich vorkommt (Kriterien s. u.). Die Diagnose muss durch objektive Befunde im Anfall (vor allem durch einen entsprechenden Nystagmus, einen tonaudiometrisch gemessenen Hörverlust im Anfall mit Tinnitus, elektrophysiologisch durch eine Elektrocochleographie) nachgewiesen sein. Belegt sein müssen die Häufigkeit und Dauer der Anfälle und ihre Schwere (Immobilität oder nur geringes Schwindelgefühl) sowie vegetative Begleiterscheinungen. Gleichgewichtsstörungen im Intervall sind wie unter 5.3. beschrieben nachzuweisen. Schwere Anfälle dürften im Zeitbereich bis acht Stunden, mittelschwere bis vier Stunden und leichte bis zu einer bis zwei Stunden einzuordnen sein. Nachvollziehbare Bewertungen lassen sich aus der auch hierzu von Stoll (1988) publizierten Tabelle ableiten.

MdE/GdB/GDS-Tabelle zur Beurteilung des Morbus Menière (Stoll 1988)

Intensität	Anfallsdauer	Anfallshäufigkeit				
		2–3x/Wo	1x/Wo	1x/2 Wochen	1x/Monat	1x/3–6 Monate
sehr schwere Fälle	8–24 h	80	50	30	10	10
schwere Fälle	4–8 h	60	50	20	10	< 10
mittelschwere Fälle	2–4 h	40	30	20	10	< 10
wenig leichte Fälle	1–2 h	30	20	10	< 10	< 10
leichte Fälle	Min–1 h	< 30	10	< 10	< 10	< 10

Diagnostische Kriterien der American Academy of Otolaryngology, Head and Neck Surgery 1995:

- **Wahrscheinliche Menière-Erkrankung:**

Zwei oder mehr Episoden mit Drehschwindel oder unsystematischem Schwindel, jeweilige Dauer 20 Minuten bis 24 Stunden.

- Fluktuierende Ohrsymptome (Hören, Tinnitus oder Völlegefühl) im betroffenen Ohr.
- Nicht besser durch andere vestibuläre Diagnosen zu erklären.

- **Gesicherte Menière-Erkrankung:**
  - Zwei oder mehr Episoden mit Drehschwindel, jeweilige Dauer 20 Minuten bis zwölf Stunden.
  - Audiometrisch gesicherter nieder- oder mittelfrequenter sensorineuraler Hörverlust des betroffenen Ohres zu mindestens einem Zeitpunkt vor, während oder nach einer Drehschwindelepisode.
  - Fluktuierende Ohrsymptome (Hören, Tinnitus oder Völlegefühl) im betroffenen Ohr.
  - Nicht besser durch andere vestibuläre Diagnosen zu erklären.

Andere Formen von Attackenschwindel (z. B. vestibuläre Paroxysmie, vestibuläre Migräne) sind vergleichbar zu beurteilen.
Der sehr häufige benigne paroxysmale Lagerungsschwindel (gut zu behandeln, Persistenz muss nachgewiesen sein) wäre je nach Häufigkeit des Auftretens mit GdB-Werten bis 30 einzuschätzen.

Hinsichtlich der Merkzeichen G und B wird als Vergleich beim reinen Attackenschwindel am ehesten das hirnorganische Anfallsleiden (Kapitel B 3.1.2) heranzuziehen sein, bei dem erst ab einem GdB von 70 die Voraussetzungen für diese Merkzeichen als erfüllt gelten.

5.4 Chronische Mittelohrentzündung

ohne Sekretion oder einseitige zeitweise Sekretion ...	0
einseitige andauernde Sekretion oder zeitweise beidseitige Sekretion ...	10
andauernd beidseitige Sekretion ...	20

Radikaloperationshöhle

reizlos ...	0
bei unvollständiger Überhäutung und ständiger Sekretion	
einseitig ...	10
beidseitig ...	20

Anzugeben sind die Seite der Sekretion, die Häufigkeit und Dauer. Schwerhörigkeit, Tinnitus und Gleichgewichtsstörungen sind, wie oben unter 5.2 und 5.3. beschrieben, zu belegen und zu berücksichtigen.

5.5 Verlust einer Ohrmuschel 20

Bei Missbildungen bzw. Verlust ist insbesondere bei Kindern immer an das Vorliegen weiterer zu berücksichtigender Anomalien im Bereich von äußerem Gehörgang, Mittel- und Innenohr und auch am Nervus fazialis zu denken.

Literatur

BÁRÁNY-SOCIETY (2015). Pubmed DOI 10.3238/VES-150549

DGUV (Hg.) (2020). Empfehlung für die Begutachtung der Lärmschwerhörigkeit (BK-Nr. 2301) – Königsteiner Empfehlung – Update 2020 https://www.dguv.de/rundschreiben/dokcenterimport/2020/0387_2020_anlage_-koenigsteiner_empfehlung.pdf, Stand 2022-20-03

FELDMANN, H. & BRUSIS, T. (Hg.) (2019). Das Gutachten des HNO-Arztes. Stuttgart.

HAUSOTTER, W. (2004). Neurologische und psychosomatische Aspekte bei der Begutachtung des Tinnitus. MedSach 100, 1:5.

STOLL, W. (1979). Die Begutachtung vestibulärer Störungen. Eine Orientierungshilfe zur Bemessung der MdE. Laryng. Rhinol. 58: 509–515.

6. Nase

KOMMENTARE: EBERHARD LOSCH

6.1 Völliger Verlust der Nase 50

Teilverlust der Nase, Sattelnase

wenig störend 10

sonst .... 20 – 30

An das Vorliegen psychischer Störungen aufgrund einer Beeinträchtigung des äußeren Erscheinungsbildes ist zu denken; Nachweis einer zusätzlich zu bewertenden Störung aber nur durch eine fachpsychiatrische Befunderhebung.

Tumoren der Nase und der Nasennebenhöhlen sind hier im Kapitel nicht erwähnt. Die Beurteilung richtet sich nach den allgemeinen Hinweisen in Kapitel B1 VMG. Bei Tumoren mit Beschränkung auf einen Unterbezirk oder Bezirk (T1 und T2 N0 M0) ist im Allgemeinen bis zum Ablauf einer fünfjährigen Heilungsbewährung ein GdB von 50 bis 60, bei höheren Tumorstadien mit Befall eines Nachbarbezirks ist ein GdB von wenigstens 80 anzunehmen. Ein Verlust eines Auges durch die Operation ist gesondert zu bewerten.

Gutachtlich ist zusätzlich auf Auswirkungen einer Entfernung der ableitenden Lymphwege am Hals (Neck dissection) zu achten (Schmerzsyndrome, Bewegungsstörungen des Halses bzw. Kopfes, Schäden des Nervus akzessorius).

6.2 Stinknase (Ozaena), je nach Ausmaß der Borkenbildung und des Foetors .... 20 – 40

Verengung der Nasengänge

einseitig je nach Atembehinderung .... 0 – 10

doppelseitig mit leichter bis mittelgradiger Atembehinderung 10

doppelseitig mit starker Atembehinderung 20

Chronische Nebenhöhlenentzündung

leichteren Grades (ohne wesentliche Neben- und Folgeerscheinungen) . 0 – 10

schweren Grades (ständige erhebliche Eiterabsonderung, Trigeminusreizerscheinungen, Polypenbildung) .... 20 – 40

Ein objektivierender Nachweis des Ausmaßes einer Nasenatmungsbehinderung ist durch eine anteriore Rhinomanometrie möglich. Ein Fluss bis 500m/s bei 150 Pa (Summation beider Nasenhaupthöhlen) weist auf eine hochgradige, ein Fluss bis 700 ml/s auf eine mittelgradige und ein Fluss bis 870 ml/s auf eine geringgradige Einschränkung hin. Auch diese Untersuchung gibt (ebenso wie andere Messungen des Nasenflusses) aber nur Teilaspekte einer Nasenatmungsbehinderung wieder.

Bei einer Ozaena (selten gewordenen Erkrankung) ist auch an das Vorliegen einer Einschränkung des Geruchs- und damit des Geschmacksvermögens (s. u.) zu denken.

6.3 Völliger Verlust des Riechvermögens mit der damit verbundenen Beeinträchtigung der Geschmackswahrnehmung	15
Völliger Verlust des Geschmackssinns	10

Bestimmt wird der Ausfall bzw. die Einschränkung des Riechvermögens durch eine Reihe von Kurztests mit möglicher Erweiterung einer Schwellenbestimmung und eines Identifikationstests (z. B. Sniffin′ Sticks). Die Möglichkeiten der objektiven Olfaktometrie sind immer noch einigen (meist universitären) Einrichtungen vorbehalten. Gleiches gilt für die objektive Bestimmung des Schmeckvermögens, hier sind meist Schmecksprays für die Grundqualitäten (süß, sauer, salzig und bitter) und die Schwellenbestimmung mittels Elektrogustometrie im Einsatz.

7. Mundhöhle, Rachenraum und obere Luftwege

KOMMENTARE: EBERHARD LOSCH (7.1. – 7.5, 7.7. – .7.11), ALEXANDER HEMPRICH (7.6)

Verletzungs- und Erkrankungsfolgen an den Kiefern, Kiefergelenken und Weichteilen der Mundhöhle, einschließlich der Zunge und der Speicheldrüsen, sind nach dem Grad ihrer Auswirkung auf Sprech-, Kau- und Schluckvermögen zu beurteilen. Eine Gesichtsentstellung ist gesondert zu berücksichtigen.

7.1 Lippendefekt mit ständigem Speichelfluss	20 – 30
Äußere Speichelfistel, Frey-Syndrom	
geringe Sekretion	10
sonst	20
Störung der Speichelsekretion (vermehrter Speichelfluss, Mundtrockenheit)	0 – 20

Das Frey-Syndrom (gustatorisches Schwitzen) gehört eigentlich hier nicht hinein, da es keine Speichelfistel darstellt, sondern eine Störung der Schweißsekretion im Wangenareal durch Fehleinsprossung vegetativer Nervenfasern nach Schädigung des Nervus fazialis ist (siehe hierzu Kapitel B 2.4).

In seiner Bedeutung darf es nicht unterschätzt werden, da durch die vermehrte Schweißsekretion beim Essen die Betroffenen hiermit verbundene soziale Kontakte häufig vermeiden. Ein GdB bis 20 dürfte je nach Ausprägung durchaus angebracht sein.

Nicht erwähnt ist die Bewertung von Speicheldrüsenerkrankungen. Sofern diese Teil einer weiteren Grunderkrankung sind (z. B. Tuberkulose, Sarkoidose, Morbus Sjögren), wird die Bewertung im Rahmen dieser erfolgen. Bei Mundtrockenheit durch dauernden Ausfall mehrerer großer Speicheldrüsen (auch nach Bestrahlung) dürfte einschließlich der dann bestehenden Schluckstörungen ein GdB von 20 bis 30 einzuschätzen sein.

Für Tumoren (meist der Ohrspeicheldrüse, Gl. parotis) des Stadiums T1 wird bis zum Ablauf der fünfjährigen Heilungsbewährung ein GdB von 50, für höhere Stadien ein GdB von wenigstens 80 angemessen sein. Schäden am Nervus fazialis sind zusätzlich zu bewerten, ebenso Folgen einer Neck-Dissection (s. u.).

7.2 Schwere Funktionsstörung der Zunge durch Gewebsverlust, narbige Fixierung oder Lähmung je nach Umfang und Artikulationsstörung	30 – 50
Behinderung der Mundöffnung (Schneidekantendistanz zwischen 5 und 25 mm) mit deutlicher Auswirkung auf die Nahrungsaufnahme	20 – 40
Kieferklemme mit Notwendigkeit der Aufnahme flüssiger oder passierter Nahrung und entsprechenden Sprechstörungen	50

7.3 Verlust eines Teiles des Unterkiefers mit schlaffer Pseudarthrose	
ohne wesentliche Beeinträchtigung der Kaufunktion und Artikulation	0 – 10
mit erheblicher Beeinträchtigung der Kaufunktion und Artikulation	20 – 50
Verlust eines Teiles des Oberkiefers	
ohne wesentliche kosmetische und funktionelle Beeinträchtigung	0 – 10
mit entstellender Wirkung, wesentlicher Beeinträchtigung der Nasen- und Nebenhöhlen (Borkenbildung, ständige Sekretion)	20 – 40

Die Tumorerkrankungen des Oberkiefers sind wegen ihrer Seltenheit nicht gesondert erwähnt. Die Beurteilung richtet sich nach den allgemeinen Hinweisen in Kapitel B1 VMG.

Die Tumoren der Mundhöhle werden im Stadium I und II (T1 und T2 N0 M0) bis zum Ablauf der fünfjährigen Heilungsbewährung mit einem GdB von 50 bis 60, in den höheren Stadien mit einem GdB von wenigstens 80 zu bewerten sein.

Gutachtlich ist zusätzlich auf Auswirkungen einer Entfernung der ableitenden Lymphwege am Hals (Neck-Dissection) zu achten (Schmerzsyndrome, Bewegungsstörungen des Halses bzw. Kopfes, Schäden des Nervus akzessorius, Lymphöden), weiter auf Störungen der Kau- und Schluckfunktion.

7.4 Umfassender Zahnverlust über ½ Jahr hinaus prothetisch nur unzureichend zu versorgen	10 – 20

Verlust erheblicher Teile des Alveolarfortsatzes mit wesentlicher, prothetisch nicht voll ausgleichbarer Funktionsbehinderung 20

7.5 Ausgedehnter Defekt des Gaumens mit gut sitzender Defektprothese 30

Verlust des Gaumens ohne Korrekturmöglichkeit durch geeignete Prothese (Störung der Nahrungsaufnahme) 50

7.6 Lippen-, Kiefer-, Gaumen- und Segelspalten bei Kindern, bis zum Abschluss der Behandlung

Lippen-, Kiefer-, Gaumen (Segel-) Spalten treten in Europa etwa im Verhältnis von 1 : 500 Lebendgeburten auf. Die Ätiologie wird als multifaktorielles Geschehen mit einer genetischen Komponente im Sinne eines unregelmäßig dominanten Erbgangs beschrieben. Dies bedeutet, dass bei einer familiären Vorbelastung ein Vitamin-Mangel sowie exogene Noxen während der Schwangerschaft zur Spaltbildung beitragen können.

Je nach Zeitpunkt der Spaltentstehung tritt eine Vielzahl von Formen auf, bei denen sowohl die Lippe und der primäre Gaumen (Zwischenkiefer) oder auch der sekundäre Gaumen (Hart- und Weichgaumen insgesamt) betroffen sein können. Dadurch resultieren partielle und vollständige ein- und doppelseitige Spaltbildungen.

Spaltbedingte Funktionsstörungen

Durch die Spaltung der Gesichtsmuskulatur resultiert eine Verziehung von Mund und Nase mit der spalttypischen Absenkung der Nasenspitze. Besonders bei einseitigen Spalten führt dies auch zu stärkeren Verbiegungen der Nasenscheidewand mit entsprechender Behinderung der Nasenatmung.

Darüber hinaus ist das Mittelgesichtswachstum durch die fehlende (muskuläre) Verbindung des primären Wachstumszentrums (Schädelbasis) mit den sekundären Wachstumszentren (Schädelnähte) beeinträchtigt. Schließlich haben die fehlende Trennung von Mund- und Nasenrachen und die gespaltene velare Muskulatur einen erheblichen Einfluss auf die Nahrungsaufnahme, das Gehör und damit auf die Sprechentwicklung. Bei jedem Schlucken öffnet die Velummuskulatur die Tube zum Druckausgleich zwischen Mittelohr und Außenwelt. Die Störung dieses Mechanismus führt zu einer teilweise hochgradigen Mittelohrschwerhörigkeit und damit einer Behinderung des normalen Spracherwerbs. Eine persistierende Öffnung im velopharyngealen Abschluss resultiert wenigstens in einer Stimmklangveränderung (offenes Näseln), schlimmstenfalls aber in einer Lautverlagerung.

Primäre Behandlung von LKG-Spalten

Die interdisziplinär abgestimmte Therapieplanung ist die Voraussetzung für eine erfolgreiche Rehabilitation des Spaltpatienten. Dabei steht die anatomisch-funktionelle Rekonstruktion aller Muskelringe sowohl im Gesicht als auch im Velum ganz im Vordergrund. Die Form der äußeren Schnittführung muss hierfür so gestaltet werden, dass ein Ausgleich zwischen der (kürzeren) Spaltseite und der (längeren) Gegenseite ermöglicht wird (Abb. 1).

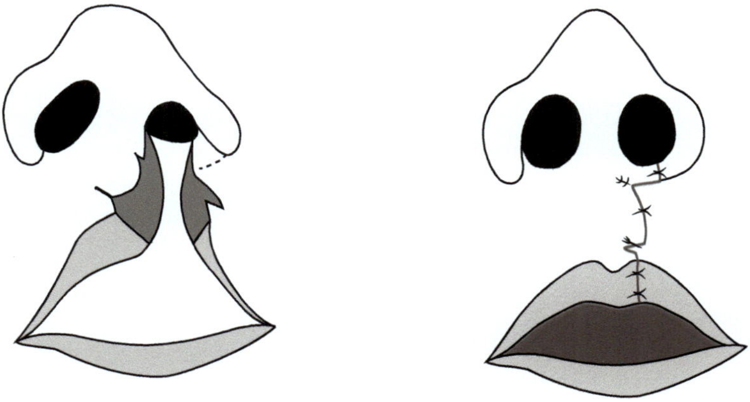

Abb. 1: Inzision nach DELAIRE für eine einseitige LKG-Spalte mit kleinen Ausgleichsdreiecken an der Lippen-Rot-Weiß-Grenze und am Naseneingang Beachte: Es werden immer die korrespondierenden Gewebe in Nase, Lippenweiß und Lippenrot vereint!

Für den Gaumen gelten dieselben Prinzipien. Nur mit einem möglichst langen, gut funktionierenden Velum lassen sich ein gutes Hören und Sprechen erzielen. Die Belüftung des Mittelohres wird bei gegebener Indikation durch Einlage von Paukenröhrchen gewährleistet, bis die anatomische Muskelrekonstruktion physiologisch wirksam werden kann.

Trotz aller Bemühungen der Operateure werden dennoch Verlagerungen der Oberkiefersegmente nicht ausbleiben. Mit Hilfe einer entsprechenden kieferorthopädischen Behandlung bereits im frühen Kindesalter und später im Wechselgebiss kann jedoch ein Ausgleich erzielt werden. Die Stabilisierung des Oberkieferzahnbogens bedarf in der Regel aber einer sekundären Osteoplastik mit Knochentransplantation in den Kieferspalt vor dem Durchbruch des oberen Eckzahnes (8.–11. Lebensjahr).

Sekundärkorrekturen

Sollte nach dem Gaumenspaltverschluss im vierten bis fünften Lebensjahr trotz intensiver logopädischer Nachbehandlung ein funktionell unzureichender velopharyngealer Abschluss persistieren, besteht die Indikation für einen sprechverbessernden Eingriff möglichst vor der Einschulung. Dies betrifft noch etwa 5–30 % der Patienten je nach Qualität der Primäroperation.

In etwa 20 % aller Fälle wird sich nach dem Wachstumsabschluss noch die Notwendigkeit für eine Oberkiefervorverlagerung zur Einstellung einer stabilen korrekten Okklusion ergeben, insbesondere dann, wenn Zähne im oberen Zahnbogen nicht angelegt sind. Da Form und Funktion einander bedingen, lässt sich damit auch ein regelrechtes Gesichtsprofil erzielen.

Schließlich muss noch auf die spaltbedingte Nasendysplasie hingewiesen werden, die sehr häufig zu erheblichen Nasenatmungsbehinderungen durch gravierende Veränderungen sowohl an der inneren wie der äußeren Nase führt. Diese Eingriffe sollten in aller Regel als Oberlippen-Nasenkorrekturen geplant und durchgeführt werden, um Form und Funktion gleichermaßen zu harmonisieren, damit der Spaltpatient nicht mehr durch die typischen Stigmata seiner Fehlbildung an der Teilhabe am normalen Leben gehindert wird.

Abbildung 2 zeigt mit dem Behandlungsschema für LKG-Spalten (am Universitätsklinikum Leipzig, seit 1994) ein Beispiel für die abgestimmte Therapieplanung (das aber nicht als allgemeine Richtlinie gelten darf!).

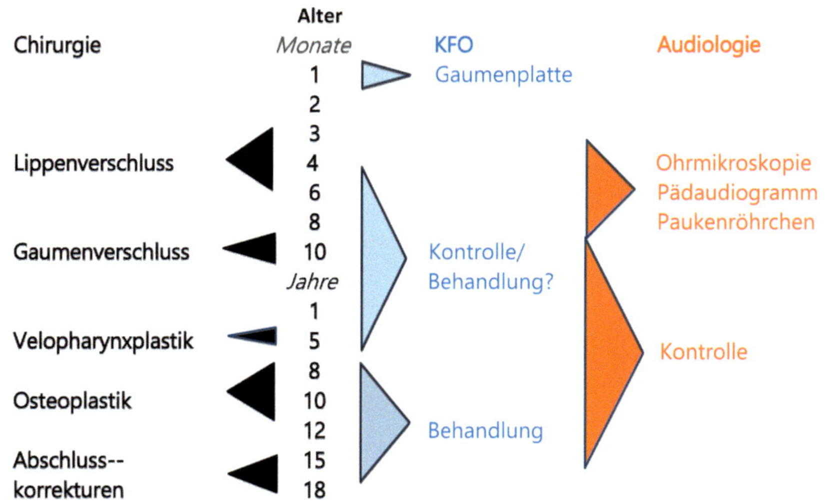

Behandlungsschema für LKG-Spalten für
(MKG-) Chirurgie, Kieferorthopädie (KFO) und HNO/Pädaudiologie (Audiologie)

Isolierte voll ausgebildete Lippenspalte (ein- oder beidseitig)	
bis zum Abschluss der Behandlung (in der Regel ein Jahr nach der Operation) je nach Trinkstörung, Beeinträchtigung der mimischen Muskulatur und Störung der Lautbildung	30 – 50
Lippen-Kieferspalte	
bis zum Abschluss der Erstbehandlung (in der Regel ein Jahr nach der Operation)	60 – 70
bis zum Verschluss der Kieferspalte	50
Lippen-Kiefer-Gaumenspalte	
bis zum Abschluss der Erstbehandlung (in der Regel ein Jahr nach der Operation) unter Mitberücksichtigung der regelhaft damit verbundenen Hörstörung (Tubenfehlbelüftung) und der Störung der Nasenatmung	100
bis zum Verschluss der Kieferspalte	50
Komplette Gaumen- und Segelspalte ohne Kieferspalte	
wegen der bis zum Abschluss der Erstbehandlung (in der Regel ein Jahr nach der Operation) bestehenden mit der Lippen-Kiefer-Gaumenspalte vergleichbaren Auswirkungen	100
Isolierte Segelspalte, submuköse Gaumenspalte bis zum Abschluss der Behandlung je nach Ausmaß der Artikulationsstörung	0 – 30

Ausgeprägte Hörstörungen sind ggf. zusätzlich zu berücksichtigen.

Nach Abschluss der Behandlung richtet sich der GdS immer nach der verbliebenen Gesundheitsstörung.

Bei Spaltbildungen hat sich international die in zwei Abschnitten durchzuführende operative Behandlung durchgesetzt. Dem primären Verschluss des Lippen-Nasenkomplexes einschließlich der plastischen Rekonstruktion der Muskulatur folgt die Korrektur von Hart- und Weichgaumen als zweiter Schritt. Aufgrund verbesserter anästhesiologischer Verfahren und verfeinerter chirurgischer Techniken erfolgt die Lippenplastik heutzutage regelhaft bereits im ersten Lebenshalbjahr, der Gaumen wird im Alter von etwa einem Jahr (vgl. Abb. 2) verschlossen, so dass die Erstbehandlung heutzutage zumeist am Ende des zweiten Lebensjahrs als beendet gelten kann. Da nicht alle Zentren – wie oben erwähnt – das gleiche Behandlungsschema zugrunde legen, ist auf die in den Behandlungsberichten genannten Zeiträume zu achten.

Danach ist der GdB je nach verbleibender Beeinträchtigung durch die Gesundheitsstörung und die notwendigen Therapiemaßnahmen zu bewerten, wobei bei wechselndem Ausmaß die durchschnittliche Beeinträchtigung zu werten ist.

Die Voraussetzungen für das Merkzeichen H können gleichfalls in der Regel nur bis zum Zeitpunkt des Abschlusses der Erstbehandlung angenommen werden (vgl. VMG Teil A5 d) ff]).

Hörstörungen sind meist durch Mittelohrergüsse bedingt und wechselnden Ausmaßes. Hier ist der Hörverlust im Längsschnitt der Befunde zu beurteilen.

7.7 Schluckstörungen

ohne wesentliche Behinderung der Nahrungsaufnahme je nach Beschwerden 0–10

mit erheblicher Behinderung der Nahrungsaufnahme je nach Auswirkung (Einschränkung der Kostform, verlängerte Essdauer) 20–40

mit häufiger Aspiration und erheblicher Beeinträchtigung des Kräfte- und Ernährungszustandes 50–70

7.8 Verlust des Kehlkopfes

bei guter Ersatzstimme und ohne Begleiterscheinungen, unter Mitberücksichtigung der Beeinträchtigung der körperlichen Leistungsfähigkeit (fehlende Bauchpresse) 70

in allen anderen Fällen 80

Anhaltende schwere Bronchitiden und Beeinträchtigungen durch Nervenlähmungen im Hals- und Schulterbereich sind zusätzlich zu berücksichtigen.

Bei Verlust des Kehlkopfes wegen eines malignen Tumors ist in den ersten fünf Jahren eine Heilungsbewährung abzuwarten; GdB bzw. GdS während dieser Zeit 100

Teilverlust des Kehlkopfes

je nach Sprechfähigkeit und Beeinträchtigung der körperlichen Leistungsfähigkeit 20–50

Bei Teilverlust des Kehlkopfes wegen eines malignen Tumors ist in den ersten fünf Jahren eine Heilungsbewährung abzuwarten; GdS während dieser Zeit

bei Geschwulstentfernung im Frühstadium (T1 N0 M0)	50 – 60
sonst	80

Die Art der Stimmrehabilitation bei Totalverlust des Kehlkopfes (Ructusstimme, Stimmprothesen) ist unbeachtlich, allein die Qualität der Ersatzstimme nach völliger Kehlkopfentfernung ist zu beurteilen.

Das Merkzeichen G ist auch hier allein unter den üblichen Voraussetzungen, vorrangig also unter dem Aspekt der Einschränkung der Lungenfunktion, zu beurteilen. Wegen der geänderten anatomischen Verhältnisse ist eine normale Lungenfunktionsmessung bei vollständiger Entfernung des Kehlkopfes nur eingeschränkt durchführbar und zu interpretieren, man wird daher auf vor der Operation erhobene Befunde zurückgreifen müssen. Zu bedenken ist, dass die meisten von einem Kehlkopfkarzinom betroffenen Menschen auch starke Raucher sind oder waren.

Zum Merkzeichen RF ist vor allem zu prüfen, ob starke Geräusche ausgehend vom endständigen Tracheostoma nach Kehlkopfentfernung oder wiederkehrender Husten eine Teilnahme an öffentlichen Veranstaltungen unmöglich machen. Regelhaft vorauszusetzen ist dies nicht und auch erst in einigem Abstand zur Operation auf Dauer zu beurteilen.

Die häufig nicht unerheblichen Folgen einer Entfernung der ableitenden Lymphwege an den Halsseiten (s. o.) sind zusätzlich zu bewerten.

7.9 Tracheostoma

reizlos oder mit geringen Reizerscheinungen (Tracheitis, Bronchitis), gute Sprechstimme	40
mit erheblichen Reizerscheinungen und / oder erheblicher Beeinträchtigung der Sprechstimme bis zum Verlust der Sprechfähigkeit (z. B. bei schweren Kehlkopfveränderungen)	50 – 80

Einschränkungen der Atemfunktion sind ggf. zusätzlich zu berücksichtigen.

Trachealstenose ohne Tracheostoma

Der GdS ist je nach Atembehinderung analog der dauernden Einschränkung der Lungenfunktion zu beurteilen.

Zu den Merkzeichen G und RF gilt sinngemäß das oben unter 7.8. Ausgeführte.

7.10 Funktionelle und organische Stimmstörungen (z. B. Stimmbandlähmung)

mit geringer belastungsabhängiger Heiserkeit	0 – 10
mit dauernder Heiserkeit	20 – 30
nur Flüsterstimme	40
mit völliger Stimmlosigkeit	50

Atembehinderungen sind ggf. zusätzlich zu bewerten analog der dauernden Einschränkung der Lungenfunktion.

Akustisch wird das Symptom Heiserkeit durch Behauchung bzw. Rauigkeit des Stimmklanges bestimmt. Beschrieben werden kann dies im RBH-Index (Rauigkeit, Behauchung, Heiserkeit). Stadium 0 = nicht vorhanden, Stadium 1 = leicht/geringgradig, Stadium 2 = mäßig, Stadium 3 = hochgradig. Der Voice Handicap Index gibt die subjektive Beeinträchtigung durch den Betroffenen wieder mit einer Punktzahl bis 120 (Handicap fehlend 0 – 14, gering 15 – 28, mittelgradig 29 – 50, hochgradig 51 – 120).

7.11 Artikulationsstörungen

durch Lähmungen oder Veränderungen in Mundhöhle oder Rachen

mit verständlicher Sprache	10
mit schwer verständlicher Sprache	20 – 40
mit unverständlicher Sprache	50

Stottern

leicht	0 – 10
mittelgradig, situationsunabhängig	20
schwer, auffällige Mitbewegungen	30 – 40
mit unverständlicher Sprache	50

Außergewöhnliche psychoreaktive Störungen einschließlich somatoformer Störungen sind ggf. zusätzlich zu berücksichtigen.

Die Einteilungen sind relativ unbestimmt, eine sehr genaue Beschreibung der sprachlichen Schwierigkeiten gerade unter Alltagsbedingungen (z. B. Vorsprache bei Behörden, Benutzung des Telefons, Situation beim Einkauf) ist hier zur Beurteilung heranzuziehen.

8. Brustkorb, tiefere Atemwege und Lungen

Kommentare: PETRA NIEDER

Die Kapitel B 8 und B 9 mit den Beurteilungskriterien für die versorgungsärztliche Begutachtung von pulmonalen und Herz-Kreislauferkrankungen sind zuletzt in den 90er Jahren des vergangenen Jahrhunderts überarbeitet worden. Sie entsprechen damit großenteils nicht mehr einer teilhabeorientierten Betrachtungsweise auf der Grundlage der ICF. Darin werden die Funktionen der kardiorespiratorischen Belastbarkeit zusammenfassend betrachtet und dem Atmungssystem zugerechnet (Kapitel 4: Funktionen des kardiovaskulären, hämatologischen, Immun- und Atmungssystems, b 455). Gleiches gilt für die in beiden Organsystemen führende, oftmals überlappende klinische Symptomatik wie Luftnot, Brustenge und unregelmäßiger Herzschlag, die bei den Körperfunktionen als mit dem kardiovaskulären und Atmungssystem verbundene Empfindungen gemeinsam unter b 460 kodiert werden. Entsprechend sind die vielfältigen und komplexen kardiorespiratorischen Wechselwirkungen der nicht nur anatomisch, sondern auch funktionell in enger Beziehung stehenden Einheiten zu beachten, zumal Komorbiditäten häufig sind (AWMF: NVL COPD 2021, Trinkmann 2018, Westhoff 2018).

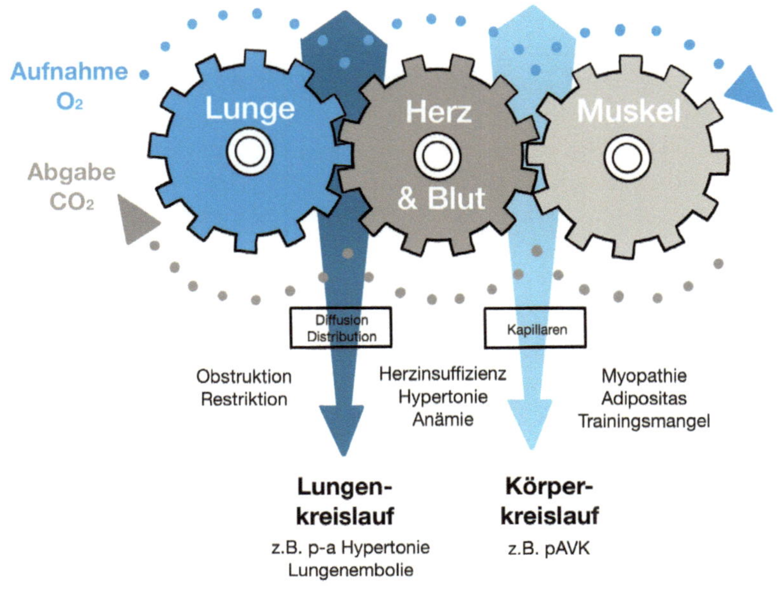

Gasaustausch und kardiopulmonale Leistungsfähigkeit

Das Gesamtausmaß der kardiorespiratorischen Belastbarkeitsminderung bestimmt bei Zusammentreffen von Lungen- und Herzerkrankungen maßgeblich die Beeinträchtigung von Aktivitäten mit Auswirkungen auf die Teilhabe und damit den GdB.

> Bei chronischen Krankheiten der Bronchien und des Lungenparenchyms sowie bei Brustfellschwarten richtet sich der GdS vor allem nach der klinischen Symptomatik mit ihren Auswirkungen auf den Allgemeinzustand. Außerdem sind die Einschränkung der Lungenfunktion, die Folgeerscheinungen an anderen Organsystemen (z. B. Cor pulmonale) und bei allergisch bedingten Krankheiten auch die Vermeidbarkeit der Allergene zu berücksichtigen.

Die allgemeinen Hinweise machen deutlich, dass nicht allein die Ergebnisse apparativtechnischer Untersuchungen bei den hier aufgeführten Gesundheitsstörungen die Höhe des GdB bestimmen. Schon bei deren Durchführung sind klinische Beobachtungen zur Kooperation und insbesondere bei Belastungsuntersuchungen zu subjektiven Empfindungen wie Luftnot und Erschöpfung (Borg-Skala) unerlässlich. Auch andere, für die Teilhabe relevante Parameter müssen in die Bewertung einfließen. Hierzu zählen nach der ständigen Rechtsprechung des Bundessozialgerichtes und auf der Basis des Behinderungsbegriffs der ICF neben der Diagnose und der Ausprägung bzw. dem Stadium der Gesundheitsstörung sowohl die Anzahl der betroffenen Aktivitäten und Lebensbereiche als auch die Schwere der Beeinträchtigung. Bei der Selbstversorgung können Aktivitäten wie Tragen, Bewegen und Handhaben von Gegenständen, bei der Fortbewegung die Gehstrecke, schnelles Laufen, Treppensteigen und die Wegefähigkeit, im Bereich der komplexen Aufgabenbewältigung im Berufsleben der Umgang mit Stress, Verantwortung und Zeitdruck betroffen sein. Wenn entsprechend den Kriterien der evidenzbasierten Medizin eine Therapie erforderlich ist, sind Art und Ausmaß der Behandlungsbedürftigkeit sowie der übliche Therapieaufwand zu berücksichtigen.

Die bei Inkrafttreten der VersMedV aus den ehemaligen Anhaltspunkten unverändert übernommenen Vorgaben bilden weder im Hinblick auf diagnostische Algorithmen noch auf geltende Schweregradeinteilungen und die Berücksichtigung des Therapieaufwandes den aktuellen Stand der medizinischen Wissenschaft ab.

8.1 Brüche und Defekte der Knochen des Brustkorbs (Rippen, Brustbein, Schlüsselbein)

ohne Funktionsstörungen verheilt, je nach Ausdehnung des Defektes	0–10
Rippendefekte mit Brustfellschwarten	
ohne wesentliche Funktionsstörung	0–10
bei sehr ausgedehnten Defekten einschließlich entstellender Wirkung	20
Brustfellverwachsungen und -schwarten	
ohne wesentliche Funktionsstörung	0–10
Fremdkörper im Lungengewebe oder in der Brustkorbwand	
reaktionslos eingeheilt	0

8.2 Chronische Bronchitis, Bronchiektasen

als eigenständige Krankheiten – ohne dauernde Einschränkung der Lungenfunktion,	
leichte Form (symptomfreie Intervalle über mehrere Monate, wenig Husten, geringer Auswurf)	0–10
schwere Form (fast kontinuierlich ausgiebiger Husten und Auswurf, häufige akute Schübe)	20–30
Pneumokoniosen (z. B. Silikose, Asbestose)	
ohne wesentliche Einschränkung der Lungenfunktion	0–10

Eine chronische Bronchitis ist durch dauerhaften Husten, in der Regel mit Auswurf über mindestens drei Monate an den meisten Tagen der Woche während der letzten zwei Jahre charakterisiert (AWMF, S3-Leitlinie Akuter und chronischer Husten, 2021).

8.3 Krankheiten der Atmungsorgane mit dauernder Einschränkung der Lungenfunktion

geringen Grades

das gewöhnliche Maß übersteigende Atemnot bei mittelschwerer Belastung (z. B. forsches Gehen [5 – 6 km / h], mittelschwere körperliche Arbeit); statische und dynamische Messwerte der Lungenfunktionsprüfung bis zu 1/3 niedriger als die Sollwerte, Blutgaswerte im Normbereich ...... 20 – 40

mittleren Grades

das gewöhnliche Maß übersteigende Atemnot bereits bei alltäglicher leichter Belastung (z. B. Spazierengehen [3 – 4 km / h], Treppensteigen bis zu einem Stockwerk, leichte körperliche Arbeit); statische und dynamische Messwerte der Lungenfunktionsprüfung bis zu 2/3 niedriger als die Sollwerte, respiratorische Partialinsuffizienz .... 50 – 70

schweren Grades

Atemnot bereits bei leichtester Belastung oder in Ruhe; statische und dynamische Messwerte der Lungenfunktionsprüfung um mehr als 2/3 niedriger als die Sollwerte, respiratorische Globalinsuffizienz .... 80 – 100

Erkrankungen mit dauernden Einschränkungen der Lungenfunktion beruhen im Wesentlichen auf zwei unterschiedlichen pathogenetischen Prinzipien:

- obstruktive Ventilationsstörungen mit erhöhtem Atemwegswiderstand und Abnahme des Ausatemstroms, wie z. B. chronische Bronchitis, Asthma mit irreversibler Obstruktion oder Emphysem (Lungenüberblähung).

Die chronisch-obstruktive Lungenerkrankung (COPD) stellt den Hauptteil der hier zu bewertenden Krankheitsbilder. Hauptsymptome dieser fortschreitenden Erkrankung, die mittlerweile in der Todesursachenstatistik an dritter Stelle steht, sind chronischer Husten, Auswurf und Atemnot, in frühen Stadien nur unter Belastung. Sie ist gekennzeichnet durch eine nach Gabe von Bronchodilatatoren nicht vollständig reversible Atemwegsobstruktion und ist mit chronisch obstruktiver Bronchitis und/oder Lungenüberblähung mit verminderter Gasaustauschfläche in wechselndem Ausmaß vergesellschaftet.

Gemäß internationaler Übereinkunft (nach GOLD: **G**lobal Initiative for Chronic **O**bstructive **L**ung **D**isease, 2021) wird der Schweregrad der Obstruktion zunächst mithilfe der nach Applikation eines Bronchodilatators gemessenen FEV 1 (GOLD-Kriterien) bestimmt, wenn das Obstruktionskriterium (FEV 1/FVC < LLN oder < 70 %) erfüllt wurde. Die Abkürzung LLN (engl.: **l**ower **l**imit of **n**ormal) steht hier für den (geschlechts- und altersabhängigen) unteren Grenzwert. Die erst vor wenigen Jahren eingeführte Verwendung statistischer Kriterien erlaubt die korrekte Trennung von pathologischen und normalen Werten (Schwarz 2018).

Schweregrad nach FEV 1	**Kriterium für Obstruktion FEV 1/ FVC < LLN oder < 70%**
I (leichtgradig)	FEV1 ≥ 80 % Soll
II (mittelgradig)	FEV 1 50% bis < 80% Soll
III (schwer)	FEV 1 30% bis < 50 % Soll
IV (sehr schwer)	FEV 1 < 30% Soll

FEV 1 = forciertes exspiratorisches (Ausatmungs-) Volumen in einer Sekunde (Einsekundenkapazität)
FEV 1/ FVC = Einsekundenkapazität (Tiffeneau-Index): forciertes exspiratorisches Volumen in % der forcierten exspiratorischen Vitalkapazität

Damit ist jedoch der klinische Schweregrad der COPD nicht vollständig erfasst. Eine Schweregradeinteilung unter klinischen Gesichtspunkten orientiert sich an der Ausprägung des jeweiligen Hauptsymptoms:

Intensität der Hauptsymptome der COPD			
	Beurteilung der Schwere (qualitativ)[1]		
	leicht	**mittelgradig**	**schwergradig**
Atemnot	geringgradig unter Belastung: Keine Pause nach ≥ 3 Stockwerken	unter Belastung: Pause nach > 1 bis < 3 Stockwerken	in Ruhe: bei geringster Belastung: Pause nach ≤ 1 Stockwerk
Husten Norm: < 2 Hustenstöße/Stunde	überwiegend nur morgens	mehrfach am Tage	ständig (am Tage), auch in der Nacht
Auswurf	nur morgens: keine Beschwerden am Tage oder in der Nacht	mehrfach täglich	ständig verschleimt, Abhusten stark erschwert

[1] Einordnung des Symptoms, das am schwersten ausgeprägt ist, auch wenn zwei andere Hauptsymptome minderschwer abschneiden (Quelle: AWMF, Nationale Versorgungsleitlinie COPD, 2. Aufl. 2021)

Die weitere Einteilung bezieht über die spirometrisch nachweisbare Flusslimitierung hinaus Symptome (Luftnot und das mittels eines speziellen Assessment-Tests detailliert erfasste Befinden) und die Exazerbationsanamnese mit ein. Als Exazerbation ist eine akute, über mindestens zwei Tage anhaltende Verschlechterung der respiratorischen Symptome (Zunahme von Dyspnoe, Husten, Sputumvolumen und -purulenz) mit der Notwendigkeit einer Intensivierung der COPD-Therapie definiert (vier Schweregrade). Anschließend erfolgt die Zuordnung zu vier in der Symptomlast unterschiedlichen Risikogruppen (A-D). Auf dieser Basis wird dann über die Initialtherapie und die weitere Therapiesteuerung entschieden, wobei der Therapieerfolg regelmäßig zu prüfen ist.

Zur Diagnostik und Klassifizierung der COPD bedarf es nach den Vorgaben der aktuellen Leitlinien neben der Spirometrie zur Erfassung der Atemwegsobstruktion weiterer Untersuchungen: Ganzkörperplethysmographie, Blutgasanalyse, Messung der Diffusionskapazität (TLCO, syn. DLCO) und standardisierte Belastungstests.

Für eine Feststellung nach dem Schwerbehindertengesetz dürfen nur Lungenfunktionswerte herangezogen werden, die unter optimaler Therapie erzielt wurden und einen Dauerzustand von mehr als sechs Monaten wiedergeben. So können Krankenhausberichte über die stationäre Behandlung einer akuten entzündlichen Exazerbation einer COPD oftmals nicht als Beurteilungsgrundlage dienen, da sie lediglich eine vorübergehende Zustandsverschlechterung abbilden. Bei längerem Leidensverlauf ist jedoch Schwankungen im Gesundheitszustand mit einem Durchschnittswert Rechnung zu tragen, zeitweilige Verschlechterungen können aufgrund der anhaltenden Auswirkungen auf die gesamte Lebensführung hier nicht als vorübergehende Gesundheitsstörungen betrachtet werden (Teil A 2 f] VMG).

Die zweite große Gruppe umfasst

- **restriktive Ventilationsstörungen** mit einer Verminderung der Gasaustauschfläche aus unterschiedlicher Ursache, z. B. Verlust von Lungengewebe oder Einschränkungen der Brustkorbbeweglichkeit bei Wirbelsäulenfehlbildungen (Skoliose). Diese Störungen betreffen überwiegend die Einatmung, so dass der Gasaustausch durch kompensatorische Erhöhung der Atemfrequenz gesichert werden muss.

Kombinationen von restriktiven mit obstruktiven Störungen sind ebenfalls möglich.

Lungenfunktionsdiagnostik

- **Spirometrie**

Mit diesem in der Praxis einfach anwendbaren Verfahren lassen sich statische und dynamische Lungenvolumina bestimmen und obstruktive von restriktiven Ventilationsstörungen unterscheiden. Lungenvolumina und -kapazitäten sind statische Messparameter, dynamische Lungenfunktionswerte wie z. B. die absolute (FEV 1) und die relative Einsekundenkapazität (Tiffeneau-Index, FEV 1/FVC in %) sind vom zeitlichen Verlauf des Spirogramms abhängig.

- **Bodyplethysmographie**

Sie gestattet mit der Darstellung der Fluss-Volumen-Kurve und der Bestimmung des Atemwegswiderstandes (Resistance) den Nachweis der Strömungslimitierung als Folge der Obstruktion und ermöglicht außerdem die Bestimmung des nach einer Ruheausatmung noch in der Lunge befindlichen Gasvolumens (funktionelle Residualkapazität, FRC). In Kombination mit der Spirometrie lassen sich somit alle Volumina einschließlich des Residualvolumens (RV) bestimmen.

Atem- und Lungenvolumina

links: Volumen-Zeit-Kurve, rechts: Fluss-Volumen-Kurve

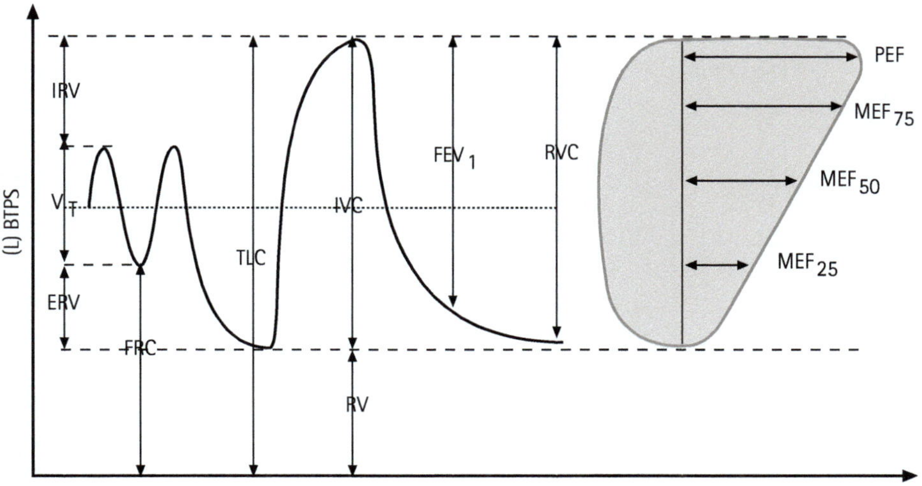

Mobilisierbare und nicht mobilisierbare Lungenvolumina sowie maximale exspiratorische Flüsse.
IRV = inspiratorisches Reservevolumen (L), ERV = exspiratorisches Reservevolumen (L).
V_T = Atemzugvolumen (L). FRC = Funktionelle Residualkapazität (L). TLC = Totale Lungenkapazität (L).
IVC = inspiratorische Vitalkapazität (L), RV = Residualvolumen (L),
FEV = forciertes exspiratorisches Volumen in 1 Sekunde (L), FVC = forcierte Vitalkapazität (L),
PEF = exspiratorischer Spitzenfluss (L/s),
$MEF_{75\ 50\ 25}$ = maximale exspiratorische Flüsse als Prozent der FVC (L/s)

(Quelle: DRV Bund (2010) Sozialmedizinische Beurteilung der Leistungsfähigkeit bei chronisch obstruktiver Lungenkrankheit (COPD) und Asthma bronchiale, https://www.deutsche-rentenversicherung.de/DRV/DE/Experten/Infos-fuer-Aerzte/Begutachtung/begutachtung.html, Stand 2022-03-03)

Die Versorgungsmedizinischen Grundsätze stützen sich zur Bewertung von Lungenfunktionseinschränkungen fast ausschließlich auf mitarbeitsabhängige Parameter. Neben der zur Beurteilung der Ventilation durchgeführten Spirometrie sollte zur sozialmedizinischen Beurteilung vor allem bei COPD möglichst eine Bodyplethysmographie durchgeführt werden. Die Qualität der Mitarbeit kann mit Hilfe der Fluss-Volumen-Kurve überprüft werden.

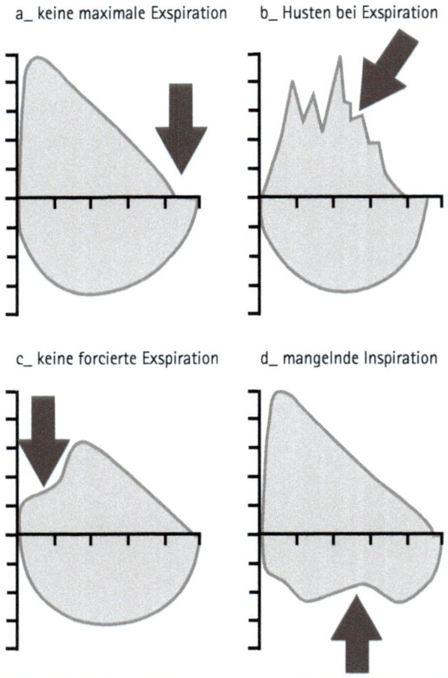

„Fluss-Volumen-Kurve bei Mitarbeitsfehlern“

(Quelle: Sozialmedizinische Beurteilung der Leistungsfähigkeit bei COPD und Asthma bronchiale, https://www.deutsche-rentenversicherung.de/DRV/DE/Experten/Infos-fuer-Aerzte/Begutachtung/begutachtung.html, Stand 2022-03-03)

- **Blutgasanalyse**

Der Sauerstoffpartialdruck im arteriellen Blut (PaO_2) ist ein zentraler Wert zur Beurteilung der Lungengesamtfunktion. Als Maßeinheit sind Millimeter Quecksilbersäule (mmHg) oder Kilopascal (kPa) gebräuchlich (Umrechnungsfaktor: 1 mmHg = ca. 0,133 kPa, 1 kPa = ca. 7,5 mmHg). Sauerstoff ist im Blut überwiegend chemisch an den roten Blutfarbstoff Hämoglobin gebunden, Kohlendioxid wird zum größten Teil ebenfalls chemisch gebunden als Bicarbonat ($HCO3^-$) transportiert.

Der Sollwert für die arterielle Sauerstoffspannung in Ruhe ist altersabhängig und lässt sich wie folgt berechnen:

$$\text{Soll-}PaO_2 = 102 - (\text{Lebensalter} \times 0{,}33)$$

(Murray-Formel, „vereinfachte Faustformel“,
Quelle: Meyer FJ et al. [Hg.] Belastungsuntersuchungen in der Pneumologie [2018])

In der klinischen Praxis hat sich bewährt, die untere Grenze des Normwertes zu verwenden, wobei diese unteren Grenzwerte der statistischen Verteilung als sicher pathologisch gelten:

PaO_2 – Normwerte in Abhängigkeit vom Lebensalter

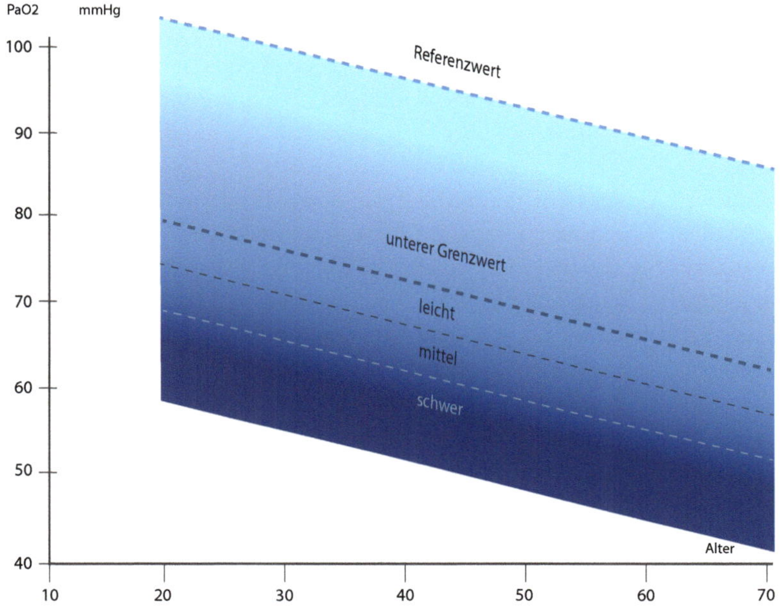

(Quelle: Schwarz S. et al. [Hg.] [2018]
Lungenfunktionsdiagnostik und Spiroergometrie)

Bei Hyperventilation in Ruhe ist der PaO_2 gemäß folgender Formel zu korrigieren:

$$PaO_2 \text{ [standardisiert]} = PaO_2 \text{ [aktuell]} - 1{,}66 \text{ x } (40 - PaCO_2 \text{ [aktuell]})$$

Als pathologisch gilt in Ruhe ein Unterschreiten des unteren Grenzwertes von > 5 mmHg PaO_2.

Der Kohlendioxidpartialdruck ($PaCO_2$, Maßeinheit: mmHg/kPa) ist eine Messgröße für die Ventilation: Bei Steigerung der Ventilation nimmt er ab, bei vermehrtem Anfall von Kohlendioxid nimmt er zu. Für den $PaCO_2$ gelten altersunabhängige, fixe Normwerte von 35–45 mmHg (4,6–6,0 kPa).

- **Diffusionskapazität/Transferfaktor**

Mit dieser Größe wird der Übertritt des Sauerstoffs von den Lungenbläschen in die Blutbahn beschrieben (Schnittstelle zwischen 1. und 2. Zahnrad), der dem physikalischen Prinzip der Diffusion zum Ausgleich von Konzentrationsunterschieden folgt (1. Fick'sches Gesetz).

Aus technischen Gründen wird bei der Ermittlung der Diffusionskapazität (TLCO) Kohlenmonoxid (CO) als Testgas eingesetzt, die Größenangabe erfolgt in der Maßeinheit ml CO/min/mmHg bzw. mmol CO/min/kPa. Normwerte sind abhängig von Alter, Geschlecht und anthropometrischen Daten, für Männer wird ein Anhaltswert von 35 ml CO/min/mmHg bzw. SI: 11,5 mmol/min/kPa (Umrechnung konventionelle Einheit zu SI: Division durch 2,99) angegeben (Kroidl et al 2015).

Erniedrigte Werte können sich bei allen Erkrankungen mit folgenden Charakteristika finden:

- reduzierte Gasaustauschfläche: Lungenfibrose, Emphysem, Lungenresektionen, Embolien, Muskelerkrankungen, Thoraxdeformitäten
- Verlängerung der alveolokapillären Diffusionsstrecke: fibrosierende Lungenerkrankungen, Lungenödem, Alveolitis

Besteht z. B. bei einem Lungenemphysem eine Diskrepanz zwischen klinischer Symptomatik und den Ergebnissen der Spirometrie bei pathologischer Blutgasanalyse, lässt sich die Abnahme der Gasaustauschfläche mit der Messung der TLCO nachweisen und die Befundkonstellation erklären (Windisch, Criée 2018).

- **Belastungsuntersuchungen**

Während bei Herzerkrankungen mit kardialer Leistungsminderung die ergometrische Belastbarkeit eine wesentliche Größe zur GdB-Bewertung ist, spielt dieser Parameter bei Gesundheitsstörungen mit Einschränkung der Lungenfunktion bisher in den Versorgungsmedizinischen Grundsätzen keine Rolle.

Anzumerken ist, dass die Erfassung von Ruhewerten generell keine Beurteilung des kardiopulmonalen Leistungsvermögens und damit des Ausmaßes einer Teilhabestörung zulässt. Belastungstests sind nicht nur geeignet, Funktionen der an Sauerstofftransport und -verwertung beteiligten Körperstrukturen (Lunge, Herz, Kreislauf, Muskulatur) zu erfassen und die für die Leistungseinschränkung verantwortlichen Organe zu ermitteln. Sie werden außerdem zur Schweregradevaluation und damit zu gutachtlichen Zwecken, zur Prognoseabschätzung, zum Therapiemonitoring sowie zur Trainingssteuerung in der Sportmedizin eingesetzt.

Häufig angewendet werden Gehtests, weltweit steht an erster Stelle der

- **6-Minuten-Gehtest** (6MWT), der unter streng standardisierten Untersuchungsbedingungen durchzuführen ist, der Patient bestimmt dabei Gehgeschwindigkeit und damit die Belastungsintensität selbst. Sollwert der Sechs-Minuten-Gehstrecke (nach Troosters):

♀: 218 + (5,14 x Größe [cm]) – (5,32 x Alter [Jahre]) – (1,80 x Gewicht [kg])
♂: 218 + (5,14 x Größe [cm]) – (5,32 x Alter [Jahre]) – (1,80 x Gewicht [kg]) + 51,31

(Quelle: Meyer FJ et al [Hg.] 2018)

- **Blutgasanalyse unter Belastung**

Die Messung der Blutgase unter Belastung trägt bei zur Klärung einer Ruhehypoxämie oder einer (insbesondere chronischen) Belastungsdyspnoe und gehört zur Basisdiagnostik in der Pneumologie. Mit ihrer Hilfe kann bei COPD-Patienten mit Belastungsluftnot zwischen einer Verteilungsstörung oder einer progredienten Hypoxämie unterschieden werden.

Unter Belastung gelten der Abfall des PaO_2 um > 5 mmHg unter den unteren Soll-Grenzwert oder die Zunahme einer bereits bestehenden Ruhehypoxämie als pathologisch.

– **Spiroergometrie**

Die spiroergometrische Untersuchung, die im Ablauf formal einem Belastungs-EKG entspricht, gestattet Rückschlüsse auf die Funktion der Organsysteme Lunge, Herz-Kreislauf und Muskulatur und damit auf die Leistungsfähigkeit des Organismus. Sie stellt neben der Wattzahl mit der Sauerstoffaufnahme VO_2 eine entscheidende Messgröße zur Verfügung. Die Spiroergometrie ermöglicht u. a. differentialdiagnostische Differenzierungen der einer kardiopulmonalen Leistungsminderung zugrunde liegenden Ursachen und ist in weiten Bereichen mitarbeitsunabhängig. Sie gilt als Goldstandard der Belastungsanalyse. Dennoch kommt dieses anderen in der Aussagekraft überlegene funktionsdiagnostische Verfahren hierzulande aus verschiedenen Gründen eher selten zum Einsatz (Glaab T et al. 2020), obwohl es mit einem geringeren Risiko als invasive Maßnahmen verbunden ist (Westhoff 2018).

(Zu Belastungsuntersuchungen s. auch Kommentar zu Kap. B 9)

Hypoxämische und ventilatorische Insuffizienz

Eine **hypoxämische respiratorische Insuffizienz bzw. respiratorische Insuffizienz Typ I** (ehemals: respiratorische Partialinsuffizienz) tritt als Folge eines pulmonalen Parenchymversagens mit Störung der Oxygenierung auf, z. B. bei ausgedehnter Pneumonie oder Lungenfibrose, aber auch bei Linksherzversagen mit Lungenödem. Der PaO_2 ist in der Blutgasanalyse erniedrigt bei normalem oder ebenfalls erniedrigtem $PaCO_2$.

Für die Begutachtung ist beachtlich, dass ein in Ruhe normaler PaO_2 unter Belastung abfallen kann (latente hypoxämische Insuffizienz). Wenn ein in Ruhe erniedrigter PaO_2 sich jedoch unter Belastung normalisiert, liegt ein Missverhältnis zwischen Durchblutung und Belüftung von einzelnen Lungenabschnitten, eine sog. Verteilungsstörung vor.

Bei der **ventilatorischen Insuffizienz bzw. respiratorischen Insuffizienz Typ II** (ehemals: respiratorische Globalinsuffizienz) handelt es sich um ein Ventilationsversagen mit zusätzlich insuffizienter CO_2-Elimination. Sie ist durch den Abfall des PaO_2 unter den unteren Grenzwert bei gleichzeitigem Überschreiten des Grenzwertes für den $PaCO_2$ von 45 mmHg definiert. Die Ursache liegt nach heutigem Verständnis bei COPD in einer Erschöpfung der Atempumpe, worunter die Gesamtheit der anatomischen und funktionellen Einheiten, die die Lungenbelüftung ermöglichen (zerebrales Atemzentrum, Nerven, Atemmuskulatur und Brustkorb), verstanden wird. Die Ursachen alveolärer Hypoventilation reichen von primären Störungen des Atemantriebs (Obesitas-Hypoventilationssyndrom) über die Reduktion des Atemantriebs unter O_2-Gabe bei chronisch hyperkapnischen COPD-Patienten bis zu einer Erschöpfung der Atemmuskulatur.

Schweregradbeurteilung von hypoxämischer und ventilatorischer Insuffizienz		
Schweregrad	**Abfall PaO_2**	**Anstieg $PaCO_2$ über 45 mmHg**
leicht	5 mmHg	5 mmHg
mittel	6–0 mmHg	6–10 mmHg
schwer	> 10 mmHg	> 10 mmHg
(Quelle: Schwarz S. et al. [Hg.] 2018: Lungenfunktionsdiagnostik und Spiroergometrie)<http://www.versorgungsleitlinien.de/themen/asthma> [2011-08-05])		

Im Feststellungsverfahren im Rahmen des Schwerbehindertenrechtes kommt der Begutachtung nach Aktenlage der maßgebliche Stellenwert zu; sie beruht auf Befundberichten von Behandlern, die von der Verwaltung beigezogen werden. Diese orientieren sich in der Regel an den im klinischen Kontext gebräuchlichen Tabellen und Einteilungen.

Aus der Gegenüberstellung der GdB-Tabelle mit den klinisch relevanten Stadien der COPD ergibt sich, dass sich die Begrifflichkeiten hinsichtlich des Schweregrades in den Versorgungsmedizinischen Grundsätzen und der Nationalen Versorgungsleitlinie nicht decken. Für eine exakte Bewertung müssen folglich von der Verwaltung Lungenfunktionsprotokolle im Original beigezogen und dem Gutachter vorgelegt werden, um eine den Rechtsvorgaben entsprechende Einschätzung des GdB-Wertes treffen zu können.

Belastungsuntersuchungen, die bei einer Diskrepanz zwischen erhobenen Befunden und vorgetragenen Beschwerden Zweifel ausräumen könnten, sind als Instrument in den Versorgungsmedizinischen Grundsätzen bei der Begutachtung pulmonaler Störungen im Gegensatz zur Herzleistungsminderung nicht gefordert, wobei es zwischen dem respiratorischen und kardialen System enge, ineinandergreifende Beziehungen gibt. Die physiologische Adaptation an körperliche Belastungen setzt nicht nur eine ausreichende pulmonale Funktionssteigerung, sondern auch eine angemessene Pumpleistung des Herzens voraus.

Insofern empfiehlt es sich, falls möglich, Gutachten anderer Sozialleistungsträger anzufordern, da diese oftmals wertvolle Auskünfte über das kardiopulmonale Leistungsvermögen liefern und damit Rückschlüsse auf das Ausmaß einer Teilhabestörung erlauben.

Langzeit-Sauerstofftherapie (long-term oxygen therapy = LTOT)

Bei aufgrund unterschiedlicher Grunderkrankungen chronisch hypoxämischen Patienten ist die Anwendung von Sauerstoff über ≥ 15 Stunden täglich indiziert bei einem $PaO_2 \leq 55$ mmHg oder bei einem $PaO_2 > 55$ mmHg und ≤ 60 mmHg, wenn zusätzlich eine sekundäre Polyglobulie (Hämatokrit ≥ 55 %) und/oder ein Cor pulmonale vorliegen (AWMF: Leitlinie „Langzeit-Sauerstofftherapie", 2020).

Neben stationären Konzentratoren mit an das Gerät gebundenem Aktionsradius in Kombination mit kleinen Einheiten für den mobilen Einsatz stehen den Nutzern

Flüssig-Sauerstoff-Systeme oder Sauerstoffdruckflaschen unterschiedlicher Größe für die häusliche Versorgung zur Verfügung.

Bei gleichzeitiger chronisch ventilatorischer Insuffizienz wird hingegen bevorzugt die nichtinvasive Beatmung (NIV) eingesetzt.

Oftmals muss die während einer stationär behandlungspflichtigen Akutsituation erforderliche Sauerstoffgabe nach der Entlassung aus dem Krankenhaus für einen begrenzten postakuten Zeitraum fortgesetzt werden, nach Stabilisierung sind die Voraussetzungen für eine LTOT auf Dauer jedoch oftmals nicht erfüllt. Deshalb sollten z. B. nach Exazerbation einer COPD für die Beurteilung neben Krankenhausentlassungsbefunden den weiteren Verlauf dokumentierende Unterlagen herangezogen werden.

Merkzeichen

Erkrankungen mit dauernder Einschränkung der Lungenfunktion wenigstens mittleren Grades gemäß Teil B 8.3 rechtfertigen die Annahme einer erheblichen Beeinträchtigung der Bewegungsfähigkeit im Straßenverkehr (§ 229 Abs. 1 SGB IX in Verbindung mit Teil D 1. d] Versorgungsmedizinische Grundsätze), so dass hierbei die gesundheitlichen Voraussetzungen für das Merkzeichen G erfüllt sind.

Die gesundheitlichen Voraussetzungen für das Merkzeichen aG sind gegeben, wenn die vorliegenden Störungen des Atmungssystems für sich allein eine erhebliche mobilitätsbezogene Beeinträchtigung der Teilhabe bedingen, die einem GdB von 80 entspricht. Diese liegt vor, wenn sich der schwerbehinderte Mensch dauernd nur mit fremder Hilfe oder nur mit großer Anstrengung außerhalb des Kraftfahrzeugs bewegen kann und deswegen dauerhaft auch für sehr kurze Strecken aus medizinischer Notwendigkeit auf die Verwendung eines Rollstuhles angewiesen ist (§ 229 Abs. 3 SGB IX, s. auch Kommentare in Kap. Teil D Merkzeichen).

Das Merkzeichen RF wird häufig von chronisch Lungenkranken beantragt, die anführen, wegen einer Langzeit-Sauerstofftherapie öffentliche Veranstaltungen auf Dauer selbst mit Begleitpersonen oder mit technischen Hilfsmitteln nicht in zumutbarer Weise besuchen zu können. Hierbei darf nicht außer Acht gelassen werden, dass mobile Sauerstoffsysteme mit annehmbarem Tragekomfort nicht zuletzt mit dem Ziel entwickelt wurden, die Mobilität dieser Patienten zu erhalten und ihnen die Teilhabe am Leben in der Gesellschaft zu ermöglichen.

8.4 Nach einer Lungentransplantation ist eine Heilungsbewährung abzuwarten (im Allgemeinen zwei Jahre); während dieser Zeit ist ein GdS von 100 anzusetzen. Danach ist der GdS selbst bei günstigem Heilungsverlauf unter Mitberücksichtigung der erforderlichen Immunsuppression nicht niedriger als 70 zu bewerten.

Nach Entfernung eines malignen Lungentumors oder eines Bronchialtumors ist in den ersten fünf Jahren eine Heilungsbewährung abzuwarten.

GdS während dieser Zeit	wenigstens 80
bei Einschränkung der Lungenfunktion mittleren bis schweren Grades	90 – 100

8.5 Bronchialasthma ohne dauernde Einschränkung der Lungenfunktion,

Hyperreagibilität mit seltenen (saisonalen) und / oder leichten Anfällen	0 – 20
Hyperreagibilität mit häufigen (mehrmals pro Monat) und / oder schweren Anfällen	30 – 40
Hyperreagibilität mit Serien schwerer Anfälle	50

Eine dauernde Einschränkung der Lungenfunktion ist zusätzlich zu berücksichtigen.

Gegenüber der COPD ist das Bronchialasthma primär nicht durch eine fixierte Obstruktion, sondern durch erhebliche, hauptsächlich vorübergehende Schwankungen des Atemwegswiderstandes gekennzeichnet. Aufgrund einer multifaktoriellen Genese (genetische Disposition, exogene Faktoren) reagiert das Bronchialsystem im Sinne einer chronischen Entzündung der Atemwege, die sich durch zeitlich und im Ausmaß variable Symptome wie Atemnot, Giemen, Brustenge und Husten auszeichnet. Die bis dahin gebräuchliche Unterscheidung in allergisches, exogenes oder extrinsisches Asthma (Auslöser: inhalative Allergene) versus nicht-allergisches, endogenes oder intrinsisches Asthma (Auslöser: Atemwegsinfektionen, vor allem virale Infekte) wurde in jüngster Zeit um weitere Formen wie z. B. eosinophiles und Cough-variant-Asthma erweitert.

Die medikamentösen bzw. nicht-medikamentösen, meist langfristig eingesetzten Therapieformen wirken sich in Bezug auf Wirksamkeit, Nebenwirkungen und Einfluss auf Aktivitäten und Teilhabe unterschiedlich aus. Die Behandlung folgt einem fünfstufigen medikamentösen Schema beginnend mit ausschließlicher Anwendung einer Bedarfsmedikation, darauf aufbauend der Kombination von Bedarfs- und Langzeittherapie und evtl. Hinzunahme weiterer Substanzen bzw. Dosissteigerung. Als Basis der Langzeittherapie gilt die Anwendung inhalativer Corticosteroide, wobei auch anderen Substanzgruppen angehörende Wirkstoffe bevorzugt inhalativ angewendet werden sollen.

Die heute übliche Klassifikation von Asthma mit Hilfe des Grades der Asthmakontrolle wurde nicht unter gutachtlichen Gesichtspunkten entwickelt, sondern dient zur Therapieeinleitung und -anpassung:

Grade der Asthmakontrolle		Gut kontrolliert	Teilweise kontrolliert	Unkontrolliert
Symptomkontrolle	Hatte der Patient in den letzten 4 Wochen • Häufiger als 2 x/Woche tagsüber Symptome • Nächtliches Erwachen durch Asthma • Gebrauch von Bedarfsmedikation für Symptome[1 2] häufiger als 2 x/Wo • Aktivitätseinschränkung durch Asthma	Kein Kriterium erfüllt	1 – 2 Kriterien erfüllt	3 – 4 Kriterien erfüllt

[1] ausgeschlossen: vor sportlicher Aktivität angewandte Bedarfsmedikation
[2] bei ausschließlich angewendeter Fixkombination niedrig dosiertes inhalatives Corticosteroid (ICS) + Formeterol: 4 x/Wo oder Überschreiten der Tageshöchstdosis von Formeterol
(Quelle: Nationale Versorgungsleitlinie Asthma, Kurzfassung, 4. Auflage, Version 1. Juli 2020, https://www.leitlinien.de/themen/asthma/4-auflage, Stand 2023-30-01)

Bei Erwachsenen liegt ein schweres Asthma vor, wenn unter Therapie mit inhalativen Corticosteroiden (ICS) in Höchstdosis und mindestens einem zusätzlichen Langzeitmedikament oder oralen Corticosteroiden (OCS) > 6 Monate/Jahr mindestens einer der folgenden Punkte zutrifft bzw. bei Reduktion der Therapie zutreffen würde:

- Atemwegsobstruktion: FEV1 < 80 % des Sollwertes (FEV1/FVC < LLN);
- häufige Exazerbationen: ≥ 2 corticoidsteroidpflichtige Exazerbationen in den letzten 12 Monaten;
- schwere Exazerbationen: ≥ 1 Exazerbation mit stationärer Behandlung oder Beatmung in den letzten 12 Monaten;
- teilweise kontrolliertes oder unkontrolliertes Asthma. (NVL Asthma, 4. Aufl. 2020)

Als Exazerbationen werden gemäß aktueller Leitlinie Phasen einer progredienten Zunahme der Asthmasymptome und/oder Abnahme der Lungenfunktion bezeichnet, welche über das für den Patienten übliche Maß an Variabilität hinausgehen und einer Änderung bzw. Intensivierung der Therapie über mehrere Tage bedürfen. Der Begriff Exazerbation schließt den Begriff „Asthmaanfall“ ein (Buhl et al. 2017).

Die Anfallsschwere ist wie folgt definiert:

Leichter bis mittel-schwerer Anfall	Schwerer Anfall	Lebensbedrohlicher Anfall
• Sprechen normal • AF < 25/Min, HF < 110/Min • PEF > 50 % des persönlichen Bestwerts (PBW)	• Sprechdyspnoe • Sauerstoffsättigung < 92 % • AF ≥ 25/Min, HF ≥ 110/Min • PEF < 50 % des PBW	• Kein Atemgeräusch • Flache Atmung / frustrane Atemarbeit • Bradykardie • PEF < 33 % des PBW bzw. < 100 l/min • Arterielle Hypotension • Zyanoseç • Sauerstoffsättigung < 92 % • Sauerstoffpartialdruck < 8 kPa / < 60 mmHg • Kohlendioxidpartialdruck normal oder erhöht (4,6-6 kPa / 35 mmHg bis > 45 mmHg

AF = Atemzüge pro Minute, HF = Herzfrequenz, PEF = Peak flow
(Quelle: Nationale Versorgungsleitlinie Asthma, Kurzfassung, 4. Auflage, Version 1, Juli 2020, https://www.leitlinien.de/themen/asthma/4-auflage, Stand 2023-30-01)

Die im deutschen Sprachraum heutzutage gängigen Klassifikationen stehen sämtlich nicht in Einklang mit den (unverändert aus den ehemaligen Anhaltspunkten übernommenen) in den Versorgungsmedizinischen Grundsätzen festgelegten Kriterien. Der die Teilhabe beeinträchtigende Therapieaufwand, der nach der ständigen Rechtsprechung des Bundessozialgerichtes bei der Festsetzung von GdB zu beachten ist (BSG 2013), ist darin ebenfalls bislang nicht abgebildet; die Überarbeitung der Vorgaben dieses Kapitels unter Berücksichtigung des bio-psycho-sozialen Modells der ICF steht aus.

Merkzeichen:
Auch für die „Hyperreagibilität mit Serien schwerer Anfälle“, für die ein GdB von 50 vorgeschlagen werden kann, gilt, dass im Intervall keine Lungenfunktionseinschränkung vorliegt. Deshalb können die Voraussetzungen für das Merkzeichen G in diesem Fall nicht als erfüllt gelten.

8.6 Bronchialasthma bei Kindern

geringen Grades

(Hyperreagibilität mit seltenen (saisonalen) und / oder leichten Anfällen, keine dauernde Einschränkung der Atemfunktion, nicht mehr als sechs Wochen Bronchitis im Jahr) . . . . . . 20 – 40

mittleren Grades

(Hyperreagibilität mit häufigeren und / oder schweren Anfällen, leichte bis mittelgradige ständige Einschränkung der Atemfunktion, etwa 2 bis 3 Monate kontinuierliche Bronchitis im Jahr) .... 50 – 70

schweren Grades

(Hyperreagibilität mit Serien schwerer Anfälle, schwere Beeinträchtigung der Atemfunktion, mehr als 3 Monate kontinuierliche Bronchitis im Jahr) .... 80 – 100

Die Diagnose Asthma zählt mit einer 12-Monats-Prävalenz von 4 % bei den Drei- bis 17-Jährigen zu den häufigsten chronischen Erkrankungen des Kindes- und Jugendalters. Auch in dieser Altersgruppe ist der Grad der Asthmakontrolle bei Diagnostik und Festlegung der Therapiestufe ausschlaggebend.

Grad der Asthmakontrolle Kinder und Jugendliche		**Gut kontrolliert**	**Teilweise kontrolliert**	**Unkontrolliert**
Symptomkontrolle	Hatte der Patient in den letzten 4 Wochen • Symptome tagsüber • Nächtliches Erwachen durch Asthma • Gebrauch von Bedarfsmedikation[1] • Aktivitätseinschränkung durch Asthma	Kein Kriterium erfüllt	1 – 2 Kriterien erfüllt	3 – 4 Kriterien erfüllt

[1] Bei Patienten ab zwölf Jahren, die in Stufe 2 ausschließlich die Fixkombination (ICS niedrigdosiert und Formoterol) bedarfsweise anwenden, ist das Kriterium nicht anwendbar: Bei gut kontrolliertem Asthma wird die Fixkombination nicht häufiger als zweimal pro Woche angewandt.
(Quelle: Nationale Versorgungsleitlinie Asthma, Kurzfassung, 4. Auflage, Version 1, Juli 2020, https://www.leitlinien.de/themen/asthma/4-auflage, Stand 2023-30-01)

Auch für das kindliche Asthma wird deutlich, dass die von den behandelnden Institutionen zur Verfügung gestellten Informationen und Berichte nur bedingt in das Schema der Versorgungsmedizinischen Grundsätze übertragen werden können, wenn sie nicht gezielt auf die dort im Rahmen der GdB-Feststellung geforderten Beurteilungskriterien eingehen.

Merkzeichen:
Beim Bronchialasthma schweren Grades ist Hilflosigkeit (Merkzeichen H) in der Regel bis zur Vollendung des 16. Lebensjahres anzunehmen.

8.7 Schlaf-Apnoe-Syndrom (Nachweis durch Untersuchung im Schlaflabor)

ohne Notwendigkeit einer kontinuierlichen nasalen Überdruckbeatmung 0–10

mit Notwendigkeit einer kontinuierlichen nasalen Überdruckbeatmung 20

bei nicht durchführbarer nasaler Überdruckbeatmung 50

Folgeerscheinungen oder Komplikationen (z. B. Herzrhythmusstörungen, Hypertonie, Cor pulmonale) sind zusätzlich zu berücksichtigen.

Schlafbezogene Atmungsstörungen (SBAS) sind mit Apnoen und Hypopnoen mit oder ohne pharyngeale Obstruktion als charakteristischen Störungsmustern vergesellschaftet.

Voraussetzung für einen GdB von 20 ist die medizinische Notwendigkeit einer nächtlichen Überdruckatmung im kontinuierlichen Modus (CPAP, **c**ontinuous **p**ositive **a**irway **p**ressure). Diese ist indiziert bei einem Apnoe-Hypopnoe-Index (AHI) ≥ 15/h Schlafzeit und kann erwogen werden, wenn bei einem AHI von 5–15/h wenigstens eines der folgenden Symptome erfüllt ist: Exzessive Tagesschläfrigkeit, kognitive Defizite oder Symptom einer Depression infolge einer SBAS, Herz-Kreislauf-Erkrankungen: Hypertonie, koronare Herzkrankheit, cerebrale Durchblutungsstörungen.

Da Folgestörungen wie z. B. ein Bluthochdruck im entsprechenden Funktionssystem getrennt zu bewerten sind, handelt es sich mit dem GdB von 20 bei den Fällen mit notwendiger CPAP-Therapie um das Bewertungsmaximum. Ein GdB von 50 ist erst dann in Betracht zu ziehen, wenn eine nasale Überdruckatmung nachweislich nicht durchführbar ist und das Ausmaß der durch die schlafbezogene Atemstörung verursachten Beeinträchtigung der Teilhabe in unterschiedlichen Lebensbereichen mit demjenigen vergleichbar ist, das regelhaft mit einer Narkolepsie verbunden ist (AG Leitende Ärzte 2012).

8.8 Tuberkulose

Tuberkulöse Pleuritis

Der GdS richtet sich nach den Folgeerscheinungen.

Lungentuberkulose

ansteckungsfähig (mehr als 6 Monate andauernd) 100

nicht ansteckungsfähig

ohne Einschränkung der Lungenfunktion 0

sonst je nach Einschränkung der Lungenfunktion.

8.9 Sarkoidose

Der GdS richtet sich nach der Aktivität mit ihren Auswirkungen auf den Allgemeinzustand und nach den Auswirkungen an den verschiedenen Organen.

Bei chronischem Verlauf mit klinischen Aktivitätszeichen und Auswirkungen auf den Allgemeinzustand ist ohne Funktionseinschränkung von betroffenen Organen ein GdS von 30 anzunehmen.

Die Sarkoidose ist eine entzündliche Systemerkrankung nach wie vor unbekannter Ätiologie, die durch das Auftreten nicht verkäsender Epitheloidzellgranulome charakterisiert ist. Bei 90 % aller Patienten ist das Lungenparenchym befallen, als weitere Organe können Herz, Leber, Haut, Augen oder das zentrale Nervensystem betroffen sein. Der Erkrankungsgipfel liegt im dritten Lebensjahrzehnt, Frauen sind etwas häufiger als Männer betroffen.

Unterschieden wird zwischen der akuten Form, dem Löfgren-Syndrom, welches zu über 90 % spontan ausheilt, und der chronischen Form, dem Morbus Boeck. Auch hier kommt es in Abhängigkeit vom radiologischen Befallsmuster (Stadium I: 60–80 %, Stadium II: ca. 60 %, Stadium III: ca. 30 %) zu spontanen Remissionen. Von einer chronischen Form wird bei über zweijährigem Verlauf gesprochen (Kroidl 2009).

Literatur

AWMF (2018). *S2k-Leitlinie zur Diagnostik und Therapie von Patienten mit chronisch obstruktiver Bronchitis und Lungenemphysem (COPD)*, AWMF-Registernummer 020-006 (https://www.awmf.org/uploads/tx_szleitlinien/020-006l_S2k_COPD_chronisch-obstruktive-Lungenerkrankung_2018-01.pdf, Stand 2022-01-03).

AWMF (2020). *S2k-Leitlinie „Langzeit-Sauerstofftherapie“*, AWMF-Registernummer 020-002 (https://www.awmf.org/uploads/tx_szleitlinien/020-002l_S2k_Langzeit_Sauerstofftherapie_2020-08.pdf, Stand 2022-07-03).

AWMF (2021). *S3-Leitlinie Akuter und chronischer Husten*, AWMF-Registernummer 053-01 (https://register.awmf.org/assets/guidelines/053-013l_S3_akuter-und-chronischer-Husten_2022-01.pdf, Stand 2023-26-01).

AWMF (2021). *Nationale Versorgungsleitlinie (NVL) COPD*, 2. Auflage 2021 (https://www.awmf.org/fileadmin/user_upload/Leitlinien/Nationale_Versorgungs-Leitlinie/nvl-003fol_S3_COPD_2021-, Stand 2022-01-03).

BSG-Urteil vom 17.04.2013 – B 9 SB 3/12 R

BUHL, R et al. (2017). *S2k-Leitlinie zur Diagnostik und Therapie von Patienten mit Asthma*. Pneumologie 7, S. 849–919 (https://www.thieme-connect.de/products/ejournals/pdf/10.1055/s-0043-119504.pdf , Stand: 2023-30-01).

Deutsches Institut für Medizinische Dokumentation und Information (Hg.) (2005). *Internationale Klassifikation der Funktionsfähigkeit, Behinderung und Gesundheit.* Köln.

GILLISSEN, A (2018). Sauerstofftherapie bei respiratorischer Insuffizienz. *Atemwegs- und Lungenkrankheiten 44*, Nr. 7, S. 333–339.

GLAAB, T, SCHMIDT, O & Fritsch, J (2020). Spiroergometrie kompakt – Physiologie, Durchführung und Auswertung. *Pneumologie 74*, S. 88–102.

KROIDL, F, NOWAK, D (2009). Zur Bewertung einzelner pneumologisch relevanter Krankheitsbilder, 4.3 Lungengerüsterkrankungen, Sarkoidose. In: NOWAK, D, KROIDL, R F (Hg.). *Bewertung und Begutachtung in der Pneumologie*, 3. Auflage. Stuttgart-New York, S. 176– 177.

KROIDL, RF, SCHWARZ, S, LEHNIGK, B & FRITSCH, J (Hg.) (2015). *Kursbuch Spiroergometrie.* 3. Auflage, Thieme, Stuttgart.

MEYER, FJ, BORST, MM & BUSCHMANN, H-C (Hg.) (2018). Belastungsuntersuchungen in der Pneumologie – Empfehlungen der Deutschen Gesellschaft für Pneumologie und Beatmungsmedizin e. V. *Pneumologie 72*, S. 687–731.

SCHWARZ, S, LEHNIGK, B & SCHWITTAI, W (Hg.) (2018). *Lungenfunktionsdiagnostik und Spiroergometrie.* Thieme, Stuttgart.

TRINKMANN, F, AKIN, I & SAUR, J (2018). Kardiale Komorbiditäten bei Lungenerkrankungen. *Atemwegs- und Lungenerkrankungen 44*, Nr. 1, S. 2–9.

WESTHOFF, M (2018). Dyspnoe – wann ist es kardial, wann pulmonal? *Atemwegs- und Lungenerkrankungen 44*, Nr. 1, S. 10–20.

WINDISCH, W, CRIEE, CP (2018). COPD – Stellenwert der Lungenfunktionsanalyse in Diagnostik und Therapie. Dtsch Med Wochenschr 143, S. 593–596.

9. Herz und Kreislauf

Kommentare: HANKE MOLLNAU (9.1 – 9.1.6),
PETRA NIEDER (9.2 – 9.3)

Für die Bemessung des GdS ist weniger die Art einer Herz- oder Kreislaufkrankheit maßgeblich als die Leistungseinbuße. Bei der Beurteilung des GdS ist zunächst von dem klinischen Bild und von den Funktionseinschränkungen im Alltag auszugehen. Ergometerdaten und andere Parameter stellen Richtwerte dar, die das klinische Bild ergänzen. Elektrokardiographische Abweichungen allein gestatten keinen Rückschluss auf die Leistungseinbuße.

Bis heute ist in der versorgungsärztlichen Begutachtung eine getrennte Betrachtung und Bewertung von Funktionsstörungen der Atmungsorgane und von Herz-Kreislauf-Erkrankungen üblich, obwohl Ventilation und Zirkulation für den Gasaustausch in den Erythrozyten sowie der An- und Abtransport von Sauerstoff und Kohlendioxid zu bzw. von den Körperzellen synergistisch verzahnt sind. Dieser Tatsache trägt die ICF Rechnung, indem sie den Funktionen der kardiorespiratorischen Belastbarkeit bei den Funktionen der Atmung eine eigene Kategorie zugewiesen hat. Dementsprechend ist bei den häufig vorkommenden Komorbiditäten auf eine integrierende Betrachtung der durch beide Störungen gemeinsam bedingten Leistungseinbuße und Teilhabebeeinträchtigung durch Beeinträchtigung von Aktivitäten in zahlreichen Lebensbereichen, insbesondere im Bereich der Mobilität, zu achten und eine Doppelbewertung möglichst zu vermeiden.

Grundsätzlich gilt es, die Beschwerden, die zu der Leistungseinbuße führen, mittels genauer Anamnese zu eruieren. Es lässt sich mit einer genauen Anamnese bei Leitsymptomen wie z. B. Dyspnoe oder Thoraxschmerz bereits anfänglich die Genese besser einschätzen, um den dann notwendigen Grad der Einschränkung später objektiv festlegen zu können. Zur Objektivierung von Funktionseinschränkungen im Alltag sollten anamnestische Fragen, wie: Kann sich die Person selbstständig versorgen? Können Einkäufe allein oder mit Hilfe erledigt werden? Welche Strecken werden in welcher Zeit zurückgelegt? Werden Hilfskräfte für die Verrichtung der täglichen Aufgaben benötigt? Wo liegt die individuelle Belastungsgrenze im Alltag?, genau eruiert werden.

Hilfreich zur Festlegung der Leistungseinschränkung sind Scoring-Systeme, wie z. B. die Borg-CR-Skala. Diese ist eine Kategorieskala zur Einschätzung von Erschöpfungssymptomen einhergehend mit Schmerzen und Dyspnoe. Begleitend ist der Borg-RPE-Score zu erwähnen, bei dem die subjektive Erschöpfung als Maß für die physikalische Stärke eruiert wird.

Bei der Einschätzung der Belastbarkeit anhand anamnestischer Angaben sollte die Graduierung weiterführend gemäß der NYHA-Klassifikation (New York Heart Association) I–IV erfolgen. Zusätzlich sind dann Belastungstests erforderlich, um den Grad des Leistungsniveaus zu objektivieren. Zu den einfachen Belastungstests gehört zum Beispiel der 6-Minuten-Gehtest (6MWT, s. auch Ko zu B 8.3), der die von einer Person innerhalb von sechs Minuten zurückgelegte Strecke misst. Ursprünglich zur Verlaufsbeurteilung von Lungenerkrankungen konzipiert, erfährt der Test seine Bedeutung in der Beurteilung der funktionellen Reserven und des Ausmaßes der Belastbarkeit von Patienten mit chronischen Herz-Lungenerkrankungen.

Aufwändigere Tests, allerdings mit gleicher Aussagekraft, umfassen Belastungsuntersuchungen mittels Ergometer oder Laufband. All diesen Untersuchungen ist gemeinsam, dass sie prinzipiell von der Motivation des Probanden abhängig sind und damit vornehmlich die aerobe Energiegewinnung beurteilen. Deswegen kann es im Einzelfall notwendig sein, weiterführend das Ausmaß der körperlichen Belastbarkeit zu objektivieren. Hilfreich ist dafür die Spiroergometrie. Diese Untersuchung repräsentiert weiterhin den Goldstandard zur Beurteilung etwaiger Einschränkungen der Belastbarkeit im Alltag. Bei dieser Untersuchung werden während einer gesteigerten Belastung (entweder Laufband oder Fahrrad) simultan die Atemgase gemessen. Darüber hinaus wird das Laktat im Blut zur Analyse der anaeroben Schwelle bestimmt, um eine Aussage über die maximale Sauerstoffaufnahme (VO_2max) und die ventilatorische Schwelle (VT) zuzulassen. Generell kann man sagen: Je niedriger die maximale Sauerstoffaufnahme ist, desto geringer ist die körperliche Belastbarkeit des Probanden. Diskrepanzen zwischen subjektiven Beschwerden und erhobenem Befund lassen möglicherweise weiterhin den Verdacht von Motivationsmangel zu, allerdings können z. B. bei Überschreiten der vorgegebenen Belastungsdauer bei nicht trainierten Patienten etwaige orthopädische Probleme oder die klassische muskuläre Erschöpfung vor Erreichen der VO_2max auftreten.

Zur Beurteilung bzw. Einschätzung der kardiorespiratorischen Fitness lässt sich unter Berücksichtigung der Messparameter beurteilen, ob die Belastbarkeit altersentsprechend ist. Mit Hilfe der Spiroergometrie wird eine Differenzierung zwischen kardial und pulmonal bedingter Leistungseinschränkung (beide gehen mit einer reduzierten VO_2max einher!), falls vorliegend, möglich. Während diese differentialdiagnostische Unterscheidung im klinischen Alltag für die Therapieplanung von maßgeblicher Bedeutung ist, spielt sie bei der rein finalen Beurteilung der durch eine kardiopulmonale Leistungseinschränkung bedingten Teilhabebeeinträchtigung im Schwerbehindertenrecht eine eher untergeordnete Rolle

Bei Patienten mit einer chronischen Herzinsuffizienz kann die Weber-Klassifikation hinzugezogen werden:

Weber-Klassifizierung der Herzinsuffizienz an Hand der Spirogeometrie				
Klasse	**Schweregrad**	**VO_{2max} (ml / min / kg)**	**VT**	**CI_{max} l / min / m²**
A	Leicht bis keine	>20	>14	>8
B	Leicht bis moderat	16–20	11–14	6–8
C	Moderat bis schwer	10–16	8–11	4–6
D	Schwer	6–10	4–8	2–4
E	Sehr schwer	<6	<4	<2

VO_{2max} = maximale Sauerstoffaufnahme, VT = ventilatorische Schwelle, CI = cardiac index

(Wonisch et al, J KARDIOL 2003; 10(10))

Die kardialen Komorbiditäten wie Herzinsuffizienz, Rhythmusstörungen (z. B. Vorhofflimmern) oder Klappeninsuffizienzen, -stenosen sind einzeln gesehen ungenügende Parameter zur objektiven Beurteilung der Funktionseinschränkung. Bei der chronischen Herzinsuffizienz, die unabhängig von der Form Ausdruck eingeschränkter Belastbarkeit sein kann, unterteilt man drei Formen:

- Herzinsuffizienz mit reduzierter linksventrikulärer Funktion LVEF: < 40 % (HFrEF);
- Herzinsuffizienz mit geringgradig reduzierter linksventrikulärer Funktion LVEF: 40–49 % (HFmEF);
- Herzinsuffizienz mit erhaltener linksventrikulärer Funktion LVEF: > 50 % (HFpEF).

Das klinische Bild dieser Patienten kann sich heterogen darstellen und die Untersuchungsergebnisse der Echokardiographie sind häufig nicht kongruent mit den klinischen Beschwerden. Die Patienten können bei erhaltener oder normaler linksventrikulärer Funktion objektiv schlecht belastbar, aber auch trotz einer Einschränkung der linksventrikulären Funktion gut belastbar sein.

Begleitend gibt es biochemische Herzinsuffizienzmarker, das BNP und das NT-proBNP, essenzielle Blutmarker, die in der Diagnostik und Einschätzung der Herzinsuffizienz einen wichtigen Aspekt darstellen. Allerdings unterliegen sie gewissen Einflussgrößen (Geschlecht, Alter, Pharmakotherapie, Niereninsuffizienz etc.), so dass anhand dieser Marker keine Diagnose gestellt werden kann. Aufgrund der derzeitigen Datenlage besitzen sie eher prognostische Aussagekraft. Die Einschätzung der Einschränkung der Belastbarkeit bzw. die Bemessung des GdB muss daher unter Berücksichtigung aller Einflussgrößen erfolgen und sich auf die Gesamtheit der zur Verfügung stehenden Befunde und Angaben stützen.

9.1 Krankheiten des Herzens

9.1.1 Einschränkung der Herzleistung:

1. keine wesentliche Leistungsbeeinträchtigung (keine Insuffizienzerscheinungen wie Atemnot, anginöse Schmerzen) selbst bei gewohnter stärkerer Belastung (z. B. sehr schnelles Gehen [7–8 km / h], schwere körperliche Arbeit), keine Einschränkung der Solleistung bei Ergometerbelastung;

   bei Kindern und Säuglingen (je nach Alter) beim Strampeln, Krabbeln, Laufen, Treppensteigen keine wesentliche Leistungsbeeinträchtigung, keine Tachypnoe, kein Schwitzen .... 0 – 10

2. Leistungsbeeinträchtigung bei mittelschwerer Belastung (z. B. forsches Gehen [5–6 km / h], mittelschwere körperliche Arbeit), Beschwerden und Auftreten pathologischer Messdaten bei Ergometerbelastung mit 75 Watt (wenigstens 2 Minuten);

   bei Kindern und Säuglingen Trinkschwierigkeiten, leichtes Schwitzen, leichte Tachy- und Dyspnoe, leichte Zyanose, keine Stauungsorgane, Beschwerden und Auftreten pathologischer Messdaten bei Ergometerbelastung mit 1 Watt / kg Körpergewicht .... 20 – 40

3. Leistungsbeeinträchtigung bereits bei alltäglicher leichter Belastung (z. B. Spazierengehen [3–4 km / h], Treppensteigen bis zu einem Stockwerk, leichte körperliche Arbeit), Beschwerden und Auftreten pathologischer Messdaten bei Ergometerbelastung mit 50 Watt (wenigstens 2 Minuten);

   bei Kindern und Säuglingen deutliche Trinkschwierigkeiten, deutliches Schwitzen, deutliche Tachy- und Dyspnoe, deutliche Zyanose, rezidivierende pulmonale Infekte, kardial bedingte Gedeihstörungen, Beschwerden und Auftreten pathologischer Messdaten bei Ergometerbelastung mit 0,75 Watt / kg Körpergewicht .... 50 – 70

   mit gelegentlich auftretenden, vorübergehend schweren Dekompensationserscheinungen 80

4. Leistungsbeeinträchtigung bereits in Ruhe (Ruheinsuffizienz, z. B. auch bei fixierter pulmonaler Hypertonie); bei Kindern und Säuglingen auch hypoxämische Anfälle, deutliche Stauungsorgane, kardiale Dystrophie .... 90 – 100

(Die für Erwachsene angegebenen Wattzahlen sind auf mittleres Lebensalter und Belastung im Sitzen bezogen.)

Liegen weitere objektive Parameter zur Leistungsbeurteilung vor, sind diese entsprechend zu berücksichtigen. Notwendige körperliche Leistungsbeschränkungen (z. B. bei höhergradiger Aortenklappenstenose, hypertrophischer obstruktiver Kardiomyopathie) sind wie Leistungsbeeinträchtigungen zu bewerten.

Als weitere objektive Parameter können zur Beurteilung der LVEF bzw. Vitalitätsdiagnostik Untersuchungsergebnisse von transösophagealer Echokardiographie, Kardio-MRT, Kardio-CT (zur Beurteilung von Koronarstenosen) sowie die Beurteilung der Klappenfunktion herangezogen werden.

Klassifikationen zur Beschreibung der Herzleistung

Klassifikation	Grundlage, Vorteil	Nachteil
Roskamm-Reindell (1989)	Parameter aus der invasiven Diagnostik (HMV, LV-Füllungsdruck)	keine klinischen Bezüge
NYHA (New York Heart Association, Version 2005)	klinische Beurteilung (Ausmaß von Beschwerden: Luftnot, Angina pectoris, Rhythmusstörungen bei bestimmten körperlichen Belastungen)	nur geringer Bezug zu Messparametern, subj. Einschätzung durch Arzt und/ oder Patient
Weber und Janicki (1985)	Bezug zu invasiven Messparametern und VO_2	fehlender Bezug zu Alter, Größe und Geschlecht

HMV: Herzminutenvolumen, LV-Füllungsdruck: Füllungsdruck der linken Herzkammer, VO_2: Sauerstoffaufnahme
(mod. nach Kroidl, RF, Schwarz, S, Lehnigk, B, Fritsch (Hg.) 2015: Kursbuch Spiroergometrie, 3. Aufl. Thieme Stuttgart)

Die unter 9.1.1 vorgenommene Einteilung in vier Stufen der Leistungsbeeinträchtigung entspricht weitgehend der Klassifikation nach NYHA (New York Heart Association) I–IV. Die Benutzung von Watt als Bezugsgröße sollte kritisch betrachtet werden, da es hier in Abhängigkeit vom Geschlecht und Lebensalter zu groben Fehleinschätzungen kommen kann. Unter Berücksichtigung der NYHA-Klassifikation sollten die Ergebnisse/Analysen der maximalen Sauerstoffaufnahme mittels Spiroergometrie hinzugezogen werden, um eine objektivere Beurteilung der eingeschränkten Leistungsfähigkeit abgeben zu können. Dabei kann der körperliche Anstrengungsgrad nach der sogenannten Borg-Skala von Probanden selbst eingeschätzt werden. Diese Skala reicht von 6–20 Punkten, wobei höhere Werte einer größeren Anstrengung entsprechen. Da es sich hierbei um eine Selbsteinschätzung handelt, ist die Berücksichtigung für die individuelle Belastbarkeit auch nur wieder mit Einschränkungen möglich.

Die Weber-Klassifikation ist, wie vorher bereits beschrieben, für Patienten mit einer Herzinsuffizienz vorgesehen – eine Zuordnung der einzelnen Weber-Klassen zum GdB damit nur eingeschränkt möglich. Man sollte sich bewusst machen, dass Patienten in der Weber-Klasse C–E klinisch eher symptomatisch sind und prinzipiell eine ungünstigere Prognose als Patienten der Kategorie A–B haben. Eine maximale Sauerstoffaufnahme < 10 ml/kg KG/min. (sofern der Patient die anaerobe Schwelle erreicht), NYHA II–IV sowie eine LVEF < 20 % gelten als Indikation für eine Herztransplantation, nachdem alle anderen Einflussparameter positiv berücksichtigt wurden. Dementsprechend könnte man ab einer Weber-Klasse D unter zusätzlicher Berücksichtigung klinischer Faktoren von einem GdB von mindestens 50 ausgehen.

Wiederholt auftretende Dekompensationen sind prognostisch ungünstig und werden in der Einschätzung des GdB besonders berücksichtigt (s. o.). Eine besondere Herausforderung stellt dabei die diastolische Herzinsuffizienz dar. Hierunter wird die Einschränkung der diastolischen Funktion verstanden, die insbesondere meistens bei Bluthochdruckerkrankungen (z. B. Myokardhypertrophie infolge einer arteriellen Hypertonie), aber auch bei anderen strukturellen Herzmuskelerkrankungen gefunden werden kann. Echokardiographisch findet sich häufig eine normale linksventrikuläre Funktion, bei der die Doppleruntersuchung des Mitralklappeneinstroms je nach Stadium evtl. keine eindeutigen Auffälligkeiten oder bereits ausgeprägte diastolische Funktionsstörungen zeigt. So gilt der Nachweis einer normalen linksventrikulären Funktion in Kombination mit einem Doppler-Quotienten von E/E‘ >15 (Werte >15 deuten auf einen erhöhten LVEDP [erhöhter linksventrikulärer Füllungsdruck] hin) bei Patienten mit Luftnot als diagnostischer Hinweis für die diastolische Herzinsuffizienz. Allerdings muss berücksichtigt werden, dass erhöhte E/E‘-Werte sich z. B. bei gesunden Patienten oder Patienten mit Zustand nach Mitralklappenoperation, bei hypertropher obstruktiver Kardiomyopathie und einigen anderen Faktoren als unzuverlässig erweisen können. In unklaren Situationen hilft die Hinzunahme der Bestimmung der Herzinsuffizienzmarker und kann die Einschätzung der diastolischen Funktionsstörung absichern. Grundsätzlich besteht ein Zusammenhang der diastolischen Funktionsstörung mit erhöhten BNP/NT-proBNP-Markern, jedoch unterliegen die Messungen, wie bereits erwähnt, gewissen Einflussgrößen, so dass die Werte eher hilfreich zum Ausschluss schwerer kardialer Funktionsstörungen oder prognostisch zu sehen sind und im Kontext aller Untersuchungsergebnisse interpretiert werden müssen. Bei Werten im Normalbereich ist eine schwere diastolische Herzinsuffizienz als Ursache der Beschwerden eher unwahrscheinlich. Ungefähr die Hälfte aller Patienten mit einer Herzinsuffizienz leidet an einer isolierten diastolischen Funktionsstörung. Da die Symptome der diastolischen Herzinsuffizienz sich anfangs nicht wesentlich von denen der systolischen Herzinsuffizienz mit erhaltener Funktion (HFpEF) unterscheiden, sollte sich die GdB-Einschätzung an den o. g. Empfehlungen (9.1.1) orientieren.

Für die Beurteilung einer potenziellen Myokardischämie oder relevanter belastungsinduzierter Klappeninsuffizienzen kann zusätzlich eine Stressechokardiographie eingesetzt werden; diese analysiert Größe und Funktion des linken Ventrikels mittels transthorakaler Echokardiographie unter definierten Belastungsbedingungen. Diese Untersuchung wird im Regelfall für die Beurteilung kardialer belastungsinduzierter Minderdurchblutung eingesetzt. Im Falle einer myovaskulären Minderdurchblutung (Ischämie) kann es zu einer vorübergehenden Einschränkung der linksventrikulären Funktion kommen.

In Abhängigkeit von der Leistungseinschränkung kommen zusätzlich mobilitätsbezogene **Merkzeichen** in Betracht. Bei Personen mit Symptomen bei leichter alltäglicher Belastung, die einen GdB von 50 bedingen, ist das Merkzeichen G zu vergeben. Bei mit einem GdB von 80 zu bewertender schwerster Einschränkung der Herzleistungsfähigkeit (insbesondere bei Linksherzschwäche Stadium NYHA IV, s. auch Kapitel Teil D Merkzeichen, Außergewöhnliche Gehbehinderung) können die Voraussetzungen für das Merkzeichen aG erfüllt sein. Da bei anderen, ebenfalls mit einem GdB von 80 zu bewertenden Herzschäden, wie z. B. bei solchen mit vorübergehenden Dekompensationserscheinungen, nicht in jedem Fall eine derartige Leistungseinschränkung andauernd vorliegt, sind die Voraussetzungen jeweils im Einzelfall zu prüfen.

Bei angeborenen oder in der Kindheit erworbenen Herzschäden ist Hilflosigkeit anzunehmen, falls eine schwere Leistungsbeeinträchtigung wie unter Nr. 9.1.3 und 9.1.4 oben vorliegt. Die Voraussetzungen zur Vergabe des MZ H sind so lange gegeben, bis z. B. durch eine Operation eine Besserung der Leistungsfähigkeit erzielt wurde, längstens jedoch bis zur Vollendung des 16. Lebensjahres (vgl. Teil A 5. D] hh]).

9.1.2 Nach operativen und anderen therapeutischen Eingriffen am Herzen ist der GdS von der bleibenden Leistungsbeeinträchtigung abhängig. Bei Herzklappenprothesen ist der GdS nicht niedriger als 30 zu bewerten; dieser Wert schließt eine Dauerbehandlung mit Antikoagulantien ein.

Nach operativen und anderen therapeutischen Eingriffen am Herzen ist der GdB stark abhängig von der verbliebenen Leistungsfähigkeit. Hier ist die Variationsbreite sehr groß, es gibt Patienten, die nach einem operativen Eingriff vollständig leistungsfähig sein werden, andere hingegen werden stark eingeschränkt bleiben. Dabei ist es nicht obligat, die Operationen im Einzelnen (Fontan-Op., Norwood-Op. etc.) zu differenzieren, um sie als Grundlage der GdB-Graduierung zu verwenden – letztendlich führt die Symptomatik, die Leistungseinschränkung im Alltag, zur Beurteilung des GdB. Bei den gutachterlichen Untersuchungen sind die postoperativ erreichten Leistungsniveaus individuell vielfältig und variieren von niedrig bis besser. Es sollten außerdem die individuellen Belastungsniveaus nicht anhand des eigentlichen Operationsergebnisses (z. B. Verbesserung der Klappenfunktion) bemessen werden. Um diese Art der Fehlinterpretation zu vermeiden, ist es notwendig, die Belastbarkeit postoperativ nach zwölf Monaten und z. B. im weiteren Intervall von vier bis sechs Jahren erneut mittels 6MWT oder Spiroergometrie und transthorakaler Echokardiographie zu objektivieren. Begleitend sind die bereits erwähnten Borg-Skalen sehr hilfreich. Verbleibt es nach der operativen Behandlung angeborener Vitien funktionell bei einem Einkammerherz, ist in der Regel von einem GdB von wenigstens 50 auszugehen, zusätzlich ist bei diesen und auch bei Kindern mit zyanotischen Herzfehlern bei Nachuntersuchungen ein besonderes Augenmerk auf die psychomotorische Entwicklung zu richten.

Auch nach der Implantation sogenannter Linksherz-Unterstützungs-Systeme (LVAD, **L**eft **V**entricular **A**ssistant **D**evice) bei bestimmten fortgeschrittenen kardialen Erkrankungen, die entweder die Zeit bis zur Herztransplantation überbrücken („bridge to transplant)" sollen oder als finale Therapie eingesetzt werden, richtet sich der GdB primär nach der Herzleistungsbeeinträchtigung. Da regelhaft eine Herzleistungsminderung bei bereits leichter alltäglicher Belastung als Grund für die Indikationsstellung ausschlaggebend sein dürfte, ist ein GdB von mindestens 50 anzunehmen (AG Leitende Ärzte 2014). Weitere Beeinträchtigungen ergeben sich aus der erforderlichen kontinuierlichen Blutgerinnungshemmung mit erhöhtem Risiko von Schlaganfällen oder Blutungen, den sich aus der Infektionsgefahr und aufgrund der ständig mitzuführenden technischen Ausrüstung resultierenden Ge- und Verboten und besonderen persönlichen Umständen. Die Voraussetzungen für das Merkzeichen G sind gegeben, die gesundheitlichen Voraussetzungen für B, aG und H sind auch hier stets im Einzelfall zu prüfen.

9.1.3 Nach einem Herzinfarkt ist der GdS von der bleibenden Leistungsbeeinträchtigung abhängig.

9.1.4 Nach Herztransplantation ist eine Heilungsbewährung abzuwarten (im Allgemeinen zwei Jahre); während dieser Zeit ist ein GdS von 100 anzusetzen. Danach ist der GdS selbst bei günstigem Heilungsverlauf unter Berücksichtigung der erforderlichen Immunsuppression nicht niedriger als 70 zu bewerten.

9.1.5 Fremdkörper im Herzmuskel oder Herzbeutel

reaktionslos eingeheilt 0

mit Beeinträchtigung der Herzleistung .... siehe oben

9.1.6 Rhythmusstörungen

Die Beurteilung des GdS richtet sich vor allem nach der Leistungsbeeinträchtigung des Herzens.

Anfallsweise auftretende hämodynamisch relevante Rhythmusstörungen (z. B. paroxysmale Tachykardien) je nach Häufigkeit, Dauer und subjektiver Beeinträchtigung

bei fehlender andauernder Leistungsbeeinträchtigung des Herzens .... 10 – 30

Bei bestehender andauernder Leistungsbeeinträchtigung des Herzens sind sie entsprechend zusätzlich zu bewerten.

nach Implantation eines Herzschrittmachers 10

nach Implantation eines Kardioverter-Defibrillators .... wenigstens 50

Die Implantation eines Herzschrittmachersystems erfolgt zur Behandlung von symptomatischen bradykarden Herzrhythmusstörungen. In Abhängigkeit der vorliegenden bradykarden Rhythmusstörung wird die Entscheidung für ein Einkammer-, Zweikammer- oder CRT-(P)Schrittmachersystem fallen. Die Charakterisierung der Schrittmachermodi erfolgt gemäß dem NBG-Code (NBG-Code = NASPE/BPEG Generic Pacemaker Code). Relevant sind die ersten drei Buchstaben, die den Stimulationsort und den Wahrnehmungsort (A = Atrium, V = Ventrikel, D = doppelt), die Betriebsart (I = inhibiert, T = getriggert, D = doppelt) und die Frequenzmodulation (R) darstellen. Die heutigen Schrittmachersysteme sind alle Demand-Schrittmacher (Bedarfsschrittmacher), welches bedeutet, dass der Schrittmacher sich selbst inhibieren kann, im Falle eines wahrgenommenen kardialen Aktionspotentials innerhalb des ihm vorgegebenen Zeitintervalls. In Abhängigkeit der vorliegenden bradykarden Rhythmusstörung kann es somit zu einer sporadischen oder dauerhaften Stimulation kommen. Unglücklicherweise kommt es bei einigen Patienten unter einer erhöhten rechtsventrikulären Stimulation aufgrund der asynchronen Stimulation zur Beeinträchtigung der LVEF, so dass diese Patienten eher von einer kardialen Resynchronisationstherapie (CRT) profitieren. Daher findet das CRT-(P)System vor allem bei Patienten mit leicht- bis mittelgradig eingeschränkter LVEF und Linksschenkelblock mit einem zu erwartenden hohen Stimulationsanteil seine Indikation. Aufgrund der linksventrikulären Lage einer zusätzlichen Elektrode über den Koronarsinus ist dieses System in der Lage, eine zeitgleiche (synchrone) elektrische Stimulation in der rechten und linken Herzkammer durchzuführen (Resynchronisation).

Als effektivste Therapieform zur Behandlung des plötzlichen Herztodes gilt die Implantation eines implantierbaren Kardioverters/Defibrillators. Ursächlich für den plötzlichen Herztod ist eine vorhergehende ventrikuläre Tachykardie oder Kammerflimmern. Es wird bei der Indikation zwischen einer Primär- und einer Sekundärprophylaxe unterschieden. In Abhängigkeit von der Grunderkrankung des Patienten ist die Implantation eines Einkammer-, Zweikammer- oder CRT-(D)Defibrillatorsystems indiziert. Der implantierbare Kardioverterdefibrillator führt über die Elektroden anhand der ihm vorgegebenen Tachykardie-Algorithmen die Rhythmuskontrolle selbstständig durch. Diese besteht einerseits in Form von ICD-Entladungen (Schockabgaben) oder in Form einer Überstimulation (ATP – antitachykardes pacing) im Falle von schnellen Herzrhythmusstörungen, die der ICD als gefährlich einstuft. Die Überstimulationstherapie wird über die Niederspannungseinheit (den Schrittmacheranteil) vom ICD abgegeben, der im Falle einer Bradykardie mittels Stimulation wie ein herkömmlicher Schrittmacher fungieren kann. Über den Hochspannungsleiter werden die ICD-Entladungen in Form von Gleichstromabgaben (bis > 40 Joule) zwischen Elektrode und Aggregat zur Terminierung von ventrikulären Tachyarrhythmien abgegeben. Kommt es zur Abgabe von ICD-Therapien (Schocks), so muss mittels zeitnaher Abfrage des implantierbaren Kardioverters/Defibrillators eruiert werden, inwieweit es sich um adäquate Entladungen (aufgrund von ventrikulären Tachykardien/Kammerflimmern) oder um inadäquate Therapien (z. B. aufgrund einer Fehlinterpretation des ICDs (z. B. tachykard übergeleitete supraventrikuläre Tachykardien oder Rauschreaktionen durch extern zugeführte Spannungsfelder) gehandelt hat. Die ICD-Elektroden können zudem technische Defekte bieten (mehr als die Hälfte aller Sonden weisen Isolationsdefekte auf!). Studien zeigten, dass ca. ein Drittel aller ICD-Therapien inadäquat sind. Ca. 40 % der ICD-Träger bieten gehäufte Tachyarrhythmien. 10 % bis 20 % dieser Patienten werden statistisch gesehen einen „elektrischen Sturm“ in Form von drei Episoden von ventrikulären Tachykardien/Kammerflimmern innerhalb von 24 Stunden erleben. Die Häufigkeit von ICD-Therapien, sei es als ICD-Entladung oder mittels Überstimulation, geht mit einer erhöhten Hospitalisierungsrate und Mortalität einher. Durch die dadurch erhöhte Schocklast (auch mittels Überstimulation) ist ein höherer GdB insofern gerechtfertigt, da die Patienten in der Regel durch die Therapie-, Stromabgaben physisch und psychisch sehr stark beeinträchtigt werden. Therapieabgaben von mehr als einmal im Quartal sind als häufig einzuschätzen. Im Vergleich zu herkömmlichen Schrittmachern sind implantierbare Kardioverter/Defibrillatoren als deutlich invasiver einzustufen, dies sollte bei der GdB-Bemessung berücksichtigt werden. Trotz hoher Akzeptanz des implantierbaren Kardioverters/Defibrillators bestehen bei den ICD-Patienten eine deutliche Reduktion an Lebensqualität sowie Einschränkungen in beruflicher, sozialer und sportlicher Hinsicht.

In Verbindung mit einer Herzleistungsminderung wie unter 9.1.3 angegeben wird die Gesamtbeeinträchtigung des Funktionsbereichs bei ICD-Therapie in der Regel erst größer, wenn die Funktionsbeeinträchtigung das Ausmaß einer Schwerbehinderung erreicht. Erst dann sind regelhaft die Voraussetzungen für die Vergabe des Merkzeichens G gegeben.

bei ventrikulären tachykarden Rhythmusstörungen im Kindesalter ohne Implantation eines Kardioverter-Defibrillators .... wenigstens 60

9.2 Gefäßkrankheiten

9.2.1 Arterielle Verschlusskrankheiten, Arterienverschlüsse an den Beinen (auch nach rekanalisierenden Maßnahmen)

mit ausreichender Restdurchblutung, Pulsausfall ohne Beschwerden oder mit geringen Beschwerden (Missempfindungen in Wade und Fuß bei raschem Gehen) ein- oder beidseitig .... 0 – 10

mit eingeschränkter Restdurchblutung (Claudicatio intermittens) Stadium II

Schmerzen ein- oder beidseitig nach Gehen einer Wegstrecke in der Ebene von mehr als 500 m 20

Schmerzen ein- oder beidseitig nach Gehen einer Wegstrecke in der Ebene von 100 bis 500 m ..... 30 – 40

Schmerzen ein- oder beidseitig nach Gehen einer Wegstrecke in der Ebene von 50 bis 100 m ...... 50 – 60

Schmerzen ein- oder beidseitig nach Gehen einer Wegstrecke in der Ebene von weniger als 50 m ohne Ruheschmerz .... 70 – 80

Schmerzen nach Gehen einer Wegstrecke unter 50 m mit Ruheschmerz (Stadium III) einschließlich trophischer Störungen (Stadium IV)

einseitig 80

beidseitig .... 90 – 100

Apparative Messmethoden (z. B. Dopplerdruck) können nur eine allgemeine Orientierung über den Schweregrad abgeben.

Bei Arterienverschlüssen an den Armen wird der GdS ebenfalls durch das Ausmaß der Beschwerden und Funktionseinschränkungen – im Vergleich mit anderen Schäden an den Armen – bestimmt.

Bei arteriellen Verschlusskrankheiten, die mit einem GdB von 40 zu bewerten sind, können die Voraussetzungen für das Merkzeichen G gegeben sein (Teil D 1. d], bei einem Gesamt-GdB von wenigstens 50). Das Merkzeichen aG kommt bei einer Erkrankung im Stadium IV in Betracht, wenn diese mit einem GdB von 80 zu bewerten und die betroffene Person aufgrund der Beeinträchtigung der Gehfähigkeit und Fortbewegung – dauerhaft auch für sehr kurze Entfernungen – aus medizinischer Notwendigkeit auf die Verwendung eines Rollstuhls angewiesen ist (s. auch Kapitel Teil D Außergewöhnliche Gehbehinderung).

9.2.2 Nach größeren gefäßchirurgischen Eingriffen (z. B. Prothesenimplantation) mit vollständiger Kompensation einschließlich Dauerbehandlung mit Antikoagulantien 20

Arteriovenöse Fisteln

Der GdS richtet sich nach den hämodynamischen Auswirkungen am Herzen und / oder in der Peripherie.

Aneurysmen (je nach Sitz und Größe)

ohne lokale Funktionsstörung und ohne Einschränkung der Belastbarkeit .... 0 – 10

ohne oder mit nur geringer lokaler Funktionsstörung mit Einschränkung der Belastbarkeit .... 20 – 40

große Aneurysmen .... wenigstens 50

Hierzu gehören immer die dissezierenden Aneurysmen der Aorta und die großen Aneurysmen der Aorta abdominalis und der großen Beckenarterien.

Ein Aneurysma der Bauchaorta ist definiert als eine Aufweitung des Gefäßes auf ≥ 30 mm. Aneurysmata mit einem Durchmesser von mehr als 55 mm sind als groß einzuschätzen. Die Reparatur mittels endovaskulärer (EVAR) oder offen chirurgischer Rekonstruktion mittels Rohr- oder Y-Prothese ist bei einer Größe von mehr als 55 mm Durchmesser bzw. einer Größenzunahme von mehr als 10 mm/Jahr indiziert.

Als großes Aneurysma der Aorta ascendens mit steil ansteigendem Ruptur- bzw. Dissektionsrisiko gilt ein Durchmesser von mehr als 60 mm, der thorakalen Aorta descendens von mehr als 70 mm, wobei der Interventionszeitpunkt von einer Reihe weiterer Einflussgrößen abhängt. Bei der Einschätzung des GdB nach operativer Versorgung thorakaler Aneurysmen (Typ Stanford A) ist zu beachten, dass in Abhängigkeit vom Ausgangsbefund oftmals ein zusätzlicher Aortenklappenersatz berücksichtigt werden muss. In geeigneten Fällen, insbesondere bei Aneurysmen der absteigenden Aorta (Stanford

Typ B), ist eine Stentrekonstruktion (TEVAR) in minimalinvasiver Technik möglich. Die vollständige Beseitigung einer Aortenerkrankung durch chirurgische Intervention ermöglicht zumeist eine unbeeinträchtigte Teilhabe am Leben in der Gesellschaft.

Literatur

AWMF (2018) *S3-Leitlinie zu Screening, Diagnostik, Therapie und Nachsorge des Bauchaortenaneurysmas*, AWMF-Registernummer 004-14 https://www.awmf.org/uploads/tx_szleitlinien/004-014_S3_Bauchaortenaneurysma_2018-08.pdf , Stand 2022-18-07)

Deutsches Herzzentrum Berlin (Hg.) (2019) Patientenratgeber Aorta. Erkrankungen, Diagnostik und Therapie (https://www.dhzb.de/fileadmin/user_upload/relaunch/11_Downloads/Patientenratgeber_Aorta_02-2019.pdf, Stand 2022-18-07)

9.2.3 Unkomplizierte Krampfadern 0

Chronisch-venöse Insuffizienz (z. B. bei Krampfadern), postthrombotisches Syndrom ein- oder beidseitig

mit geringem belastungsabhängigem Ödem, nicht ulzerösen Hautveränderungen, ohne wesentliche Stauungsbeschwerden .... 0 – 10

mit erheblicher Ödembildung, häufig (mehrmals im Jahr) rezidivierenden Entzündungen .... 20 – 30

mit chronischen rezidivierenden Geschwüren, je nach Ausdehnung und Häufigkeit (einschließlich arthrogenes Stauungssyndrom) .... 30 – 50

Lymphödem

an einer Gliedmaße

ohne wesentliche Funktionsbehinderung, Erfordernis einer Kompressionsbandage .... 0 – 10

mit stärkerer Umfangsvermehrung (mehr als 3 cm) je nach Funktionseinschränkung .... 20 – 40 mit erheblicher Beeinträchtigung der Gebrauchsfähigkeit der betroffenen Gliedmaße, je nach Ausmaß .... 50 – 70

bei Gebrauchsunfähigkeit der ganzen Gliedmaße 80

Entstellungen bei sehr ausgeprägten Formen sind ggf. zusätzlich zu berücksichtigen.

9.3 Hypertonie (Bluthochdruck)

leichte Form
keine oder geringe Leistungsbeeinträchtigung (höchstens leichte Augenhintergrundveränderungen) 0 – 10

mittelschwere Form
mit Organbeteiligung leichten bis mittleren Grades (Augenhintergrundveränderungen – Fundus hypertonicus I-II – und / oder Linkshypertrophie des Herzens und / oder Proteinurie), diastolischer Blutdruck mehrfach über 100 mm Hg trotz Behandlung, je nach Leistungsbeeinträchtigung .... 20 – 40

schwere Form
mit Beteiligung mehrerer Organe (schwere Augenhintergrundveränderungen und Beeinträchtigung der Herzfunktion, der Nierenfunktion und / oder der Hirndurchblutung) je nach Art und Ausmaß der Leistungsbeeinträchtigung .... 50 – 100

maligne Form
diastolischer Blutdruck konstant über 130 mm Hg; Fundus hypertonicus III-IV (Papillenödem, Venenstauung, Exsudate, Blutungen, schwerste arterielle Gefäßveränderungen); unter Einschluss der Organbeteiligung (Herz, Nieren, Gehirn) 100

Funktionelle kardiovaskuläre Syndrome (z. B. orthostatische Fehlregulation)

mit leichten Beschwerden 0

mit stärkeren Beschwerden und Kollapsneigung ...... 10 – 20

Die Definition der Schweregrade der Deutschen Hochdruckliga ist in der folgenden Übersicht zusammengefasst:

Klassifikation	**systolisch**	**diastolisch**
optimal	< 120	< 80
normal	120 – 129	80 – 84
„hoch-normal"	130 – 139	85 – 89
leichte Hypertonie (Schweregrad 1)	140 – 159	90 – 99
mittelschwere Hypertonie (Schweregrad 2)	160 – 179	100 – 109
starke Hypertonie (Schweregrad 3)	≥ 180	≥ 110
isolierte systolische Hypertonie	≥ 140	< 90
(Quelle: Deutsche Hochdruckliga (Hg.) (2019) Patientenleitfaden Bluthochdruck, 2. Aufl. S. 10)		

Um das individuelle kardiovaskuläre Gesamtrisiko einzuschätzen, müssen zusätzliche Befunde bzw. Vorerkrankungen einbezogen werden (z. B. apoplektischer Insult oder Herzinfarkt in der Vorgeschichte, Hypercholesterinämie, Diabetes mellitus, Myokardhypertrophie, Adipositas). Mithilfe von Kombinationen dieser Risikofaktoren lassen sich unterschiedliche Risikoklassen abgrenzen. Allerdings bedingen ein erhöhtes Risiko oder ein hoher Blutdruck nicht grundsätzlich eine Teilhabestörung. Wichtig ist daher der Einbezug von weiteren objektivierbaren Parametern (z. B. Blutdruckverhalten unter Belastungsbedingungen), um die Art und das Ausmaß der Leistungsbeeinträchtigung und damit das Ausmaß der Teilhabestörung zu beurteilen.

10. Verdauungsorgane

Kommentare: ULRICH MECKLER , Aktualisierung: CHRISTA RIECK

10.1 Speiseröhrenkrankheiten

Traktionsdivertikel

je nach Größe und Beschwerden .... 0 – 10

Pulsionsdivertikel

ohne wesentliche Behinderung der Nahrungsaufnahme
je nach Größe und Beschwerden .... 0 – 10

mit erheblicher Behinderung der Nahrungsaufnahme
je nach Auswirkung auf den Allgemeinzustand .... 20 – 40

Divertikel sind Aussackungen – hier der Speiseröhre – nach außen, wobei die gesamte Wand oder nur Teile ausgestülpt werden. *Traktionsdivertikel* entstehen in Folge entzündlicher Vernarbung: Die Wand wird nach außen gezogen. Sie sind heute bei der einheimischen Bevölkerung selten. *Pulsionsdivertikel* sind angeboren und stülpen sich an den beiden Enden der Speiseröhre aus. Das sogenannte *Zenker-Divertikel* ist noch am häufigsten, entwickelt sich an Muskellücken im Verlauf des Lebens. Es liegt direkt am Eingang der Speiseröhre und kann groß sein; vor allem bei älteren Menschen kann die Nahrungsaufnahme stark behindert sein, Speise kann in die Lunge geraten.

Funktionelle Stenosen der Speiseröhre (Ösophagospasmus, Achalasie)

ohne wesentliche Behinderung der Nahrungsaufnahme 0 – 10

mit deutlicher Behinderung der Nahrungsaufnahme . 20 – 40

mit erheblicher Beeinträchtigung des Kräfte- und
Ernährungszustandes, häufige Aspiration .... 50 – 70

Auswirkungen auf Nachbarorgane (z. B. durch Aspiration)
sind zusätzlich zu bewerten.

Funktionelle Stenosen (Engstellung) folgen auf angeborene oder erworbene Störungen des die geordnete Kontraktion steuernden Nervensystems in der Wand der Speiseröhre. Beim diffusen Ösophagospasmus (Speiseröhrenkrampf) und beim sogenannten Nussknacker-Ösophagus wird die Nahrung durch eine langstreckige, bei der Achalasie durch eine umschriebene dauerhafte Anspannung oder ungeregelte Kontraktion aufgehalten. Je nach Ausmaß wird die Speiseröhre vor der Enge sackartig aufgetrieben. Der Schluckakt kann schmerzhaft sein, Schmerzen werden aber auch in den Brustkorb lokalisiert; die Nahrung wird schlecht transportiert, staut sich auf, muss erbrochen werden oder zersetzt sich; sie kann in die Lunge zurückfließen (Aspiration), was zu schweren Lungenentzündungen führen kann.

Eine Reihe von internistischen und neurologischen Erkrankungen wie die Sklerodermie, der Diabetes mellitus, die Myasthenie, Muskeldystrophien u. a. können die Passage der Speiseröhre ebenfalls behindern und wirken sich gleichartig aus.

Organische Stenose der Speiseröhre
(z. B. angeboren, nach Laugenverätzung, Narbenstenose, peptische Striktur)

ohne wesentliche Behinderung der Nahrungsaufnahme je nach Größe und Beschwerden	0 – 10
mit deutlicher Behinderung der Nahrungsaufnahme je nach Auswirkung (Einschränkung der Kostform, verlängerte Essdauer)	20 – 40
mit erheblicher Beeinträchtigung des Kräfte- und Ernährungszustandes	50 – 70

Organische Stenosen sind selten angeboren und wenn, dann oft mit anderen Missbildungen assoziiert; sie können erworben sein – nach Laugenverätzung, als Folge von entzündlichen oder operativen Narben oder durch lange bestehenden Rückfluss von Säure – oder sie sind Folge medizinischer Eingriffe (operativ oder endoskopisch).

Refluxkrankheit der Speiseröhre

mit anhaltenden Refluxbeschwerden je nach Ausmaß. 10 – 30

Auswirkungen auf Nachbarorgane sind zusätzlich zu bewerten.

Refluxösophagitis: Versagt der untere Speiseröhrenverschluss, kann die aggressive Magensäure in die Speiseröhre zurückfließen („Sodbrennen"), dort eine Entzündung unterschiedlicher Ausdehnung nach oben auslösen, Geschwüre unterhalten, durch Narben die Passage verengen und durch chronische Entzündung zur Entartung (Speiseröhrenkrebs) und ihren Vorstufen (sogenannte Barrett-Dysplasie) führen. Die häufig eine Ösophagitis begleitende Hiatushernie („Zwerchfellbruch": unzureichender Abschluss der unteren Speiseröhre mit variablem Hochtreten von Magen) verschlechtert das Leiden nur in ausgeprägten Fällen.

Die Los-Angeles-Klassifikation soll gemäß der AWMF-Leitlinie „Gastroösophageale Refluxkrankheit" (AWMF 2014, Registernummer 021–013) zur endoskopischen Klassifikation der Ausprägung einer Refluxösophagitis dienen:

Die Los-Angeles-Klassifikation bezieht sich auf die endoskopischen Ausmaße der Defekte und unterteilt sie in vier Stadien von A bis D:

- A – eine oder mehrere Schleimhautläsionen unter 0,5 cm
- B – min. eine Läsion länger als 0,5 cm, Läsionen überschreiten noch nicht zwei Mukosafalten
- C – es werden mehrere Mukosafalten von den Läsionen überschritten, aber es liegen noch keine zirkulären Defekte vor
- D – zirkuläre Defekte vorhanden
  (Herold 2018, S. 438)

Die Therapie erfolgt primär konservativ (PPI, H2-Blocker, Antacida). Bei Therapieversagen, Stadium IV oder Komplikationen kann die Indikation zur operativen oder endoskopischen Fundoplicatio nach Nissen gestellt werden.

Auch bei der Refluxkrankheit kann das Bronchialsystem vom Kehlkopf bis zur Lunge mitbetroffen sein, vorbestehende Lungenerkrankungen können schlimmer werden (Asthma, Kehlkopfentzündung/Laryngitis, chronische Bronchitis, Schlaf-Apnoe-Syndrom).

Nach Entfernung eines malignen Speiseröhrentumors ist in den ersten fünf Jahren eine Heilungsbewährung abzuwarten. GdS während dieser Zeit

je nach Beeinträchtigung des Kräfte- und Ernährungszustandes . . . . 80 – 100

Speiseröhrenersatz

Der GdS ist nach den Auswirkungen (z. B. Schluckstörungen, Reflux, Narben) jedoch nicht unter 20 zu bewerten.

Bösartige Speiseröhrentumoren (Ösophaguskarzinom) werden in günstigen frühen Stadien heute endoskopisch entfernt, müssen dann aber sehr häufig endoskopisch kontrolliert werden. Fortgeschrittene Stadien werden nicht nur operiert, sondern vorher und nachher bestrahlt und medikamentös (Chemotherapie) behandelt, was zu komplexen Folgen auch an benachbarten Organen und am gesamten Körper führen kann.

Der Ersatz der Speiseröhre durch hochgezogenen Magen oder auf anderem Weg führt in jedem Fall zu unterschiedlich schwerer Behinderung mit Folgen für den Ernährungszustand.

10.2 Magen- und Darmkrankheiten

Bei organischen und funktionellen Krankheiten des Magen-Darmkanals ist der GdS nach dem Grad der Beeinträchtigung des Allgemeinzustandes, der Schwere der Organstörung und nach der Notwendigkeit besonderer Diätkost zu beurteilen. Bei allergisch bedingten Krankheiten ist auch die Vermeidbarkeit der Allergene von Bedeutung.

10.2.1 Magen- oder Zwölffingerdarmgeschwürsleiden (chronisch rezidivierende Geschwüre, Intervallbeschwerden)

mit Rezidiven in Abständen von zwei bis drei Jahren . .	0 – 10
mit häufigeren Rezidiven und Beeinträchtigung des Ernährungs- und Kräftezustandes	20 – 30
mit erheblichen Komplikationen (z. B. Magenausgangsstenose) und andauernder erheblicher Minderung des Ernährungs- und Kräftezustandes	40 – 50

Nach einer selektiven proximalen Vagotomie kommt ein GdS nur in Betracht, wenn postoperative Darmstörungen oder noch Auswirkungen des Grundleidens vorliegen.

Chronische Gastritis (histologisch gesicherte Veränderung der Magenschleimhaut)	0 – 10
Reizmagen (funktionelle Dyspepsie)	0 – 10

Teilentfernung des Magens, Gastroenterostomie	
mit guter Funktion, je nach Beschwerden	0 – 10
mit anhaltenden Beschwerden (z. B. Dumping-Syndrom, rezidivierendes Ulcus jejuni pepticum)	20 – 40
Totalentfernung des Magens	
ohne Beeinträchtigung des Kräfte- und Ernährungszustandes je nach Beschwerden	20 – 30
bei Beeinträchtigung des Kräfte- und Ernährungszustandes und / oder Komplikationen (z. B. Dumping-Syndrom)	40 – 50
Nach Entfernung eines malignen Magentumors ist eine Heilungsbewährung abzuwarten.	
GdS während einer Heilungsbewährung von zwei Jahren nach Entfernung eines Magenfrühkarzinoms	50
GdS während einer Heilungsbewährung von fünf Jahren nach Entfernung aller anderen malignen Magentumoren je nach Stadium und Auswirkung auf den Allgemeinzustand	80 – 100

Magen- und Duodenalulzera sind heute gut behandelbar. Neben der Infektion mit Helicobacter pylori (den man mit Antibiotika beseitigt), kommen bestimmte Gruppen von Mitteln, die Schmerzen und Entzündungen hemmen (Antiphlogistika, Analgetika, Antirheumatika), und andere Formen einer akuten oder chronischen Magenschleimhautentzündung als Ursache in Betracht. Chronisch wird ein Geschwürsleiden, wenn wiederholt Ulzera auftreten, Narben nach abgeheilten Geschwüren die Passage behindern oder steter geringer Blutverlust zur Eisenmangelanämie führt. Geschwüre oder eine erosive Gastritis (mehrere bis viele oberflächliche kleine Geschwüre) rezidivieren bei erneuter Infektion oder durch fortgesetzte Einnahme von Schmerzmitteln, sehr selten im Rahmen anderer internistischer Erkrankungen. Das chronische Geschwürsleiden wird den Allgemeinzustand in unterschiedlichem Ausmaß beeinträchtigen: neben den Schmerzen durch verminderte Nahrungsaufnahme und Erbrechen bei Komplikationen, wie etwa einer Magenausgangsstenose, sowie im Einzelfall durch chronische Blutarmut.

Das Geschwürsleiden ist nur noch selten eine Indikation für Operationen am Magen. Man entfernt bei nicht medikamentös heilbaren Geschwüren am Zwölffingerdarm und Magenantrum (unteres Drittel des Magens) letzteres, um die Produktion von Säure zu unterbinden. Noch seltener ist die Hemmung der Magensäure durch proximal selektive Vagotomie (Unterbinden von Nervensträngen) geworden.

Selten werden Ulzera bei Komplikationen wie endoskopisch unstillbarer Blutung, Durchbruch (Perforation) oder Einengung des Magenausgangs (erworbene Pylorusstenose) operiert. Die Folgen einiger solcher Operationen, bei denen manchmal nicht nur Teile des Magens und des Zwölffingerdarms entfernt werden, sondern auch neue Verbindungen zwischen Magenrest und Dünndarm (Gastroenterostomie) geschaffen werden, können für die Ernährungssituation und die Darmfunktion erheblich sein (s.u.).

Eine chronische Magenschleimhautentzündung (Gastritis) kann verschiedene Ursachen haben: Am häufigsten ist sie durch eine Infektion mit Helicobacter pylori ausgelöst (B-Gastritis) oder toxisch bedingt (Schmerzmittel oder durch Gallerückfluss als C-Gastritis); seltener entsteht sie auto-immun (A-Gastritis) und ist dann häufig mit einer perniziösen Anämie verknüpft, bei der Vitamin B12 nicht resorbiert wird. Andere Gastritis-Ursachen sind noch seltener (lymphozytäre und eosinophile G.) oder treten im Rahmen anderer behandelter Grunderkrankungen auf, z. B. beim Morbus Crohn und der Sarkoidose, deren Verläufe sie erschweren. Die oben nicht aufgeführte, allerdings sehr seltene Ménétrier-Krankheit hat erhebliche Auswirkungen auf die Gesundheit, vor allem durch einen ausgeprägten Eiweißverlust (s.u. Malabsorption).

Die funktionelle Dyspepsie (Magenverstimmung, Magenschmerzen, Übelkeit, Aufstoßen, Luftschlucken u. a.) ist häufig. Die subjektive Beeinträchtigung schwankt, kann aber stark sein.

Bei den Folgen von Magentumoren sind der natürliche Verlauf und die Folgen der Therapie zu beachten: Magenfrühkarzinome in sehr frühem Stadium werden heute endoskopisch entfernt und häufig kontrolliert; fortgeschrittenere Stadien werden operiert. Werden Teile des Magens entfernt und ggf. künstliche Verbindungen zwischen Magenrest und Dünndarm (Gastroenterostomie) geschaffen, können wegen des dadurch gestörten komplexen Zusammenspiels von Magen-Darm-Trakt, Bauchspeicheldrüse und Leber/Galle-System Störungen in der Verdauung auftreten. So kann ungepufferte Magensäure Geschwüre in den ableitenden Dünndarmschlingen erzeugen; beim Syndrom der zuführenden Schlinge kann es zu Bauchschmerzen, Übelkeit, Erbrechen, Durchfall, Fettstühlen bis hin zum Gewichtsverlust und Ernährungsdefiziten kommen. Beim Dumping-Syndrom können zum einen früh nach Nahrungsaufnahme intestinale Symptome (Übelkeit, Durchfälle, Erbrechen, Krämpfe) und kardiovaskuläre Symptome (Herzrasen, Zittern, Schwitzen) auftreten; solche allgemeinen vegetativen Symptome können zum anderen später erscheinen (Spätdumping).

Die Beeinträchtigung nach Magenoperation kann gering, aber auch sehr stark sein.

10.2.2 Chronische Darmstörungen (irritabler Darm, Divertikulose, Divertikulitis, Darmteilresektion)

ohne wesentliche Beschwerden und Auswirkungen ..	0–10
mit stärkeren und häufig rezidivierenden oder anhaltenden Symptomen (z. B. Durchfälle, Spasmen)	20–30
mit erheblicher Minderung des Kräfte- und Ernährungszustandes	40–50

Beim irritablen Darm handelt es sich um eine ursächlich nicht klare Funktionsstörung. Die Erkrankung erfasst den gesamten Gastrointestinaltrakt und wird heute Reizdarmsyndrom (RDS) genannt. Per definitionem müssen drei Punkte erfüllt sein:

1. Es bestehen chronische, d. h. länger als drei Monate anhaltende oder rezidivierende Beschwerden (z. B. Bauchschmerzen, Blähungen), die von Patienten und Arzt auf den Darm bezogen werden und in der Regel mit Stuhlgangsveränderungen einhergehen.
2. Die Beschwerden sollen begründen, dass der Patient deswegen Hilfe sucht und/oder sich sorgt, und so stark sein, dass die Lebensqualität dadurch relevant beeinträchtigt wird.
3. Voraussetzung ist, dass keine für andere Krankheitsbilder charakteristischen Veränderungen vorliegen, die wahrscheinlich für diese Symptome verantwortlich sind.

Eine exakte Beschreibung ist daher unentbehrlich. Zwar besteht kein gehäuftes Zusammentreffen mit anderen Erkrankungen des Gastrointestinaltraktes, wohl aber eine Assoziation mit psychischen Störungen, insbesondere Depressionen, somatischen Belastungs- oder Angststörungen (AWMF S3-Leitlinie Reizdarmsyndrom, Registernummer 021/016). Entsprechend sind bei nachgewiesener psychischer Komorbidität die Vorgaben von Kapitel B 3.7 zu berücksichtigen, ohne jedoch Doppelbewertungen vorzunehmen.

Dagegen ist die Divertikulose/Divertikulitis eine gut definierbare Veränderung der Darmwand, bei der Aussackungen sich entzünden können und über mehrere Schübe zu Narben und Engstellen führen. In akuten Verläufen kann es zur Darmblutung, zum Durchbruch in die Darmumgebung (gedeckte Perforation), selten in die freie Bauchhöhle (freie Perforation) kommen. Bei dem häufig chronischen Verlauf gibt es entzündliche Schübe oder es entstehen dauerhafte Darmstörungen mit Wechsel von Verstopfung und Durchfällen, Krämpfen und Blähungen, Übelkeit und Erbrechen.

Teile des Darms werden reseziert bei akuten Durchblutungsstörungen, häufig im Verlauf chronisch entzündlicher Darmerkrankungen, bei der Divertikulitis und bei Tumoren. Je nach Ausmaß und Ort der Resektion sind die Folgen unterschiedlich und unterschiedlich schwer: Eine Resektion von Dickdarmabschnitten ohne Beteiligung des Enddarms wird nahezu folgenlos bleiben, die Entfernung der Klappe zwischen Dünn- und Dickdarm und von größeren Teilen des unteren Teils des Dünndarms kann zu chronischen Durchfällen und gestörter Aufnahme von Fetten und Vitaminen führen, die Entfernung einer kritischen Menge von Dünndarm (Kurzdarmsyndrom) nach Gefäßverschlüssen oder Unfällen oder als Komplikation von Operationen zu einer nur mit künstlicher Ernährung beherrschbaren Krankheitsausprägung.

Angeborene Motilitätsstörungen des Darmes (z. B. Hirschsprung-Krankheit, neuronale Dysplasie)	
ohne wesentliche Gedeih- und Entwicklungsstörung .	10 – 20
mit geringer Gedeih- und Entwicklungsstörung	30 – 40
mit mittelgradiger Gedeih- und Entwicklungsstörung	50
mit schwerer Gedeih- und Entwicklungsstörung	60 – 70
Kurzdarmsyndrom im Kindesalter	
mit mittelschwerer Gedeih- und Entwicklungsstörung	50 – 60
mit schwerer Gedeih- und Entwicklungsstörung (z. B. Notwendigkeit künstlicher Ernährung)	70 – 100

Die hier aufgezählten Erkrankungen des Kindesalters sind selten. Die die Darmperistaltik steuernden Nervengeflechte sind in umschriebenen Abschnitten oder diffus fehlentwickelt, das Segment ist enggestellt, die davor liegenden Darmabschnitte erweitert. Die Kinder sind chronisch verstopft, der Leib ist aufgetrieben, in ausgeprägten Fällen ist die Ernährung gestört und die Entwicklung bleibt zurück. Die Erkrankung muss von den ungleich häufigeren funktionellen Störungen bei Kleinkindern unterschieden werden, was in weniger ausgeprägten Fällen schwierig sein kann.

Colitis ulcerosa, Crohn-Krankheit (Enteritis regionalis)	
mit geringer Auswirkung (geringe Beschwerden, keine oder geringe Beeinträchtigung des Kräfte- und Ernährungszustandes, selten Durchfälle)	10 – 20
mit mittelschwerer Auswirkung (häufig rezidivierende oder länger anhaltende Beschwerden, geringe bis mittelschwere Beeinträchtigung des Kräfte- und Ernährungszustandes, häufiger Durchfälle)	30 – 40

mit schwerer Auswirkung (anhaltende oder häufig rezidivierende erhebliche Beschwerden, erhebliche Beeinträchtigung des Kräfte- und Ernährungszustandes, häufige, tägliche, auch nächtliche Durchfälle)	50 – 60
mit schwerster Auswirkung (häufig rezidivierende oder anhaltende schwere Beschwerden, schwere Beeinträchtigung des Kräfte- und Ernährungszustandes, ausgeprägte Anämie)	70 – 80
Fisteln, Stenosen, postoperative Folgezustände (z. B. Kurzdarmsyndrom, Stomakomplikationen), extraintestinale Manifestationen (z. B. Arthritiden), bei Kindern auch Wachstums- und Entwicklungsstörungen, sind zusätzlich zu bewerten.	

Bei beiden Erkrankungen handelt es sich um chronische Darmentzündungen mit unterschiedlichem Verlauf, unterschiedlicher Verteilung und unterschiedlichen Komplikationen. Beide sind systemische Erkrankungen: Sie sind nicht auf den Darm beschränkt. Bei beiden Erkrankungen können der Stütz- und Bewegungsapparat, seltener Haut und Augen einbezogen sein. Solche Erscheinungen außerhalb des Verdauungstraktes können primär oder begleitend auftreten. Auch die Folgen – Blutarmut, Vitaminmangel, Substratmangel durch chronische Durchfälle – betreffen den gesamten Organismus. Dazu kommen die Auswirkungen der häufig über lange Zeit zu gebenden Medikamente, die das Immunsystem hemmen, den Knochenstoffwechsel und die innere Sekretion beeinflussen.

Die geschwürige Dickdarmentzündung (Colitis ulcerosa) befällt den Dickdarm, dehnt sich vom After aus gesehen verschieden weit nach oben aus und spielt sich wesentlich an der Schleimhaut ab. Blutige Durchfälle sind ihr Erkennungszeichen. Je nach Intensität und Ausdehnung sind die Symptome und Auswirkungen (Blutverlust, Flüssigkeitsverlust, Substanzverlust) unterschiedlich schwer. Lebensführung und Arbeitsfähigkeit können allerdings auch bei kurzem Befall oberhalb des Afters stark beeinträchtigt sein – durch sehr häufiges krampfartiges Absetzen kleiner Stuhlmengen mit Blut und Schleim. Der schwerste Verlauf ist die Vergiftung des Körpers durch die ungehemmte Aufnahme von Schadstoffen aus einem lahmgelegten und aufgetriebenen Dickdarm (toxisches Megacolon): Hier muss häufig der gesamte Dickdarm entfernt, ein zumindest vorübergehendes Stoma (künstlicher Darmausgang) angelegt werden. Bei schweren Verläufen und Versagen der Therapie oder bei Vorstufen einer hier gehäuften Krebserkrankung wird ebenfalls der gesamte Dickdarm entfernt. Man versucht dann, den natürlichen Darmausgang mit komplizierten Operationen (Ileoanaler Pouch) wiederherzustellen. Die Behinderung ist dabei jedoch meist ebenso stark wie bei der Anlage eines bleibenden endständigen Anus praeterminalis (Bauchwandausgang).

Die Enteritis regionalis (umschriebene Darmentzündung; Morbus Crohn) kann alle Abschnitte des Gastrointestinaltrakts, vom Mund bis zum After, befallen, ist diskontinuierlich ausgedehnt und greift auf die Umgebung des Darms über, vor allem mit Fisteln in das Gekröse und benachbarte Organe. Sie engt den Darm häufig ein (Stenosen). Entsprechend ist die Palette der Symptome und Folgen sehr variabel: Sie reicht vom Durchfall unterschiedlicher Intensität und krampfartigen Bauchschmerzen bis zum Darmverschluss, von der akuten Blutung bis zur schleichenden Anämie. Substanzverlust und Mangel an Vitaminen, Spurenelementen, Fett, Proteinen sind unterschiedlich ausgeprägt. Der anale Crohn mit Fisteln, Abszessen und chronischer Entzündung der Afterumgebung kann eine normale Lebensführung unmöglich machen, zumal, wenn eine partielle oder totale Inkontinenz, also die Unfähigkeit, Winde, flüssigen oder gar festen Stuhl zu halten, hinzukommt. Die nach langjährigem Krankheitsverlauf häufigen Komplikationen am Darm lassen bei betroffenen Patienten häufig Operationen erforderlich werden, so dass Komplikationen wie künstlicher Darmausgang oder Kurzdarmsyndrome nicht nur durch die Krankheit selbst, sondern auch als Folge operativer Eingriffe entstehen können.

Bei chronisch-entzündlichen Darmerkrankungen sind unterschiedliche Verlaufsformen von häufigem Wechsel zwischen aktiven und nicht-aktiven Phasen über jahrelange Erscheinungsfreiheit mit nur seltenen Schüben bis zur chronischen Form mit anhaltend nachweisbarer entzündlicher Aktivität möglich.

(Weitere Informationen: Aktualisierte S3-Leitlinie Colitis ulcerosa–Living Guideline April 2021 – AWMF-Registriernummer: 021-009; https://www.awmf.org/uploads/tx_szleitlinien/021-009l_S3_Colitis-ulcerosa-Living-Guideline_2021-04-verlaengert.pdf, Stand 2022-30-10)

An Morbus Crohn oder Colitis ulcerosa erkrankte, schwer behinderte Menschen haben auf Antrag Anspruch auf Parkerleichterungen, wenn für diese Gesundheitsstörung ein GdB von wenigstens 60 festgestellt ist.

Zöliakie, Sprue

ohne wesentliche Folgeerscheinungen unter diätetischer Therapie	20

Bei andauerndem, ungenügendem Ansprechen auf glutenfreie Kost (selten) sind – je nach Beeinträchtigung des Kräfte- und Ernährungszustands – höhere Werte angemessen.

Die Zöliakie ist eine Unverträglichkeitsreaktion (die sowohl Merkmale einer Allergie als auch einer Autoimmunkrankheit aufweist) auf ein Eiweiß der meisten Getreidesorten (Gluten), sie führt unbehandelt und bei schwereren Verläufen zum Entwicklungsrückstand durch Substanzverlust und Resorptionsstörungen. In den meisten Fällen kann durch eine glutenfreie Kost ein sonst normales Leben geführt werden.

Nach Entfernung maligner Darmtumoren ist eine Heilungsbewährung abzuwarten.

GdS während einer Heilungsbewährung von zwei Jahren

nach Entfernung eines malignen Darmtumors im Stadium (T1 bis T2) N0 M0 oder von lokalisierten Darmkarzinoiden	50
mit künstlichem After (nicht nur vorübergehend angelegt)	70–80

GdS während einer Heilungsbewährung von fünf Jahren

nach Entfernung anderer maligner Darmtumoren	wenigstens 80
mit künstlichem After (nicht nur vorübergehend angelegt)	100

Die operative Entfernung von Teilen des Dickdarms und von Teilen des Gekröses mit Lymphknoten zur Heilung von bösartigen Darmgeschwülsten (Dünndarmtumoren sind weitaus seltener) ist je nach Stadium des Krebsleidens in einem hohen Prozentsatz erfolgreich und ohne bleibende Folgen. Es sei denn, ein künstlicher Ausgang muss auf Dauer angelegt werden oder, was bei tiefsitzenden Enddarmkarzinomen häufig ist, die Kontinenz-, Blasen- und Sexualfunktion sind als Operationsfolge bleibend gestört. Auch können Narbenbrüche wie nach jeder Bauchoperation oder narbige Verengungen der Anastomose (Darmnaht) Beschwerden verursachen. Bei fortgeschrittenen Stadien sind die Folgen einer Bestrahlung oder einer Chemotherapie zu berücksichtigen, falls diese über die Behandlung hinaus und über die Zeit der Heilungsbewährung anhalten.

Bei den selteneren erblichen Polyposis-Syndromen (Familienvorgeschichte und genetischer Nachweis) muss wegen des sehr hohen Krebsrisikos vorsorglich und erst recht beim Auftreten eines Darmkrebses der gesamte Dickdarm bis zum Rektum entfernt werden, manchmal mit Erhalt des Afters durch eine komplizierte Reservoir-Anlage (Ileoanaler Pouch). Solche Operationen führen meist zu dauerhaften Beeinträchtigungen.

Bei den seltenen gastrointestinalen Stromatumoren (GIST) richtet sich die Vergabe einer Heilungsbewährung nach der Risikoklassifizierung (Progress, Rezidivrisiko, Mitoserate, Größe, Lokalisation) im Sinne der aktuellen DGHO-Leitlinien. (https://www.

onkopedia.com/de/onkopedia/guidelines/gastrointestinale-stromatumoren-gist/@@guideline/html/index.html, Stand 2023-14-05).
Demnach ist
- ein GIST mit niedrigem und sehr niedrigem Risiko nicht analog zu einer malignen Erkrankung,
- ein GIST mit moderatem Risiko analog zu einem malignen Darmtumor im Stadium T1 bis T2 N0 M0 mit einem GdB 50 und zwei Jahren Heilungsbewährung,
- ein GIST mit einem hohen Risiko analog der Allgemeinen Hinweise zur GdB Tabelle (Teil B Nummer 1) mit einem GdB von mindestens 50 während einer Heilungsbewährung von fünf Jahren, bei Nachweis von Fernmetastasen oder inoperablem Lokalrezidiv mit einem GdB von wenigstens 80 zu bewerten. (AG Leitende Ärzte, 2015)

10.2.3 Bauchfellverwachsungen

ohne wesentliche Auswirkung	0 – 10
mit erheblichen Passagestörungen	20 – 30
mit häufiger rezidivierenden Ileuserscheinungen	40 – 50

Das Bauchfell ist ein Bindegewebe, das die Organe der freien Bauchhöhle (Peritoneum) mit dem retroperitonealen (hinter der Bauchhöhle) gelegenen Abteil des Bauchraums verbindet. Hier laufen Gefäße und Lympbahnen; es ist ein Fettspeicher. Nach Entzündungen, Verletzungen durch Unfall oder Operation kann das Bindegewebe narbig umgewandelt werden und die von ihm umwachsenen Darmabschnitte umschrieben strangulieren. Bei unklaren, oftmals beträchtlichen und subjektiv unerträglich empfundenen abdominellen Beschwerden werden häufig vorangegangene Operationen für ursächlich gehalten, manchmal führt der Beschwerdedruck zur erneuten Operation, um Narben zu lösen. Bei nachweisbaren Störungen der Passage bis hin zum wiederholten Darmverschluss können etwas höhere Behinderungsgrade festgestellt werden.

10.2.4 Hämorrhoiden

ohne erhebliche Beschwerden, geringe Blutungsneigung	0 – 10
mit häufigen rezidivierenden Entzündungen, Thrombosierungen oder stärkeren Blutungen	20

Mastdarmvorfall

klein, reponierbar	0 – 10
sonst	20 – 40

Hämorrhoiden sind schwammartige Gebilde, die durch unterschiedliche Blutfüllung zur Abdichtung des Darms am After beitragen. Daran sind die anatomische Anlage des Enddarms, der eine Art Siphon bildet, und die Verschluss-Muskulatur (innerer und äußerer Analsphinkter) beteiligt. Die schwerwiegendste Folge einer Schädigung dieses Apparats ist die Inkontinenz, entweder als totale oder als partielle (zeitlich begrenzt oder nur für Winde, Schleim oder flüssigen Stuhl) oder in der lästigen Form von Stuhlschmieren. Die anale Inkontinenz hat Folgen für die Lebensführung, das Berufsleben, die Sexualität und wird, weil schambesetzt, oft sogar vor dem Gutachter in ihren Auswirkungen verharmlost und von diesem, weil somit unsichtbar geworden, bagatellisiert. Die Inkontinenz hat oft komplexe Ursachen: neurologisch (nach Schädigungen in unterschiedlichen Etagen bis hin zur Plexus-Schädigung nach Entbindung oder Beckenoperationen); muskulär etwa nach Fisteloperationen oder nach Dammrissen/Dammschnitten unter Geburt; bei dünnem Stuhl wird sie schlimmer.

Das Hämorrhoidalleiden wird in vier Stadien eingeteilt:

1. nur proktoskopisch sichtbar
2. Vorfall (Prolaps) beim Stuhlgang, der von selbst zurücktritt (Reposition)
3. Vorfall beim Stuhlgang, der zurückgeschoben werden muss (manuelle Reposition)
4. Dauerhafter Prolaps

Das häufigste Symptom ist die schmerzlose hellrote Blutung, die unterschiedlich heftig und unterschiedlich häufig auftreten kann und dann zur chronischen Blutarmut führt. Die gestörte Kontinenz kann in jedem Stadium zu lästigen bis stark einschränkenden peranalen Symptomen führen: Nässen, Stuhlschmieren, Jucken, Brennen und dadurch Ekzeme. Beim dauerhaften Vorfall kann es zu Schwierigkeiten beim Sitzen kommen.

Afterschließmuskelschwäche	
mit seltenem, nur unter besonderen Belastungen auftretendem, unwillkürlichem Stuhlabgang	10
sonst	20 – 40
Funktionsverlust des Afterschließmuskels	wenigstens 50
Fistel in der Umgebung des Afters	
geringe, nicht ständige Sekretion	10
sonst	20 – 30

Unnatürliche Verbindungen des analen Kanals oder des Enddarms mit der Haut nennt man Fisteln. Sie entstehen spontan, wenn sich eine (abszedierende) Entzündung in Schleimhautspalten oder Drüsen nach außen gräbt und durch die Haut tritt (perforiert). Beim Morbus Crohn gehören sie zum Krankheitsbild, sind hier oft komplizierter, finden Anschluss an andere Organe (z. B. Scheide bei Frauen) und rezidivieren. Nach mehrfacher Operation und/oder kompliziertem Verlauf einer solchen kann die Folge eines Fistelleidens eine partielle oder komplette Inkontinenz sein. Zudem beeinträchtigt die chronische peranale Entzündung das soziale und sexuelle Leben oftmals erheblich. Die Auswirkungen dieser schambesetzten Behinderung werden von nicht spezialisierten Gutachtern häufig erheblich unterschätzt.

Künstlicher After

mit guter Versorgungsmöglichkeit	50
sonst (z. B. bei Bauchwandhernie, Stenose, Retraktion, Prolaps, Narben, ungünstiger Position)	60 – 80

Der Anus praeterminalis (Kunstafter; Stoma) des Dickdarms wird angelegt, wenn das Kontinenzorgan entfernt werden musste, entweder bei tiefsitzendem Rektumkarzinom oder ausgedehntem Tumorbefall, bei Polyposis und chronischer Darmentzündung, wenn eine kontinenz-erhaltende Operation nicht möglich oder misslungen ist, oder bei seiner Zerstörung durch eine chronische Darmentzündung wie dem Morbus Crohn sowie als Operationsfolge. Da hier die Nahrungsaufnahme durch den Dünndarm nicht gestört ist, sind es lokale Komplikationen am Stoma, wie Vorfall, Bauchwandbruch, schwierige Versorgung mit Kotbeuteln bei ungünstiger Lage, die die Beeinträchtigung verstärken können. Anders beim Kunstafter des Dünndarms, der nach Verletzungen, Durchblutungsstörungen des Darms, manchmal bei schweren Verläufen einer chronischen Darmentzündung angelegt werden muss: Hier sind die lokalen Komplikationen an der Haut durch den aggressiveren Dünndarmstuhl häufiger, je nach Ausmaß der Resektion von Dünndarm und Höhe des Stomas kommen Folgen für die Nahrungsaufnahme hinzu, bis hin zum Kurzdarmsyndrom (s. o.)

Schwerbehinderte Menschen mit künstlichem Darmausgang, bei denen zugleich eine künstliche Harnableitung mit einem GdB von wenigstens 70 vorliegt, können Parkerleichterungen beantragen.

Bei ausgedehntem Mastdarmvorfall, künstlichem After oder stark sezernierenden Kotfisteln, die zu starker Verschmutzung führen, sind ggf. außergewöhnliche seelische Begleiterscheinungen zusätzlich zu berücksichtigen.

10.3 Krankheiten der Leber, Gallenwege und Bauchspeicheldrüse

Der GdS für Krankheiten der Leber, der Gallenwege und der Bauchspeicheldrüse wird bestimmt durch die Art und Schwere der Organveränderungen sowie der Funktionseinbußen, durch das Ausmaß der Beschwerden, die Beeinträchtigung des Allgemeinzustandes und die Notwendigkeit einer besonderen Kostform. Der serologische Nachweis von Antikörpern als Nachweis einer durchgemachten Infektion (Seronarbe) rechtfertigt allein noch keinen GdS.

10.3.1 Chronische Hepatitis

Unter dem Begriff „chronische Hepatitis" werden alle chronischen Verlaufsformen von Hepatitiden zusammengefasst (früher: „chronische Hepatitis ohne Progression" <chronisch-persistierende Hepatitis> und „chronische Hepatitis mit Progression" <chronisch aktive Hepatitis>). Dazu gehören insbesondere die Virus-, die Autoimmun-, die Arzneimittel- und die kryptogene Hepatitis.

Die gutachtliche Beurteilung einer chronischen Hepatitis beruht auf dem klinischen Befund einschließlich funktionsrelevanter Laborparameter, auf der Ätiologie sowie auf dem histopathologischen Nachweis des Grades der nekro-inflammatorischen Aktivität (Grading) und des Stadiums der Fibrose (Staging). Zusätzlich sind engmaschige Verlaufskontrollen und die Beachtung der Differentialdiagnose erforderlich. Dies gilt auch für geltend gemachte Verschlimmerungen im Leidensverlauf. Der GdS und die Leidensbezeichnung ergeben sich aus der nachfolgenden Tabelle, wobei bereits übliche Befindlichkeitsstörungen – nicht aber extrahepatische Manifestationen – berücksichtigt sind.

Chronische Hepatitis

ohne (klinisch-)entzündliche Aktivität .... ehemals: chronische Hepatitis ohne Progression	20
mit geringer (klinisch-)entzündlicher Aktivität .... ehemals: chronische Hepatitis mit Progression, gering entzündliche Aktivität	30
mit mäßiger (klinisch-)entzündlicher Aktivität .... ehemals: chronische Hepatitis mit Progression, mäßig entzündliche Aktivität	40

mit starker (klinisch-)entzündlicher Aktivität
ehemals: chronische Hepatitis mit Progression, stark entzündliche Aktivität
je nach Funktionsstörung .... 50 – 70

Alleinige Virus-Replikation („gesunder Virusträger") ... 10
Bei Hepatitis-C-Virus nur nach histologischem Ausschluss einer Hepatitis.

Bei Vorliegen eines histologischen Befundes gelten für die Virus-Hepatitiden folgende Besonderheiten:

Die histopathologische Bewertung der chronischen Virushepatitis umfasst die nekro-inflammatorische Aktivität (Grading) und den Grad der Fibrose (Staging). Der GdS ergibt sich aus folgender Tabelle, wobei die genannten GdS-Werte die üblichen klinischen Auswirkungen mit umfassen.

nekro-inflammatorische Aktivität	Fibrose		
	null – gering	mäßig	stark
gering	20	20	30
mäßig	30	40	40
stark	50	60	70

Anmerkung:

Die Auswertung des histologischen Befundes soll sich an dem modifizierten histologischen Aktivitätsindex (HAI) ausrichten. Eine geringe nekro-inflammatorische Aktivität entspricht einer Punktzahl von 1 bis 5, eine mäßige nekro-inflammatorische Aktivität einer Punktzahl von 6 bis 10 und eine starke nekro-inflammatorische Aktivität einer Punktzahl von 11 bis 18. Eine fehlende bzw. geringe Fibrose entspricht einer Punktzahl von 0 bis 2, eine mäßige Fibrose der Punktzahl 3 und eine starke Fibrose einer Punktzahl von 4 bis 5.

Für die Virushepatitis C gelten bei fehlender Histologie im Hinblick auf die chemischen Laborparameter folgende Besonderheiten:

ALAT-/GPT-Werte im Referenzbereich entsprechen bei nachgewiesener Hepatitis-C-Virus-Replikation einer chronischen Hepatitis ohne (klinisch-)entzündliche Aktivität.

ALAT-/GPT-Werte bis zum Dreifachen der oberen Grenze des Referenzbereichs entsprechen einer geringen (klinisch-)entzündlichen Aktivität.

ALAT-/GPT-Werte vom Dreifachen bis zum Sechsfachen der oberen Grenze des Referenzbereichs entsprechen einer mäßigen (klinisch-)entzündlichen Aktivität.

ALAT-/GPT-Werte von mehr als dem Sechsfachen der oberen Grenze des Referenzbereichs entsprechen einer starken (klinisch-)entzündlichen Aktivität.

Diese Bewertungen sind nur zulässig, wenn sie sich in das klinische Gesamtbild des bisherigen Verlaufs einfügen.

Die chronische Leberentzündung hat verschiedene Ursachen: Sie kann durch Hepatitis-Viren ausgelöst sein, durch einige Medikamente, sie kann als Autoimmunerkrankung auftreten (Körpergewebe wird durch das Immunsystem angegriffen) und sie kann eine genetisch bedingte Erkrankung des Leberstoffwechsels (Eisenspeicherkrankheit/Hämochromatose; Kupferspeicherkrankheit/Morbus Wilson; Glykogenspeicherkrankheiten des Kindesalters) sein. Toxisch nennt man einen Leberschaden, wenn Schadstoffe die Ursache sind. Kryptogen ist eine Leberentzündung, wenn eine Ursache nicht gefunden wurde, wobei man heute annimmt, dass die nichtalkoholische Fettleberhepatitis häufig verantwortlich ist. Unter zirkulatorischen Störungen versteht man Störungen der Durchblutung; da die Leber nicht nur durch Arterien gespeist und durch Venen drainiert wird, sondern einen Großteil ihres Blutes über das Pfortadersystem aus dem Verdauungstrakt erhält, sind Verschlüsse dieses Systems manchmal gravierend und haben Folgen nicht nur für die Leber selbst, sondern vor allem für vorgeschaltete Kreisläufe. Chronische Entzündungen der kleinen und großen Gallengänge (Chronische nicht-eitrige destruierende Cholangitis, auch primär biliäre Zirrhose nach dem Endzustand genannt, und die primär sklerosierende Cholangitis, die gehäuft zusammen mit chronisch-entzündlichen Darmerkrankungen wie der Colitis ulzerosa auftritt) enden unterschiedlich rasch in der Leberzirrhose und häufig in einem Leberkarzinom.

Zwar beeinträchtigt auch die entzündliche Aktivität an der Leber körperliches Befinden, Arbeitsfähigkeit und Ernährungszustand, entscheidend sind aber die Folgen der chronisch aktiven Hepatitis, die zum Umbau der Leber und damit zum einen zur Abnahme der Stoffwechselleistung und zum anderen zu Folgen am portalen Gefäßsystem und an den Gallengängen führt, also zur Leberzirrhose. Die chronisch aktive Hepatitis kann in ein Leberkarzinom münden.

Chronische Hepatitis: Die Diagnose und der immunologische Zustand einer Hepatitis-B-Virus-Infektion (HBV) und einer Hepatitis-C-Virus-Infektion (HCV) erfolgen serologisch durch die Konstellation der Antikörper. Die entzündliche Aktivität wird durch Laboruntersuchungen bestimmt, die die Leberentzündung spiegeln (Transaminasen) oder ein Bild der Leber-Synthese-Leistung (Bilirubin, Prothrombinzeit, Albumin) geben. Ein genaues Urteil über die Schädigung des Organs ist nur durch eine Gewebeprobe mit Bestimmung des Ausmaßes der Entzündung und der Vernarbung (Fibrose) möglich. Diese bietet allerdings immer nur einen Ausschnitt aus dem entzündlichen Geschehen, das an der Leber unterschiedlich fortgeschritten sein kann und sich zeitlich ändert. Da bei fortgeschrittener Lebererkrankung das Risiko der Punktion steigt, muss auf ein Mosaik von diagnostischen Verfahren zur Beurteilung ausgewichen werden (klinische Untersuchung, Leberfunktionsbestimmung, Ultraschalldiagnostik inklusive Durchblutungsanalyse und Elastographie, ggf. Endoskopie der Speiseröhre).

Im Abschnitt 10.3.1 läuft die Verordnung Gefahr, der Komplexität der chronischen Lebererkrankung nicht gerecht zu werden, da sie sich auf scheinbar objektive Befunde wie Laborwerte stützt bzw. auf die Graduierung der Gewebeprobe: Die Laborwerte schwanken im Tagesverlauf, die histologische Beurteilung hängt vom Stichprobenzufall ab (die Leber ist nicht überall gleichmäßig geschädigt) und von der Erfahrung des Pathologen. Deshalb muss das Gesamtbild der Beeinträchtigung hinzugezogen werden: die chronische Müdigkeit und Appetitlosigkeit, Muskel- und Gelenkschmerzen des Leberkranken, der zum Teil quälende Juckreiz in den früheren Stadien der primär biliären Zirrhose u. a. m. Durch neue Therapieoptionen insbesondere zur Behandlung der chronischen Hepatitis C gelingt es zunehmend, den Krankheitsverlauf günstig zu beeinflussen, die Ausbildung bzw. das Fortschreiten einer Fibrose oder Zirrhose zu verhindern oder durch effektive antivirale Therapie einen teilweisen Rückgang der Leberzirrhose zu bewirken (Herold 2018, S. 531, AWMF-Leitlinie: Prophylaxe, Diagnostik und Therapie der Hepatitis-C-Virus (HCV)-Infektion, Registernummer 021-012).

10.3.2 Fibrose der Leber ohne Komplikationen .... 0 – 10

Leberzirrhose

kompensiert

inaktiv 30

gering aktiv 40

stärker aktiv 50

dekompensiert (Aszites, portale Stauung, hepatische Enzephalopathie) .... 60 – 100

Der Umbau der Leberstruktur durch zunehmende Vernarbung führt zur Schrumpfleber (Zirrhose) und damit, je nach Stadium, zu Folgen für den Stoffwechsel, die innere Sekretion und das vorgeschaltete Gefäßsystem der Pfortader.
Folgen einer Leberzirrhose:

1. Verminderte Synthese
2. Mangelnde Entgiftung
3. Verminderte Speicherfunktion
4. Portaler Hochdruck mit Blutstau vorgeschalteter Blutbahnen und der Gefahr von Blutungen aus Krampfadern an der Speiseröhre
5. Hirnleistungsstörung (Enzephalopathie) und Schädigung des peripheren Nervensystems (Neuropathie)
6. Folgen für die Funktion anderer Organsysteme (Herz, Lunge, Niere, Knochendichte, Immunsystem, Gerinnungssystem)

Die Leber ist zentral für den Energiehaushalt des Körpers, und dieser ist bei Zirrhose fortschreitend beeinträchtigt, vor allem treten Eiweißmangel, Abbau von Muskelmasse, gestörter Kohlehydrat- und Fettstoffwechsel auf. Bei verminderter Gallensäureproduktion werden fettlösliche Vitamine weniger aus dem Darm aufgenommen. Mangelnde Produktion und veränderter Abbau von Hormonen führen zu Störungen, deren bekanntestes Symptom die Verweiblichung bei Männern ist. Gerinnungsfaktoren werden vermindert hergestellt. Die Leber entgiftet beispielsweise Ammonium aus dem Harnsäurestoffwechsel, ein ansteigender Ammoniumspiegel mindert die Hirnleistung.

Die zweite große Gruppe von Komplikationen mit Auswirkung auf den gesamten Organismus ist der gesteigerte Druck im vorgeschalteten Portalvenensystem: Einmal können gestaute Gefäße (Varizen) in der Schleimhaut der Speiseröhre bluten (Ösophagusvarizenblutung), zum anderen entsteht Bauchwasser (auch durch verminderten Albumingehalt im Blut). Somit ist die Leberzirrhose ein komplexes Krankheitsbild, ihr Fortschreiten wirkt sich zunehmend auf den gesamten Organismus aus.

10.3.3 Fettleber (auch nutritiv-toxisch) ohne Mesenchymreaktion 0–10

Toxischer Leberschaden

Der GdS ist je nach Aktivität und Verlauf analog zur chronischen Hepatitis oder Leberzirrhose zu beurteilen.

Zirkulatorische Störungen der Leber (z. B. Pfortaderthrombose)

Der GdS ist analog zur dekompensierten Leberzirrhose zu beurteilen.

Nach Leberteilresektion ist der GdS allein davon abhängig, ob und inwieweit Funktionsbeeinträchtigungen verblieben sind.

10.3.4 Nach Entfernung eines malignen primären Lebertumors ist in den ersten fünf Jahren eine Heilungsbewährung abzuwarten; GdS während dieser Zeit 100

Nach Lebertransplantation ist eine Heilungsbewährung abzuwarten (im Allgemeinen zwei Jahre); GdS während dieser Zeit . 100

Danach selbst bei günstigem Heilungsverlauf unter Berücksichtigung der erforderlichen Immunsuppression ..... wenigstens 60

Das transplantierte Organ ist von der immunologisch bedingten Abstoßung bedroht, weshalb diese Immunantwort unterdrückt werden muss. Die dafür eingesetzten Medikamente haben aber selbst bedeutende Nebenwirkungen, vor allem durch diese medikamentöse Immunschwäche können sonst leichter beherrschbare Infektionen bedrohlich werden.

10.3.5 Primäre biliäre Zirrhose, primäre sklerosierende Cholangitis

GdS ist je nach Aktivität und Verlauf analog zur chronischen Hepatitis oder Leberzirrhose zu beurteilen.

Gallenblasen- und Gallenwegskrankheiten (Steinleiden, chronisch rezidivierende Entzündungen)

mit Koliken in Abständen von mehreren Monaten, Entzündungen in Abständen von Jahren 0–10

mit häufigeren Koliken und Entzündungen sowie mit Intervallbeschwerden 20–30

mit langanhaltenden Entzündungen oder mit Komplikationen 40–50

Angeborene intra- und extrahepatische Transportstörungen der Galle (z. B. intra-, extrahepatische Gallengangsatresie), metabolische Defekte (z. B. Meulengracht-Krankheit)

ohne Funktionsstörungen, ohne Beschwerden 0–10

mit Beschwerden (Koliken, Fettunverträglichkeit, Juckreiz)

ohne Leberzirrhose 20–40

mit Leberzirrhose 50

mit dekompensierter Leberzirrhose 60–100

Folgezustände sind zusätzlich zu bewerten.

Verlust der Gallenblase

ohne wesentliche Störungen 0

bei fortbestehenden Beschwerden wie bei Gallenwegskrankheiten

Nach Entfernung eines malignen Gallenblasen-, Gallenwegs- oder Papillentumors ist in den ersten fünf Jahren eine Heilungsbewährung abzuwarten; GdS während dieser Zeit

bei Gallenblasen- und Gallenwegstumor 100

bei Papillentumor 80

Die Leber synthetisiert Gallensäuren, die für die Fettverdauung benötigt werden. Und sie scheidet über die Galle eine Reihe körpereigener und fremder Substanzen aus (zum Beispiel Medikamente und Gifte). Um dem akut erhöhten Bedarf an Nahrungszufuhr gerecht zu werden, ist das Reservoir der Gallenblase angelegt. In dieser, bei uns seltener in den Gallengängen, können Steine entstehen. Diese können einmal zu Gallenkoliken, dann aber auch zum Gallenwegsverschluss mit Gelbsucht (Ikterus) und zur (eitrigen, septischen) Gallenwegsentzündung führen. Als Folge, häufiger nach Operationen, entstehen Engen (Stenosen) mit Rückstau der Galle und Entzündung der Leber. Komplikationen des Steinleidens betreffen neben der Leber vor allem die Bauchspeicheldrüse, da der Ausführungsgang der Pankreas gemeinsam mit dem Gallengang in den Zwölffingerdarm mündet: Bei Verschluss oder Entzündung in diesem Bereich kann eine akute, rezidivierende, schließlich chronische Pankreatitis folgen.

Angeborene intra- und extrahepatische Transportstörungen der Galle: Hier sind harmlose Stoffwechselvarianten, die lediglich zu einer leichten Gelbfärbung der Skleren und Haut führen können (Morbus Gilbert-Meulengracht), und das andere Extrem angeborener Gallengangsanomalien versammelt (fehlende oder verminderte Anlage von Gallengängen; fehlende Ausdifferenzierung der Gallengänge (von harmlosen Zysten bis zum Caroli-Syndrom). Entsprechend variabel sind die Folgen.

10.3.6 Chronische Krankheit der Bauchspeicheldrüse (exkretorische Funktion) je nach Auswirkung auf den Allgemeinzustand, Häufigkeit und Ausmaß der Schmerzen

ohne wesentliche Beschwerden, keine Beeinträchtigung des Kräfte- und Ernährungszustandes 0–10

geringe bis erhebliche Beschwerden, geringe bis mäßige Beeinträchtigung des Kräfte- und Ernährungszustandes 20–40

starke Beschwerden, Fettstühle, deutliche bis ausgeprägte Herabsetzung des Kräfte- und Ernährungszustandes	50 – 80

Nach teilweiser oder vollständiger Entfernung der Bauchspeicheldrüse sind ggf. weitere Funktionsbeeinträchtigungen (z. B. bei Diabetes mellitus, Osteopathie oder, infolge chronischer Entzündungen der Gallenwege, Magenteilentfernung und Milzverlust) zusätzlich zu berücksichtigen.

Nach Entfernung eines malignen Bauchspeicheldrüsentumors ist in den ersten fünf Jahren eine Heilungsbewährung abzuwarten; GdS während dieser Zeit 100.

Die Bauchspeicheldrüse ist in ihrem exokrinen Anteil entscheidend für die Verdauung von Fetten, Kohlehydraten und Proteinen. Sie puffert die aggressive Magensäure ab. In ihrem endokrinen Anteil (dem über das gesamte Organ verteilten Inselzellapparat) regelt sie Stoffwechselvorgänge für den gesamten Körper (bspw. Insulin) und für die regionalen Verdauungsvorgänge.

Ihre chronische Entzündung ist bei uns als Folge eines Alkoholismus, durch entzündliche Narben oder langsam wachsende Geschwülste, autoimmun oder kongenital (z. B. Mukoviszidose) bedingt. Sezernierendes Gewebe wird durch Narben ersetzt. Das Sekret kann durch narbige Einengung der kleinen (Pseudozysten) oder des Hauptausführungsgangs gestaut sein. Folgen der chronischen Pankreatitis sind einmal chronische, manchmal starke Schmerzen und Fettstühle, dann aber die exokrine Pankreasinsuffizienz mit mangelnder Fettverdauung, Proteinmangel und Mangel an fettlöslichen Vitaminen. Der narbige Umbau des Pankreasgewebes zerstört fortschreitend auch die Inselzellen; damit wird die endokrine Funktion eingeschränkt (Diabetes mellitus).

Werden Teile oder die ganze Bauchspeicheldrüse entfernt, was bei chronischer Entzündung mit Komplikationen, bei langsam wachsenden Geschwülsten oder beim aggressiven Karzinom geschieht, sind die Folgen oftmals erheblich. Wird der Kopf entfernt, sind je nach Ausmaß des Eingriffs die Gallengänge einbezogen und können über eine aufsteigende Entzündung die Leber schädigen; müssen Teile des Magens und des Zwölffingerdarms entfernt und Umgehungen (Anastomosen) angelegt werden, so kann dies die oben ausgeführten Konsequenzen für den Verdauungstrakt (Dumping, Malabsorption) haben. Kommt es zu Gefäßverschlüssen oder Rückstau am Pfortadersystem, treten die oben beschriebenen Folgen für die vorgeschalteten Organe (wie z. B. Blutungen aus Krampfadern der Speiseröhre) auf. Wird die Milz entfernt, hat dies Folgen für die Immunabwehr einiger Erreger. Patienten mit bösartigen Krebsen der Bauchspeicheldrüse vom häufigsten Typ werden leider selten die ersten fünf Jahre einer Heilungsbewährung erleben, selbst wenn nur weniger fortgeschrittene Stadien operabel sind.

Literatur

AWMF (Hg.) (2021). *Update S3-Leitlinie Reizdarmsyndrom: Definition, Pathophysiologie, Diagnostik und Therapie. Gemeinsame Leitlinie der Deutschen Gesellschaft für Gastroenterologie, Verdauungs- und Stoffwechselkrankheiten (DGVS) und der Deutschen Gesellschaft für Neurogastroenterologie und Motilität (DGNM)* Juni 2021 – AWMF-Registriernummer: 021/016 https://register.awmf.org/assets/guidelines/021-016l_S3_Definition-Pathophysiologie-Diagnostik-Therapie-Reizdarmsyndroms_2022-02.pdf, Stand 2023-25-02)

AWMF (Hg.) (2018). *S3-Leitlinie „Prophylaxe, Diagnostik und Therapie der Hepatitis-C-Virus (HCV) -Infektion“*

AWMF-Register-Nr.: 021/012 https://register.awmf.org/assets/guidelines/021-012l_S3_Hepatitis-C-Virus_HCV-Infektion_2018-07.pdf, Stand 2023-25-02)

HEROLD, GERD (2018): Innere Medizin, Köln

11. Brüche (Hernien)

Kommentare: KLAUS DIETER THOMANN

11.1 Leisten- oder Schenkelbruch je nach Größe und Reponierbarkeit

ein- oder beidseitig	0 – 10
bei erheblicher Einschränkung der Belastungsfähigkeit	20

Die Bauchwand zwischen Brustkorb und knöchernen Becken wird von Muskeln, Faszien und dem Bauchfell gebildet. Die Bauchwand hält die Eingeweide zurück. Man spricht auch von einer „Bauchblase". Die Muskulatur der Bauchwand stabilisiert den vorderen (ventralen) Rumpf und unterstützt damit die Wirbelsäule und die Rückenmuskulatur bei der aufrechten Haltung. Wird die Bauchwandmuskulatur angespannt, so spricht man von der „Bauchpresse". Die Druckerhöhung im Abdomen erleichtert den Stuhlgang. Auch beim Tragen schwerer Lasten wird die Bauchmuskulatur angespannt. Bei der Geburt unterstützt die Bauchmuskulatur die Austreibung des Kindes.

Oberhalb und unterhalb des Leistenbandes wird die Bauchwand nur von Bindegewebe gebildet. Durch diese Schwachstellen kann sich das Bauchfell mit den Eingeweiden vorwölben. Man spricht von einem Bruch (Hernie).

Am meisten verbreitet sind Brüche oberhalb des Leistenbandes, Leistenhernien. Diese machen etwa 80% aller Brüche aus. Betroffen sind fast ausschließlich Männer. Demgegenüber treten Schenkelhernien vorwiegend bei Frauen auf.

Die von einer Hernie verursachten Funktionsstörungen hängen von der Größe der Bruchpforte (Lücke im Bauchfell) und dem Ausmaß der Vorwölbung ab. Erhöht sich der Druck im Bauchraum (Bauchpresse, Husten), so wölbt sich die Hernie vor. Ein Eingeweidebruch kann bei körperlicher Arbeit (Heben), bei sportlicher Betätigung (z. B. Radfahren) oder auch in Ruhe (Sitzen) Beschwerden hervorrufen.

Klemmen sich Darmschlingen in der Bruchpforte ein (Bruchsack), so werden hierdurch der venöse Abfluss und die arterielle Durchblutung gestört, die eingeklemmte Darmschlinge kann absterben. Es handelt sich hierbei um eine lebensbedrohliche Komplikation, die einer unmittelbaren chirurgischen Intervention bedarf.

Auch unkomplizierte Hernien sollten operativ behandelt werden. Für den Verschluss der Bruchlücke stehen verschiedene operative Verfahren zur Verfügung. Die Prognose ist gut, die allermeisten Hernien können durch einen kleinen operativen Eingriff auf Dauer beseitigt werden. Neben offenen chirurgischen Verfahren wird ein zunehmender Teil der Patienten endoskopisch operiert. Nach dem Verschluss der Hernie verbleibt keine Behinderung.

Die konservative Behandlung einer Hernie (Bruchband) kommt nur in besonderen Fällen (schlechter Allgemeinzustand, Ablehnung einer Operation) in Frage.

11.2 Nabelbruch oder Bruch in der weißen Linie	0 – 10
Bauchnarbenbruch, angeborene Bauchwandbrüche und -defekte	
ohne wesentliche Beeinträchtigung, je nach Größe ...	0 – 10
mit ausgedehnter Bauchwandschwäche und fehlender oder stark eingeschränkter Bauchpresse	20
mit Beeinträchtigung der Bauchorgane bei Passagestörungen ohne erhebliche Komplikationen	20 – 30
bei häufigen rezidivierenden Ileuserscheinungen	40 – 50
Bei schweren angeborenen Bauchwanddefekten mit entsprechender Beeinträchtigung der Bauch- und Brustorgane kommt auch ein höherer GdS in Betracht.	

Neben Leistenbrüchen können Hernien auch an anderen Stellen der Bauchwand entstehen, an denen die Stabilität herabgesetzt ist.

- Nabelbruch
  Eine Schwachstelle ist die Umgebung des Nabels. An dieser Stelle kann sich Darminhalt vorwölben. Die Nabelhernie (Hernia umbilicalis) kann bereits bei Geburt vorhanden sein oder sich im späteren Leben ausbilden.
- Bruch in der weißen Linie
  Der gerade Bauchmuskel (M. rectus abdominis) besteht aus zwei vertikalen Muskeln, die von der unteren Spitze das Brustbein zur Symphyse ziehen. Die Muskeln sind in der Mitte (Linea alba – weiße Linie) durch Bindegewebe verbunden. Weicht die Muskulatur auseinander, so können sich die Eingeweide vorwölben (Rektusdiastase). Die Rektusdiastase ist nicht selten eine Folge der Adipositas.
- Hernien als Folge von Verletzungen und Eingriffen an der Bauchwand
  Brüche können auch nach Verletzungen der Bauchwand, Operationen oder in Folge einer lokalisierten Bauchwandschwäche entstehen.

Der GdB/GdS richtet sich nach den funktionellen Auswirkungen. Diese können von der Störung der Bauchpresse über die Beeinträchtigung der Darmpassage bis zum Darmverschluss (Ileus) reichen. Bei einem Ileus handelt es sich um eine lebensgefährliche Erkrankung, die in der Regel einer operativen Behandlung bedarf. Eine erhebliche Beeinträchtigung der Darmpassage kann sich auf den Allgemeinzustand auswirken (z. B. Gewichtsabnahme). Bei rezidivierenden Passagestörungen kann ebenfalls eine operative Behandlung erforderlich werden. Gelegentlich kommt es zu Bauchfellverwachsungen, die weitere Operationen nach sich ziehen.

11.3 Zwerchfellbrüche (einschl. Zwerchfellrelaxation)

Speiseröhrengleithernie	0–10
andere kleine Zwerchfellbrüche ohne wesentliche Funktionsstörung	0–10
größere Zwerchfellbrüche je nach Funktionsstörung	20–30
Komplikationen sind zusätzlich zu bewerten.	
Angeborene Zwerchfelldefekte mit Verlagerung von inneren Organen in den Brustkorb und Minderentwicklung von Lungengewebe	
mit geringer Einschränkung der Lungenfunktion	40
sonst je nach Funktionsbeeinträchtigung der betroffenen Organe	50–100

Das Zwerchfell trennt die Brusthöhle vom Bauchraum. Das Zwerchfell ist ein großer Muskel mit einer zentralen bindegewebigen Platte. Das Zwerchfell ermöglicht die Bauchatmung und ist somit ein wichtiger Muskel für die Einatmung. An den Durchtrittsstellen von Speiseröhre, Aorta und Vena cava durch das Zwerchfell können sich Eingeweidebrüche entwickeln, die die Lunge komprimieren. Bei der Speiseröhrengleithernie kann ein Teil des Magens in den Brustkorb übertreten. Erweitert sich die Öffnung des Zwerchfells für die Speiseröhre (Hiatus oesophageus), so können sich Teile des Magens oder der ganze Magen in den Brustkorb verlagern („Upside-down"-Magen).

Im Extremfall können Darmschlingen in den Brustkorb übertreten. Die in den Brustkorb verlagerten Organe beeinträchtigen Herz und Lungen. Typische Symptome sind Atemnot, Beklemmungsgefühle, leichte Erschöpfbarkeit und Funktionsstörungen des Herzens. Zwerchfellbrüche können auch traumatisch entstehen. Bei einem Frontalzusammenstoß kann das Zwerchfell rupturieren, die Eingeweide verlagern sich in den Brustkorb. Maßgeblich für die Feststellung des GdB/GdS sind die objektivierbaren Funktionsstörungen (z. B. Verschlechterung der Lungenfunktion und Herzleistung).

Knapp 10 % aller angeborenen Fehlbildungen betreffen das Zwerchfell. Infolge des Zwerchfelldefekts kann sich die Lunge nicht entwickeln (Lungenhypoplasie). Die Atemaustauschfläche ist eingeschränkt. Zusätzlich leiden die Kinder an einem Lungenhochdruck. Wegen der geringeren Austauschfläche der Lunge (Verdrängung durch Bauchorgane) erhöht sich die Belastung der rechten Herzkammer. Bisher war eine operative Behandlung im Mutterleib noch nicht erfolgreich. Um die Überlebenswahrscheinlichkeit der Kinder zu erhöhen, sollte die Geburt in spezialisierten Zentren erfolgen. Nach der Stabilisierung des Allgemeinzustands wird das Zwerchfell chirurgisch rekonstruiert, die Zwerchfelllücke wird verschlossen. Für die Feststellung des GdB (GdS) sollten Krankenhausentlassungsberichte und aktuelle kinderärztliche Befunde vorliegen.

Die Funktion des Zwerchfells kann auch durch neurologische Störungen beeinträchtigt werden. Bei einer Schädigung des Nervus phrenicus kommt es zu einer teilweisen oder vollständigen Zwerchfelllähmung, der betroffene Anteil des Zwerchfells tritt höher. Auch hierdurch können die allgemeine Leistungsfähigkeit sowie die Funktion von Herz und Lunge beeinträchtigt werden.

12. Harnorgane

Kommentare: NORBERT RÖSNER,
CHRISTA RIECK, PETRA NIEDER (Überarbeitung)

Die Beurteilung des GdS bei Schäden der Harnorgane richtet sich nach dem Ausmaß der Störungen der inkretorischen und exkretorischen Nierenfunktion und / oder des Harntransportes, das durch spezielle Untersuchungen zu erfassen ist.

Daneben sind die Beteiligung anderer Organe (z. B. Herz / Kreislauf, Zentralnervensystem, Skelettsystem), die Aktivität eines Entzündungsprozesses, die Auswirkungen auf den Allgemeinzustand und die notwendige Beschränkung in der Lebensführung zu berücksichtigen.

Unter dem im Folgenden verwendeten Begriff „Funktionseinschränkung der Nieren" ist die Retention harnpflichtiger Substanzen zu verstehen.

12.1 Nierenschäden

12.1.1 Verlust, Ausfall oder Fehlen einer Niere bei Gesundheit der anderen Niere 25

Verlust, Ausfall oder Fehlen einer Niere bei Schaden der anderen Niere, ohne Einschränkung der Nierenfunktion, mit krankhaftem Harnbefund 30

Nierenfehlbildung (z. B. Erweiterung des Nierenhohlsystems bei Ureterabgangsstenose, Nierenhypoplasie, Zystennieren, Nierenzysten, Beckenniere), Nephroptose

- ohne wesentliche Beschwerden und ohne Funktionseinschränkung .... 0 – 10
- mit wesentlichen Beschwerden und ohne Funktionseinschränkung .... 20 – 30

Nierensteinleiden ohne Funktionseinschränkung der Niere

- mit Koliken in Abständen von mehreren Monaten .... 0 – 10
- mit häufigeren Koliken, Intervallbeschwerden und wiederholten Harnwegsinfekten .... 20 – 30

Nierenschäden ohne Einschränkung der Nierenfunktion (z. B. Glomerulopathien, tubulointerstitielle Nephropathien, vaskuläre Nephropathien), ohne Beschwerden, mit krankhaftem Harnbefund (Eiweiß und / oder Erythrozyten- bzw. Leukozytenausscheidung)	0–10

Der GdB für den Verlust einer Niere bei Gesundheit der anderen Niere wird mit 25 bewertet, ist aber – falls es sich um die einzige geltend gemachte Gesundheitsstörung handelt – im Bescheid wegen der Regelung in § 152 Abs. 1 Satz 5 SGB IX in Zehnergraden, also mit 30, anzugeben. Dem Verlust einer Niere entspricht wegen der gleichgelagerten Auswirkungen in allen Lebensbereichen das angeborene Fehlen oder der (funktionelle) Ausfall einer Niere. Finden sich Belege dafür, dass die andere Niere trotz regelhafter Funktion geschädigt ist, z. B. durch den Nachweis krankhafter Harnbefunde, die nicht durch isolierte Befunde der unteren Harnwege, z. B. ein Urethraldivertikel, bedingt sind, beträgt der GdB von vornherein 30. Bei der Bildung des Gesamt-GdB wirkt sich der Verlust oder das Fehlen einer Niere in der Regel nur aus, wenn eine funktionelle Beeinträchtigung der Nieren in Wechselwirkung mit weiteren Beeinträchtigungen tritt. Hierzu hat sich das Landessozialgericht Nordrhein-Westfalen im Jahre 2020 wie folgt geäußert:

„Entscheidend ist aus Sicht des Senats, dass die Einnierigkeit praktisch zu keinen funktionellen Beeinträchtigungen führt. Dass bei Einnierigkeit gefährliche Sportarten oder vergleichbare körperliche Tätigkeiten vermieden werden sollten, fällt praktisch kaum ins Gewicht (vgl. Urteil des Senats vom 30.01.2015 – L 13 SB 381/13, juris Rn. 28). Die Klägerin schildert passend hierzu auch keine Beeinträchtigungen aufgrund der Einnierigkeit. Allein die Vergabe eines Wertes von 25 in den VMG führt nicht zwangsläufig zu einer erhöhenden Wirkung.“ (Landessozialgericht Nordrhein-Westfalen – L 13 SB 236/19 – Urteil vom 20.11.2020 RN 22)

12.1.2 Nierenschäden ohne Einschränkung der Nierenfunktion, mit Beschwerden rezidivierende Makrohämaturie, je nach Häufigkeit	10–30
Nephrotisches Syndrom	
kompensiert (keine Ödeme)	20–30
dekompensiert (mit Ödemen)	40–50
bei Systemerkrankungen mit Notwendigkeit einer immunsuppressiven Behandlung	50

In der oben wiedergegebenen Druckausgabe der „Versorgungsmedizin-Verordnung – VersMedV, Versorgungsmedizinische Grundsätze", Stand Mai 2020, entspricht die Beurteilung von Nierenschäden ohne Einschränkung der Nierenfunktion nicht den Kriterien in den „Anhaltspunkten", Ausgabe 2004, denen sie entnommen worden ist.

Beispiele für Nierenschäden ohne Einschränkung der Nierenfunktion sind nach den „Anhaltspunkten", Ausgabe 2004 (und davor auch 1996) – gekennzeichnet durch eingerückten Druck – zum einen die rezidivierende Makrohämaturie mit einem GdB von 10–30 und zum anderen das nephrotische Syndrom, wobei unterschieden wird, ob dieses noch kein Ödem hervorruft und insofern kompensiert ist (GdB 20–30) oder dekompensiert und mit Ödemen verbunden ist (GdB 40–50).

Das Ausrücken des nephrothischen Syndroms nach links auf Höhe der Nierenschäden ohne Einschränkung der Nierenfunktion in der VersMedV könnte zu der fehlerhaften Annahme führen, dass bei einem nephrotischen Syndrom kein höherer GdB in Betracht kommen kann, also auch dann nicht, wenn ein nephrotisches Syndrom mit einer Einschränkung der Nierenfunktion verbunden ist.

Bei einem nephrotischen Syndrom mit Einschränkung der Nierenfunktion gelten jedoch die in 12.1 3 genannten Kriterien.

12.1.3 Nierenschäden mit Einschränkung der Nierenfunktion

Eine geringfügige Einschränkung der Kreatininclearance auf 50–80 ml / min bei im Normbereich liegenden Serumkreatininwerten bedingt keinen messbaren GdS.

Nierenfunktionseinschränkung

leichten Grades

(Serumkreatininwerte unter 2 mg / dl [Kreatininclearance ca. 35–50 ml / min], Allgemeinbefinden nicht oder nicht wesentlich reduziert, keine Einschränkung der Leistungsfähigkeit) .... 20 – 30

(Serumkreatininwerte andauernd zwischen 2 und 4 mg / dl erhöht, Allgemeinbefinden wenig reduziert, leichte Einschränkung der Leistungsfähigkeit) 40

mittleren Grades

(Serumkreatininwerte andauernd zwischen 4 und 8 mg / dl erhöht, Allgemeinbefinden stärker beeinträchtigt, mäßige Einschränkung der Leistungsfähigkeit) .... 50 – 70

schweren Grades

(Serumkreatininwerte dauernd über 8 mg / dl, Allgemeinbefinden stark gestört, starke Einschränkung der Leistungsfähigkeit, bei Kindern keine normalen Schulleistungen mehr)	80 – 100
Verlust, Ausfall oder Fehlen einer Niere mit Funktionseinschränkung der anderen Niere	
leichten Grades	40 – 50
mittleren Grades	60 – 80
schweren Grades	90 – 100
Notwendigkeit der Dauerbehandlung mit Blutreinigungsverfahren (z. B. Hämodialyse, Peritonealdialyse)	100

Bei allen Nierenschäden mit Funktionseinschränkungen sind Sekundärleiden (z. B. Hypertonie, ausgeprägte Anämie [Hb-Wert unter 8 g / dl], Polyneuropathie, Osteopathie) zusätzlich zu bewerten.

Den Beurteilungen aller Nierenfunktionsstörungen sind, soweit keine rasch progredienten Erkrankungen vorliegen, die durchschnittlichen Kreatininwerte bzw. Werte der Kreatininclearance zugrunde zu legen, da auch extrarenale Einflüsse (z. B. verminderte Flüssigkeitszufuhr bei betagten Menschen oder Untergang von Muskelmasse) zu vorübergehenden Kreatininerhöhungen führen können.

Eine Umrechnung der zum Teil noch gebräuchlichen Maßeinheit mg/dl in die SI-Einheit µmol/l ist beim Kreatinin mit dem Faktor 88,4 möglich: Ein Kreatininwert von 2 mg/dl entspricht somit 176,8 µmol/l, ein Wert von 4 mg/dl entspricht 353,6 µmol/l und 8 mg/dl entspricht 707,2 µmol/l.

Eine Übersicht über die verschiedenen Stadien der Nierenfunktionseinschränkung im Laufe der Entwicklung einer chronischen Niereninsuffizienz hat Lange 1988 gegeben (MedSach 84,1 [1988]: 5–11). Diese diente als Grundlage für die Überarbeitung des Abschnitts „Nierenschäden mit Einschränkung der Nierenfunktion" in den „Anhaltspunkten", Ausgabe 1996, der unverändert in der Nr. 12.1.3 der Versorgungsmedizinischen Grundsätze in der VersMedV übernommen wurde. Eine Überarbeitung dieses Abschnitts ist seither noch nicht erfolgt.

Hämodialyse und Peritonealdialyse (intermittierende Peritonealdialyse, kontinuierliche ambulante Peritonealdialyse) sind auf Dauer angelegte Nierenersatzverfahren, die aber eine hochgradige Nierenfunktionseinschränkung nicht beseitigen können. Wegen der erheblichen Beeinträchtigung der Teilhabe in allen Lebensbereichen ist daher stets ein GdB von 100 gerechtfertigt (Beirat 11/1979; Lange, MedSach 84,1 [1988]: 5–11).

Heute wird die chronische Nierenerkrankung sowohl bei der ICD-Verschlüsselung als auch nach KDIGO (Kidney Disease: Improving Global Outcomes) in fünf Stadien eingeteilt, wobei die glomeruläre Filtrationsrate (eGFR) als Hauptkriterium fungiert:

Stadium 1: Nierenschädigung bei normaler Nierenfunktion:	GFR ≥ 90 (ml/min/1,73 qm)
Stadium 2: Nierenschädigung mit leicht verminderter eGFR:	GFR 60–89 (ml/min/1,73 qm)
Stadium 3: Mittelschwere Verminderung der eGFR:	GFR 30–59 (ml/min/1,73 qm)
Stadium 4: Schwere Verminderung der eGFR:	GFR 15–29 (ml/min/1,73 qm)
Stadium 5: Nierenversagen	GFR < 15 (ml/min/1,73 qm)

Für eine adäquate GdB-Bewertung der Funktionsstörung der Niere ist es unerlässlich, neben den Laborparametern wie dem Kreatinin und der eGFR, die durch die Nierenfunktionseinschränkung hervorgerufene Beeinträchtigung des Allgemeinbefindens und das Ausmaß der Beeinträchtigung der Leistungsfähigkeit mit in die Beurteilung einfließen zu lassen. Eine starre Ausrichtung der Bewertung an den Kreatininwerten kann nicht empfohlen werden, wird doch in der Einleitung explizit darauf hingewiesen, dass „die Auswirkungen auf den Allgemeinzustand und die notwendige Beschränkung in der Lebensführung zu berücksichtigen" sind.

Hierbei gilt es auch zu bedenken, dass der Kreatininwert bei verminderter Muskelmasse (Frauen, schmächtige Menschen höheren Alters) etwas erniedrigt ist (Herold 2018).

Die renale Anämie begrenzt die Kapazität des kardiovaskulären Systems und schränkt das körperliche Leistungsvermögen erheblich ein. Unter Berücksichtigung der Ausführungen von Lange (ebd.) ist eine erhebliche Beeinträchtigung der Bewegungsfähigkeit im Straßenverkehr (Merkzeichen „G") bei Dialysepatienten ebenso wie bei Kranken mit einer chronischen Niereninsuffizienz stets dann anzunehmen, wenn der Hämoglobinwert weniger als 8 g/dl (4,97 mmol/l) beträgt (Beirat 10/1988).

12.1.4 Nach Nierentransplantation ist eine Heilungsbewährung abzuwarten (im Allgemeinen zwei Jahre); während dieser Zeit ist ein GdS von 100 anzusetzen. Danach ist der GdS entscheidend abhängig von der verbliebenen Funktionsstörung; unter Mitberücksichtigung der erforderlichen Immunsuppression ist jedoch der GdS nicht niedriger als 50 zu bewerten.

Nach Entfernung eines malignen Nierentumors oder Nierenbeckentumors ist eine Heilungsbewährung abzuwarten.

GdS während einer Heilungsbewährung von zwei Jahren

nach Entfernung eines Nierenzellkarzinoms (Hypernephrom) im Stadium T1 N0 M0 (Grading G1) 50

nach Entfernung eines Nierenbeckentumors im Stadium Ta N0 M0 (Grading G1) 50

GdS während einer Heilungsbewährung von fünf Jahren nach Entfernung eines Nierenzellkarzinoms (Hypernephrom)

im Stadium (T1 [Grading ab G2], T2) N0 M0 60

in höheren Stadien .... wenigstens 80

nach Entfernung eines Nierenbeckentumors

im Stadium (T1 bis T2) N0 M0 60

in höheren Stadien .... wenigstens 80

nach Entfernung eines Nephroblastoms

im Stadium I und II 60

in höheren Stadien .... wenigstens 80

Nach erfolgreicher Nierentransplantation ist der GdB vom Ausmaß der durch die verbliebene Nierenfunktionseinschränkung und der immunsuppressiven Therapie hervorgerufenen Beeinträchtigung des Allgemeinbefindens und der Beeinträchtigung der Leistungsfähigkeit abhängig. Es ist jedoch stets mindestens von einer Teilhabebeeinträchtigung im Ausmaß einer Schwerbehinderung auszugehen. Eine Heilungsbewährung von zwei Jahren nach Entfernung eines Nierenzellkarzinoms oder eines Nierenbeckentumors kommt nur im Tumorstadium T1 N0 M0 bzw. TA N0 M0 bei einem Grading G1 in Betracht – und zwar unabhängig davon, ob die Niere entfernt wurde oder nicht (Rdschr. BMA v. 15.09.1997 – VI 5 55463-3). Bei allen anderen Nierentumoren (Nierenzellkarzinom, Nierenbeckentumor, Nephroblastom) ist eine Heilungsbewährung von fünf Jahren zugrunde zu legen. In den „Versorgungsmedizinischen Grundsätzen" bezieht sich die Beurteilung bei hier ebenfalls noch ausstehender Überarbeitung auf die vollständige Entfernung einer Niere beim Nierenzellkarzinom und beim Nierenbeckentumor auf die Entfernung von Niere und Harnleiter als übliches Behandlungsverfahren. Da bei diesen Tumoren inzwischen Teilresektionen zur Standardtherapie gehören, kommt es sowohl bei malignen Tumoren mit zwei- als auch mit fünfjähriger Heilungsbewährung auf die Entfernung des Tumors, nicht aber auch auf die Entfernung des tumorbefallenen Organes an (Beirat 11/2008).

12.2 Schäden der Harnwege

12.2.1 Chronische Harnwegsentzündungen (insbesondere chronische Harnblasenentzündung)

leichten Grades (ohne wesentliche Miktionsstörungen)	0 – 10
stärkeren Grades (mit erheblichen und häufigen Miktionsstörungen) ...	20 – 40
chronische Harnblasenentzündung mit Schrumpfblase (Fassungsvermögen unter 100 ml, Blasentenesmen) ..	50 – 70

Miktionsstörungen bei chronischen Harnwegsentzündungen können sich in Pollakisurie (häufiges Wasserlassen in kleinen Mengen), Dysurie (erschwerte, u. U. schmerzhafte Blasenentleerung), Nykturie (vermehrtes nächtliches Wasserlassen), Strangurie (schmerzhafter Harndrang mit Entleerung nur geringer Harnmengen), imperativem Harndrang bis hin zur Dranginkontinenz – je individuell oder in Kombination – äußern.

12.2.2 Bei Entleerungsstörungen der Blase (auch durch Harnröhrenverengung) sind Begleiterscheinungen (z. B. Hautschäden, Harnwegsentzündungen) ggf. zusätzlich zu bewerten.

Entleerungsstörungen der Blase

leichten Grades (z. B. geringe Restharnbildung, längeres Nachträufeln)	10
stärkeren Grades (z. B. Notwendigkeit manueller Entleerung, Anwendung eines Blasenschrittmachers, erhebliche Restharnbildung, schmerzhaftes Harnlassen)	20 – 40
mit Notwendigkeit regelmäßigen Katheterisierens, eines Dauerkatheters, eines suprapubischen Blasenfistelkatheters oder Notwendigkeit eines Urinals, ohne wesentliche Begleiterscheinungen	50

Bei Urinalträgern kommt das Merkzeichen G in Betracht, wenn ein ausreichender Verschluss des Urinals nicht gelingt oder wenn häufig entzündliche Hautveränderungen im Genitalbereich auftreten und erhebliche Schmerzen beim Gehen bestehen. Bei solchen wesentlichen Begleiterscheinungen ist der GdB höher als 50 zu beurteilen. Wegen des relativ kleinen Kreises von Betroffenen ist eine Untersuchung erforderlich, wenn keine ausreichenden ärztlichen Befundunterlagen vorhanden sind (Beirat 3/1987).

12.2.3 Nach Entfernung eines malignen Blasentumors ist eine Heilungsbewährung abzuwarten.

GdS während einer Heilungsbewährung von zwei Jahren

nach Entfernung des Tumors im Frühstadium unter Belassung der Harnblase (Ta bis T1) N0 M0, Grading G1	50

GdS während einer Heilungsbewährung von fünf Jahren

nach Entfernung im Stadium Tis oder T1 (Grading ab G2)	50
nach Entfernung in den Stadien (T2 bis T3a) N0 M0	60
mit Blasenentfernung einschließlich künstlicher Harnableitung	80
nach Entfernung in höheren Stadien	100

Aufgrund einer unvermeidlichen Subjektivität eines Grading-Systems sind statt vorher drei Malignitätsgraden 2004 zur besseren Standardisierung nur zwei histomorphologische Tumorgrade (low und high grade) für nicht-muskelinvasive und invasive Urothelkarzinome eingeführt und in der aktuellen WHO-Klassifikation 2016 beibehalten worden. G1-invasive Tumoren gibt es gemäß aktueller Leitlinie nicht. Rezidiv- und Progressionswahrscheinlichkeit eines Ta G2 und eines Ta/T1 G1 Stadiums unterscheiden sich nicht wesentlich, insofern ist eine Heilungsbewährung von zwei Jahren entsprechend VMG Pkt. 12.2.3 korrekt (AG Leitende Ärzte, März 2015).

Ein Carcinoma in situ im Allgemeinen rechtfertigt eine GdB-Beurteilung unter dem Gesichtspunkt einer Heilungsbewährung (vgl. Allgemeine Hinweise zur GdS/GdB-Tabelle in den Versorgungsmedizinischen Grundsätzen) grundsätzlich nicht. Anders verhält es sich jedoch beim Carcinoma in situ der Harnblase (Stadium Tis). Hier ist nach einer Tumorentfernung im Stadium Tis stets ein GdB von 50 mit einer Heilungsbewährung von fünf Jahren anzunehmen, da es sich bei diesem Tumortyp um einen niederdifferenzierten Tumor mit hohem Aggressivitätsgrad (high grade nach WHO 2016) handelt. (AWMF [2020]. *S3-Leitlinie Früherkennung, Diagnose, Therapie und Nachsorge des Harnblasenkarzinoms,* AWMF-Registernummer 032/038OL.)

12.2.4 Harninkontinenz

relative	
leichter Harnabgang bei Belastung (z. B. Stressinkontinenz Grad I)	0 – 10
Harnabgang tags und nachts (z. B. Stressinkontinenz Grad II-III)	20 – 40
völlige Harninkontinenz	50
bei ungünstiger Versorgungsmöglichkeit	60 – 70
nach Implantation einer Sphinkterprothese mit guter Funktion	20
Harnröhren-Hautfistel der vorderen Harnröhre bei Harnkontinenz	10
Harnweg-Darmfistel bei Analkontinenz, je nach Luft- und Stuhlentleerung über die Harnröhre	30 – 50
Künstliche Harnableitung (ohne Nierenfunktionsstörung)	
in den Darm	30
nach außen	
mit guter Versorgungsmöglichkeit	50
sonst (z. B. bei Stenose, Retraktion, Abdichtungsproblemen)	60 – 80
Darmneoblase mit ausreichendem Fassungsvermögen, ohne Harnstau, ohne wesentliche Entleerungsstörungen	30

Nach einer Teilresektion der Harnblase kommt eine GdB-Beurteilung analog einer Schrumpfblase in Betracht. Wegen der guten Regenerationsfähigkeit der Blasenwandschichten kommt es zu einer Besserung bzw. Normalisierung der Blasenkapazität, so dass eine Nachuntersuchung nach ein bis zwei Jahren erfolgen sollte. Da die Bezeichnung „Schrumpfblase" einen nicht besserungsfähigen Zustand vermuten lässt, ist es zweckmäßig, in diesem Fall die Bezeichnung „Verminderung des Blasenfassungsvermögens" zu verwenden (Beirat 4/1989). Harnableitung, Blasenersatz und Blasenaugmentation sind Operationsverfahren, mit denen eine operative Entfernung der Harnblase bzw. einer funktionsgestörten Harnblase umgangen bzw. teilweise oder ganz ersetzt wird. Der Begriff „Harnableitung" ist als Oberbegriff für die genannten Verfahren anzusehen, wobei die Harnableitung temporär oder permanent, nach innen oder nach außen erfolgen kann. Folgende Harnableitungsverfahren stehen zur Verfügung (Frohmüller; Rösner (1988) In: MedSach 84,1: 11-15; Jocham; Miller (2003) Praxis der Urologie II: 385):

1. Permanente Urinableitung nach innen in den nicht ausgeschalteten Dickdarm bei erhaltener analer Kontinenz durch Ureterosigmoideostomie.
2. Permanente Urinableitung nach außen in einen Kunststoffbeutel durch
   - Nephrostomie (äußere Ableitung des Urins aus dem Nierenbecken durch einen Nephrostomie-Katheter, meist temporär)
   - Einpflanzung der Ureteren (Harnleiter) in die Haut (Ureterocutaneostomie bzw. Transuretero-Ureterocutaneostomie)
   - Zwischenschaltung eines Darmstückes zwischen Ureteren und Haut (Conduit-Bildung).
3. Ableiten des Urins in ein Darmreservoir mit kontinentem externen Stoma (Pouch-Bildung) oder durch Anschluss eines Reservoirs an die Blase oder an den Harnröhrenstumpf mit Kontinenz durch den äußeren Blasenschließmuskel (Blasenaugmentation, Darmersatzblase, Neoblase).

Bei Stomaträgern kommt eine Zuerkennung des Merkzeichens G nur dann in Betracht, wenn ein ausreichender Verschluss nicht gelingt. Das Gleiche gilt bei Stomaträgern mit Bauchdecken- oder Narbenbrüchen, die mit erheblichen Schmerzen beim Gehen verbunden sind (Beirat 11/1984).

Bei Kindern mit Blasenekstrophie (offene Blase bildet als Blasenplatte einen Teil der unteren Bauchwand, Harnleiter münden in die Blasenplatte, genitale und weitere Fehlbildungen) ist eine pauschale Beurteilung nicht möglich. Die Kinder bedürfen einer Einzelfallbetrachtung unter Berücksichtigung aller nachgewiesenen bleibenden Funktionsstörungen (Beirat 4/1989).

13. Männliche Geschlechtsorgane

Kommentare: NORBERT RÖSNER, PETRA NIEDER (Überarbeitung)

13.1 Verlust des Penis	50
Teilverlust des Penis	
Teilverlust der Eichel	10
Verlust der Eichel	20
Sonst	30 – 40
Nach Entfernung eines malignen Penistumors ist in den ersten fünf Jahren eine Heilungsbewährung abzuwarten; GdS während dieser Zeit nach Entfernung im Frühstadium (T1 bis T2) N0 M0	
bei Teilverlust des Penis	50
bei Verlust des Penis	60
mit vollständiger Entfernung der Corpora cavernosa	80
nach Entfernung in höheren Stadien	90 – 100

Die Beurteilungskriterien für die GdB-Bewertung nach Entfernung eines malignen Penistumors sind in den Versorgungsmedizinischen Grundsätzen fehlerhaft wiedergegeben worden: Der Teilsatz „nach Entfernung in höheren Stadien" ist nach links auszurücken. Der vorliegenden Version folgend entspräche eine Tumorenentfernung im Frühstadium der Entfernung in höheren Stadien, was unsachgemäß ist.

Operative Veränderungen der Geschlechtssteile wegen Transsexualität sind nicht als Behinderung anzusehen. Ein GdB kommt bei Transsexualität nur in Betracht, wenn daraus resultierende erhebliche psychoreaktive und/oder neurotische Störungen vorliegen. Wegen der psychischen Beeinträchtigungen kann in der langdauernden Behandlungsphase auch einmal ein GdB von 50 angemessen sein (Beirat 03/1979).

13.2 Unterentwicklung, Verlust oder Schwund eines Hodens bei intaktem anderen Hoden	0
Unterentwicklung, Verlust oder vollständiger Schwund beider Hoden	
in höherem Lebensalter (etwa ab 8. Lebensjahrzehnt)	10
sonst je nach Ausgleichbarkeit des Hormonhaushalts durch Substitution	20 – 30
vor Abschluss der körperlichen Entwicklung	20 – 40
Verlust oder Schwund eines Nebenhodens	0
Verlust oder vollständiger Schwund beider Nebenhoden und / oder Zeugungsunfähigkeit (Impotentia generandi)	0
in jüngerem Lebensalter bei noch bestehendem Kinderwunsch	20
Impotentia coeundi bei nachgewiesener erfolgloser Behandlung	20

Bei Unterentwicklung, Verlust oder vollständigem Schwund beider Hoden sind ggf. außergewöhnliche psychoreaktive Störungen (s. A2 Abs.1) und weitere körperliche Störungen zusätzlich zu berücksichtigen.

Gleiches gilt auch bei Verlust oder vollständigem Schwund beider Nebenhoden und/oder Zeugungsunfähigkeit (Impotentia generandi).

Die Impotentia coeundi ist in der Regel Begleiterscheinung einer anderen Gesundheitsstörung und gemeinsam mit dieser zu beurteilen. Bei außergewöhnlichen psychoreaktiven Störungen kann, unabhängig von der die Impotenz bedingenden Gesundheitsstörung, ein GdB bis 40 angemessen sein (Beirat 04/1985).

Im Abschnitt „Verlust oder vollständiger Schwund beider Nebenhoden und/oder Zeugungsunfähigkeit (Impotentia generandi)“ ist im Unterabschnitt „Impotentia coeundi bei nachgewiesener erfolgloser Behandlung“ der Zusatz „und nicht altersbedingt“ gestrichen worden (Beirat 05/2006).

Implantate zur Behandlung der erektilen Dysfunktion bzw. einer Impotentia coeundi (Penisprothese) können permanente rigide oder semirigide bzw. hydraulisch und damit flexibel sein. Rigide und semirigide Implantate haben den Nachteil eines dauerversteiften Penis, hydraulische den der Manipulationen am implantierten Fremdmaterial. Alle Formen führen jedoch in einem hohen Prozentsatz zur deutlichen Verbesserung der Lebensqualität, sodass, je nach dem Ergebnis der operativen Behandlung, der GdB mit 10 bis 20 bewertet werden sollte (Beirat 04/1988).

13.3 Hydrozele (sog. Wasserbruch) 0–10

Varikozele (sog. Krampfaderbruch) 0–10

13.4 Nach Entfernung eines malignen Hodentumors ist eine Heilungsbewährung abzuwarten.

GdS während einer Heilungsbewährung von zwei Jahren

nach Entfernung eines Seminoms oder nichtseminomatösen Tumors im Stadium (T1 bis T2) N0 M0 50

GdS während einer Heilungsbewährung von fünf Jahren

nach Entfernung eines Seminoms im Stadium (T1 bis T2) N1 M0 bzw. T3 N0 M0 50

nach Entfernung eines nichtseminomatösen Tumors im Stadium (T1 bis T2) N1 M0 bzw. T3 N0 M0 60

in höheren Stadien 80

Nach Entfernung einer Keimzellneoplasie in situ (GCNIS) des Hodens ist der GdB nicht unter dem Gesichtspunkt der Heilungsbewährung zu beurteilen. GCNIS entspricht nach der Stadieneinteilung der UICC von 2017 einem Hodentumor Tis N0 M0 und wird damit dem Stadium 0 zugeordnet. Dieser Tumor neigt nach seiner Entfernung nicht zu Rezidiven, sodass die Bedrohung für den Betroffenen gering ist.

13.5 Chronische bakterielle Entzündung der Vorsteherdrüse oder abakterielle Prostatopathie

ohne wesentliche Miktionsstörung 0–10

mit andauernden Miktionsstörungen und Schmerzen 20

Prostataadenom

Der GdS richtet sich nach den Harnentleerungsstörungen und der Rückwirkung auf die Nierenfunktion.

13.6 Nach Entfernung eines malignen Prostatatumors ist eine Heilungsbewährung abzuwarten.

GdS während einer Heilungsbewährung von zwei Jahren	
nach Entfernung im Stadium T1a N0 M0 (Grading G1) .	50
GdS während einer Heilungsbewährung von fünf Jahren	
nach Entfernung in den Stadien T1a N0 M0 (Grading ab G2) und (T1b bis T2) N0 M0	50
nach Entfernung in höheren Stadien	wenigstens 80
Maligner Prostatatumor	
ohne Notwendigkeit einer Behandlung	50
auf Dauer hormonbehandelt	wenigstens 60

Für die prognostische Evaluation des Prostatakarzinoms sind als Parameter gemäß aktueller Leitlinie u. a. zu berücksichtigen:

- Tumor-Graduierung nach Gleason
- TNM-Kategorie

Generell besteht der nach seinem Erfinder benannte und für das Grading des Prostatakarzinoms international angewendete Gleason-Score aus (mindestens) zwei Gleason-Mustern (primäres und sekundäres). Das primäre Muster ist das in einem Tumor häufigste Gleason-Muster. Bei nach Prostatektomie und transurethraler Resektion gewonnenen Operationspräparaten ist das sekundäre Muster das zweithäufigste Muster. Enthält das Präparat nur ein Gleason-Muster, wird dieses zweimal verwendet (z. B. Gleason 3+3=6 oder 4+4=8). Der Score 3+3=6 steht in dieser Skala für die am besten differenzierten Tumoren (Schlomm T, Sauter G 2016). Bei Vorliegen eines Stadiums pT1a und einem Gleason Score von 6 kann analog zum Grading G1 ein Heilungsbewährungszeitraum von zwei Jahren angenommen werden.

Die dauerhafte Hormonbehandlung beim Prostatakarzinom führt weder zur Heilung des Tumors noch zu einer Umwandlung in einen gutartigen Tumor. Sie stellt lediglich eine Palliativmaßnahme dar. Insofern kommt keine GdB-Bewertung unter dem Gesichtspunkt einer Heilungsbewährung in Betracht. Die GdB-Beurteilung für die Zeit einer Heilungsbewährung betrifft nur entfernte Tumoren (Beirat 10/1985).

Die beiderseitige plastische Orchiektomie (Entfernung des Keimgewebes der Hoden) beim Prostatakarzinom entspricht einer Hormonbehandlung auf Dauer und ist bei der GdB-Beurteilung entsprechend zu werten (Beirat 11/1998).

Ein biochemisches Rezidiv nach radikaler Prostatektomie (mit R0-Resektion oder R1 bzw. RX-Resektion und anschließender Radiatio/Chemotherapie) ist nach aktueller Leitlinie (Europäische Gesellschaft für Urologie) durch einen PSA-Anstieg über 0,2 ng/ml in zwei Messungen mit einem Abstand von mindestens zwei Wochen definiert. Ein biochemisches Rezidiv nach alleiniger Strahlentherapie mit kurativem Ansatz ist nach aktueller Leitlinie (Europäische Gesellschaft für Urologie) definiert durch einen PSA-Anstieg um 2 ng/ml über dem tiefsten nach Radiatio gemessenen Wert (PSA-Nadir) in zwei Messungen mit einem Abstand von drei Monaten. Die rückwirkende Datierung des biochemischen Rezidivs wird zum dokumentierten Zeitpunkt des Überschreitens des Grenzwertes (PSA-Anstieg um 2 ng/ml über den PSA-Nadir) festgelegt.

Die Beurteilung des Prostatarezidivs ist gemäß der Versorgungsmedizinverordnung – Versorgungsmedizinische Grundsätze – Teil B GdS-Tabelle – Ziffer 13.6 vorzunehmen (AG Leitende Ärzte 10/2014).

Ist nach einer transurethralen Prostataresektion (Entfernung der Vorsteherdrüse durch die Harnröhre) ein vorher erhöhter PSA-Wert auf einen sehr niedrigen Wert abgefallen, kann dies zunächst nicht als Beweis dafür angesehen werden, dass der Tumor vollständig entfernt worden ist. Bleibt ein solcher deutlich erniedrigter PSA-Wert jedoch über einen längeren Beobachtungszeitraum konstant, kann dies als Indiz für eine Tumorentfernung angesehen werden (Beirat 04/2002).

Auch eine Strahlenbehandlung beim Prostatakarzinom (perkutan, interstitiell) hat eine Entfernung des Tumors zum Ziel. Die Zeit der Heilungsbewährung beginnt mit der klinischen Entfernung des Tumors, d. h. nach Ende der Basistherapie, und nicht erst dann, wenn der PSA-Wert gegen null sinkt. Eine weitere adjuvante Therapie verschiebt den Beginn der Heilungsbewährung nicht (Rundschr. BMAS vom 20.12.2007).

Literatur

AWMF (2021) *S3-Leitlinie Prostatakarzinom Version 6.2 Oktober 2021,* AWMF-Registernummer 043/022OL (https://www.leitlinienprogramm-onkologie.de/fileadmin/user_upload/Downloads/Leitlinien/Prostatatkarzinom/Version_6/LL_Prostatakarzinom_Langversion_6.2.pdf, Stand 2022-28-10)

SCHLOMM T, SAUTER, G (2016). SUPPLEMENT: Perspektiven der Urologie Beurteilung des Prostatakarzinoms: Gleason-Score – Status 2016. *Dtsch Arztebl (113)*: 33–34.

14. Weibliche Geschlechtsorgane

Kommentare: ROLF SCHUHMANN (†)

14.1 Verlust der Brust (Mastektomie)	
einseitig	30
beidseitig	40
Segment- oder Quadrantenresektion der Brust	0–20

Bei der Lumpektomie, Segment- oder Quadrantenresektion handelt es sich um eine brusterhaltende Operation, man spricht auch von einer partiellen Mastektomie.

Funktionseinschränkungen im Schultergürtel, des Armes oder der Wirbelsäule als Operations- oder Bestrahlungsfolgen (z. B. Lymphödem, Muskeldefekte, Nervenläsionen, Fehlhaltung) sind ggf. zusätzlich zu berücksichtigen.

Aufbauplastik zur Wiederherstellung der Brust mit Prothese je nach Ergebnis (z. B. Kapselfibrose, Dislokation der Prothese, Symmetrie)

nach Mastektomie	
einseitig	10–30
beidseitig	20–40
nach subkutaner Mastektomie	
einseitig	10–20
beidseitig	20–30

Nach Aufbauplastik zur Wiederherstellung der Brust mit Eigengewebe kommt ein geringerer GdS in Betracht.

Brustwiederherstellung: Eine Aufbauplastik zur Wiederherstellung der Brust ist entweder bei der primären Operation oder nach Abschluss der weiteren Therapie möglich. Je nach verwendetem Material, z. B. Silikonprothesen/Expander, kann sich eine Kapselfibrose entwickeln. Eine Dislokation (Lageänderung, Verschiebung) der Prothese oder eine fehlende Symmetrie beeinträchtigt das kosmetische Ergebnis. Ein kosmetisch unbefriedigender Befund ist bei der Feststellung des GdB zu berücksichtigen.

Nach Aufbauplastik zur Wiederherstellung der Brust mit Eigengewebe (z. B. Lappenplastiken [z. B. Musculus latissimus dorsi-Lappen], TRAM-Lappen [Transversus rectus abdominis musculocutaneous flap – von der Bauchdecke]) kommt ein geringerer GdB in Betracht, wobei hier auch das kosmetische Ergebnis einbezogen werden sollte.

Nach Entfernung eines malignen Brustdrüsentumors ist in den ersten fünf Jahren eine Heilungsbewährung abzuwarten.

GdS während dieser Zeit

bei Entfernung im Stadium (T1 bis T2) pN0 M0	50
bei Entfernung im Stadium (T1 bis T2) pN1 M0	60
in höheren Stadien	wenigstens 80

Die Versorgungsmedizinischen Grundsätze orientieren sich an der TNM-Klassifikation für maligne Tumoren (Krebserkrankungen). Mit dem Buchstaben T wird der Primärtumor bezeichnet, N und M beschreiben das Fehlen (N0, M0) oder die Existenz (N x, M x) von befallenen regionalen Lymphknoten (lat. Nodus) bzw. von Metastasen (Absiedelungen) in anderen Körperregionen. Weitere Differenzierungen durch die Buchstaben c und p erklären, ob das Stadium vor der Behandlung durch klinische (c) oder nach einer Operation durch feingeweblich-histopathologische Untersuchungsmethoden (p) bestimmt wurde. Eine weitere Kategorie G (Grading) befasst sich mit der Differenzierung des Tumorgewebes. Ein niedriger Grad (G1) bedeutet, dass das Ausgangsgewebe noch gut erkennbar ist, bei einem hohen Entdifferenzierungsgrad (G3 und G4) kann dieses kaum noch identifiziert werden.

In der Regel erfolgt auch für den Primärtumor die Bewertung nach dem histopathologischen Stadium (pT). Im Falle einer neoadjuvanten Chemotherapie mit dem Ziel der präoperativen Tumorverkleinerung (sogenanntes Downstaging) ist jedoch das klinische Stadium (cT) bei der GdB-Bemessung zu berücksichtigen (s. auch Kommentar zu B 1).

Bedingen die Folgen der Operation und gegebenenfalls anderer Behandlungsmaßnahmen einen GdS von 50 oder mehr, ist der während der Heilungsbewährung anzusetzende GdS entsprechend höher zu bewerten.

Hierzu zählen sowohl die Folgen einer Chemotherapie (z. B. Polyneuropathie, Fatigue-Syndrom, „Chemobrain“) als auch die Folgen einer Bestrahlung (Lymphödem), sofern sich hierfür kein eigenständiger GdB in einem anderen Funktionssystem ergibt.

Nach Entfernung eines Carcinoma in situ der Brustdrüse ist in den ersten zwei Jahren eine Heilungsbewährung abzuwarten. Der GdS beträgt während dieser Zeit 50.

Erkrankungen der Brustdrüse (Mamma)

Veränderungen an der weiblichen Brust, die ihre Form oder Gestalt betreffen, werden teilweise als erhebliche Störung der persönlichen Identität erlebt. Die hierdurch bedingten üblichen seelischen Begleiterscheinungen sind im GdB-Ansatz bereits berücksichtigt. Außergewöhnliche seelische Begleiterscheinungen sind anzunehmen, wenn eine anhaltende spezielle ärztliche Behandlung dieser Störungen erforderlich ist (s. auch Teil A, Nr. 2 i).

Zu unterscheiden ist zwischen der Therapie gutartiger und bösartiger Veränderungen der Mamma.

Gutartige Veränderungen der weiblichen Brust:

- Operative Korrektur einer Hyper-(Reduktionsmastektomie/Reduktionsplastik zur Verkleinerung der Brust) oder Hypomastie (Brustimplantat zur Vergrößerung der Brust)
- Gutartige Tumoren (z. B. Fibroadenome) oder Zysten (z. B. Mastopathie) der Brust (operative Korrektur)
- Prämenstruelles Syndrom (hormonabhängige Schmerzen vor der Monatsblutung)
- Bei kosmetisch ungünstigem Ergebnis nach der Entfernung eines gutartigen Tumors kann ein GdB vorliegen

Bösartige Veränderungen der weiblichen Brust:

Nach entsprechender Vordiagnostik (Stanzbiopsie), Probeentnahme (Mamma-PE) kommen unterschiedliche operative Behandlungsverfahren in Frage:

Mastektomie (synonym Ablatio mammae / Brustamputation)

- Subkutane Mastektomie > Entfernung des Brustdrüsenkörpers ohne Haut, Mamille und Warzenhof
- Einfache Mastektomie > Entfernung der Brust, Hautspindel mit Mamille, Fettgewebe und Fascie des Brustmuskels
- Modifizierte radikale Mastektomie > Entfernung der Brust, Entfernung der Lymphknoten in der Achselhöhle
- Sentinel-Lymphknotendiagnostik > Markierung des Wächterlymphknotens in der Achselhöhle mittels radioaktiver Substanzen

14.2 Verlust der Gebärmutter und / oder Sterilität 0

in jüngerem Lebensalter bei noch bestehendem Kinderwunsch 20

Als „jüngeres Lebensalter" wird ein Alter von maximal 50 Jahren angesehen (Beirat 11/2000).

Nach Entfernung eines malignen Gebärmuttertumors ist eine Heilungsbewährung abzuwarten.

GdS während einer Heilungsbewährung von zwei Jahren

nach Entfernung eines Zervixtumors (Mikrokarzinom) im Stadium T1a N0 M0 50

Im klinischen Alltag ist neben der TNM-Klassifikation in der Frauenheilkunde die Anwendung der FIGO-Stadien (*Fédération Internationale de Gynécologie et d'Obstétrique*, frz. für „Internationale Vereinigung für Gynäkologie und Geburtshilfe") gebräuchlich.

nach Entfernung eines Korpustumors im Frühstadium (Grading G1, Infiltration höchstens des inneren Drittels des Myometriums) 50

Unter diese Rubrik fallen Tumoren in den Stadien pT1 a bzw. FIGO IA, wenn **gleichzeitig** ein hoher Differenzierungsgrad (G1) des Ausgangsgewebes vorliegt.

GdS während einer Heilungsbewährung von fünf Jahren
nach Entfernung eines Zervixtumors

im Stadium (T1b bis T2a) N0 M0	50
im Stadium T2b N0 M0	60
in höheren Stadien	80

nach Entfernung eines Korpustumors

im Stadium T1 N0 M0 (Grading ab G2, Infiltration über das innere Drittel des Myometriums hinaus)	50
im Stadium T2 N0 M0	60
in höheren Stadien	80

Erkrankungen der Gebärmutter (Uterus) und ihre operative Behandlung

Als Hysterektomie oder Uterusexstirpation bezeichnet man die operative Entfernung der Gebärmutter, hierbei können die Adnexen (Eileiter und Eierstock) einseitig oder beidseitig ebenfalls entfernt werden. Eine Totalexstirpation (auch Totaloperation) ist die vollständige Entfernung der Gebärmutter, wobei auch eine subtotale oder auch suprazervikale Operation mit Erhalt des Gebärmutterhalses möglich ist. Die Indikationen für eine Hysterektomie sind in erster Linie gutartige Veränderungen der Gebärmutterwand durch Myome oder hormonelle Fehlregulationen mit Hyper- und Dysmenorrhoen (verstärkte oder schmerzhafte Regelblutungen). Ein weiteres Gebiet für Operationen stellt die Beckenbodeninstabilität auf Grund von Senkungserscheinungen mit Harninkontinenz und weiteren Folgen dar.

Neben den gutartigen Veränderungen kommen auch karzinomatöse Veränderungen im Bereich des Muttermundhalskanales (Zervix), der Gebärmutterhöhle (Endometrium) oder in seltenen Fällen auch der muskulären Gebärmutterwand (Sarkome) vor.

Bei der Durchführung des operativen Eingriffs sind folgende Methoden möglich, die sich nach den individuellen anatomischen Gegebenheiten richten:

- durch die Scheide (vaginale Hysterektomie)
- laparoskopische Hysterektomie – durch Bauchspiegelung – (TLH – totale laparoskopische Hysterektomie)
- kombiniert laparoskopisch und durch die Scheide (LAVH – laparoskopisch assistierte vaginale Hysterektomie, vaginal assistierte laparoskopische Hysterektomie)
- laparoskopische Entfernung des Gebärmutterkörpers (LASH – laparoskopische suprazervikale Hysterektomie)

- mittels Laparotomie (Bauchschnitt) mit Erhalt des Gebärmutterhalses (subtotale oder suprazervikale abdominale Hysterektomie)
- mittels Laparotomie ohne Erhalt des Gebärmutterhalses (totale abdominale Hysterektomie)

Operative Behandlung (Hysterektomie) bei bösartigen Erkrankungen:
Bei den bösartigen Erkrankungen handelt es sich im Bereich des Gebärmutterhalses (Zervix) meistens um Plattenepithelkarzinome, bei der Gebärmutterschleimhaut der Gebärmutterhöhle um Endometriumkarzinome (Drüsenkarzinome).

Bei der karzinomatösen Veränderung des Gebärmutterhalses kommen entsprechend des klinischen Verdachts zur Ausdehnung des Karzinoms folgende operative Methoden zur Anwendung:

- radikale Hysterektomie nach Wertheim-Meigs (totale Entfernung der Gebärmutter unter Mitnahme der Parametrien [Halteapparat], des oberen Drittels der Vagina und der Becken-, evt. auch der paraaortalen Lymphknoten)
- totale mesometriale Resektion (TMMR)
- laparoskopische radikale Hysterektomie (LRH)
- radikale Trachelektomie (Teilentfernung des Gebärmutterhalses, laparoskopische Lymphonodektomie) bei bestehendem Kinderwunsch

Operative Eingriffe an der Gebärmutter und den Eierstöcken

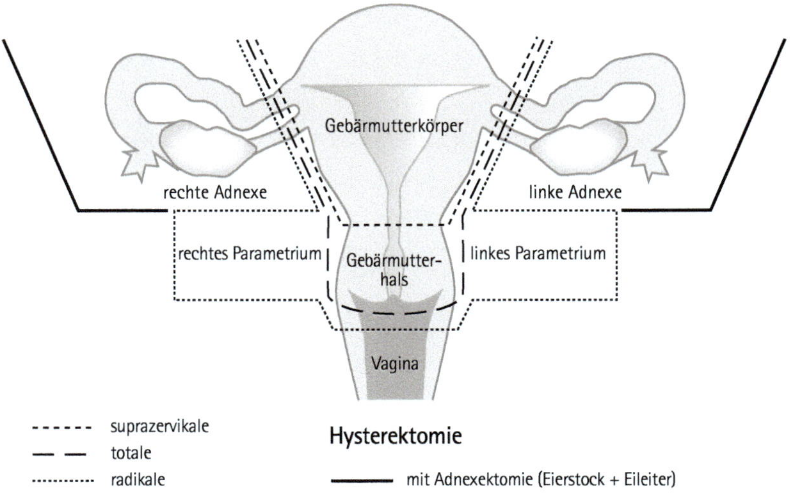

Schematische anatomische Darstellung und Terminologie

Bei jungen Frauen kann beim Karzinom des Gebärmutterhalses auf die Entfernung der Eierstöcke verzichtet werden, während beim Korpuskarzinom der Gebärmutterhöhle (Endometrium) die Eierstöcke entfernt werden sollten.

Bei nicht operablen Patientinnen ist eine primäre kombinierte Strahlentherapie oder eine simultane Radiochemotherapie möglich. Erfolgt diese in kurativer Absicht, beginnt das Stadium der Heilungsbewährung mit dem Ende der Behandlung.

Sofern die Nebenwirkungen einer Therapie länger als sechs Monate anhalten, sind diese bei der Festsetzung des GdB zu berücksichtigen. Erwähnt seien:

- Chemotherapie (Polyneuropathie, Fatigue Syndrom, „Chemobrain")
- Bestrahlung (Lymphödem, Strahlenblase oder Strahlendarm).

14.3 Verlust eines Eierstockes	0
Unterentwicklung, Verlust oder Ausfall beider Eierstöcke,	
ohne Kinderwunsch und ohne wesentliche Auswirkung auf den Hormonhaushalt – immer in der Postmenopause	10
im jüngeren Lebensalter bei noch bestehendem Kinderwunsch oder bei unzureichender Ausgleichbarkeit des Hormonausfalls durch Substitution	20 – 30
vor Abschluss der körperlichen Entwicklung je nach Ausgleichbarkeit des Hormonausfalls	20 – 40
Endokrin bedingte Funktionsstörungen der Eierstöcke sind gut behandelbar, so dass im Allgemeinen anhaltende Beeinträchtigungen nicht zu erwarten sind. Selten auftretende Komplikationen (z. B. Sterilität, abnormer Haarwuchs) sind gesondert zu beurteilen.	
Nach Entfernung eines malignen Eierstocktumors ist in den ersten fünf Jahren eine Heilungsbewährung abzuwarten; GdS während dieser Zeit	
nach Entfernung im Stadium T1 N0 M0	50
in anderen Stadien	80

Die Entfernung eines oder beider Eierstöcke kann medizinisch notwendig werden wegen gutartiger – meist hormonabhängiger – oder bösartiger (karzinomatöser) Veränderungen.

Bei den gutartigen Veränderungen handelt es sich meistens um Zysten:

- Follikelzyste bedingt durch die hormonelle Zyklusregulation
- Corpus-luteum-Zyste, Gelbkörperzyste, die nach dem Eisprung entstehen kann
- Luteinzysten, die unter ev. Hormonbehandlung entstehen und sich aus einem nicht gesprungenen Follikel entwickeln können (Schwangerschaft)
- Endometriosezysten, Endometriose, die sich in einem Ovar entwickelt hat und oftmals zu einer sogenannten Schokoladenzyste (Einblutungen in die Zyste) führt
- Dermoidzysten sind angeboren und entstehen durch fetale Einstülpung des äußeren Keimblattes oder aller drei Keimblätter
- Polyzystische Ovarien (PCO), kleinzystische Degeneration der Ovarien meistens verbunden mit Fertilitätsproblemen und ausgeprägten Zyklusstörungen (Amenorrhoe) bei vermehrter Bildung von Androgenen
- Borderline-Tumoren zeigen zwar im feingeweblichen Bild Zeichen der Malignität, aber kein infiltrierendes Wachstum und grenzen sich von invasiven Karzinomen durch ihre exzellente Prognose ab. Erst das Auftreten invasiver tumoröser Implantate (Zellverbände) führt zu einer deutlichen Prognoseverschlechterung. Zur sachgerechten GdB-Einstufung ist ein detaillierter histologischer Befund erforderlich. Sog. Brenner-Tumoren sind in der Regel gutartig.

Die bösartigen Ovarialtumoren werden nach der WHO-Klassifikation von 2003 unterschieden. Vom Epithel ausgehende Ovarialkarzinome werden entsprechend dem Zelltyp in seröse, muzinöse, endometroide, klarzellige, übergangszellige und gemischte Formen eingeteilt. Zu den endometroiden Formen zählen Adenosarkome, mesodermale (Müller-) Mischtumoren und Stromasarkome. Bösartige Neubildungen können auch aus sexuell differenziertem sowie undifferenziertem Gonadenmesenchym entstehen. Maligne Keimzelltumoren des Eierstocks (z.B. Teratome und Gonadoblastome) sprechen auf Chemotherapie an und erreichen unter heutigen Bedingungen eine Heilungsrate von 90%, wobei die hormonale und reproduktive Funktion unter entsprechender Therapie überwiegend erhalten werden kann (Diagnostik und Therapie maligner Ovarialtumoren. Interdisziplinäre Leitlinie der Deutschen Krebsgesellschaft e.V. und der Deutschen Gesellschaft für Gynäkologie und Geburtshilfe, S3-Leitlinie Diagnostik, Therapie und Nachsorge maligner Ovarialtumoren Version 4.0-März 2020 AWMF-Registernummer: 032/035O) Häufig treten auch Metastasen anderer bösartiger Tumoren, wie Magen-, Brust-, Gebärmutter-Karzinome, in den Ovarien auf.

Die stadiengerechte Therapie des Ovarialkarzinoms besteht in einer operativen radikalen Tumorreduktion (Entfernung der Gebärmutter, des Netzes sowie der Lymphknoten und des eventuell befallenen Peritoneums) sowie einer entsprechenden Polychemotherapie.

Das FIGO-Stadium I entspricht bei bösartigen Ovarialtumoren dem Stadium T1 N0 M0.

14.4 Chronischer oder chronisch-rezidivierender entzündlicher Prozess der Adnexe und / oder der Parametrien je nach Art, Umfang und Kombination der Auswirkungen (z. B. Adhäsionsbeschwerden, chronische Schmerzen, Kohabitationsbeschwerden) .... 10 – 40

14.5 Endometriose

leichten Grades (geringe Ausdehnung, keine oder nur geringe Beschwerden) .... 0 – 10

mittleren Grades .... 20 – 40

schweren Grades (z. B. Übergreifen auf die Nachbarorgane, starke Beschwerden, erhebliche Beeinträchtigung des Allgemeinzustandes, Sterilität) .... 50 – 60

Die Endometriose ist eine häufige gutartige, aber oft schmerzhafte chronische Erkrankung von Frauen, bei der Gebärmutterschleimhaut (Endometrium) außerhalb der Gebärmutterhöhle, aber auch in der Gebärmutterwand (Adenomyosis uteri) vorkommt. Durch die zyklusabhängige, hormonelle Stimulation des ektopen Gewebes kann es zu entsprechenden Schmerzen durch Blutungen in den Bauchraum oder, bei Wachstum des Gewebes, zu Dehnungsschmerzen im Peritoneum oder der Gebärmutterwand kommen.

Die Entstehung ist noch unklar, es gibt eine Reihe von Theorien, wie die Metaplasie-, die Induktions-, die Transplantationstheorie etc.

Nach der Lokalisation der Herde einer Endometriose werden drei Formen unterschieden:

- Endometriosis genitalis interna: Endometrioseherde innerhalb der Gebärmuttermuskulatur
- Endometriosis genitalis externa: Endometrioseherde außerhalb des Uterus im kleinen Becken (Ovarien, Douglas, Peritoneum)
- Endometriosis extragenitalis: Endometrioseherde außerhalb des kleinen Beckens

Die Beschwerden, die durch die Endometriose auftreten können, sind in absteigender Intensität:

Dysmenorrhoe > Unterbauchschmerzen > Übelkeit > Darmsymptome > verlängerte und verstärkte Periodenblutung > Beschwerden beim Geschlechtsverkehr.

Die Stadieneinteilung – durchgehend in vier Stufen – erfolgt nach unterschiedlichen Kriterien, wobei hier die Ausdehnung, das eventuell infiltrierende Wachstum, die Beurteilung der Chancen für eine Schwangerschaft die verschiedenen Scores charakterisieren (rASRM-, AFS-, EEC-Stadieneinteilung, ENZIAN-Klassifikation).

14.6 Scheidenfisteln

Harnweg-Scheidenfistel	50 – 60
Mastdarm-Scheidenfistel	60 – 70
Harnweg-Mastdarm-Scheidenfistel (Kloakenbildung)	100
Fisteln mit geringer funktioneller Beeinträchtigung sind entsprechend niedriger zu bewerten.	
Senkung der Scheidenwand, Vorfall der Scheide und / oder der Gebärmutter	
ohne Harninkontinenz oder mit geringer Stressinkontinenz (Grad I)	0 – 10
mit stärkerer Harninkontinenz und / oder stärkeren Senkungsbeschwerden	20 – 40
mit völliger Harninkontinenz	50 – 60
bei ungünstiger Versorgungsmöglichkeit	70
Ulzerationen sind ggf. zusätzlich zu bewerten.	
Isolierte Senkung der Scheidenhinterwand mit leichten Defäkationsstörungen	0 – 10
Scheiden-Gebärmutteraplasie, ohne Plastik, nach Vollendung des 14. Lebensjahres (einschließlich Sterilität)	40
Kraurosis vulvae	
geringen Grades (keine oder nur geringe Beschwerden)	0 – 10
mäßigen Grades (erhebliche Beschwerden, keine Sekundärveränderungen)	20 – 30
stärkeren Grades (starke Beschwerden, therapeutisch schwer beeinflussbare Sekundärveränderungen)	40
Vollständige Entfernung der Vulva	40

Die Kraurosis vulvae wird in der medizinischen Fachsprache inzwischen als Lichen sclerosus et atrophicus oder Vulvadystrophie bezeichnet. Diese trophische Veränderung des äußeren Genitales der Frau ist eine chronisch entzündliche, nicht ansteckende Hauterkrankung, die vermutlich zu den Autoimmunerkrankungen zu rechnen ist. Hierbei kommt es zu porzellanartiger Weißfärbung und sklerotischer Umwandlung (Verhornung) der betroffenen Haut. Die Erkrankung verläuft meistens in Schüben, wobei eine Heilung im eigentlichen Sinne nicht möglich ist. Dieser Umstand sollte bei der Bemessung eines GdB berücksichtigt werden.

Nach Beseitigung eines malignen Scheidentumors ist in den ersten fünf Jahren eine Heilungsbewährung abzuwarten;
GdS während dieser Zeit

nach Beseitigung im Stadium T1 N0 M0	60
in höheren Stadien	80

Nach Entfernung eines malignen Tumors der äußeren Geschlechtsteile ist in den ersten fünf Jahren eine Heilungsbewährung abzuwarten; GdS während dieser Zeit

nach Entfernung im Stadium (T1 bis T2) N0 M0	50
sonst	80

Die Ausführungen beziehen sich vor allem auf das Karzinom der Scheide und des äußeren Genitale. Man unterscheidet zwischen dem Vaginal- und dem Vulvakarzinom. Vaginalkarzinome (Scheidenkrebs) sind meistens Plattenepithelkarzinome, daneben kommen, allerdings selten, auch Adenokarzinome und Melanome vor, diese sind jedoch sehr selten. In Abhängigkeit vom Stadium der Veränderungen besteht die Therapie in einer radikalen Operation und/oder einer lokalen Bestrahlung – unter Umständen unter Einbeziehung der Lymphabflusswege. Eine Chemotherapie kommt nur bei Metastasen zum Einsatz.

Das Vulvakarzinom (Vulvakrebs) ist eine bösartige Tumorerkrankung des äußeren Genitales der Frau. Meistens handelt es sich um Plattenepithelkarzinome, Basalzell- und Adenokarzinome, Melanome; Karzinome der Bartholinischen Drüsen sowie Sarkome werden ebenfalls beobachtet. Der Tumor wird durch eine radikale Vulvektomie behandelt. Je nach Stadium werden gleichzeitig die Lymphknoten in den Leisten und/oder den Beckenwänden entfernt. Häufig muss die Operation durch eine entsprechende Bestrahlung ergänzt werden; eine Chemotherapie wird nur bei Metastasen eingesetzt.

15. Stoffwechsel, innere Sekretion

Kommentare: MARGARETHE LORENZ (15.1), EBERHARD LOSCH (15.2 - 15.8)

In diesem Abschnitt nicht erwähnte angeborene Stoffwechselstörungen sind analog und unter Berücksichtigung ihrer vielfältigen Auswirkungen zu beurteilen. Normabweichungen der Laborwerte bedingen für sich allein noch keinen GdS.

15.1 Zuckerkrankheit (Diabetes mellitus)

Die neue Bewertung berücksichtigt, dass die Art der Stoffwechseldysregulation und die Hypoglykämieneigung den Therapieaufwand sowie die Teilhabebeeinträchtigung bedingen.

Einschnitte in die Lebensführung zeigen sich z. B. bei der Planung des Tagesablaufes, der Gestaltung der Freizeit, der Zubereitung der Mahlzeiten, der Berufsausübung und der Mobilität. Eine gesunde Lebensführung – auch wenn sie zeitaufwändig realisiert wird – führt zu keiner Beeinträchtigung der Teilhabe in der Gesellschaft (aus der Begründung des Referentenentwurfes zur 2. Verordnung zur Änderung der Versorgungsmedizinverordnung).

Maßgeblich ist auch nicht die Art der Medikamentenverabreichung (oral, subkutan). „Es ist nicht ersichtlich, inwiefern insbesondere eine einzige Insulininjektion am Tag für sich genommen eine nennenswerte (zusätzliche) Teilhabebeeinträchtigung darstellt." (BSG, Urteil vom 24.04.2008 - B 9/9a SB 10/06 R).

Der Therapieaufwand, insbesondere die ständige notwendige Anpassung der Insulindosis, muss dokumentiert sein, um die Teilhabebeeinträchtigung und somit den GdS beurteilen zu können.

Die Versorgung mit einem kontinuierlichen Gewebezucker-Messgerät und oder Insulinpumpe berechtigt derzeit nicht zu einer Herabsetzung der GdB-Bewertung: Die hiermit verbundene Erleichterung der Blutzuckerkontrollen und Therapieanpassungen wird durch die Beeinträchtigung durch das Tragen und Versorgen der Geräte in etwa ausgeglichen.

Die an Diabetes erkrankten Menschen, deren Therapie regelhaft keine Hypoglykämie auslösen kann und die somit in der Lebensführung kaum beeinträchtigt sind, erleiden auch durch den Therapieaufwand keine Teilhabebeeinträchtigung, die die Feststellung eines GdS rechtfertigt. Der GdS beträgt 0.

Dies trifft zu bei gesunder Lebensführung mit entsprechender Diät sowie sportlicher Aktivität und/oder Medikation (oral, subkutan) mit z. B. Acarbose, Metformin, Glitazonen, DPP4-Inhibitoren und Gl P1 Analoga.

> Die an Diabetes erkrankten Menschen, deren Therapie eine Hypoglykämie auslösen kann und die durch Einschnitte in der Lebensführung beeinträchtigt sind, erleiden durch den Therapieaufwand eine signifikante Teilhabebeeinträchtigung. Der GdS beträgt 20.

Dies trifft zu bei einer Therapie mit Sulfonylharnstoffen, Gliniden und ein bis zwei ergänzenden Insulingaben sowie einer konventionellen Insulintherapie mit Mischinsulinen ohne mindestens einmaliger, dokumentierter Blutzuckermessung pro Tag.

> Die an Diabetes erkrankten Menschen, deren Therapie eine Hypoglykämie auslösen kann, die mindestens einmal täglich eine dokumentierte Überprüfung des Blutzuckers selbst durchführen müssen und durch weitere Einschnitte in der Lebensführung beeinträchtigt sind, erleiden je nach Ausmaß des Therapieaufwands und der Güte der Stoffwechseleinstellung eine stärkere Teilhabebeeinträchtigung. Der GdS beträgt 30 bis 40.

Bei einer Sulfonylharnstofftherapie oder Analoga-Gabe bzw. ergänzender ein- bis zweimaliger Gabe von Langzeitinsulin ist ein GdB von 30 sachgerecht, wenn auch über die Einstellphase hinaus eine so ausgeprägte Hypoglykämiegefährdung besteht, dass ein- bis zweimal am Tag eine dokumentierte Blutzuckerkontrolle erforderlich ist.

Zu dieser Gruppe gehören alle Diabeteserkrankungen (insbesondere vom Typ 1), die einer mehrfachen Blutzuckermessung und Insulininjektion bedürfen, ohne dass eine gravierende Teilhabebeeinträchtigung durch erforderliche ständige Anpassung der Insulindosis bzw. durch stark schwankende Blutzuckerwerte nachgewiesen ist (s. u.).

Ein GdB von 40 ist für Diabeteserkrankungen insbesondere vom Diabetes Typ 1 angemessen, bei denen eine intensivierte Insulintherapie mit mindestens viermaligen Blutzuckermessungen und Insulininjektionen in Abhängigkeit vom aktuellen Blutzuckerwert, Nahrungsaufnahme und vorgesehenen Aktivität – dokumentiert! – durchgeführt wird, aber keine zusätzlichen gravierenden Einschnitte in der Lebensführung vorliegen.

Die an Diabetes erkrankten Menschen, die eine Insulintherapie mit täglich mindestens vier Insulininjektionen durchführen, wobei die Insulindosis in Abhängigkeit vom aktuellen Blutzucker, der folgenden Mahlzeit und der körperlichen Belastung selbständig variiert werden muss, und durch erhebliche Einschnitte gravierend in der Lebensführung beeinträchtigt sind, erleiden auf Grund dieses Therapieaufwands eine ausgeprägte Teilhabebeeinträchtigung. Die Blutzuckerselbstmessungen und Insulindosen (beziehungsweise Insulingaben über die Insulinpumpe) müssen dokumentiert sein. Der GdS beträgt 50.

Es ist nicht erforderlich, dass alle Insulindosen variiert werden. Es genügt z. B., wenn die rasch wirksamen Insulindosen selbstständig angepasst werden müssen.

Es genügt, wenn der Therapieaufwand bzw. die Teilhabebeeinträchtigung in anhaltend ausgeprägtem Ausmaß über einen relevanten Zeitraum (mind. zwei bis drei Monate) dokumentiert ist. Es ist nicht erforderlich, dass der Therapieaufwand im Einzelnen ständig nachgewiesen wird.

Von zusätzlichen gravierenden Einschnitten in der Lebensführung neben den Voraussetzungen für einen GdB von 40 ist auszugehen, wenn wiederholt schwere Hypoglykämien (insbesondere mit erforderlicher Hilfe durch Dritte) auftreten, wenn wiederholt nächtliche Blutzuckerkontrollen durch Dritte erforderlich sind. Die Fahreignung ist dann nicht mehr gegeben.

Insbesondere bei Kindern und Jugendlichen mit Typ-1-Diabetes sollte geprüft werden, ob nicht weitere gravierende Einschnitte in der Lebensführung durch nächtliche Blutzuckerkontrollen durch Dritte und/oder eine erhebliche Beeinträchtigung an der Teilnahme von Schul- und Sportunterricht vorliegen.

Dem zweifellos bestehenden gravierenden Aufwand der Eltern wird mit der Zuerkennung der Voraussetzungen für das Merkzeichen H bis zur Vollendung des 16. Lebensjahres Rechnung getragen. (Danach gelten auch hier die generellen Vorgaben für das Merkzeichen H in Teil A Nummer 4 und 5 „Hilflosigkeit".)

Außergewöhnlich schwer regulierbare Stoffwechsellagen können jeweils höhere GdS-Werte bedingen.

Mit dieser Formulierung wird dem Umstand Rechnung getragen, dass Teilhabebeeinträchtigungen sowohl durch schwer hyperglykämische Stoffwechselentgleisungen als auch durch Hypoglykämien, die jeweils der dokumentierten invasiven Fremdhilfe bedürfen, hervorgerufen werden können.

Bei beträchtliche Fremdhilfe erfordernden Hypoglykämien (Blutzuckerwerte unter 35 (-40) mg%) können auch die Voraussetzungen für die Merkzeichen B und G gegeben sein, wenn diese häufig – in Analogie zu epileptischen Anfällen mehrmals im Monat bzw. im Abstand von Wochen – tagsüber auftreten.

Diabetische Spätkomplikationen (Polyneuropathie, Retinopathie, Nephropathie, Makroangiopathie) sind je nach ihrer Schwere gesondert im jeweiligen Funktionsbereich zu bewerten.

15.2 Gicht

Bei der Beurteilung des GdS sind die Funktionseinschränkungen der betroffenen Gelenke, Schmerzen, Häufigkeit und Schwere der entzündlichen Schübe und eine Beteiligung der inneren Organe zu berücksichtigen.

Bei Ablagerungen von Natriumurat in Gelenken oder Sehnen sind Großzehengrundgelenk, Vorfußbereich, Hand- und Ellenbogengelenke häufige Prädilektionsstellen für Gichtanfälle. Bei wiederkehrenden Attacken müssen vorübergehend auftretende Funktionsstörungen im Längsschnitt bewertet werden, ständige Funktionseinschränkungen am Bewegungsapparat sind nach den Kriterien in Kapitel 18 zu beurteilen, eine Beeinträchtigung der Nierenfunkton anhand der Vorgaben in Kapitel 12.

15.3 Fettstoffwechselkrankheit

Der GdS ist grundsätzlich abhängig von dem Ausmaß der Folgekrankheiten.

Bei Notwendigkeit einer LDL-Apherese 30

Der Nachweis einer Erhöhung von Cholesterin oder Triglyzeriden im Serum bedingt keinen GdB. Auch bei Notwendigkeit einer medikamentösen Behandlung erhöhter Blutfette ist noch kein GdB anzunehmen. Allein hierdurch auftretende Organstörungen (koronare Herzkrankheit und andere Arterioskleroseerkrankungen) werden bewertet.

Bei der LDL-Apherese, auch Lipidapherese genannt, werden Fettbestandteile – neben anderen überwiegend das LDL-Cholesterin – in einem extrakorporalen Kreislauf mit Hilfe physikalisch-chemischer Trennverfahren aus dem Blut entfernt. Das Verfahren kommt bei schweren Fettstoffwechselstörungen, die auf eine maximale medikamentöse Therapie nicht genügend ansprechen (z. B. schwere familiäre Hypercholesterinämie), zum Einsatz.

Alimentäre Fettsucht, Adipositas

Die Adipositas allein bedingt keinen GdS. Nur Folge- und Begleitschäden (insbesondere am kardiopulmonalen System oder am Stütz- und Bewegungsapparat) können die Annahme eines GdS begründen. Gleiches gilt für die besonderen funktionellen Auswirkungen einer Adipositas permagna.

Bei adipösen Personen kommt es einerseits zu Abnutzungserscheinungen verschiedener Körpergelenke durch die physiologisch ungünstige Gewichtsbelastung, andererseits folgen metabolische Störungen, die nach den für diese Gesundheitsstörungen einschlägigen Grundsätzen bewertet werden. Es kommt zu anhaltenden Hautveränderungen durch chronische Entzündungen bei aufeinanderliegenden Hautfalten und vermehrter Schweißneigung. Beim Lipödem findet sich eine schmerzhafte Schwellung im Bereich der Fettablagerungen an Hüften, Ober- und Unterschenkeln.

Einstufung der Adipositas

Kategorie (nach WHO)	**BMI (kg/m²)**
Normalgewicht	18,5 – 24,9
Übergewicht (Praeadipositas)	25 – 29,9
Adipositas Grad I	30 – 34,9
Adipositas Grad II	35 – 39,9
Adipositas Grad III (Adipositas per magna oder morbide Adipositas)	≥ 40

Der BMI berechnet sich aus dem Körpergewicht [kg] dividiert durch das Quadrat der Körpergröße [m²]. Die Formel lautet:
BMI = Körpergewicht: (Körpergröße in m)². Die Einheit des BMI ist demnach kg/m².

Gelegentlich wird auch das Taillen-Hüftverhältnis beurteilt: $\text{HBU} = \frac{\text{Bauchumfang}}{\text{Hüftumfang}}$	**Frauen**	**Männer**
Normalgewicht	< 0,8	< 0,9
Übergewicht	0,8 – 0,84	0,9 – 0,99
Adipositas	> 0,85	> 1,0

Nach höchstrichterlicher Rechtsprechung (BSG Urteil vom 24.4.2008 – B9/0a SB 7/06 R) sind funktionelle Auswirkungen der Adipositas per magna GdB-erhöhend zu berücksichtigen. Dies gilt auch hinsichtlich der Merkzeichen G und aG (LSG Berlin-Brandenburg, Urteil vom 3.12.2009 – L 13 SB 235/07), wenn im Zusammenwirken mit weiteren Funktionsstörungen durch die Adipositas per magna ein entsprechendes Ausmaß in der Einschränkung der Bewegungsfähigkeit erreicht wird.

15.4 Phenylketonurie

ohne fassbare Folgeerscheinungen

im Kindesalter bis zur Vollendung des 16. Lebensjahres	30
danach bei Notwendigkeit weiterer Diäteinnahme ...	10

Beim Vorliegen eines Hirnschadens ist der GdS vor allem vom Ausmaß der geistigen Behinderung und weiterer Folgen (z. B. hirnorganische Anfälle) abhängig.

Die angeborene Stoffwechselanomalie führt unbehandelt zu einer geistigen Retardierung mit neurologischen Ausfallerscheinungen, bei phenylalaninarmer Diät ist im Allgemeinen aber mit einer normalen Entwicklung zu rechnen.

Wegen der Bedeutung der Einhaltung dieser Diät liegen bis zum 14. Lebensjahr die Voraussetzungen für das Merkzeichen H vor, über diesen Zeitraum hinaus nur bei Vorliegen einer relevanten Beeinträchtigung der geistigen Entwicklung.

15.5 Mukoviszidose (zystische Fibrose)

unter Therapie Aktivitäten, Gedeihen und Ernährung altersgemäß ...	20
unter Therapie Aktivitäten und Lungenfunktion leicht eingeschränkt, Gedeihen und Ernährung noch altersgemäß ...	30 – 40
Aktivitäten und Lungenfunktion deutlich eingeschränkt, häufig Gedeih- und Entwicklungsstörungen, Schulbesuch und Erwerbstätigkeit in der Regel noch möglich ...	50 – 70
schwere bis schwerste Einschränkung der Aktivitäten, der Lungenfunktion und des Ernährungszustandes ...	80 – 100

Folgekrankheiten (z. B. Diabetes mellitus, Impotenz, Leberzirrhose) sind ggf. zusätzlich zu berücksichtigen.

Die Mukoviszidose gehört zu den häufigsten angeborenen Stoffwechselkrankheiten und betrifft bei der hellhäutigen Bevölkerung Europas und Nordamerikas etwa eine von 3000 Lebendgeburten. Ein genetisch bedingter Defekt eines in den Zellmembranen verankerten Proteins (Eiweißes) führt zu einer Fehlregulation des zellulären Chloridstoffwechsels von exokrinen Drüsen (Drüsen, die ihr Sekret durch Ausführungsgänge nach außen oder in Körperhöhlen abgeben) und verursacht Krankheitserscheinungen in mehreren Organsystemen.

Durch therapeutische Fortschritte in den vergangenen Jahren konnte die Lebenserwartung Betroffener entscheidend verbessert werden, so dass es sich bei der Mukoviszidose nicht mehr ausschließlich um eine Störung im Kindes- und Jugendalter handelt.

Vorherrschend ist eine Lungensymptomatik mit Husten bei Produktion von zähem Schleim und im Einzelfall zunehmender Atemproblematik. Oft ist diese durch eine bakterielle Besiedlung der unteren Atemwege mit bakteriellen Problemkeimen (z. B. Pseudomonas aeruginosa) kompliziert, die einer konventionellen Behandlung mit Antibiotika nur schwer zugänglich ist und besonderer Therapiemaßnahmen bedarf. Zusätzlich kann eine chronische Nasennebenhöhlenentzündung mit Polypenbildung in der Nase auftreten. Von Seiten des Abdomens können Komplikationen durch eine exokrine Pankreasinsuffizienz (ungenügende Produktion von Verdauungsenzymen durch die Bauchspeicheldrüse) hinzukommen. Sie führt in erster Linie zu Untergewicht, welches sich auf die Funktion anderer Organe negativ auswirkt und bei Bedarf durch hochkalorische Zusatznahrung ausgeglichen werden muss. Wiederkehrende oder dauernde Bauchschmerzen deuten auf eine Invagination des Darmes (Einstülpung von Darmabschnitten ineinander), eine Pankreatitis (Bauchspeicheldrüsenentzündung) oder auch Stuhlverdickungen hin.

Wegen der umfangreichen Therapiemaßnahmen liegen bis zum 16. Lebensjahr (bei schweren Ausprägungen auch bis zum 18. Lebensjahr) die Voraussetzungen für das Merkzeichen H vor. Bei Einschränkung der Lungenfunktion in entsprechendem Ausmaß sind die Merkzeichen G und aG zu prüfen. Bei massivem andauerndem Husten können auch die Voraussetzungen für das Merkzeichen RF gegeben sein.

15.6 Schilddrüsenkrankheiten

Schilddrüsenfunktionsstörungen sind gut behandelbar, so dass in der Regel anhaltende Beeinträchtigungen nicht zu erwarten sind. Selten auftretende Organkomplikationen (z. B. Exophthalmus, Trachealstenose) sind gesondert zu beurteilen. Bei der nicht operativ behandelten Struma richtet sich der GdS nach den funktionellen Auswirkungen.

Nach Entfernung eines malignen Schilddrüsentumors ist in den ersten fünf Jahren eine Heilungsbewährung abzuwarten; GdS während dieser Zeit

nach Entfernung eines papillären oder follikulären Tumors, ohne Lymphknotenbefall	50
sonst	80

Bedingt der nach der Entfernung verbliebene Organschaden einen GdS von 50 oder mehr, ist der während der Heilungsbewährung anzusetzende GdS entsprechend höher zu bewerten.

Eine Stimmbandlähmung mit Heiserkeit nach der operativen Geschwulstentfernung kann nach dem Urteil des BSG vom 30.9.2009 (B 9 SB 4/08 R) nicht als ein typischerweise mit der Geschwulstentfernung verbundener und damit im GdB bereits berücksichtigter Organschaden angesehen werden und ist folglich gesondert zu bewerten.

Tetanie

Sie ist gut behandelbar, so dass in der Regel dauernde Beeinträchtigungen nicht zu erwarten sind.

Anfallsartig auftretende tonische Krämpfe der Muskulatur und Sensibilitätsstörungen bei normo- oder hypokalzämischer Tetanie müssen im Längsschnitt der auftretenden Funktionsstörungen in ihren Auswirkungen beurteilt werden.

15.7 Chronische Nebennierenrindeninsuffizienz (Addison-Syndrom)

Sie ist gut behandelbar, so dass in der Regel dauernde Beeinträchtigungen nicht zu erwarten sind. Selten auftretende Funktionsstörungen sind analogen funktionellen Beeinträchtigungen (z. B. orthostatische Fehlregulation) entsprechend zu beurteilen.

Die Nebennierenrinde gehört zu den endokrinen Drüsen (Drüsen, die ihre Hormone direkt in die Blutbahn abgeben) und produziert die Steroidhormone Cortisol (Glucocorticoide) und Aldosteron (Mineralocorticoide).

Die Verminderung der Gluco- und Mineralocorticoide verursacht u. a. eine Pigmentierung der Haut, Müdigkeit und Antriebslosigkeit, Herz-Kreislauf- und Atemstörungen, aber auch Muskelkrämpfe und psychische Störungen. Lebensbedrohlich ist die Addison-Krise.

Cushing-Syndrom

Der GdS wird bestimmt von der Muskelschwäche und den Auswirkungen an den verschiedenen Organsystemen (Hypertonie, Herzinsuffizienz, Diabetes mellitus, Osteoporose, psychische Veränderungen).

Die Erhöhung von Cortisol im Blut führt weiter zu einem „Vollmondgesicht", einer Stammfettsucht mit Striae (Dehnungsstreifen der Haut) und einem männlichen Behaarungstyp bei Frauen.

15.8 Porphyrien

Erythropoetische Porphyrie (Günther-Krankheit)	100
Hepatische Porphyrien	
akut-intermittierende Porphyrie	30
Porphyria cutanea tarda ohne wesentliche Beschwerden	10

Organkomplikationen sind jeweils zusätzlich zu berücksichtigen.

Durch Enzymstörungen in der Hämoglobinsynthese (Synthese des roten Blutfarbstoffs) entstehen hohe Mengen an Vorstufen des Blutfarbstoffs, die über Stuhl und Urin ausgeschieden oder im Körper eingelagert werden. Krankheitserscheinungen manifestieren sich vorrangig am Nervensystem (Lähmungen und Sensibilitätsstörungen, Anfälle, psychotische Symptome, durch Störung des autonomen Nervensystems auch Abdominalkoliken) und an der Haut (Lichtdermatose mit Blasenbildung). Bei der erythropoetischen Porphyrie kann zusätzlich eine Anämie auftreten.

16. Blut, blutbildende Organe, Immunsystem

Kommentare: FRANK DOHT-RÜGEMER

Die Höhe des GdS bei Krankheiten des Blutes, der blutbildenden Organe und des Immunsystems richtet sich nach der Schwere der hämatologischen Veränderungen, nach den Organfunktionsstörungen, nach den Rückwirkungen auf andere Organe, nach der Auswirkung auf den Allgemeinzustand und der Häufigkeit von Infektionen.

Die nachfolgenden Bewertungsmaßstäbe entstammen zum Teil noch den Anhaltspunkten (AHP) von 1996. Die wissenschaftlichen Erkenntnisse in der Hämatologie haben sich in den Folgejahren jedoch rasch weiterentwickelt, so dass in vielen Bereichen eine Neubewertung erforderlich war. Diese wurde vom Arbeitskreis „Hämatologie" des Sachverständigenbeirates (SVB) am BMAS für die Bereiche 16.5 und 16.6. erarbeitet und in der 5. Änderung zur VMV auch verabschiedet. Die Überarbeitungen der Kapitel Lymphome, Blutgerinnungsstörungen und Immundefekte (z. B. HIV) sind noch nicht beschlossen worden, so dass die bisherigen Beurteilungskriterien weiterhin gelten. Soweit es möglich war, sind Hinweise auf die aktuelle Therapie und Prognose eingefügt. Durch die zunehmende Spezifizierung der malignen B- und T-Zell-Lymphome sind in der WHO-Klassifikation von 2017 nicht alle Sonderformen berücksichtigt. Für die Beurteilung gelten hier analog die Kriterien für niedrig maligne bzw. hoch maligne Lymphome, je nach Therapieintensität und Ausrichtung (kurativ oder kontrollierend bzw. palliativ).

16.1 Verlust der Milz

bei Verlust im frühen Kindesalter, dann bis zur Vollendung des achten Lebensjahres	20
danach oder bei späterem Verlust	10

Die Milz hat eine wichtige Funktion bei der Abwehr umkapselter Erreger und Parasiten. Auch dient sie als Reservoir für die Gedächtniszellen der B-Zell-Reihe. Nach einer Milzentfernung (traumatisch, therapeutisch, Infarkt) besteht die Gefahr schwerer Infektionen (speziell durch Pneumokokken!) im Rahmen eines Postsplenektomie-Syndroms (PSS) oder einer „overwhelming postsplenectomy infection" (OPSI) mit unbehandelt hoher Mortalität. Die Prävalenz liegt nach Angaben der DGHO (Dt. Ges. f. Hämatologie und Onkologie) bei 1–5 %, die Mortalität bei Kindern ist hoch und steigt auch jenseits des 60. Lebensjahres wieder an. Regelmäßige Impfungen (vor allem gegen Pneumokokken) sind zur Prophylaxe wichtig. Einem Milzverlust gleichzusetzen ist eine hereditäre oder funktionelle Asplenie (tatsächliches Fehlen oder Funktionslosigkeit des Organs, z. B. bei Sichelzellanämie). Bei hämatologischen Grunderkrankungen kommt bei Kindern auch eine Antibiotikaprophylaxe zur Anwendung. Ein erhöhtes Thromboserisiko ist nur postoperativ für einige Wochen gesichert, für eine dauerhafte Thromboseprophylaxe liegen kontroverse Daten vor. Bei einer hereditären Asplenie ist kein erhöhtes Thromboserisiko bekannt.

16.2 Hodgkin-Krankheit

Maligne Lymphomerkrankung ungeklärter Genese mit Nachweis charakteristischer Hodgkin/Reed-Sternberg-Zellen mit den Oberflächenmarkern CD15 und CD30. Die Inzidenz liegt bei 2–4/100000 Menschen mit Altersgipfeln im dritten und im siebten Lebensjahrzehnt, wobei die Erkrankung auch Kinder befallen kann (Inzidenz 0,7/100000 Kindern). Histologisch wird zwischen lymphozytenreichen, lymphozytenarmen, nodulär-sklerosierenden, gemischtzelligen und nicht klassifizierbaren Formen unterschieden. Die Therapie richtet sich nach Alter und Erkrankungsstadium (Ann-Arbor-Stadienklassifikation), sie besteht aus Bestrahlung und/oder Chemotherapie. Fortlaufende Therapiestudien haben seit den 70er Jahren die Überlebensraten in frühen Stadien auf über 90 % ansteigen lassen, in späteren Stadien werden über 80 % rezidivfrei. Problematisch bleiben das Risiko von Zweitkarzinomen und die posttherapeutischen Organschäden (Polyneuropathie, Infertilität, Fatigue, Lunge, Herz, Leber, Nieren etc.).

im Stadium I bis IIIA

- bei mehr als sechs Monate andauernder Therapie, bis zum Ende der Intensiv-Therapie je nach Auswirkung auf den Allgemeinzustand .... 60 – 100
- nach Vollremission GdS für die Dauer von drei Jahren (Heilungsbewährung) 50

im Stadium IIIB und IV

- bis zum Ende der Intensiv-Therapie 100
- nach Vollremission GdS für die Dauer von drei Jahren (Heilungsbewährung) 60

Modifizierte Ann-Arbor-Klassifikation n. Cotswold (1989) und Lugano (2014)	
Stadium	**Befall**
I	**Lokal** – eine LK-Region oder – ein lokalisierter extranodaler Herd
II	**Befall *nur einer* Seite des Zwerchfells** – zwei oder mehr LK-Regionen – ein lokalisierter extranodaler Herd + LK-Befall
III	**Befall *beider* Seiten des Zwerchfells** – zwei oder mehr LK-Regionen – ein lokalisierter extranodaler Herd + LK-Befall
IV	***Disseminierter* Befall von LK und extralymphatischen Organen** – disseminierter Befall mind. eines extralymphatischen Organs – Befall der Leber und/oder des Knochenmarks
Abkürzungen und Suffixe	**LK** = Lymphknoten **N** = Nodaler Befall **E** = Extranodaler Befall (extralymphatisches Gewebe) **S** = Spleen (Milzbefall, cave: die Milz ist ein lymphatisches Organ => der Befall wird als nodal gewertet!) **A** = Ohne B-Symptomatik **B** = Allgemeinsymptome wie – Fieber > 38° – Nachtschweiß – Ungewollter Gewichtsverlust > 10 % in den letzten 6 Monaten

16.3 Non-Hodgkin-Lymphome

Die bislang gültige Einteilung der Non-Hodgkin-Lymphome (NHL) in niedrigmaligne und hochmaligne Entitäten basiert auf der überarbeiteten KIEL-Klassifizierung von 1988 und 1992. Die aktuell gültige WHO-Klassifizierung von 2017 ist noch nicht berücksichtigt. Etwa 80 % der NHL entstammen der B-Zellreihe, 20 % der T-Zellreihe. Es werden vier Stadien berücksichtigt, zusätzlich das Fehlen (A) oder Vorliegen (B) von Allgemeinsymptomen wie Gewichtsverlust > 10 %, Fieber > 38°, Nachtschweiß, ein Milzbefall (S) oder Befall eines extralymphatischen Organs (E). Die Inzidenz der Non-Hodgkin-Lymphome nimmt seit Jahren zu und liegt derzeit bei 8–10/100000 Einwohnern, die meisten Patienten sind über 60 Jahre alt.

Non-Hodgkin-Lymphome der *B-Zell-Reihe*	
Kiel-Klassifikation	**WHO-Klassifikation 2017**
Niedrig maligne (= indolente) Lymphome	
Chronisch lymphatische Leukämie (CLL)	Chronisch lymphatische Leukämie (CLL)
Lymphozytisches Lymphom	CLL mit plasmazellulärer Differenzierung
Lymphoplasmozytoides Immunozytom	Kleinzelliges lymphozytisches Lymphom
Lymphoplasmazytisches Immunozytom	Immunozytom (= Morbus Waldenström)
Monozytoide Lymphome inkl. Marginalzonen-Lymphome	Nodales Marginalzonen-Lymphom (monozytoid)
	Extranodales Marginalzonen-Lymphom (MALT = Mucosaassoziiert)
	Splenisches Marginalzonen-Lymphom
Haarzell-Leukämie	Haarzell-Leukämie
Plasmazytisches Lymphom	Singulär = Plasmozytom
	Polytop = Multiples Myelom
Zentroblastisch-zentrozytisches Lymphom	Follikuläres Keimzentrumslymphom Grad I, II+IIIa
Zentrozytisches Lymphom	Mantelzell-Lymphom (***Cave:*** **histologisch indolent, klinisch aber meist aggressiv => dann auch Bewertung wie bei aggressiven Lymphomen!**)
Hoch maligne (= aggressive) Lymphome	
Zentroblastisches Lymphom	Diffus großzelliges Lymphom
Immunoblastisches Lymphom	
Großzellig anaplastisches Lymphom	
	Mediastinales Lymphom
Burkitt-Lymphom	Burkitt-Lymphom
	Burkitt-ähnliches Lymphom
Lymphoblastisches Lymphom	Vorläuferzell-lymphoblastisches Lymphom
Zentroblastisch-zentrozytisches Lymphom mit blastenreichen Arealen	Follikuläres Keimzentrumslymphom Grad IIIb + IV

Non-Hodgkin-Lymphome der *T-Zell-Reihe* nach der WHO-Klassifikation 2017
Niedrig maligne (= indolente) Lymphome
Mycosis fungoides
Sézary-Syndrom
Prolymphozyten-Leukämie
Hoch maligne (= aggressive) Lymphome
Anaplastisch großzelliges Lymphom
Angioimmunoblastisches Lymphom
Enteropathie-assoziiertes Lymphom
Monomorph epitheliotropes intestinales T-Zell-Lymphom
Peripheres T-Zell-Lymphom, NOS
Primär kutanes T-Zell-Lymphom
Extranodales NK-/T-Zell-Lymphom, nasaler Typ
Großgranulierte T-Zell-Leukämie
Aggressive NK-Zell-Leukämie
Systemisches EBV+ T-Zell-Lymphom im Kindesalter
Adulte T-Zell-Leukämie/Lymphom
Hydroa vacciniforme-like lymphoproliferative Störung
Hepatosplenisches Lymphom
Primär kutane CD30+ T-Zell lymphoproliferative Störung
Subkutanes Panniculitis-like T-Zell-Lymphom

16.3.1 Chronische lymphatische Leukämie und andere generalisierte niedrigmaligne Non-Hodgkin-Lymphome

mit geringen Auswirkungen (keine wesentlichen Beschwerden, keine Allgemeinsymptome, keine Behandlungsbedürftigkeit, keine wesentliche Progredienz)	30 – 40
mit mäßigen Auswirkungen (Behandlungsbedürftigkeit)	50 – 70

mit starken Auswirkungen, starke Progredienz (z. B. schwere Anämie, ausgeprägte Thrombozytopenie, rezidivierende Infektionen, starke Milzvergrößerung) . . 80 – 100

Die niedrig malignen (meist reifzelligen) NHL werden nach WHO 2017 als indolent bezeichnet, diese Gruppe macht ca. 70 % der NHL aus. Die generalisierten Formen sind in der Regel nicht heilbar, zeigen aber meist einen langjährigen, gut kontrollierbaren Verlauf unter den heute verfügbaren Therapieoptionen („watch & wait“, Radio/Chemotherapie, Zytokin-/Antikörpertherapie, autologe Stammzelltherapie). Eine Heilung wird nur in Einzelfällen angestrebt bei entsprechenden Rahmenbedingungen (z. B. jüngerer Patient, rasch progredienter Verlauf, allogener Knochenmark-/Stammzellspender vorhanden).

Die chronisch lymphatische Leukämie (CLL) als häufigste generalisierte Form weist eine jährliche Inzidenz von 3–6/100000 Einwohnern auf, das mediane Erkrankungsalter liegt im achten Lebensjahrzehnt. Die Einteilung erfolgt nach BINET (Stadium A, B oder C). Ein Therapiebedarf mit Chemoimmuntherapeutika besteht im Stadium C. In den Stadien A oder B wird nur dann therapiert, wenn zusätzlich klinische Beschwerdekriterien erfüllt sind (nach IW-CLL 2018). Die Therapieintention ist palliativ, nur in Einzelfällen kommt eine potentiell kurative allogene Stammzelltherapie in Betracht.

Lokalisierte niedrigmaligne Non-Hodgkin-Lymphome

nach Vollremission (Beseitigung des Tumors) für die Dauer von drei Jahren (Heilungsbewährung) 50

Die **lokalisierten** Formen (häufigster Vertreter ist das follikuläre Lymphom, daneben MALT-Lymphom, Marginalzonenlymphom u. a.) lassen sich in den frühen Stadien I und II kurativ behandeln (Radio/Chemotherapie, Antibiotikagabe bei MALT-Lymphom, Chirurgie), so dass eine Heilungsbewährungszeit von drei Jahren abzuwarten ist. In den Stadien III und IV wird nach derzeitigem Erkenntnisstand abgewartet, wenn die Patienten symptomfrei sind („watch & wait“ – Bewertung wie niedrig maligne NHL **ohne** Behandlungsbedarf). Bei Symptomlast wird meist eine Chemoimmuntherapie mit einem CD20-Antikörper (z. B. Rituximab, Obinutuzumab) und einem etablierten Chemotherapieprotokoll (z. B. CHOP) oder Bendamustin durchgeführt. Dies stellt regelhaft keinen kurativen Behandlungsansatz dar (Bewertung wie niedrig maligne NHL mit Behandlungsbedarf).

Cave: Dies stellt eine abweichende Vorgehensweise gegenüber der histologischen Einstufung dar (Stadium III b und IV werden als hochmaligne eingestuft!). Zu bewerten sind aber stets nur das aktuelle Ausmaß an Behinderung durch die Erkrankung und ihre Therapieauswirkungen. Nur im Einzelfall (v. a. bei jüngeren Patienten) wird ein intensives Therapieprotokoll gewählt, um eine Vollremission zu erreichen. Die Bewertung erfolgt dann auch analog zu den hochmalignen NHL mit Heilungsbewährungszeit von drei Jahren nach Erreichen einer Vollremission.

16.3.2 Hochmaligne Non-Hodgkin-Lymphome

bis zum Ende der Intensiv-Therapie 100

nach Vollremission GdS für die Dauer von drei Jahren (Heilungsbewährung) 80

Die hochmalignen (meist unreifzelligen) NHL (z. B. diffus großzelliges Lymphom) werden aktuell nach der WHO-Klassifizierung von 2017 eingeteilt. Sie zeigen unbehandelt einen sehr raschen Verlauf (Wochen bis wenige Monate) und werden daher von Anfang an intensiv behandelt mit kurativer Intention (Immunchemotherapie, Bestrahlung, CAR-T-Zelltherapie). Die Inzidenz liegt bei 5–7/100000 Einwohnern/Jahr, die Heilungsrate liegt derzeit bei 60–70 %. Behandlungsgrundlage sind Prognose-Scores (z. B. IPI – international prognostic index). Nach Erreichen einer Vollremission ist eine Heilungsbewährungszeit von drei Jahren abzuwarten, bei Fortbestehen und Progression der Erkrankung GdB nicht unter 80 auf Dauer. Dies gilt auch für Mantelzelllymphome im höheren Stadium mit aggressivem Verlauf oder ein höhergradiges follikuläres Lymphom mit rascher Progression bei entsprechender Therapieintensität (s. o.).

16.4 Plasmozytom (Myelom)

mit geringen Auswirkungen (keine wesentliche Auswirkung auf den Allgemeinzustand, keine Behandlungsbedürftigkeit, ohne Beschwerden, keine wesentliche Progredienz) .... 30 – 40

mit mäßigen Auswirkungen (Behandlungsbedürftigkeit) 50 – 70

mit starken Auswirkungen (z. B. schwere Anämie, starke Schmerzen, Nierenfunktionseinschränkung) .... 80 – 100

Das Plasmozytom/multiple Myelom zählt zu den niedrig malignen (indolenten) NHL. Es geht von entarteten Plasmazellen aus, entwickelt sich meist über die Vorstufen MGUS (monoklonale Gammopathie unklarer Signifikanz) und SM (smouldering myeloma) weiter und zeichnet sich durch die vermehrte Produktion funktionsloser Antikörper oder Antikörperbruchstücke (Paraproteine) aus. Die Art der synthetisierten Paraproteine dient auch der Unterteilung (z. B. Plasmozytom vom IgG-Kappa – Typ). Solange die entarteten Plasmazellen nur an einer Stelle nachweisbar sind, liegt ein Plasmozytom vor – bei polytoper Lokalisation ein multiples Myelom. Das solitäre Plasmozytom kann kurativ behandelt werden (lokale Strahlentherapie) und wird analog zu den lokalisierten niedrig malignen NHL bewertet (HB-Zeit 3 Jahre). Für das multiple Myelom ist eine Behandlung nur bei klinischer Symptomatik (CRAB-Kriterien: Hyperkalzämie, Anämie, Nierenschädigung, Knochendestruktion) notwendig. Die jährliche Inzidenz liegt bei 3–4/100000 Einwohnern, das mediane Erkrankungsalter im achten Lebensjahrzehnt. Die Behandlung ist in der Regel bei langjährigem Verlauf palliativ (auch bei autologer Stammzelltherapie), eine Heilung ist nur in Fällen mit allogener Stammzelltherapie möglich (dann Heilungsbewährung 3 Jahre). Eine neue Therapieoption stellt die CAR-T-Zelltherapie dar mit bislang beeindruckenden Remissionsraten. Die Vorstufen MGUS und SM sind reine Laborauffälligkeiten, sie haben keinen Behinderungscharakter.

16.5 Myeloproliferative und myelodysplastische / myeloproliferative Neoplasien

Auswirkungen auf andere Organsysteme sind zusätzlich zu bewerten.

16.5.1 Chronische myeloische Leukämie, BCR / ABL-positiv

Im Stadium der kompletten hämatologischen, kompletten zytogenetischen und molekularen Remission beträgt der GdS	10 – 20
Im Stadium der kompletten hämatologischen Remission je nach Ausmaß der zytogenetischen Remission beträgt der GdS	30 – 40
Im chronischen Stadium, auch bei Krankheitsbeginn (im ersten Jahr der Therapie), bei fehlender Remission oder bei Rezidiv je nach Organvergrößerung, Anämie, Thrombozytenzahl und in Abhängigkeit von der Intensität der Therapie beträgt der GdS	50 – 80
In der akzelerierten Phase oder in der Blastenkrise beträgt der GdS	100

Die chronisch myeloische Leukämie (CML) basiert auf einer malignen Transformation einer hämatopoetischen Stammzelle. Die Erkrankung ist selten (Inzidenz 1–2 Fälle/100000 Einwohner/Jahr) und manifestiert sich meist im sechsten bis siebten Lebensjahrzehnt. Die CML ist in ca. 95 % der Fälle durch das Vorliegen eines Philadelphia-Chromosoms gekennzeichnet (Ph+). Zugrunde liegt eine reziproke Translokation der Chromosomen 9 und 22, die zur Entstehung des abnormen Fusionsgens bcr/abl führt. Dieses Gen synthetisiert eine unkontrolliert aktive Tyrosinkinase, was eine fortwährende Stimulation der myeloischen Stammzelle mit den bekannt hohen Zellzahlen mit Linksverschiebung zur Folge hat. Die CML führte früher unbehandelt in wenigen Jahren zum Tode, Interferon-alfa (IFN-α) und Hydroxyurea konnten nur eine kurze Lebenszeitverlängerung (4–6 Jahre) bewirken, wobei IFN-α bei einigen Patienten erstmals zytogenetische Remissionen induzieren konnte. Die heutigen Therapieverfahren zeigen seit der Entwicklung der Tyrosinkinaseinhibitoren (TKI) eine drastische Verbesserung von Lebenszeit und Lebensqualität. Bei über 90 % der Patienten werden langanhaltende Remissionen unterschiedlicher Tiefe (hämatologische > zytogenetische > molekulare Remission) erreicht. Regelmäßige Kontrollen der erreichten Therapietiefe sind für das Therapiemonitoring unerlässlich. Hierzu werden auf hämatologischer Ebene das Blutbild überprüft, auf zytogenetischer Ebene das Auftreten von Philadelphia-Chromosomen (bcr/abl-Translokationen) und auf molekularer Ebene die bcr/abl-Transkripte als deren Fusionsproteine bestimmt. Die TKI müssen meist lebenslang gegeben werden, ein Versuch des Absetzens ist nach mindestens zweijähriger tiefer molekularer Remission (MR 4,5-5) gerechtfertigt. Auch ist durch die allogene Stammzelltherapie (SZT) in Verbindung mit einer Konditionierungsbehandlung (myeloablative Radio-Chemotherapie) grundsätzlich eine Heilung möglich geworden. In der akzelerierten Phase oder der Blastenkrise wird zunächst versucht, durch Chemotherapieprotokolle eine Zytoreduktion (Verringerung der krankhaften Zellen) zu erreichen, um dann eine allogene SZT anzuschließen. Die Prognose ohne allogene SZT ist schlecht.

16.5.2 Atypische chronische myeloische Leukämie, BCR / ABL-negativ; chronische Neutrophilen-Leukämie; chronische myelomonozytäre Leukämie

Im Stadium der kompletten hämatologischen Remission beträgt der GdS 40

Im chronischen Stadium, auch bei Krankheitsbeginn (im ersten Jahr der Therapie), ist die Teilhabebeeinträchtigung insbesondere abhängig vom Ausmaß der Organvergrößerung und Anämie, der Thrombozytenzahl und der Intensität der Therapie.
Der GdS beträgt .... 50 – 80

In der akzelerierten Phase oder in der Blastenkrise beträgt der GdS 100

Der Philadelphia-negativen (Ph-) CML liegen variante oder verborgene Translokationen zugrunde, die sich der konventionellen zytogenetischen Untersuchung entziehen. Hier kann nur durch molekulare Untersuchungen (FISH oder PCR) der Nachweis von bcr/abl-Fusionsproteinen geführt werden. Die Prognose bei diesen varianten oder kryptischen Formen ist schlechter als bei der Ph+CML. Gelingt auch kein Nachweis von bcr/abl-Protein, liegt eine bcr/abl-negative CML mit nochmals schlechterer Prognose vor (wie früher die unbehandelte CML nur 1–3 Jahre), da der Angriffspunkt für die TKI fehlt. Die bcr/abl-negative CML wird zu den myeloproliferativen/myelodysplastischen Mischformen gezählt, da sie klinisch und morphologisch Elemente beider Erkrankungen aufweist.

16.5.3 Primäre Myelofibrose (Chronische idiopathische Myelofibrose)

Bei geringen Auswirkungen (keine Behandlungsbedürftigkeit) beträgt der GdS	10 – 20
Bei mäßigen Auswirkungen (Behandlungsbedürftigkeit) beträgt der GdS	30 – 40
Bei stärkeren Auswirkungen (insbesondere mäßige Anämie, geringe Thrombozytopenie, ausgeprägte Organomegalie) beträgt der GdS	50 – 70
Bei starken Auswirkungen (insbesondere schwere Anämie, ausgeprägte Thrombozytopenie, exzessive Organomegalie) beträgt der GdS	80 – 100

Die chronisch idiopathische Myelofibrose (cIMF) stellt eine heterogene Stammzellerkrankung mit Faservermehrung (erhöhte Kollagenproduktion) im Knochenmark, Osteosklerose und Gefäßneubildung dar, die konsekutiv zu Knochenmarkinsuffizienz und extramedullärer Blutbildung führt. Sie kann primär vorliegen oder sekundär aus anderen myeloproliferativen Erkrankungen (Polyzythämia vera oder essentielle Thrombozythämie) hervorgehen. Die jährliche Inzidenz liegt bei 1–2/100000 Einwohnern, das mediane Erkrankungsalter bei 60 Jahren. Charakteristisch für das Krankheitsbild ist der Nachweis von Stammzellen (CD34) in der Peripherie, die die sekundäre Blutbildung in Organen induzieren und eine Hepatosplenomegalie verursachen. Wie auch bei den anderen myeloproliferativen Erkrankungen lassen sich klonale Marker nachweisen (JAK2- und MPL515-Mutationen). Die Erkrankung verläuft lange asymptomatisch, die Überlebenszeiten nach Diagnosestellung liegen im Bereich von fünf bis zehn Jahren. Die Therapie ist bei dem wechselnd ausgeprägten klinischen Erscheinungsbild primär supportiv und symptomorientiert (je nach Erfordernis Transfusionen, ASS, Zytoreduktion, Splenektomie, JAK2-Inhibitoren u. a.). Heilung kann nur eine allogene Stammzelltherapie nach myeloablativer Konditionierung bringen.

16.5.4 Chronische Eosinophilen-Leukämie / Hypereosinophilie-Syndrom

Die Teilhabebeeinträchtigung ist insbesondere abhängig vom Ausmaß der Organomegalie, Hautbeteiligung, Blutbildveränderungen und Nebenwirkungen der Therapie. Der GdS beträgt mindestens 50.

Diese sehr seltene Erkrankung ist durch eine wenigstens sechs Monate anhaltende Erhöhung der Eosinophilen im Blut (>1500 Zellen/µl) gekennzeichnet. Molekular (FISH) finden sich häufiger eine Trisomie 8 oder PDGFR-Mutationen, die zu Tyrosinkinaseaktivierungen führen. Therapeutisch werden entsprechende Studien mit Tyrosinkinaseinhibitoren durchgeführt. Es gibt keine verlässlichen Daten zu Ätiologie, Pathogenese, Prognose und Therapie.

16.5.5 Polyzythämia vera

Bei Behandlungsbedürftigkeit

– mit regelmäßigen Aderlässen. Der GdS beträgt	10
– mit zytoreduktiver Therapie ist die Teilhabebeeinträchtigung insbesondere abhängig vom Ausmaß der Nebenwirkungen der Therapie. Der GdS beträgt	30 – 40

Übergänge zu anderen myeloproliferativen Erkrankungen sind analog zu diesen zu bewerten.

Die Polyzythämia vera (PV) ist eine heterogene Erkrankung der Stammzelle mit charakteristischen Mutationen im JAK2-Gen (Exon 12 und 14). Betroffen ist in erster Linie die rote Zellreihe mit Erhöhungen von Erythrozytenzahl und Hämatokrit, es können aber auch die anderen Zellreihen mitbetroffen sein (bi- oder trilineare Hyperzellularität). Gerade im Frühstadium kann die differentialdiagnostische Zuordnung im Vergleich zu anderen myeloproliferativen Neoplasien schwierig sein. Die PV hat eine Jahresinzidenz von 2/100000, Frauen sind häufiger betroffen. Die Erkrankung tritt im Allgemeinen erst ab dem sechsten Lebensjahrzehnt auf und ist klinisch durch die Symptome der Hyperviskosität (Dickflüssigkeit des Blutes) mit mikrovaskulären Durchblutungsstörungen gekennzeichnet (thromboembolische Komplikationen). Sekundäre Polyzythämien als Folge von Lungen/Herz/Nierenkrankheiten, Gefäßanomalien, Doping etc. und angeborene/familiäre Formen (Hämoglobinopathien etc.) sind abzugrenzen. Therapie der Wahl sind unverändert Aderlässe und Zytoreduktion (Hydroxyurea, Interferon-alfa, Anagrelid u. a.). Die Überlebenszeiten werden unterschiedlich angegeben und liegen im Bereich von 10 – 20 Jahren, meist limitiert durch den Übergang in eine akute myeloische Leukämie oder in eine chronisch idiopathische Myelofibrose (cIMF). Heilung kann nur eine allogene Stammzelltherapie nach myeloablativer Konditionierung bringen.

16.5.6 Essentielle Thrombozythämie

Bei Behandlungsbedürftigkeit

- mit Thrombozytenaggregationshemmern. Der GdS beträgt 10
- mit zytoreduktiver Therapie ist die Teilhabebeeinträchtigung insbesondere abhängig vom Ausmaß der Nebenwirkungen der Therapie. Der GdS beträgt .... 30 – 40

Übergänge zu anderen myeloproliferativen Erkrankungen sind analog zu diesen zu bewerten.

Bei der essentiellen Thrombozythämie (ET) ist eine Vermehrung von Blutplättchen charakteristisch, die auf eine klonale Veränderung der hämatopoetischen Stammzelle zurückzuführen ist. Typisch sind der Nachweis von Riesenthrombozyten im peripheren Blut sowie vermehrte Megakaryozyten im Knochenmark. Die ET hat eine Inzidenz von 2–3/100000/Jahr, die Erkrankung weist eine zweigipflige Altersverteilung (20–40 und 60–70) auf, wobei ca. 20 % der Patienten jünger als 40 Jahre sind. Molekular lassen sich in 50–60 % der Fälle JAK2-Mutationen und MPL-Mutationen nachweisen. Klinisch auffällig sind thromboembolische und hämorrhagische sowie mikrovaskuläre Komplikationen. Im Vordergrund der Therapie steht die Aggregationshemmung mit ASS, daneben die Zytoreduktion mit Anagrelid, Hydroxyurea oder Interferon-alfa. Die Prognose ist hervorragend, selten wird die Erkrankung belastet durch Übergänge in cIMF oder eine akute Leukämie.

16.5.7 Die juvenile myelomonozytäre Leukämie ist analog zur akuten myeloischen Leukämie zu bewerten.

16.6 Akute Leukämien

Im ersten Jahr nach Diagnosestellung (Erstdiagnose oder Rezidiv;

insbesondere während der Induktionstherapie, Konsolidierungstherapie, Erhaltungstherapie) beträgt der GdS 100

Nach dem ersten Jahr

- bei unvollständiger klinischer Remission: Der GdS beträgt weiterhin 100
- bei kompletter klinischer Remission unabhängig von der durchgeführten Therapie: der GdS beträgt 80
  für die Dauer von drei Jahren (Heilungsbewährung).

Danach ist der GdS nach den verbliebenen Auswirkungen (insbesondere chronische Müdigkeit, Sterilität, Neuropathien, Beeinträchtigung der Entwicklung und kognitiver Funktionen) zu bewerten.

Akute Leukämien entstehen aus unreifen Zellen der Hämatopoese (Blasten). Durch zyto-/molekulargenetische und immunphänotypisierende Untersuchungen lassen sich chromosomale Aberrationen aufdecken und die entarteten Zellklone einer akut myeloischen Leukämie (AML) oder einer akut lymphatischen Leukämie (ALL) – mit jeweiligen Subgruppen – zuordnen. Die ALL kommt ganz überwiegend bei Kindern vor, die AML überwiegend bei Erwachsenen (die Mehrzahl ist älter als 60 Jahre). Zunehmend finden sich auch akute Leukämien nach Radio-/Chemotherapie anderer Malignome (t-AL) oder sekundär nach Übergang aus einem myelodysplastischen oder myeloproliferativen Syndrom (s-AL). Aufgrund der schlechten Prognose im Spontanverlauf (Wochen bis wenige Monate) wird immer eine Heilung angestrebt, wobei dies bei Kindern wesentlich häufiger gelingt (> 80 %) als bei Erwachsenen (bedingt durch Multimorbidität und größere Toxizität der Therapie). Wenn durch eine intensive Induktionstherapie eine Vollremission erreicht worden ist, schließt sich eine standardisierte Konsolidierungsbehandlung an (Studienprotokolle – risikoadaptiert mit Chemotherapie, autologer oder allogener Stammzelltherapie). Im Rezidiv gibt es mit der CAR-T-Zelltherapie inzwischen eine neue Option.

16.7 Myelodysplastische Syndrome

mit geringen Auswirkungen (ausgeglichen und ohne wesentliche Allgemeinstörungen) .... 10 – 20

mit mäßigen Auswirkungen (z. B. gelegentliche Transfusionen) .... 30 – 40 mit stärkeren Auswirkungen (z. B. andauernde Transfusionsbedürftigkeit, rezidivierende Infektionen) 50–80

mit starken Auswirkungen (z. B. andauernde Transfusionsbedürftigkeit, häufige Infektionen, Blutungsneigung, leukämische Transformation) 100

Heterogene Gruppe von Knochenmarkserkrankungen, die in transformierten hämatopoetischen Stammzellen ihren Ursprung hat und sich durch eine Störung von Differenzierung und Reifung der Zellen (Dysplasie) auszeichnet. Es können eine, zwei oder alle drei Zelllinien betroffen sein. Der Erkrankungsgipfel liegt im siebten Lebensjahrzehnt, bei ca. 50 % der Erkrankten lassen sich chromosomale Aberrationen nachweisen. Die Jahresinzidenz liegt in der Größenordnung von 10–20(–50)/100000 mit ansteigendem Verlauf bei zunehmendem Lebensalter. Die Einteilung erfolgt nach der WHO-Klassifizierung von 2016. Die Therapie ist rein palliativ und orientiert sich an Prognose-Scores (z. B. IPSS, WPSS). Im Vordergrund steht bei den überwiegend älteren Patienten eine supportive Behandlung mit Transfusion fehlender Blutzellen, Infektbekämpfung, daneben auch Chemotherapie, Immunmodulation, Wachstumsfaktoren, epigenetische Therapie u. a. Limitierend für die Erkrankung ist der Übergang in eine akute Leukämie. In Einzelfällen ist eine kurative Behandlung möglich mittels allogener Stammzelltherapie.

Aplastische Anämie (auch Panmyelopathie), Agranulozytose

Der GdS bei aplastischer Anämie oder Agranulozytose ist auch nach Therapie analog zu den myelodysplastischen Syndromen zu bewerten.

Heterogene Gruppe von Knochenmarkserkrankungen, die angeboren (sehr selten) oder erworben zu einer Hypo- oder Aplasie der blutbildenden Zellen führen (Bildungsstörung). Es können eine, zwei oder alle drei Zelllinien betroffen sein. Die Inzidenz liegt bei 0,2/100000/Jahr. Sie kann in jedem Lebensalter auftreten, in erster Linie gehen der Erkrankung Bestrahlung, Virusinfekte, Medikamentengabe oder toxische Einflüsse (Benzol) voraus. Durch Gabe von Immunsuppressiva wie Anti-T-Lymphozyten Globulin (ATG), Cyclosporin A und Prednisolon wird versucht, einen vermuteten autoimmunologischen Prozess zu unterbrechen, daneben supportive Therapie mit Transfusion fehlender Blutzellen, Infektbekämpfung und nach Möglichkeit eine allogene Stammzelltherapie.

16.8 Knochenmark- und Stammzelltransplantation

Nach autologer Knochenmark- oder Blutstammzelltransplantation ist der GdS entsprechend der Grundkrankheit zu beurteilen.

Nach allogener Knochenmarktransplantation für die Dauer von drei Jahren (Heilungsbewährung) 100

Danach ist der GdS nach den verbliebenen Auswirkungen und dem eventuellen Organschaden, jedoch nicht niedriger als 30, zu bewerten.

Allogene Übertragungen von hämatopoetischen Stammzellen stellen bei Erkrankungen wie bestimmten Leukämien, Lymphomen, genetischen Defekten wie Thalassämie, Fanconi-Anämie u.a. eine kurative Therapieoption dar. Während man früher Stammzellen aus dem Knochenmark eines Spenders entnommen und auf den Empfänger übertragen hatte (allogene „Knochenmarktransplantation"), ist dies durch eine Methode abgelöst worden, bei der nach einer Stimulierung durch Wachstumsfaktoren umgewandelte Stammzellen aus dem peripheren Blut entnommen, mittels Zellseparator gesammelt und dann übertragen werden können (allogene „Stammzelltransplantation"). Diese Blutstammzellen führen schneller zur Restitution des Knochenmarks beim Empfänger als die Gabe von Knochenmark. Je nach Übereinstimmung der Antigenstrukturen (HLA-System) zwischen Spender und Empfänger und Vorbehandlung des Empfängers (z.B. Zerstörung des Immunsystems durch Chemotherapie, Bestrahlung) kommt es zu mehr oder weniger ausgeprägten Immunreaktionen der Spenderzellen gegen den Empfänger („Graft-versus-host-disease" – GvHD) oder des Empfänger-Immunsystems gegen die Stammzellen des Spenders („Abstoßungsreaktion"). Regulierend wirken immunmodulierende Medikamente, die lebenslang eingenommen werden müssen.

Autologe Transplantationen sind Retransfusionen körpereigener Stammzellen, die bei bestimmten hämatologischen (meist Leukämien, Lymphome etc.) oder genetisch determinierten Erkrankungen entnommen, speziell behandelt und tiefgefroren zwischengelagert werden. Nach einer intensiven Tumortherapie mit dem Ziel der weitgehenden/vollständigen Elimination der Tumorzellen, bei der auch die verbliebenen Knochenmarkszellen zerstört werden, können die gesammelten Stammzellen retransfundiert werden und das Knochenmark erholt sich wieder. Dieses Verfahren führt zu Verlängerungen der Überlebenszeiten bei nicht vollständig eliminierbaren Tumorformen oder zur vollständigen Ausheilung. Abstoßungsreaktionen oder eine GvHD kommen bei der autologen SZT nicht vor, da es sich um körpereigenes Gewebe handelt. Die Indikation zur autologen SZT wird ständig erweitert.

Eine *syngene* Transplantation stellt die Übertragung von Stammzellen oder Knochenmark zwischen eineiigen Zwillingen dar. Durch die genetische Übereinstimmung (HLA-identisch) zwischen Spender und Empfänger ist eine sehr gute Verträglichkeit gewährleistet. In sehr seltenen Fällen kommt es zu Immunreaktionen (unterschiedliches Antikörperrepertoire von Empfänger und Spender). Eine dauerhafte Gabe von Immunsuppressiva ist in der Regel nicht erforderlich. Nach dem Beiratsbeschluss vom 21./22.03.2001 ist die syngene Transplantation dennoch wie eine allogene Transplantation zu bewerten.

16.9 Anämien

Symptomatische Anämien (z. B. Eisenmangelanämie, vitaminabhängige Anämien) sind in der Regel gut behandelbar und nur vorübergehender Natur.

Therapierefraktäre Anämien (z. B. bestimmte hämolytische Anämien, Thalassämie, Erythrozytenenzymdefekte)

mit geringen Auswirkungen (ausgeglichen und ohne wesentliche Allgemeinstörungen)	0 – 10
mit mäßigen Auswirkungen (z. B. gelegentliche Transfusionen)	20 – 40
mit starken Auswirkungen (z. B. andauernde Transfusionsbedürftigkeit)	50 – 70

Zu den therapierefraktären Anämien zählen alle genetisch determinierten Formen an Blutarmut (z. B. durch *Membrandefekte* – Sphärozytose, Elliptozytose, paroxysmale nächtliche Hämoglobinurie [PNH] u. a, durch *Enzymdefekte* – Glucose-6-Phosphatdehydrogenasemangel, Pyruvatkinasemangel u. a., durch *Hämoglobinopathien* – Sichelzellanämie, Thalassämien u. a.), die extrakorpuskulären hämolytischen Anämien (autoimmunhämolytisch mit Kälte- oder Wärmeautoantikörpern, als Folge eine GvHD-Reaktion nach allogener Stammzelltherapie, bei mikroangiopathischen Prozessen im Rahmen eines hämolytisch-urämischen Syndroms [HUS], einer thrombotisch-thrombozytopenischen Purpura [TTP], einer disseminierten intravaskulären Koagulopathie [DIC] oder als Begleitreaktion bei Autoimmunerkrankungen wie rheumatoide Arthritis, systemischer Lupus erythematodes u. a.). Passagere hämolytische Anämien wie Rhesus- oder Blutgruppeninkompatibilitäten, postinfektiöse Anämien, toxisch induzierte Anämien oder auch Blutungsanämien erreichen in der Regel nicht die Mindestdauer von sechs Monaten, um als dauerhafte Behinderung anerkannt werden zu können. Renale Anämien, die heute mit Erythropoetin in einen Hämoglobinbereich von 10–12 g/dl angehoben werden, und eine mechanisch induzierte vermehrte Hämolyse bei Herzklappenprothesen sind im GdS/GdB für das jeweilige Grundleiden bereits berücksichtigt. Erythropoetinrefraktäre ausgeprägtere Anämien oder auch Blutungsanämien ohne Beseitigung der Blutungsquelle sind jedoch zu berücksichtigen, da sie in der Regel länger als sechs Monate vorliegen.

Ausgeprägte Anämien mit Hämoglobinwerten unter 6 g/dl (z.B. bei Thalassämia major), die nur mit regelmäßigen Transfusionen zu behandeln sind, können auch das Merkzeichen G begründen.

16.10 Hämophilie und entsprechende plasmatische Blutungskrankheiten (je nach Blutungsneigung)

leichte Form mit Restaktivität von antihämophilem Globulin (AHG) über 5 %	20
mittelschwere Form – mit 1–5 % AHG	
mit seltenen Blutungen	30–40
mit häufigen (mehrfach jährlich) ausgeprägten Blutungen	50–80
schwere Form – mit weniger als 1 % AHG	80–100

Genetisch determinierte Blutgerinnungsstörungen, die durch Defekte oder Mangelzustände in der Gerinnungskaskade ausgelöst werden (Hämophilie A – Faktor VIII, Hämophilie B – Faktor IX, von Willebrand-Jürgens-Syndrom – Faktor VIII, Hämophilie C – Faktor XI u.a.). Die GdS/GdB-Höhe orientiert sich an der Restaktivität des betroffenen Gerinnungsfaktors (*ohne* Therapie!) und davon abhängig von der Blutungsneigung und der notwendigen prophylaktischen Faktorensubstitution im Alltag. Sekundärarthrosen nach mehrfachen Gelenkblutungen sind bei den betroffenen Extremitäten gesondert zu bewerten. Bei Kindern ist wegen des Überwachungs- und Kontrollaufwandes bei einer Restaktivität von unter 5 % bis zur Vollendung des sechsten Lebensjahres das Merkzeichen H zu gewähren, im Einzelfall auch länger. Bei sekundären Gelenkschäden mit relevanter Auswirkung auf das Gehvermögen kommen auch die Merkzeichen G und aG in Betracht.

Sonstige Blutungsleiden

ohne wesentliche Auswirkungen	10
mit mäßigen Auswirkungen	20–40
mit starken Auswirkungen (starke Blutungen bereits bei leichten Traumen)	50–70

mit ständiger klinisch manifester Blutungsneigung (Spontanblutungen, Gefahr lebensbedrohlicher Blutungen) .... 80 – 100

Hier werden alle Krankheiten subsumiert, die das Blutgerinnungssystem betreffen und nicht zu „Hämophilie und entsprechende plasmatische Blutungskrankheiten“ zählen. Dies gilt für gefäßbedingte Leiden (z. B. Morbus Osler), thrombozytäre Erkrankungen (z. B. Morbus Werlhof) und Blutgerinnungsstörungen, die zu Thromboembolien führen können (z. B. Faktor V-Leiden-Mutation, Antiphospholipid-Syndrom, APC-Resistenz, Protein C / S-Mangel). Auch hier richtet sich die GdS/GdB-Höhe nach den Auswirkungen im Alltag und der erforderlichen Medikation (dauerhafte Einnahme von Antikoagulantien (i. d. R. GdB 10) vs. situationsadaptierte Gabe von Antikoagulantien oder lokale Kompressionsmaßnahmen (GdB < 10).

Eine Behandlung mit Antikoagulantien ist bei der Grundkrankheit (z. B. bei Herzklappen- und Gefäßprothesen, Thrombophilie) berücksichtigt. Wenn die Grundkrankheit nicht mehr besteht bzw. keinen GdS mehr bedingt, aber eine Weiterbehandlung mit Antikoagulantien erforderlich ist, kann – analog den sonstigen Blutungsleiden – in der Regel ein GdS von 10 angenommen werden.

Dies gilt für eine langfristige Antikoagulation nach z. B. rezidivierender tiefer Beinvenenthrombose oder nach einer Lungenembolie, wenn sie länger als sechs Monate eingenommen wird.

16.11 Immundefekte

Angeborene Defekte der humoralen und zellulären Abwehr (z. B. Adenosindesaminase-Defekt, DiGeorge-Syndrom, permanente B-Zell-Defekte, septische Granulomatose)

ohne klinische Symptomatik 0

trotz Therapie erhöhte Infektanfälligkeit, aber keine außergewöhnlichen Infektionen .... 20 – 40

trotz Therapie neben erhöhter Infektanfälligkeit auch außergewöhnliche Infektionen (ein bis zwei pro Jahr) . 50

Bei schwereren Verlaufsformen kommt ein höherer GdS in Betracht.

Diese sehr seltenen Erkrankungen fokussieren durch die gestörte Immunabwehr fast ausschließlich auf Schwere und Häufigkeit von Infektionen (Major-Infektionen wie Pneumonie, Meningitis, Sepsis, Empyem u. a., Minor-Infektionen wie grippale Infekte, Tonsillitis, Pharyngitis u. a.). In Einzelfällen kommt bei häufigen Major-Infektionen dadurch auch das Merkzeichen RF oder bei Kindern auch das Merkzeichen H in Betracht, wenn zur Infektionsprophylaxe eine Isolation erforderlich ist. Zu beachten sind aber auch negative Auswirkungen auf den Entwicklungsverlauf bei Kindern, die zu einer relevanten Retardierung von Körperwachstum oder geistiger Entwicklung mit dauerhaften Schäden führen können (z. B. durch Meningoenzephalitis).

Erworbenes Immunmangelsyndrom (HIV-Infektion)

HIV-Infektion ohne klinische Symptomatik	10
HIV-Infektion mit klinischer Symptomatik	
geringe Leistungsbeeinträchtigung (z. B. bei Lymphadenopathiesyndrom [LAS])	30 – 40
stärkere Leistungsbeeinträchtigung (z. B. bei AIDS-related complex [ARC])	50 – 80
schwere Leistungsbeeinträchtigung (AIDS-Vollbild) ...	100

Die Beurteilungskriterien entsprechen dem Kenntnisstand der frühen 80er Jahre. Das LAS repräsentiert das Frühstadium der Erkrankung mit grippeähnlicher Symptomatik (dabei auch Lymphknotenschwellungen) und Rückbildung der Symptomatik. Das ARC schließt sich nach einer durchschnittlichen Latenzphase von zehn Jahren an (ähnliche Symptomatik, aber anhaltend), während das Auftreten bestimmter opportunistischer Erkrankungen die AIDS-Erkrankung definieren. Diese Klassifizierung berücksichtigt nicht die heutige Einteilung nach der **CDC** (**C**enter for **d**isease **c**ontrol and prevention), die sich am klinischen Bild und der CD4-Zellzahl orientiert (A = asymptomatische HIV-Infektion; B = HIV-assoziierte Krankheitsbilder, die aber nicht AIDS definierend sind; C = AIDS-definierende Erkrankungen). Die Subklassifizierung berücksichtigt die CD4-Zellzahl (1 = CD4-Zellen > 500/µl; 2 = CD4-Zellen 200-499/µl; 3 = CD4-Zellen < 200/µl). Ein Stadium A 1 beschreibt demnach einen positiven HIV-Test mit weitgehend erhaltener Immunabwehr ohne klinische Symptomatik, ein Stadium C 3 das Vorliegen einer AIDS-definierenden Erkrankung (z. B. Kaposi-Sarkom, CMV-Retinitis) mit kompromittierter T-Helferzellzahl und dringendem Therapiebedarf.

Die GdB-Grade berücksichtigen auch nicht die heute vorhandenen Möglichkeiten einer antiretroviralen Therapie, da die Forschung hierzu 1983 erst am Anfang der Entwicklung stand. Die derzeit zur Verfügung stehenden Medikamente ermöglichen den HIV-Infizierten in den überwiegenden Fällen ein weitgehend „normales" Leben mit sozialer Integration und erhaltener Erwerbsfähigkeit. Eine exakte Korrelation zwischen den Gruppierungen LAS, ARC, AIDS-Vollbild und der heutigen Einteilung nach CDC besteht nicht.

Wichtig: Die bei der Erstdiagnose getroffene Einteilung wird immer beibehalten, auch wenn sich das klinische Bild unter einer Therapie ändert! Zu bewerten ist aber stets nur das aktuelle Ausmaß an Behinderung durch die Erkrankung (z. B. Infektionshäufigkeit, Therapienebenwirkungen, Auswirkungen auf den Allgemein- und Kräftezustand u. a.).

17. Haut

Kommentare: PETER AUGST

Bei der Beurteilung des GdS von Hautkrankheiten sind Art, Ausdehnung, Sitz, Auswirkungen auf den Allgemeinzustand, Begleiterscheinungen (wie Jucken, Nässen, Brennen, unangenehme und abstoßende Gerüche) und die Rezidivbereitschaft bzw. die Chronizität sowie die Notwendigkeit wiederholter stationärer Behandlung zu berücksichtigen. Bei Hautkrankheiten mit stark schwankendem Leidensverlauf kommt ein Durchschnitts-GdS in Betracht. Bei Kindern können sich Hautkrankheiten schwerer auswirken als bei Erwachsenen.

Narben können durch Ausdehnung, Beschaffenheit (z.B. Verhärtung, Verdünnung, Narbenzüge), Sitz oder Einwirkung auf ihre Umgebung zu Störungen führen. Bei flächenhaften Narben nach Verbrennungen, Verätzungen und ähnlichem muss außerdem die Beeinträchtigung der Haut als Schutz-, Ausscheidungs- und Sinnesorgan berücksichtigt werden. Diese Störungen bestimmen die Höhe des GdS.

Bei Entstellungen ist zu berücksichtigen, dass sich Schwierigkeiten im Erwerbsleben, Unannehmlichkeiten im Verkehr mit fremden Menschen sowie seelische Konflikte ergeben können.

17.1 Ekzeme

Kontaktekzeme (z.B. irritatives und allergisches Kontaktekzem)

geringe Ausdehnung und bis zu zweimal im Jahr für wenige Wochen auftretend	0–10
sonst	20–30

Definition: Das Kontaktekzem ist eine durch Rötungen, Bläschenbildung, Nässen, Krustenbildung, Schuppenbildung oder Austrocknung charakterisierte entzündliche Intoleranzreaktion der Haut. Das Kontaktekzem wird meist durch äußerlich einwirkende, nicht infektiöse, immunologische, chemisch oder physikalisch wirkende Noxen verursacht. Nach Auslösungsmechanismen unterscheidet man allergische und nicht allergische, sogenannte irritative, Kontaktekzeme. Je nach dem zeitlichen Ablauf teilt man die Kontaktekzeme in akute (dann auch oft Kontaktdermatitis genannt), subakute und chronische Erscheinungsbilder ein.

Das irritative Kontaktekzem (Syn: subtoxisch-kumulatives, nicht-allergisches) ist qualitativ und quantitativ vor allen Dingen an den Händen von Bedeutung. Andere Körperregionen können zwar auch betroffen sein, dies ist jedoch vergleichsweise selten und kann oft konstitutionellen Hauterkrankungsneigungen zugeordnet werden: z. B. Austrocknungsekzem durch Syndet, häufiges Waschen oder Baden am gesamten Integument (Hautorgan) bei konstitutioneller atopischer Sebostase.

Bei den allergischen Kontaktekzemen (Vorkommen häufig an den Händen, aber auch an anderen Lokalisationen der Haut) handelt es sich meist um Typ-IV-Reaktionen (Spättyp-Reaktionen); bei der Bewertung von Kontaktekzemen sind zusätzlich Allergenspektrum (Valenz der Sensibilisierungen: mono- bis polyvalent), Sensibilisierungsgrad und Verbreitung bzw. Meidbarkeit der Allergene zu beachten. Soweit nicht schon als Berufserkrankung berücksichtigt, können sich sowohl irritative wie auch allergische Kontaktekzeme auf die berufliche Tätigkeitseignung (z. B. berufliche Feuchttätigkeiten, Allergen als verbreiteter Berufsstoff) negativ auswirken.

Besonderheiten:

A) Aerogenes Kontaktekzem (airborne dermatitis): Ekzeme an freitragenden Körperstellen, ohne offensichtlichen Allergenkontakt (Typ-IV-Allergien: Epoxidharze, Duftstoffe, Parfums und andere. Typ-I-Allergien: Pollen, Tierhaare, Staub und andere).

B) Foto-Kontaktdermatitis: Auftreten an lichtexponierten Arealen, fototoxische und fotoallergische Reaktionen: Wiesengräserdermatitis.

Atopisches Ekzem („Neurodermitis constitutionalis", „endogenes Ekzem")

geringe, auf die Prädilektionsstellen begrenzte Ausdehnung bis zu zweimal im Jahr für wenige Wochen auftretend	0 – 10
bei länger dauerndem Bestehen	20 – 30
mit generalisierten Hauterscheinungen, insbesondere Gesichtsbefall	40
mit klinischer oder vergleichbar intensiver ambulanter Behandlungsnotwendigkeit mehrmals im Jahr	50

Das atopische Ekzem (Syn: atopische Dermatitis u. a. – s. o.) ist eine nicht ansteckende Hauterkrankung, deren klassische Morphologie und Lokalisation altersabhängig unterschiedlich ausgeprägt ist und zumeist mit Juckreiz einhergeht. Das Ausmaß der Hautbeteiligung kann von diskret und umschrieben bis zur flächenhaften Erkrankung des gesamten Hautorgans variieren. 50 bis 80 % der Neurodermitiker weisen IgE-vermittelte Sensibilisierungen auf (Pollen, Nahrungsmittel, Tierhaare, Hausstaubmilben u. a.). Entsprechend ist das atopische Ekzem häufig assoziiert mit der Rhinoconjunctivitis allergica, einem allergischen Asthma bronchiale oder insbesondere in jungen Jahren mit relevanten Nahrungsmittelallergien. Die Mehrheit der Patienten mit atopischen Ekzemen leidet an einer leichteren Form dieser Erkrankung. Die schweren Formen können sich bis zur klinischen Erythrodermie manifestieren, die die Lebensqualität deutlich und langfristig mindert. Komplikationen der atopischen Dermatitis stellen insbesondere bakterielle Infektionen mit Staphylokokkus aureus dar. Der Verlauf der atopischen Dermatitis ist wechselhaft mit Krankheitsschüben unterschiedlicher Dauer und Schwere. Die Erkrankung kann häufig rezidivieren. Auch geringgradig ausgeprägte Manifestationen haben manchmal schwere Beeinträchtigungen und psychische Belastungen zur Folge. Eine spontane Heilung ist jederzeit möglich. Insbesondere die frühkindlichen Formen der atopischen Dermatitis führen häufig zu bleibenden Spontanheilungen.

Klinische Ausprägungen und besondere Lokalisationen der ekzematösen Hautveränderungen (Hände!) können zu einer erheblichen Beeinträchtigung der beruflichen Tätigkeit führen und sind darüber hinaus sozialmedizinisch von Bedeutung. Arbeiten im feuchten Milieu, starke Hautverschmutzungen, häufiges Händewaschen oder häufiger Umgang mit Hautreizstoffen sollten vermieden werden. Ein konsequenter Hautschutz (z. B. Tragen von Handschuhen, Anwendung von Hautschutzpräparaten) ist notwendig. Die Hautreinigung muss häufig mit sehr spezifischen Produkten durchgeführt werden.

Seborrhoisches Ekzem

geringe Ausdehnung und Beschränkung auf die Prädilektionsstellen	0 – 10
sonst, je nach Ausdehnung	20 – 30

Das seborrhoische Ekzem kommt grundsätzlich in zwei Altersgruppen vor:

1. Meist kurzzeitig in Form von gelben schuppenden Krusten am Capillitium (behaarter Kopf), im Wangenbereich oder an den Nasolabialfalten in der Säuglingszeit.
2. Bei Erwachsenen mit Altershäufigkeitsgipfel im 30. Lebensjahr. Bevorzugt betroffen sind behaarter Kopf- und zentraler Stirnbereich, die Augenbrauenregionen, die Nasenflügel und die Nasolabialfalten; bei Männern häufig die vordere Schweißrinne

(= Prädilektionsstellen). Weiterhin sind häufiger die intertriginösen Räume (Achselhöhlen, Analregion, Leistenregion und andere) befallen. Mitauslöser der insgesamt häufigen Hauterkrankung ist ein körpereigener Sprosspilzkeim (Pityrosporon ovale).

Das seborrhoische Ekzem verläuft meistens chronisch intermittierend und muss entsprechend dauerhaft behandelt werden. Sonderformen sind im Vergleich zum atopischen Ekzem nicht so häufig: 1. disseminiertes seborrhoisches Ekzem, das sich am gesamten Integument ausbreitet, 2. seborrhoische Erythrodermie.

17.2 Chronisch rezidivierende Urtikaria / Quincke-Ödem

selten, bis zu zweimal im Jahr auftretend, leicht vermeidbare Noxen oder Allergene .... 0 – 10

häufiger auftretende Schübe, schwer vermeidbare Noxen oder Allergene .... 20 – 30

schwerer chronischer, über Jahre sich hinziehender Verlauf .... 40 – 50

Eine systemische Beteiligung z. B. des Gastrointestinaltraktes oder des Kreislaufs ist ggf. zusätzlich zu berücksichtigen.

Urtikaria ist der Oberbegriff für eine Gruppe heterogener Erkrankungen, bei denen Quaddeln als Effloreszenz im Vordergrund stehen. Pathophysiologisch ist allen Formen der Urtikaria gemeinsam, dass sie mit einer Degranulation von Mastzellen im Corium (Lederhaut) verbunden sind. Befinden sich die Mastzellen-Degranulationen im tiefen Corium, so wird diese Urtikaria als Angioödem (z. B. Quincke-Ödem) bezeichnet. Die Klassifizierung der Urtikariaformen erfolgt aufgrund der Dauer, der Frequenz und der Ursachen:

Dauer:	Ursachen:
1. Spontane Urtikaria (akute Urtikaria) < 6 Wochen	1. Physikalische Urtikaria (mechanisch, Druck, Kälte, Wärme, Licht, Vibration)
2. Chronische Urtikaria (rezidivierend, kontinuierlich) > 6 Wochen	2. Nicht-physikalische Urtikaria (cholinergische oder Schwitzurtikaria, adrenergische, immunologische und nicht-immunologische Urtikaria, aquagene Urtikaria)

17.3 Acne

Acne vulgaris

leichteren bis mittleren Grades .... 0 – 10

schweren Grades mit vereinzelter Abszess- und Knotenbildung und entsprechender erheblicher kosmetischer Beeinträchtigung .... 20 – 30

Die Acne vulgaris ist eine Erkrankung vor allem von Jugendlichen und zeigt in etwa 90 % der Fälle eine natürliche Regression im Übergang zum dritten Lebensjahrzehnt. Sie tritt vorrangig in talgdrüsenfollikelhaltigen Regionen der Haut auf. Prävalenz etwa bei 80 bis 90 % der Jugendlichen, davon 70 % klinisch dezent oder verbunden mit notwendiger ärztlicher Behandlung (sogenannte „physiologische" Akne). Leichte Form der Akne: Acne comedonica. Mittelgradige Form der Akne: Acne papulopustulosa mit weniger als zehn Knötchen unter 1 cm. Schwere Form der Acne vulgaris: Acne papulopustulosa mit zehn bis 20 Knötchen und starken Entzündungsreaktionen. Narbenbildung vorhanden.

Acne conglobata

auf die Prädilektionsstellen begrenzte häufige Abszess- und Fistelbildungen und lokalisationsbedingte Beeinträchtigungen .... 30 – 40

Die Acne conglobata wird im Grunde als schwerste Form der vulgären Akne betrachtet. Sie stellt den Übergang zur Acne inversa dar. A. conglobata ist durch Fistelkomedonen (Komedo = „Mitesser"), durch starke und tiefgehende Entzündungsreaktionen mit erheblicher Narbenbildungstendenz gekennzeichnet.

schwerste Formen mit rezidivierenden eitrigen, vernarbenden axilläringuinalen und nuchalen Abszessen (Acne triade) und ggf. zusätzlicher Beteiligung des Pilonidalsinus (Acne tetrade) .... wenigstens 50

Nach den Leitlinien bezeichnet man die oben angeführte Akneform heute als Acne inversa. Bei der Acne inversa handelt es sich um Entzündungen der Talgdrüsen und Terminalhaarfollikel, die sich vorzugsweise in den intertriginösen Hautarealen manifestieren:

perianal, axillär, inguinal, seltener submammär oder nuchal. Unbehandelt verläuft die Acne inversa in der Regel chronisch progredient, das heißt, sie greift auch auf andere Regionen über. Konservative Behandlungen erweisen sich als nicht auf Dauer kurativ. Bei der Acne inversa sind oft Operationen im Frühstadium das Mittel der Wahl.

17.4 Rosazea, Rhinophym

geringe Ausdehnung, kosmetisch nur wenig störend .	0 – 10
stärkere Ausdehnung, entstellende Wirkung	20 – 30

Die Rosazea ist eine häufige Gesichtsdermatose des mittleren Lebensalters. Sie wird in vier Stadien beschrieben, wobei Übergänge von dem einen Stadium in das andere keineswegs obligat sind.

Stadium I:	Rosazea teleangiektatika
Stadium II:	dezente Form der Rosazea papulopustulosa
Stadium III:	ausgeprägt schwere Form der Rosazea papulopustulosa
Stadium IV:	Rhinophym (sogenannte Knollen- oder Säufernase)

Die Rosazea ist häufiger (ca. 5 %) mit einer chronischen, symmetrischen Lidrandentzündung (Blepharitis) kombiniert. Nicht seltene Sonderform der Rosazea: Steroidrosazea (als Folge interner und / oder externer Cortisonanwendungen). Selten: Morbus Morbihan (Persistierende Lymphödeme mit intermittierenden Entzündungsreaktionen)

17.5 Hautveränderungen bei Autoimmunkrankheiten des Bindegewebes (z. B. Lupus erythematodes, Dermatomyositis, progressive systemische Sklerodermie)

auf die Prädilektionsstellen begrenzt bei geringer Ausdehnung	0 – 10
auf die Prädilektionsstellen begrenzt bei stärkerer Ausdehnung, je nach kosmetischer und funktioneller Auswirkung	20 – 40
über die Prädilektionsstellen hinausgehend, ggf. Ulzerationen	50 – 70

Im Unterschied zur Dermatomyositis und der progressiven systemischen Sklerodermie kann sich der Lupus erythematodes ausschließlich an der Haut und hier, abgesehen von einigen Sonderformen, häufig im Gesichtsbereich manifestieren: Lupus erythematodes chronicus diskoides mit Befall des Gesichts, Capillitiums (behaarter Kopf), Dekolletés, selten des Stammes: wachsende Rötungen mit Follikelverhornungen, De- und Hypopigmentierungen. Bei Befall des Capillitiums narbige Alopecie (Haarausfall, nicht selten). Sklerodermie nur an der Haut: Morphea = circumscripte Sklerodermie ohne andere Organbeteiligung. Dermatomyositis: fliederfarbene Gesichtserytheme mit Befall des Dekolletés, streifige, hyperkeratotische Erytheme der Fingerstreckseiten, Nagelfalz mit Hyperkeratosen, Verhärtung der Haut.

17.6 Blasenbildende Hautkrankheiten (z. B. Pemphigus, Pemphigoide)

bei begrenztem Haut- und Schleimhautbefall mit geringer Ausdehnung	10
sonst	20–40
bei generalisiertem Haut- und Schleimhautbefall	50–80
in fortgeschrittenen Stadien bei schwerer Beeinträchtigung des Allgemeinzustandes auch höher.	

Pemphigus und Pemphigoide sind Hauterkrankungen mit immunologischer Blasenbildung. Je nach Autoantikörper entwickeln sich beim Pemphigus intraepidermale, beim Pemphigoid subepidermale Blasen.

Die Pemphigusgruppe besteht aus P. vulgaris, P. vegetans, P. foliaceus, P. erythematosus und Fogo selvagem (in Brasilien vorkommende endemische Form des P. foliaceus). Es handelt sich um eine relativ seltene Hauterkrankung.

Das bullöse Pemphigoid tritt im höheren Lebensalter (ab dem 65. Lebensjahr) auf und ist durch pralle Blasen gekennzeichnet. Das klinische Bild ist jedoch bezüglich der Effloreszenzen bunt. Sonderform: vernarbendes Schleimhautpemphigoid: Synechien (= bindegewebige Verwachsungen) an Augen-, Mund-, Genitalschleimhaut.

Weitere Erkrankungen: Morbus Duhring (Dermatitis herpetiformis Duhring), Epidermolysis bullosa acquisita, Lineare IgA-Dermatose.

17.7 Psoriasis vulgaris

auf die Prädilektionsstellen beschränkt	0 – 10
ausgedehnter, aber erscheinungsfreie Intervalle von Monaten	20
bei andauerndem ausgedehnten Befall oder stark beeinträchtigendem lokalen Befall (z. B. an den Händen) ...	30 – 50

Eine außergewöhnliche Nagelbeteiligung (mit Zerstörung der Nagelplatten) sowie eine Gelenk- und Wirbelsäulenbeteiligung sind zusätzlich zu bewerten.

Die Psoriasis vulgaris (Schuppenflechte) wird als chronisch verlaufende Hauterkrankung mit genetischer Disposition verstanden. Die Erkrankung verläuft oft schubweise.

Einteilung:

A) Psoriasis vulgaris
   1. nach klinischem Befund: Psoriasis punctata / guttata, Psoriasis geographica, Psoriasis nummularis
   2. nach Verlauf: chronisch-stationärer Typ, eruptiv-exanthematischer Typ
   3. nach Lokalisation: Psoriasis capitis, Psoriasis palmo-plantaris, Psoriasis inversa, Nagelpsoriasis

B) Psoriasis pustulosa
   1. Psoriasis pustulosa generalisata
   2. Psoriasis pustulosa palmoplantaris

C) Psoriasis arthropathica

D) Erythrodermia psoriatica

Die Psoriasis ist eine im klinischen Verlauf äußerst variable Hauterkrankung, die von diskreten Formen, wie dezenter Kopfschuppung, bis zur lebensbedrohlichen Erythrodermie reichen kann.

17.8 Erythrodermien

bei leichter Intensität des Krankheitsprozesses	40
bei mittlerer Intensität des Krankheitsprozesses ohne wesentliche Auswirkung auf den Allgemeinzustand ..	50 – 60
mit stärkerer Auswirkung auf den Allgemeinzustand ..	70 – 80

Als Erythrodermie bezeichnet man eine generalisierte Rötung der Haut. Unter diesem Begriff verbirgt sich eine Vielzahl ätiologisch verschiedenartiger Erkrankungen. Klinisch bestehen schuppende Hautrötungen mit generalisierter Lymphknotenschwellung. Es handelt sich um Erkrankungen, die mit einer Erythrodermie einhergehen können: Sézary-Syndrom, Scabies norvegica (Sonderform der Krätze), Kontaktdermatitis, atopisches Ekzem, kutanes T-Zell-Lymphom, Lichen ruber, Psoriasis, Pemphigus foliaceus, Paraneoplasie, Ichthyosis, Arzneimittelreaktionen u. a.

17.9 Ichthyosis

leichte Form
auf Stamm und Extremitäten weitgehend begrenzt, mit trockener Haut, mäßiger Schuppung, ohne wesentliche Verfärbung 0–10

mittlere Form
auf Stamm und Extremitäten weitgehend begrenzt, mit stärkerer Schuppung und Verfärbung 20–40

schwere Form
mit ausgeprägter Schuppung und Verfärbung der gesamten Haut, insbesondere der Gelenkbeugen und des Gesichts 50–80

Die Ichthyosis (Fischschuppenkrankheit) gehört zu den Keratosen. Keratosen zeichnen sich durch eine Störung an den Hornstellen der Epidermis aus. Die Ichthyosis-Erkrankungen werden als hereditäre (erbliche) Erkrankungen unterteilt in:

1. Ichthyosis vulgaris (autosomal-dominant), häufig assoziiert mit atopischem Ekzem
2. Ichthyosis vulgaris (x-chromosomal-rezessiv)
3. Ichthyosis congenita – angeborene schwere Form der Ichthyosen mit überwiegend autosomal-rezessivem Erbgang

Während die vulgären Ichthyosen auch leichter verlaufen können, verläuft die Ichthyosis congenita regelhaft sehr schwer.

17.10 Mykosen

bei begrenztem Hautbefall	0–10
bei Befall aller Finger- und Fußnägel, ggf. mit Zerstörung von Nagelplatten	20

Unter den Begriff der Mykosen (durch Pilze verursachte Infektionskrankheiten) fallen nach den neuesten Leitlinien die Tinea der freien Haut (Tinea pedis, Tinea corporis, Tinea inguinalis und sonstige Dermatophytosen), die Onychomykose und Vulvovaginalkandidose.

Chronisch rezidivierendes Erysipel

ohne bleibendes Lymphödem	10
sonst, je nach Ausprägung des Lymphödems	20–40

Beim Erysipel (Wundrose) handelt es sich um eine durch Streptokokken, seltener durch Mischinfektion hervorgerufene flächenhafte bakterielle Hautinfektion. Kleinste Hautläsionen dienen den Keimen als Eintrittspforte. Das akute Erysipel ist durch scharf begrenzte Rötungen der Haut mit Fieber und Schüttelfrost gekennzeichnet. Lokalisationen sind zumeist die Unterschenkel, aber auch Gesicht und Arme. Rezidivierende Erysipele können insbesondere im Gesicht und an den Unterschenkeln zu persistierenden Lymphödemen führen. Oberstes Gebot: Rezidivprophylaxe!

Chronisch rezidivierender Herpes simplex

geringe Ausdehnung, bis zu dreimal im Jahr rezidivierend	0–10
größere Ausdehnung, häufiger rezidivierend	20

Herpes-simplex-Infektionen werden durch zwei Typen von Herpes-simplex-Viren ausgelöst (Typ 1: Extragenitaltyp – Infektionen gewöhnlich oberhalb des Bauchnabels; Typ 2: Genitaltyp – Infektionen gewöhnlich unterhalb des Bauchnabels).

Unterteilung in Primär- und Sekundärinfektionen: praktisch sind Primärinfektionen Erstinfektion mit dem Herpes simplex Typ 1 oder Typ 2. Bei Sekundärinfektionen handelt es sich meist um endogene Reinfektionen. Vorrangige Lokalisationen von Herpes simplex: Herpes labialis, Herpes genitalis, Herpes glutaealis.

1. Primärinfektionen: primärer Herpes simplex, Stomatitis aphthosa herpetica (Mundfäule), Vulvovaginitis herpetica, Ekzema herpeticatum u. a.
2. Sekundärinfektionen: Herpes simplex recidivans in loco, rezidivierendes Ekzema herpeticatum, Keratoconjunctivitis herpetica recidivans.

17.11 Totaler Haarausfall

(mit Fehlen von Augenbrauen und Wimpern) 30

Totaler Haarausfall (Alopecia totalis) kommt meist im Rahmen einer Alopecia areata vor. Die Alopecia areata ist ein gemeinhin reversibler, oft akuter und meistens umschriebener Haarausfall, der keine Vernarbung zeigt. Die Alopecia areata ist häufig verknüpft mit Autoimmunerkrankungen (Hashimoto-Thyreoiditis, Vitiligo (Weißfleckenkrankheit) u. a., weshalb ätiologisch Immunmechanismen als Auslöser diskutiert werden. Die Alopecia areata kann mit Ausfall sämtlicher Kopf- und Körperhaare verbunden sein (Alopecia totalis sive universalis). Die Alopecia totalis ist also eine Sonderform der Alopecia areata. Eine Alopecia totalis kann auch im Rahmen von erworbenen narbigen Alopezien auftreten, z. B. im Rahmen von Entwicklungsdefekten und Genodermatosen (erblich bedingte Hauterkrankungen), im Rahmen von zytostatischen und immunologischen Therapien, durch physikalische Schädigungen, Granulomatosen, Lichen ruber, Erythematosis, vernarbendes Pemphigoid u. a. – Sonderform: Pseudopelade Brocq: konfluierende, atrophisch-narbige Alopezieherde.

17.12 Naevus

Der GdS richtet sich allein nach dem Ausmaß einer eventuellen Entstellung.

Unter dem Begriff des Naevus (Mal) / Naevi versteht man eine heterogene Gruppe angeborener oder erworbener Fehlbildungen der Haut. Einteilung:
1. Pigmentnaevi (Café-au-lait-Fleck, N. spilus, N. bleu, Naevuszellnaevi)
2. Organoide Naevi (Feuermal, N. sebaceus, N. verrucosus u. a.)

Pigmentstörungen (z. B. Vitiligo)

an Händen und / oder Gesicht

gering 10

ausgedehnter 20

sonst 0

Die Vitiligo (Weißfleckenkrankheit) ist eine relativ häufig erworbene Depigmentierung der Haut infolge eines Verlustes der Melanozyten in den entfärbten Herden. Prävalenz etwa 1-2 %. Die Erkrankung zeigt sehr häufig Progredienz. Unter 5 % der Vitiligofälle verlaufen fokal oder segmental. Etwa 90 % verlaufen generalisiert über das gesamte Integument (Hautorgan) verteilt oder akrofazial (an Händen und Gesicht) akzentuiert. Bis zu 8 % verlaufen universell, das heißt mehr als 90 % der Körperoberfläche sind betroffen. Die Vitiligo ist nicht nur eine kosmetische Störung, sondern beinhaltet eine gefährlich erhöhte Lichtempfindlichkeit mit entsprechenden Akut- und Spätrisiken.

17.13 Nach Entfernung eines malignen Tumors der Haut ist in den ersten fünf Jahren eine Heilungsbewährung abzuwarten (Ausnahmen: z. B. Basalzellkarzinome, Bowen-Krankheit, Melanoma in situ); GdS während dieser Zeit

nach Entfernung eines Melanoms im Stadium I ([pT1 bis T2] pN0 M0) oder eines anderen Hauttumors in den Stadien (pT1 bis T2) pN0 bis N2 M0 50

in anderen Stadien 80

Einteilung der nicht-gutartigen Hauttumoren:

A) Praecancerosen (Krebsvorstufen): aktinische Keratose, Cornu cutaneum, Arsenkeratosen, Radiokeratosen, Teerkeratosen
B) Basaliom (Basalzellkarzinom, semi-maligne – keine Metastasenbildung!)
C) M. Bowen: obligate Praecancerose– Bewertung ähnlich wie A)
D) Plattenepithelkarzinom
E) malignes Melanom
F) Merkelzellkarzinom (selten)
G) seltene maligne mesenchymale Tumoren (Dermatofibrosarcoma protuberans)
H) Malignome am Gefäßsystem der Haut (Angiosarkom u. a.)
I) Malignome der Hautadnexe (mikrozystisches Adnexkarzinom, M. Paget der Brust)
J) Kutane Lymphome (T-Zell-Lymphome, Mycosis fungoides)

18. Haltungs- und Bewegungsorgane

Kommentare: KLAUS-DIETER THOMANN, ELISABETH MÄRKER-HERMANN (18.2 – 18.4)

Dem Kapitel 18, der Einschätzung des Grades der Behinderung (der Schädigungsfolgen) der Haltungs- und Bewegungsorgane und den Beeinträchtigungen durch rheumatische Krankheiten kommt historisch eine besondere Bedeutung zu. Der Aufbau dieses Abschnitts der Versorgungsmedizinischen Grundsätze (VMG) geht auf die 1921 vom Reichsarbeitsministerium veröffentlichten „Anhaltspunkte für die Beurteilung der MdE (Minderung der Erwerbsfähigkeit) nach dem Reichsversorgungsgesetz vom 12. Mai 1920" zurück. Die Einschätzungen sind von dem Wunsch getragen, den Verlust an körperlicher Unversehrtheit, den die Kriegsteilnehmer in ihrem Dienst für das Vaterland erlitten, ideell anzuerkennen und später – in bescheidenem Rahmen – materiell zu entschädigen. Da bei den Kriegsbeschädigten der beiden Weltkriege körperliche Behinderungen nach Verletzungen im Vordergrund standen, sind die Ausführungen der VMG sehr differenziert, seelische Störungen wurden bei Soldaten und zivilen Opfern der Weltkriege jedoch im Allgemeinen nicht entschädigt (Goltermann 2009, Neuner 2011).

Dementsprechend räumen die VMG der großen Gruppe von Menschen mit seelischen Behinderungen nur einen relativ kurzen Abschnitt ein. Auch nach der Einführung der Internationalen Klassifikation der Funktionsfähigkeit, Behinderung und Gesundheit (ICF 2001/2010) hielt der Verordnungsgeber an den bewährten, aber die gesundheitlichen Defizite betonenden Beurteilungskriterien, die aus den „Anhaltspunkten" zunächst unverändert in die Anlage zu § 2 der VersMedV übernommen wurden, fest. Eine Annäherung an die ICF erfolgte in diesem Kapitel des Tabellenteils B mit der Dritten Änderungsverordnung vom 17.12.2010. Hierin wurde die zuvor weit überhöhte Einschätzung nach Implantation von Endoprothesen unter Berücksichtigung des aktuellen wissenschaftlichen Erkenntnisstandes teilhabeorientiert angepasst. Dennoch blieb das Kapitel B 18 zu großen Teilen auf den organischen Verlust (Amputation von Gliedmaßen, Versteifung von Gelenken) fixiert. In vielen der derzeit gültigen GdB-Werte ist die sich aus der Beeinträchtigung von Körperstrukturen bzw. -funktionen ergebende Beeinträchtigung der Teilhabe nur unzureichend berücksichtigt.

Nach mehrjährigen intensiven Beratungen legte der Ärztliche Sachverständigenbeirat Versorgungsmedizin Änderungsvorschläge am Kapitel B 18 gemäß dem aktuellen Stand der medizinischen Wissenschaft vor. Die Einleitung enthält die grundlegenden Prinzipien der Beurteilungskriterien, die im Wesentlichen unverändert in den Entwurf des Bundesministeriums für Arbeit und Soziales der Sechsten Verordnung zur Änderung der Versorgungsmedizin-Verordnung vom 28. August 2018 übernommen wurden:

(Auszug aus: Entwurf des BMAS. Sechste Verordnung zur Änderung der Versorgungsmedizin-Verordnung, vom 28.08.2018)

„19.1.1 Das Ausmaß der Teilhabebeeinträchtigung bei Störungen der muskuloskeletalen Funktionen richtet sich insbesondere nach der Ausprägung der Gesundheitsstörung, nach der Art und dem Umfang medizinisch notwendiger Hilfsmittel, nach dem erreichten Behandlungsergebnis und nach den Auswirkungen auf Aktivitäten, insbesondere der Mobilität, der Selbstversorgung, des häuslichen Lebens, des schulischen oder beruflichen und des sozialen Lebens. Wenn aufgrund der Beeinträchtigung der Gehfähigkeit und Fortbewegung dauerhaft auch zuhause die Benutzung eines Rollstuhls medizinisch notwendig ist, liegt in der Regel eine Teilhabebeeinträchtigung vor, die mit einem GdB von 100 bewertet wird.

19.1.2 Korreliert das feststellbare Ausmaß der Störung der Körperstruktur oder -funktion mit dem Ausmaß der Teilhabebeeinträchtigung, so ist diese Störung Begutachtungskriterium. Ist die Korrelation nicht eindeutig, so sind die durch die Gesundheitsstörung insbesondere beeinträchtigten Aktivitäten Begutachtungskriterium. Grundsätzlich lassen Einzelbefunde, Diagnosen oder durchgeführte Therapien allein keinen Rückschluss auf das Ausmaß der Teilhabebeeinträchtigung zu.

19.1.3 Schmerzen, die mit den muskuloskeletalen Funktionen in Verbindung stehen, sind im jeweiligen GdB berücksichtigt. Wenn Schmerzen mit dem feststellbaren Ausmaß der Gesundheitsstörung korrelieren, sind sie über die Struktur- oder Funktionsstörung erfasst. Schmerzen wirken sich auf Aktivitäten aus und sind somit über dieses Kriterium erfasst.

19.1.4 Der aktive Bewegungsumfang berücksichtigt die funktionelle Einheit aus Gelenk, Kapsel, Bandstrukturen und Muskulatur. Die Auswirkungen von Störungen dieser Strukturen, wie insbesondere Gelenkschwellungen, Kontrakturen oder Atrophien, reduzieren den aktiven Bewegungsumfang. Sie sind somit im GdB enthalten. Die angegebenen Winkelgrade gehen von der Neutral-0-Stellung aus.

19.1.5 Bei der Begutachtung ist zu beachten, dass auch Verletzungen von Kapsel- und Bandstrukturen oder der Muskulatur ohne direkte Gelenkbeteiligung die Gelenkstabilität mindern oder den Bewegungsumfang reduzieren können. Auswirkungen von Weichteilverletzungen, insbesondere unter Beteiligung des Blut- oder

Lymphgefäßsystems, sind im jeweiligen Funktionssystem getrennt zu bewerten. Das Ausmaß der Teilhabebeeinträchtigung bei Osteoporose richtet sich nach deren funktionellen Auswirkungen einschließlich Schmerzen."

Diese GdB-Werte werden – unter Berücksichtigung der damit einhergehenden Teilhabebeeinträchtigung – in dem Entwurf der Sechsten Änderungsverordnung zum Teil wesentlich differenzierter begründet. Als Beispiel sei auf die Feststellung von Behinderungen infolge von Erkrankungen und Beschwerden der Wirbelsäule hingewiesen. Wirbelsäulenleiden sind einer der häufigsten Anlässe für einen Antrag nach dem Schwerbehindertenrecht.

Bis heute muss der gutachtliche Vorschlag zum GdB die funktionellen Auswirkungen (gering, mittel, schwer) in einem oder mehreren Wirbelsäulenabschnitten (Verformung, häufig rezidivierende oder anhaltende Bewegungseinschränkung oder Instabilität mittleren Grades, häufig rezidivierende und über Tage andauernde Wirbelsäulensyndrome) berücksichtigen.

In dem bereits zitierten Entwurf finden sich für Behinderungen durch Erkrankungen und Veränderungen der Wirbelsäule – in Übereinstimmung mit der ICF – differenzierter formulierte Beurteilungskriterien:

Auszug aus: Entwurf des BMAS. Sechste Verordnung zur Änderung der VersMedV, Stand 28.08.2018:

„19.5 Störungen der Funktionseinheit Wirbelsäule

19.5.1 Grundlagen

19.5.1.1 Das Ausmaß der Teilhabebeeinträchtigung durch Störungen der Funktionseinheit Wirbelsäule richtet sich insbesondere nach der Einschränkung der statischen Belastbarkeit, nach der Einschränkung der Beweglichkeit, nach der Beeinträchtigung der segmentalen Stabilität, nach Deformitäten der Wirbelsäule und nach Schmerzen sowie der daraus folgenden Beeinträchtigung von Aktivitäten und der Teilhabe, insbesondere der Mobilität, der Selbstversorgung sowie des häuslichen, schulischen oder beruflichen Lebens.

19.5.1.2 Bei der Begutachtung ist zu beachten, dass Schmerzen häufig nicht mit dem feststellbaren Ausmaß der Gewebeschädigung korrelieren, sich aber regelhaft auf Aktivitäten auswirken. Entsprechend sind Schmerzen (auch pseudoradikuläre und radikuläre Schmerzen) ebenso wie radikuläre Sensibilitätsstörungen im GdB enthalten.

19.5.1.3 Sowohl das mögliche Bewegungsausmaß als auch Schmerzen und somit die Beeinträchtigung von Aktivitäten sind bei Störungen der Funktionseinheit Wirbelsäule variabel. Bei der Begutachtung ist deshalb darauf zu achten, dass die aufgeführten Begutachtungskriterien länger als sechs Monate erfüllt sind.

19.5.1.4 Die Teilhabebeeinträchtigung steigt, wenn die funktionelle Kompensation durch angrenzende Gelenke, wie insbesondere Schulter- oder Hüftgelenke, nicht möglich ist. Dies ist bei der Bildung des Gesamt-GdB zu berücksichtigen.

19.5.1.5 Bei Störungen der Funktionseinheit Wirbelsäule kann die Teilhabe durch andere anhaltende Gesundheitsstörungen zusätzlich beeinträchtigt sein. Hierzu gehören insbesondere:

a) radikuläre motorische Symptome,
b) intermittierende oder dauerhafte motorische Störungen bei Spinalkanalstenose (Claudicatio intermittens spinalis, zervikale Myelopathie),
c) Störungen der Miktion oder der Defäkation,
d) kardiale Funktionsstörungen oder
e) pulmonale Funktionsstörungen.

Die daraus folgende Teilhabebeeinträchtigung ist im jeweiligen Funktionssystem getrennt zu bewerten.

19.5.2 Funktionsstörungen der Halswirbelsäule

19.5.2.1 Wenn Aktivitäten, insbesondere aus den Bereichen Mobilität, häusliches, schulisches oder berufliches Leben, wie vor allem Überkopfarbeiten, Bildschirmtätigkeit oder Haushaltsaufgaben erledigen, nur mit Anstrengung durchführbar sind, beträgt der GdB 10.

19.5.2.2 Wenn Aktivitäten, insbesondere aus den Bereichen Mobilität, häusliches, schulisches oder berufliches Leben, wie vor allem Überkopfarbeiten, Bildschirmtätigkeit oder Haushaltsaufgaben erledigen, leicht beeinträchtigt sind, beträgt der GdB 20.

19.5.2.3 Wenn zahlreiche Aktivitäten, insbesondere aus den Bereichen Mobilität, häusliches, schulisches oder berufliches Leben, wie vor allem Überkopfarbeiten, Bildschirmtätigkeit oder Haushaltsaufgaben erledigen, leicht oder einzelne dieser Aktivitäten stark beeinträchtigt sind, beträgt der GdB 30.

19.5.3 Funktionsstörungen der Brust-/Lendenwirbelsäule

19.5.3.1 Wenn Aktivitäten, insbesondere aus den Bereichen Mobilität, häusliches, schulisches oder berufliches Leben, wie vor allem längeres Gehen, Stehen und Sitzen oder Haushaltsaufgaben erledigen, nur mit Anstrengung durchführbar sind, beträgt der GdB 10.

19.5.3.2 Wenn Aktivitäten, insbesondere aus den Bereichen Mobilität und häusliches, schulisches oder berufliches Leben, wie vor allem längeres Gehen, Stehen und Sitzen oder Haushaltsaufgaben erledigen, leicht beeinträchtigt sind, beträgt der GdB 20.

19.5.3.3 Wenn zahlreiche Aktivitäten, insbesondere aus den Bereichen Mobilität, häusliches, schulisches oder berufliches Leben, wie vor allem längeres Gehen, Stehen und Sitzen, Gegenstände anheben und tragen oder Haushaltsaufgaben erledigen, leicht oder einzelne dieser Aktivitäten stark beeinträchtigt sind, beträgt der GdB 30.

19.5.4 Wenn bei Funktionsstörungen der Halswirbelsäule oder der Brust-/Lendenwirbelsäule zahlreiche Aktivitäten, insbesondere aus den Bereichen Mobilität, häusliches, schulisches oder berufliches Leben, stark beeinträchtigt sind und zusätzlich Aktivitäten der Selbstversorgung, wie insbesondere Ankleiden oder Waschen, beeinträchtigt sind, beträgt der GdB 40.

19.5.5 Wenn bei Funktionsstörungen der Halswirbelsäule und der Brust-/Lendenwirbelsäule in einem unter Nummer 19.5.2 und 19.5.3 aufgeführten Ausmaß die Kompensationsmöglichkeiten durch den jeweils anderen funktionellen Wirbelsäulenabschnitt aufgehoben sind, ist der GdB je nach Beeinträchtigung der Aktivitäten höher als unter Nummer 19.5.2 und 19.5.3 angegeben zu bewerten.

19.5.6 Bei Störungen der Funktion oder der Struktur der Halswirbelsäule oder der Brust-/Lendenwirbelsäule, wie insbesondere Versteifung von funktionell besonders bedeutenden Wirbelsäulenanteilen, schwerer Skoliose, Instabilität über mehrere Segmente oder anhaltender Ruhigstellung durch Rumpforthese, die die gesamte Wirbelsäule umfasst, gilt Folgendes:

19.5.6.1 Wenn zahlreiche Aktivitäten, insbesondere aus den Bereichen Mobilität, häusliches, schulisches oder berufliches Leben, wie vor allem längeres Gehen, Stehen und Sitzen, Gegenstände anheben und tragen sowie Haushaltsaufgaben erledigen, nicht möglich sind, beträgt der GdB 50–70, je nachdem, ob Gehhilfen dauerhaft erforderlich sind, und je nachdem, ob einzelne Aktivitäten der Selbstversorgung, wie insbesondere Ankleiden und Waschen, stark beeinträchtigt oder gerade noch möglich sind.

19.5.6.2 Wenn freies Gehen nicht möglich ist und dauerhaft auch zuhause Gehen nur mit beidseitiger Gehhilfe unter großer Anstrengung möglich ist oder zahlreiche Aktivitäten der Selbstversorgung, wie insbesondere Ankleiden oder Waschen, dauerhaft ohne Hilfe nicht möglich sind, beträgt der GdB 80–90, je nach Schwere der Beeinträchtigung.

19.5.6.3 Wenn aufgrund der Beeinträchtigung der Gehfähigkeit und der Fortbewegung dauerhaft auch zuhause die Benutzung eines Rollstuhls medizinisch notwendig ist, beträgt der GdB 100."

Zum Zeitpunkt der Drucklegung dieses Kommentars bleibt offen, wann die teilhabeorientierte, dem aktuellen Stand der medizinischen Wissenschaft entsprechende Überarbeitung der Versorgungsmedizinischen Grundsätze abgeschlossen sein wird.

Es sei an dieser Stelle darauf hingewiesen, dass Deutschland mit der zögerlichen Umsetzung internationaler Standards der Bewertung und Einschätzung von Behinderungen international zunehmend in eine Außenseiterrolle gerät. In den USA wurden die sozialrechtlichen Einschätzungsempfehlungen für dauerhafte Behinderungen mit der 6. Auflage des „Guides to the Evaluation of Permanent Impairment" bereits im Jahre 2008 grundsätzlich auf die ICF umgestellt. Damit wurde die an gesundheitlichen Defiziten orientierte Bewertung der 5. Auflage der „Guides ..." überwunden.

Auf welcher Grundlage ist aktuell der GdB/GdS festzustellen?

In Deutschland ist zum Zeitpunkt des Erscheinens des Werkes (2023) die bisherige Fassung der Anlage zu § 2 der Versorgungsmedizin-Verordnung für die Feststellung des GdB auch auf orthopädischem, unfallchirurgischem und rheumatologischem Fachgebiet maßgeblich, auch wenn viele Kriterien nicht mehr dem aktuellen Stand der medizinischen Wissenschaft entsprechen. Es ist zu empfehlen, die weitere Rechtsentwicklung zu beobachten. Die gültige Fassung der VersMedV und der Versorgungsmedizinischen Grundsätze kann auf der Internetseite des Bundesministeriums für Arbeit und Soziales eingesehen werden.

Trotz der aktuell unbefriedigenden Situation ist der Sachverständige gehalten, die Auswirkungen einer Behinderung auf die Teilhabe besonders sorgfältig zu prüfen.

Entscheidend für die Festsetzung des GdB gemäß Kapitel 18 sind die organischen Funktionsstörungen und Beeinträchtigungen. Im GdB eingeschlossen sind die damit verbundenen Beschwerden. Schmerzen und Beschwerden an der Wirbelsäule, den Weichteilen und den Gelenken ohne körperliche Funktionsstörung („funktionelle" Störungen) sind ausschließlich nach dem Abschnitt 3.7 zu bewerten. Eine doppelte Berücksichtigung führt zu einer ungerechtfertigt hohen Einstufung.

18.1 Allgemeines

Dieser Abschnitt umfasst Haltungsschäden, degenerative Veränderungen, osteopenische Krankheiten, posttraumatische Zustände, chronische Osteomyelitis, entzündlich-rheumatische Krankheiten, Kollagenosen und Vaskulitiden sowie nichtentzündliche Krankheiten der Weichteile.

Der GdS für angeborene und erworbene Schäden an den Haltungs- und Bewegungsorganen wird entscheidend bestimmt durch die Auswirkungen der Funktionsbeeinträchtigungen (Bewegungsbehinderung, Minderbelastbarkeit) und die Mitbeteiligung anderer Organsysteme. Die üblicher Weise auftretenden Beschwerden sind dabei mitberücksichtigt.

Außergewöhnliche Schmerzen sind ggf. zusätzlich zu berücksichtigen.

Als Beispiele für „außergewöhnliche Schmerzen“ sind Phantomschmerzen nach Amputationen (s. auch VMG Teil A 3 j]) oder sehr heftige Schmerzen bei einem komplexen regionalen Schmerzsyndrom (CRPS, M. Sudeck) genannt. Schmerzen, deren Ausmaß über die üblichen seelischen Begleiterscheinungen hinausgehen, müssen belegt sein. Befunde, die für die Annahme „außergewöhnliche Schmerzen“ sprechen, können die langfristige Einnahme stark wirksamer Schmerzmittel (z. B. Opiate) und eine engmaschige Psychotherapie sein. Verwiesen sei auf die Leitlinie für die ärztliche Begutachtung von Menschen mit chronischen Schmerzen der Arbeitsgemeinschaft der Medizinischen Wissenschaftlichen Fachgesellschaften (4. Aktualisierung 2017, AWMF-Reg.Nr. 094-003. https://register.awmf.org/assets/guidelines/094-003l_S2k_Schmerzbegutachtung_2018-01.pdf, Stand 2023-01-22)

Nicht organisch begründete Schmerzen, z. B. bei funktionellen Leiden der Wirbelsäule, sind bei der Bewertung organischer Behinderungen der Haltungs- und Bewegungsorgane außer Acht zu lassen (s. o.).

Schmerzhafte Bewegungseinschränkungen der Gelenke können schwerwiegender als eine Versteifung sein.

Eine schwerste, aus unterschiedlichen Gründen nicht operable destruierende Koxarthrose kann im Einzelfall bei einem Antragsteller einen höheren GdB als 40 und gegebenenfalls sogar eine außergewöhnliche Gehbehinderung bedingen.

Bei Haltungsschäden und / oder degenerativen Veränderungen an Gliedmaßengelenken und an der Wirbelsäule (z. B. Arthrose, Osteochondrose) sind auch Gelenkschwellungen, muskuläre Verspannungen, Kontrakturen oder Atrophien zu berücksichtigen.

Mit bildgebenden Verfahren festgestellte Veränderungen (z. B. degenerativer Art) allein rechtfertigen noch nicht die Annahme eines GdS. Ebenso kann die Tatsache, dass eine Operation an einer Gliedmaße oder an der Wirbelsäule (z. B. Meniskusoperation, Bandscheibenoperation, Synovialektomie) durchgeführt wurde, für sich allein nicht die Annahme eines GdS begründen.

Die Versorgungsmedizinischen Grundsätze berücksichtigen damit Forschungsergebnisse (Nachemson, Jonsson 2000, Carragee 2005, Bundesärztekammer, AWMF et al. 2017), nach denen keine eindeutige Korrelation von bildgebenden Befunden und Funktionseinschränkungen an der Wirbelsäule und den Gelenken besteht. Wiesel wies bereits 1984 nach, dass computertomographisch erkennbare Bandscheibenvorfälle in einer Normalbevölkerung weit verbreitet sind. Die VMG tragen mit der Formulierung zudem der Tatsache Rechnung, dass Eingriffe an der Wirbelsäule und den Gelenken durchgeführt werden, um eine Funktionsverbesserung, Beschwerdelinderung bzw. Beschwerdefreiheit zu erreichen. Wird trotz der durchgeführten Eingriffe ein GdB angenommen, so ist dies zu begründen.

Das Funktionsausmaß der Gelenke wird im Folgenden nach der Neutral-Null-Methode angegeben.

Die Dokumentation von Beweglichkeit und Funktion der Wirbelsäule und der Extremitäten nach der Neutral-Null-Methode

Mit der Neutral-Null-Methode lassen sich die Bewegungsausschläge aller Gelenke und der Wirbelsäule dokumentieren. Die Normalbefunde und Funktionsstörungen der Gelenke werden in vergleichbarer Weise möglichst unabhängig von dem Untersucher erhoben. Allerdings sind die ermittelten Werte nur semiobjektiv. Auch bei subtiler Untersuchungstechnik sind Abweichungen von 10° bei mehrfachen Messungen zu erwarten. Arbeitet der Proband nicht optimal mit, spannt er zum Beispiel die Muskulatur an oder klagt über Schmerzen bei der Untersuchung, so geben die Messwerte anstelle objektiver Daten das subjektive Befinden wieder.

Ausgangspunkt ist ein aufrecht stehender Mensch, dessen Arme vom Körper herabhängen. Die Handinnenflächen sind dabei dem Körper zugewandt. Diese Position wird als Neutralstellung bezeichnet. Die Beweglichkeit jedes Gelenkes und der Wirbelsäule wird in Winkelgraden ausgedrückt. In der Neutralposition betragen alle Winkel 0°.

Bewegungsmessung nach der Neutral-Null-Methode: Durchschnittliche Bewegungsausschläge der Gelenke und der Halswirbelsäule

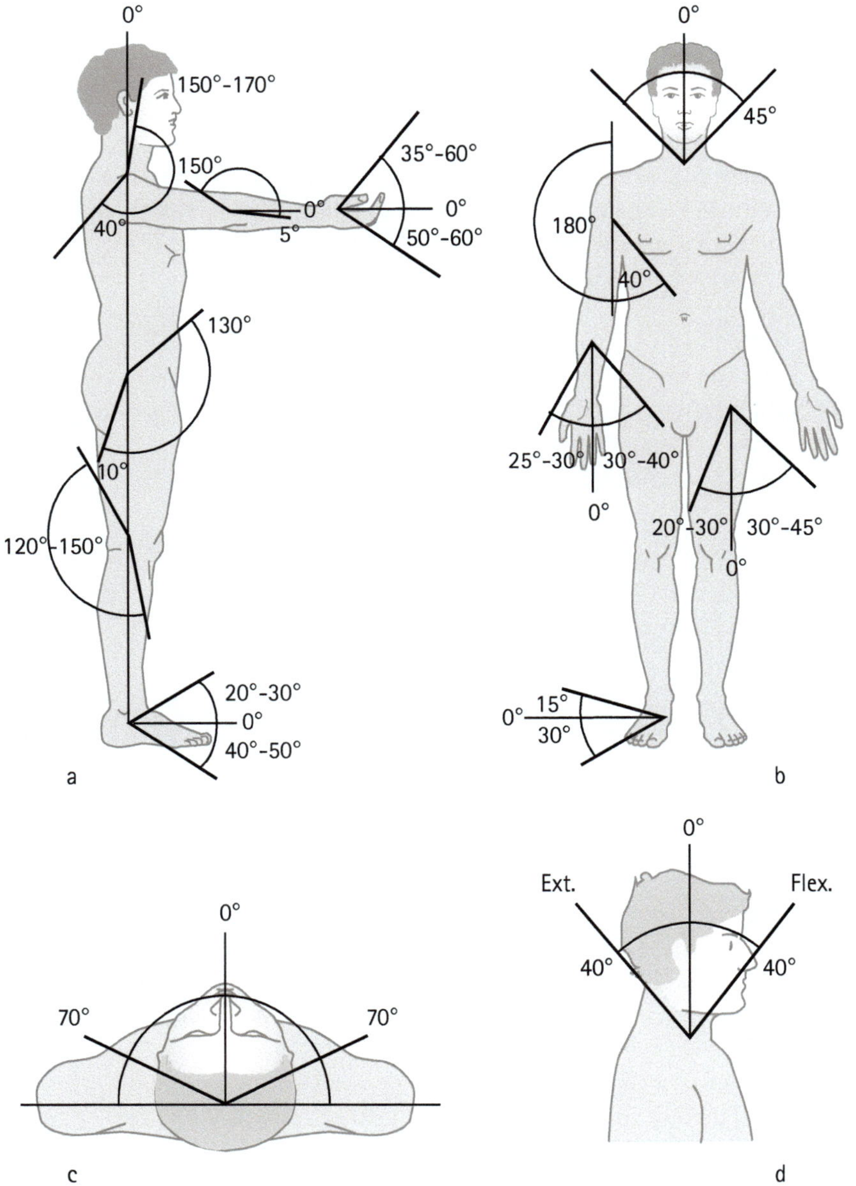

a. Ansicht von der Seite
c. Rotation der Halswirbelsäule

b. Ansicht von vorne
d. Vor- und Rückneigung der Halswirbelsäule

Beispiel: Die Messung der Beweglichkeit des Handgelenkes nach der Neutral-Null-Methode

Die Messung sei am Handgelenk erläutert:

Normalwerte Strecken-Beugen:

Streckung
Die Hand kann im Handgelenk überstreckt werden. Der durchschnittlich erreichbare Winkel beträgt 60°.

Neutralposition
Betrachtet man das Handgelenk von der Seite, so befindet es sich bei gestreckter Position der Hand in der Neutralposition, 0°.

Beugung
Das Handgelenk kann gebeugt werden. Der durchschnittlich erreichbare Winkel beträgt 60°.

In der formalisierten Sprache der Neutral-0-Methode werden die gemessenen Bewegungsausmaße wie folgt dargestellt:
Handgelenk: Strecken-Beugen: 60-0-80°

Die Messung der Beweglichkeit des Handgelenks

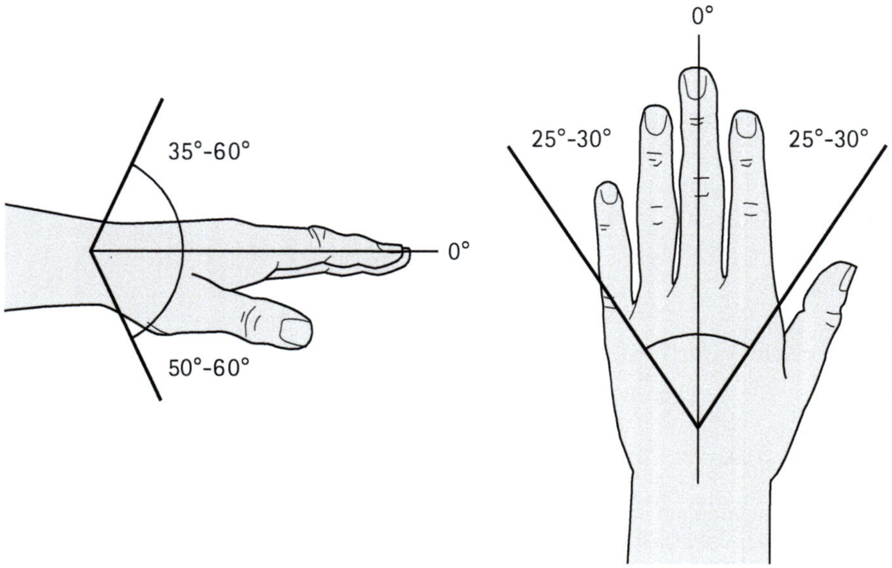

a. Heben-Senken: 60° – 0 – 60°

b. Ellen-speichenwärtige Abspreizung
25° – 0 – 30°

Pathologisch veränderte Werte:	Ist die Beweglichkeit des Handgelenkes nach einem Speichenbruch eingeschränkt, kann es z. B. nur bis 20° überstreckt und bis 30° gebeugt werden, dann lautet die Formel nach der Neutral-Null-Methode: Handgelenk: Strecken-Beugen: 20-0-30°.
	Ist die Beweglichkeit des Handgelenkes so stark eingeschränkt, dass nur eine Abspreizung von je 10° möglich ist, so werden die Bewegungsausmaße folgendermaßen dokumentiert: Handgelenk: Abspreizung speichenwärts (radial) – ellenwärts (ulnar): 10-0-10°
Vollständige Einsteifung:	Da bei der vollständigen Einsteifung der Seitwärtsbewegung keine Ulnar- oder Radialbewegung möglich ist, wird die Versteifung nach der Neutral-Null-Methode mit der Formel Handgelenk: Abspreizung speichenwärts (radial) – ellenwärts (ulnar): 0-0-0° beschrieben.
Beugekontraktur:	Befindet sich das Handgelenk auf Dauer in einer gebeugten Position, aus der nur eine weitere Senkung möglich ist und die Neutralstellung nicht erreicht werden kann, so kann sich folgender Wert ergeben: Handgelenk: Strecken-Beugen: 0-10-30° Das Handgelenk befindet sich immer in einer Beugeposition von mindestens 10°, aus dieser ist eine Senkung bis 30° möglich. Steht der Wert „0" nicht in der Mitte, so wird die Neutralstellung des Gelenks nicht erreicht.

Ergänzt wird die Funktionsuntersuchung der Gelenke und der Wirbelsäule durch die Messung der Umfangmaße der Extremitäten. Nach längerer Schonung einer Extremität bildet sich die Muskulatur zurück. Die Muskelminderung ist ein indirektes Zeichen für die Funktionsbeeinträchtigung. Auch bei schmerzbedingten Störungen lässt sich eine Muskelverminderung feststellen. Eine weitgehend seitengleiche Entwicklung der Muskulatur spricht gegen eine wesentliche Funktionsstörung und Schonung der betroffenen Extremität.

Um bei der Messung vergleichbare Resultate zu erzielen, wurden folgende Messpunkte festgelegt:

Messung der Umfangmaße nach der Neutral-Null-Methode

a. Die Messung der Umfangmaße am Arm erfolgt:
- 15 cm oberhalb des äußeren Oberarmknorrens
- am Ellenbogengelenkspalt
- 10 cm unterhalb des äußeren Oberarmknorrens
- am Handgelenk
- an der Mittelhand

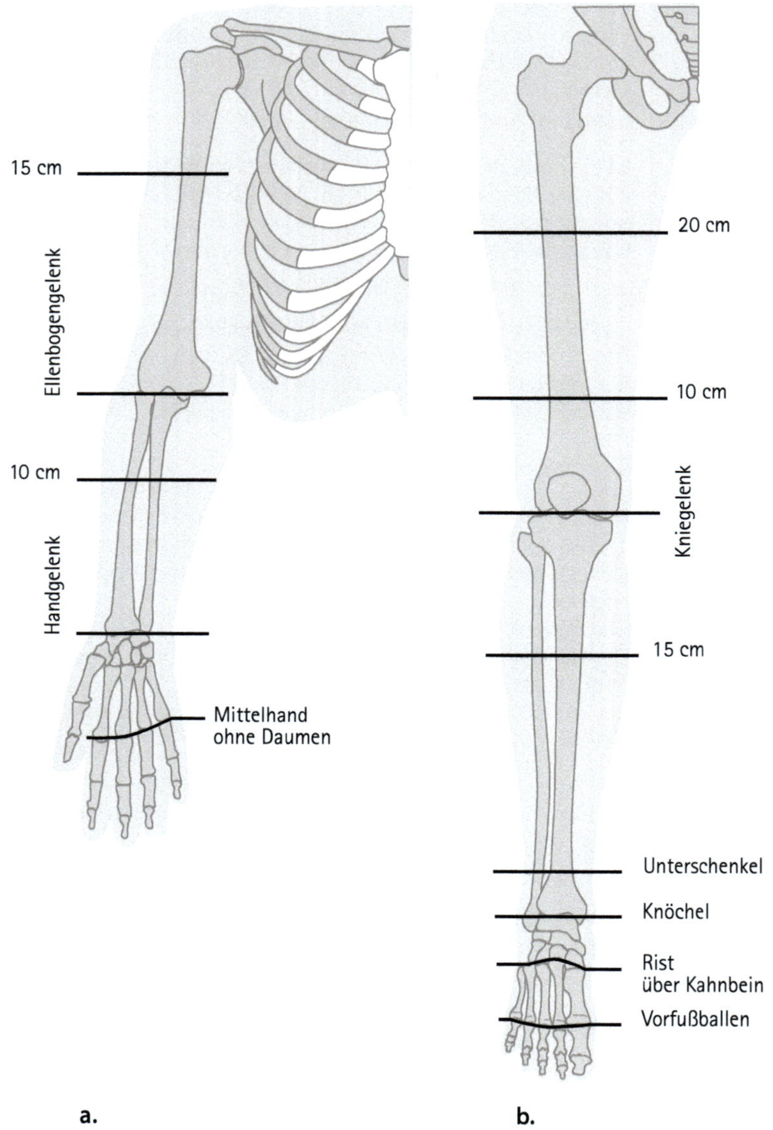

b. Die Messung der Umfangmaße am Bein erfolgt:

- 20 cm oberhalb des inneren Kniegelenksspalts
- 10 cm oberhalb des inneren Kniegelenksspalts
- an der Kniescheibenmitte
- 15 cm unterhalb des inneren Kniegelenksspalts
- am kleinsten Umfang des Unterschenkels
- am Knöchel
- am Rist über Kahnbein
- am Vorfußballen

Die Erhebung der Befunde nach der Neutral-Null-Methode an der Wirbelsäule

An der Wirbelsäule werden zudem der Finger-Boden-Abstand (FBA) und die Beweglichkeit von Hals-, Brust- und Lendenwirbelsäule dokumentiert. Hierzu gehören die Rotation, die Vor- und Rückneigung und die Seitneigung. Angegeben wird die Zunahme der Messstrecke zwischen zuvor in Neutralposition festgelegten Markierungen in verschiedenen Wirbelsäulenabschnitten (Ott'sches Zeichen, Schober-Index).

Messung der Entfaltbarkeit der Wirbelsäule: Ott'sches-Zeichen, Schober-Index

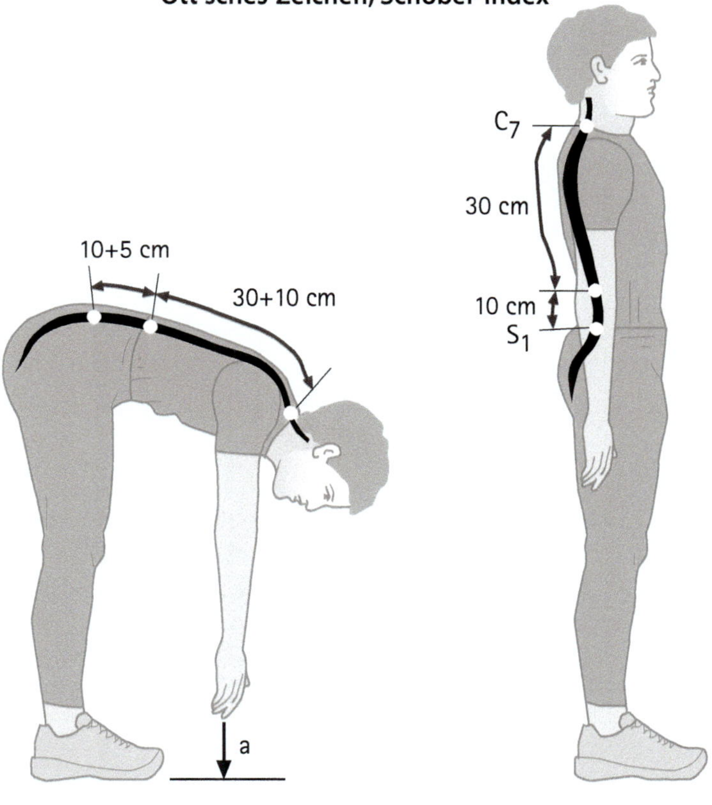

Zur Messung des Ott'schen Zeichens wird eine Strecke von 30 cm ab dem siebten Halswirbelkörper nach kaudal markiert. Nach Vorneigen des Oberkörpers verlängert sich diese Strecke um bis zu 10 cm.

Zur Messung des Schober-Index wird eine Strecke von 10 cm ab dem ersten Kreuzbeinwirbelkörper nach kranial markiert. Nach Vorneigen des Oberkörpers verlängert sich diese Strecke bei Gesunden um mindestens 5 cm.
Dokumentiert wird zusätzlich der Finger-Boden-Abstand bei maximaler Vorneigung (a).

Die Neutral-Null-Methode: Semiobjektive Werte

Bei allen Bemühungen um eine möglichst exakte Darstellung der Funktion der Wirbelsäule ist die durch Proband und Untersucher verursachte mögliche Messfehlerbreite noch größer als an den Extremitäten. Die an der Wirbelsäule zu erhebenden Bewegungsausmaße hängen stärker vom subjektiven Befinden als von objektiven Funktionsbeeinträchtigungen ab. Ausnahmen sind fortgeschrittene Einsteifungen bei entzündlich rheumatischen Erkrankungen sowie Folgezustände nach langstreckigen Versteifungen und komplexen Wirbelsäulenverletzungen. Bei einer unerwartet schlechten Beweglichkeit sollten bildtechnische Befunde und Laborergebnisse zum prüfenden Vergleich herangezogen werden. Zudem ist bei Hinweisen auf seelische Leiden oder soziale Einflussfaktoren an eine negative Befundverzerrung zu denken. Geringen Normabweichungen ist keine Bedeutung beizumessen.

Der Sachverständigenbeirat betonte, dass zur Beurteilung der Wirbelsäulenbeweglichkeit neben Funktionsbeurteilungen zur Beugung auch solche bei Rotation, Seit-, Vor- und Rückneigung sowie anamnestische und weitere klinische Befunde heranzuziehen seien, um die oft schwankenden Funktionsbeeinträchtigungen gutachtlich sachgerecht beurteilen zu können (Beirat 11/2000).

Fremdkörper beeinträchtigen die Funktion nicht, wenn sie in Muskel oder Knochen reaktionslos eingeheilt sind und durch ihre Lage keinen ungünstigen Einfluss auf Gelenke, Nerven oder Gefäße ausüben.

Die Bestimmung bezieht nicht nur eingesprengte Fremdkörper, sondern auch Osteosynthesematerialien an den Extremitäten und der Wirbelsäule ein. Hierzu gehören Platten, Drähte, Nägel (auch Marknägel) und Implantate an der Wirbelsäule (Fixateur interne, Wirbelkörperersatz, Platzhalter). Implantate, die Gelenke oder Bandscheiben überbrücken (Versteifung des Bewegungssegments), sind nach ihren funktionellen Auswirkungen zu beurteilen (VMG 18.9).

Der GdS bei Weichteilverletzungen richtet sich nach der Funktionseinbuße und der Beeinträchtigung des Blut- und Lymphgefäßsystems. Bei Faszienverletzungen können Muskelbrüche auftreten, die nur in seltenen Fällen einen GdS bedingen.

Zu berücksichtigen sind bleibende Beeinträchtigungen zum Beispiel nach Ablederungen (Décollement) oder ausgedehnten Verbrennungen, die einen Substanzverlust der tiefer gelegenen Weichteile verursachen oder gelenküberbrückende Narbenkeloide hinterlassen haben. Liegt als Folge einer Verletzung ausschließlich ein Lymphödem vor, so ist die Einschätzung nach der Ziffer 9.2.2 „Lymphödem" vorzunehmen.

Bei den entzündlich-rheumatischen Krankheiten sind unter Beachtung der Krankheitsentwicklung neben der strukturellen und funktionellen Einbuße die Aktivität mit ihren Auswirkungen auf den Allgemeinzustand und die Beteiligung weiterer Organe zu berücksichtigen. Entsprechendes gilt für Kollagenosen und Vaskulitiden.

Bei ausgeprägten osteopenischen Krankheiten (z. B. Osteoporose, Osteopenie bei hormonellen Störungen, gastrointestinalen Resorptionsstörungen, Nierenschäden) ist der GdS vor allem von der Funktionsbeeinträchtigung und den Schmerzen abhängig. Eine ausschließlich messtechnisch nachgewiesene Minderung des Knochenmineralgehalts rechtfertigt noch nicht die Annahme eines GdS.

Die VMG sehen die Annahme eines GdB bei Knochenstoffwechselstörungen erst dann vor, wenn diesen Krankheitswert zukommt. Die osteodensitometrisch (durch Messung der Knochendichte) ermittelten Werte können mit denen der Altersgruppe der 20- bis 30-Jährigen oder der Alterskohorte verglichen werden. (T-Wert, Z-Wert). Die alleinige Normabweichung des T- oder Z-Wertes ist nicht GdB-relevant (Schröter 2020). Zudem existieren bis heute keine Normwerte, die auf die individuelle Person und ihre Lebensweise (Habitus, Gewicht, körperliche Belastung) abgestellt sind. Ein GdB-Vorschlag ist erst möglich, wenn durch die Osteoporose oder Osteopenie behinderungsrelevante Störungen entstanden sind (osteoporotische Frakturen, Einschränkung der Teilhabe am gesellschaftlichen Leben durch hochgradige Knochenbrüchigkeit etwa bei einer Osteogenesis imperfecta).

18.2 Entzündlich-rheumatische Krankheiten

Die entzündlich-rheumatischen Krankheiten werden in den VMG sehr knapp abgehandelt, obwohl ein nicht unwesentlicher Teil der Behinderungen der Haltungs- und Bewegungsorgane durch diese autoimmunen, autoinflammatorischen oder durch Kristalle induzierte Leiden bedingt ist. Hinzu kommen bei den Systemerkrankungen Organbeteiligungen und -funktionsstörungen und mögliche Folgen der immunsuppressiven oder immunmodulierenden Langzeittherapien.

Nach der ICD-10 „Krankheiten des Muskel-Skelett-Systems und des Bindegewebes" sind alle Erkrankungen der Gelenke und/oder der Wirbelsäule, die zu Behinderungen gemäß Kap. 18.2.1. führen können, gemäß der nachstehenden Tabelle zu berücksichtigen.

Entzündlich-rheumatische Erkrankungen der Gelenke und/oder der Wirbelsäule, die zu Behinderungen gemäß Kap. 18.2.1. führen können	
ICD-10: M05.-	Rheumatoide Arthritis (seropositive chronische Polyarthritis), [einschließlich Lungenmanifestation und sekundärer Vaskulitis bei rheumatoider Arthritis]
ICD-10: M06.-	Sonstige chronische Polyarthritis [einschließlich seronegative chronische Polyarthritis und adulte Form des Still-Syndroms]
ICD-10: M07.-	Arthritis psoriatica und Arthritiden bei gastrointestinalen Grundkrankheiten [z.B. Arthritiden bei Morbus Crohn und Colitis ulcerosa]
ICD-10: M08.-	Juvenile Arthritis
ICD-10: M010.-	Gicht
ICD-10: M011.-	Sonstige Kristall-Arthropathien [Hydroxylapatiterkrankung, Chondrokalzinose]
ICD-10: M012.-	Sonstige näher bezeichnete Arthropathien, [Chronische postrheumatische Arthritis; Kaschin-Beck-Krankheit; Villonoduläre Synovitis (pigmentiert); palindromer Rheumatismus; Hydrops intermittens; transitorische Arthropathie]
ICD-10: M013.-	Sonstige Arthritis [Polyarthritis, nicht näher bezeichnet; Monarthritis, andernorts nicht klassifiziert; sonstige Arthritiden]
ICD-10: M014.-	Arthropathien bei sonstigen andernorts klassifizierten Krankheiten [Gicht-Arthropathie durch Enzymdefekte und sonstige angeborene Krankheiten; Kristall-Arthropathie bei sonstigen Stoffwechselstörungen; Diabetische Arthropathie, Multizentrische Retikulohistiozytose; Arthropathie bei Amyloidose; Arthropathien bei sonstigen endokrinen, Ernährungs- und Stoffwechselkrankheiten; Neuropathische Arthropathie, Arthropathien bei sonstigen Krankheiten]
ICD-10: M45.-	Spondylitis ankylosans [inklusive Nichtröntgenologische axiale Spondylarthritis]
ICD-10: M46.-	Sonstige entzündliche Spondylopathien

Die in der Behandlung etablierten krankheitsmodifizierenden Medikamente (Disease modifying antirheumatic drugs, DMARD) werden in Gruppen mit verschiedenen Wirkmechanismen unterteilt:

- konventionelle synthetische DMARD wie Methotrexat, Sulfasalazin und Leflunomid,
- zielgerichtete synthetische DMARD (JAK-Inhibitoren und Apremilast) und
- biologische DMARD (TNF-Inhibitoren, IL-6- bzw. IL-1-Inhibitoren, IL-12-/-23-Inhibitoren, IL-17-Inhibitoren, IL-23-Inhibitoren, B-Zell-depletierende Antikörper, CTLA-4-Fusionsprotein).

Anders als entzündungshemmende und schmerzlindernde Medikamente (Glukokortikoide, nichtsteroidale Antirheumatika, Analgetika) können DMARD das Fortschreiten der entzündlich-rheumatischen Erkrankungen verlangsamen und zu Beschwerdefreiheit bis hin zu einer Remission führen. Dies hat die Therapie der rheumatischen Erkrankungen in den vergangenen 20 Jahren revolutioniert. Andererseits ist bei der Begutachtung zu bedenken, dass Teilhabebeeinträchtigungen durch die Auswirkungen einer Therapie mit DMARD je nach eingesetztem Präparat oder sogar Kombinationstherapien zu erwarten sind wegen der damit einhergehenden Beeinträchtigung der Immunabwehr, potenzieller Auswirkungen auf Leber, Niere und Blutbildung sowie der Notwendigkeit häufiger ärztlicher Kontrolluntersuchungen. Dies zieht Einschränkungen in der Lebensführung nach sich. Ein GdB von10 bis 20 ist angemessen (dies in Analogie zu den in Teil B 16 aufgeführten Begutachtungskriterien für Erkrankungen des Bluts, blutbildender Organe, Immunsystem), um die Teilhabebeeinträchtigung bei einer Behandlung mit krankheitsmodifizierenden Medikamenten auch bei ansonsten beschwerdefreien Betroffenen abzubilden.

18.2.1 Entzündlich-rheumatische Erkrankungen der Gelenke und / oder der Wirbelsäule (z. B. Bechterew-Krankheit)

ohne wesentliche Funktionseinschränkung
mit leichten Beschwerden 10

Die Diagnose der chronischen rheumatischen Erkrankung ist gesichert, eine entzündliche Aktivität nachgewiesen, aber gering. Die entzündliche Aktivität lässt sich quantifizieren mittels validierter Scores, für die rheumatoide Arthritis mittels DAS-28 und für den Morbus Bechterew (Spondylitis ankylosans) und die nichtröntgenologische axiale Spondyloarthritis mittels BASDAI oder ASDAS-CRP. Die Gelenk- bzw. Wirbelsäulenentzündungen haben noch zu keinen wesentlichen funktionellen Einschränkungen geführt.

M. Bechterew und nichtröntgenologische axiale Spondyloarthritis: Bei geringer Aktivität in Bezug auf den entzündlichen Rückenschmerz und geringen Funktionsstörungen sowie Teilhabebeeinträchtigungen im Hinblick auf Mobilität und Selbstversorgung beträgt der GdB 10. Cave: Bei Spondyloarthritiden allgemein ist häufig trotz Krankheitsaktivität (entzündlicher Rückenschmerz, entzündliche MRT-Läsionen) keine wesentliche laborchemische Aktivität nachweisbar (CRP und/oder BSG normal oder nur minimal erhöht). Ist eine kontinuierliche Therapie mit NSAR oder mit DMARD notwendig (DMARD sind im Falle des M. Bechterew und der nichtröntgenologischen axialen Spondyloarthritis keine konventionellen DMARD, sondern Biologika), müssen daraus resultierende Beeinträchtigungen zusätzlich berücksichtigt werden.

mit geringen Auswirkungen
(leichtgradige Funktionseinbußen und Beschwerden,
je nach Art und Umfang des Gelenkbefalls, geringe
Krankheitsaktivität) 20–40

Weitgehend erhaltene Funktion der Gelenke und der Wirbelsäule, Einbeziehung mehrerer Gelenke in den Entzündungsprozess mit Schwellungen, synovialen Entzündungen, nachweisbaren entzündlichen Veränderungen an der Wirbelsäule, wiederkehrenden, teils anhaltenden Beschwerden als Folge der entzündlichen Aktivität, zudem anhaltende geringe bis mäßige Erhöhung von CRP und Blutsenkung.

- rheumatoide Arthritis: bei einer unter Therapie bestehenden Beeinträchtigung durch die rheumatoide Arthritis mit geringen Auswirkungen auf die Aktivitäten, insbesondere der Selbstversorgung oder der Mobilität
- bei geringer Krankheitsausprägung mit insbesondere einer geringen Krankheitsaktivität ohne relevante erosive Gelenkveränderungen
- M. Bechterew und nichtröntgenologische axiale Spondyloarthritis: bei einer geringen Krankheitsaktivität, namentlich chronischen entzündlichen Rückenschmerzen, einer Morgensteifigkeit und Funktionseinschränkungen der Wirbelsäule mit je nach Ausmaß bestehenden Auswirkungen auf die Mobilität, Überkopfarbeiten, Bildschirmtätigkeiten, längeres Gehen, Stehen und Sitzen. Zu beachten ist, dass auch bei der nichtröntgenologischen axialen Spondyloarthritis trotz noch fehlender röntgenologisch sichtbarer Ankylosen eine chronische entzündungsbedingte Wirbelsäulensteifigkeit feststellbar sein kann.

Es ist Aufgabe des Gutachters, anhand der oben genannten Kriterien den Ermessensspielraum zwischen einem GdB von 20 und 40 zu füllen. Liegen überwiegend geringe Beeinträchtigungen – wie oben beschrieben – vor, ist ein GdB von 20 zu wählen, erreichen die Beeinträchtigungen ein höheres Ausmaß, aber noch nicht den unten beschriebenen Umfang, so ist eher ein GdB bis 40 gerechtfertigt.

mit mittelgradigen Auswirkungen
(dauernde erhebliche Funktionseinbußen und Beschwerden, therapeutisch schwer beeinflussbare Krankheitsaktivität) 50–70

- Rheumatoide Arthritis: dauerhafter entzündlicher Prozess mit mäßiger bis hoher Krankheitsaktivität, Einbeziehung einer Vielzahl von Gelenken, deren Funktion wesentlich beeinträchtigt ist, mit insbesondere relevanten erosiven Gelenkveränderungen, vereinzelten Gelenkinstabilitäten oder -fehlstellungen.
- Morbus Bechterew: bei stärkerer Krankheitsausprägung, insbesondere bei fortgeschrittener Einsteifung der Wirbelsäule, Funktionsstörung durch fixierte Versteifung von HWS, BWS und LWS mit einem Blickwinkel noch oberhalb der Horizontalen, je nach Art und Intensität der Therapie. Je nach betroffenen Wirbelsäulenabschnitten (HWS, BWS oder LWS oder Kombinationen) gilt der GdB entsprechend Nummer 18.9 „Störungen der Funktionseinheit Wirbelsäule".

Es ist Aufgabe des Gutachters, anhand der oben genannten Kriterien den Ermessenspielraum zwischen einem GdB von 50 und 70 zu füllen. Liegen nur einige der oben beschriebenen Beeinträchtigungen (oder viele von mäßigem, nicht hohem Ausmaß) vor, ist eher ein GdB von 50 zu wählen, liegen Anzahl und Ausmaß der Beeinträchtigungen höher, aber erreichen noch nicht den unten beschriebenen Umfang, so ist eher ein GdB bis 70 gerechtfertigt.

Beeinträchtigungen durch nachgewiesene Nebenwirkungen der Therapie sind zusätzlich zu berücksichtigen.

mit schweren Auswirkungen
(irreversible Funktionseinbußen, hochgradige
Progredienz) .... 80 – 100

Auswirkungen über sechs Monate anhaltender aggressiver Therapien sind ggf. zusätzlich zu berücksichtigen.

- Rheumatoide Arthritis: bei starker Krankheitsausprägung, nach langjähriger hoher entzündlicher Aktivität, hochgradigen Funktionseinschränkungen, einer unkontrollierten Krankheitsaktivität oder Destruktion multipler Gelenke mit zahlreichen Gelenkinstabilitäten oder -fehlstellungen, zudem je nach Art und Intensität der Therapie. Die Angaben zur „aggressiven Therapie" bezogen sich in der Vergangenheit auf eine über sechs Monate dauernde, stark immunsuppressive Zytostatika-Therapie (Cyclophosphamid, kombinierte Methotrexat-/Ciclosporintherapie) und hochdosierte Cortisontherapie.
- M. Bechterew: fast vollständige, knöchern fixierte Einsteifung der Wirbelsäule, Funktionsstörung durch fixierte Fehlhaltung von HWS, BWS und LWS mit einem Blickwinkel unterhalb der Horizontalen, nach einer Aufrichtungsosteotomie, mit einer unkontrollierten Krankheitsaktivität und je nach Art und Intensität der Therapie (in der Regel in dieser Krankheitsphase biologische DMARD-Therapie oder JAK-Inhibitoren, auch in Kombination mit Dauer-NSAR-Therapie).

18.2.2 Kollagenosen (z. B. systemischer Lupus erythematodes, progressiv-systemische Sklerose, Polymyositis / Dermatomyositis)

Der GdB richtet sich zum einen nach der Krankheitsaktivität, zum anderen nach dem Schaden („Damage“) mit Funktionseinschränkung, wenn es z. B. zu irreversibler chronischer Niereninsuffizienz, Herzinsuffizienz, vorzeitiger Arteriosklerose oder einer Lungenfibrose im Rahmen der Kollagenose gekommen ist. Sowohl Aktivität als auch Schaden lassen sich durch validierte Scores (für den systemischen Lupus erythematodes, SLE) erfassen. Die sich ergebenden Funktionsbeeinträchtigungen betreffen neben den Gelenken, der Muskulatur und den Weichteilen unterschiedliche Organsysteme. Zu prüfen sind die sich in der Zusammenschau daraus ergebenden Einschränkungen der Teilhabe am gesellschaftlichen Leben. Die häufig notwendige langfristige Kortikosteroidtherapie (die nachgewiesenermaßen auch unterhalb der sogenannten Cushing-Schwelle von 7,5 mg täglich zu einer erhöhten Infektanfälligkeit und Osteoporose führen kann) oder immunsuppressive Therapie muss zusätzlich gutachterlich bedacht werden.

18.2.3 Vaskulitiden (z. B. Panarteriitis nodosa, Polymyalgia rheumatica)

Die Beurteilung des GdS bei Kollagenosen und Vaskulitiden richtet sich nach Art und Ausmaß der jeweiligen Organbeteiligung sowie den Auswirkungen auf den Allgemeinzustand, wobei auch eine Analogie zu den Muskelkrankheiten in Betracht kommen kann. Für die Dauer einer über sechs Monate anhaltenden aggressiven Therapie soll ein GdS von 50 nicht unterschritten werden.

Die zum Thema „Vaskulitis“ genannten Beispiele Panarteriitis nodosa und Polymyalgia rheumatica sind in Bezug auf ihre Häufigkeit und nosologische Zuordnung zu den Vaskulitiden nicht glücklich gewählt. So handelt es sich bei der isolierten Polymyalgia rheumatica nicht um eine Vaskulitis; nur in ca. 30 % der Polymyalgia-rheumatica-Fälle sind diese mit der Grundkrankheit einer Riesenzellarteriitis/Arteriitis temporalis assoziiert. Zugleich ist aber die Polymyalgia rheumatica die häufigste entzündlich-rheumatische Erkrankung jenseits des 50. Lebensjahrs und bei adäquater Therapie mit einer Kortisonmonotherapie in ausschleichender Dosierung über ein Jahr in der Regel gut und folgenlos zu behandeln, bei einem Teil der Patienten muss zusätzlich Methotrexat eingesetzt werden. Im Falle anhaltender Aktivität und Funktionseinschränkungen über eine Krankheitsdauer von mehr als sechs Monaten hinaus kann sie analog der rheumatoiden Arthritis begutachtet werden. Im Einzelfall sind die Folgen der Steroidtherapie zu evaluieren. Die Riesenzellarteriitis hingegen kann zu schweren Schäden bis hin zu Visusverlust, Schlaganfällen, Extremitätenischämien und Aortenaneurysmen führen.

Die Panarteriitis nodosa ist auf der anderen Seite des Spektrums eine extrem seltene Erkrankung und für den Versorgungs- und Begutachtungsalltag wenig relevant. Wesentlich häufiger sind die ANCA-assoziierten Vaskulitiden, die Granulomatose mit Polyangiitis (ehemals Morbus Wegener) und die Mikroskopische Polyangiitis mit ihren variablen Manifestationsformen von lokoregionärer Manifestation bis hin zu schwerwiegenden generalisierten Formen mit Multiorganbefall und bleibenden strukturellen Gewebe- und Funktionsschäden (chronische Niereninsuffizienz, Knorpeldestruktionen, respiratorische Probleme, Schwerpunktneuropathie).

Unter einer „aggressiven Therapie" versteht man heute Immunsuppressiva wie Cyclophosphamid, Ciclosporin A, Mycophenolatmofetil, Rituximab, zudem Azathioprin in der Langzeittherapie. Auch Langzeittherapien mit Prednisolon, die bei Vaskulitiden sehr häufig notwendig sind, führen regelmäßig zu Komplikationen wie Infektanfälligkeit, Osteoporose, Blutzuckerentgleisungen u. a.

18.3 Bei der Beurteilung nicht-entzündlicher Krankheiten der Weichteile kommt es auf Art und Ausmaß der jeweiligen Organbeteiligung sowie auf die Auswirkungen auf den Allgemeinzustand an.

18.4 Fibromyalgie

Die Fibromyalgie, das Chronische Fatigue-Syndrom (CFS), die Multiple Chemical Sensitivity (MCS) und ähnliche Syndrome sind jeweils im Einzelfall entsprechend der funktionellen Auswirkungen analog zu beurteilen.

Beim Fibromyalgiesyndrom handelt es sich nicht um eine entzündlich-rheumatische Erkrankung, sondern um ein komplexes Beschwerdebild, das heute als Endpunkt verschiedener muskuloskelettaler und biopsychosozialer Faktoren angesehen wird. Ein die Symptome ausreichend erklärendes somatisches Krankheitskorrelat muss ausgeschlossen sein. Auf der anderen Seite kann auch bei entzündlich-rheumatischen Erkrankungen und anderen chronischen Erkrankungen ein „sekundäres Fibromyalgiesyndrom" auftreten. Hilfreich bei Diagnostik und Therapie des Fibromyalgiesyndroms ist die AWMF S3-Leitlinie der Deutschen Schmerzgesellschaft „Definition, Pathophysiologie, Diagnostik und Therapie des Fibromyalgiesyndroms. Available from: http://www.awmf.org/leitlinien/detail/ll/145-004.html [zitiert: 15.01.2022]". Kernsymptome sind chronische, multifokale und diffuse Schmerzen unterschiedlicher Intensität in mehreren Körperregionen („chronic widespread pain"), Schlafstörungen bzw. nicht erholsamer Schlaf und Müdigkeit bzw. körperliche und/oder geistige Erschöpfungsneigung. Hinzu kommen häufig vegetative Organbeschwerden wie Unterbauchkrämpfe, Reizblase, Herzklopfen und Verdauungsbeschwerden.

Eine fachpsychotherapeutische Untersuchung wird insbesondere empfohlen bei Hinweisen auf vermehrte seelische Symptombelastung (Angst, Depression), anamnestischen Angaben von aktuellen schwerwiegenden psychosozialen Stressoren, von aktuellen oder früheren psychiatrischen Behandlungen, schwerwiegenden biographischen Belastungsfaktoren, maladaptiver Krankheitsverarbeitung und subjektiven psychischen Krankheitsattributionen. Ein einzelnes typisches Kriterium, das nach der allgemeinen ärztlichen Erfahrung Rückschlüsse auf das Ausmaß der Teilhabebeeinträchtigung zulässt, existiert nicht. Die Beurteilung des GdB richtet sich nach den im Einzelfall vorliegenden teilhaberelevanten Beeinträchtigungen. Liegen keine objektivierbaren Funktionseinschränkungen und keine entzündliche Aktivität vor, sind die in Teil B 3 (3.7) aufgeführten Begutachtungskriterien für Gesundheitsstörungen des Nervensystems und der Psyche zugrunde zu legen. Auf eine leitlinienkonforme Begutachtung entsprechend der jeweils gültigen AWMF-Leitlinie für die ärztliche Begutachtung von Menschen mit chronischen Schmerzen ist besonders zu achten; eine unkritische Vergabe von getrennten GdB auf rheumatologischem und psychiatrischem Fachgebiet und damit doppelte Berücksichtigung dieser Störungen ohne Rücksicht auf das Gesamtausmaß der durch das Fibromyalgiesyndrom hervorgerufenen Teilhabebeeinträchtigung ist zu vermeiden. (Leitlinie für die ärztliche Begutachtung von Menschen mit chronischen Schmerzen [„Leitlinie Schmerzbegutachtung"]. AWMF Reg.-Nr. 094-003. Klassifikation S2k. https://register.awmf.org/assets/guidelines/094-003l_S2k_Schmerzbegutachtung_2018-01.pdf, Stand 2023-01-22)

18.5 Chronische Osteomyelitis

Bei der Beurteilung des GdS sind die aus der Lokalisation und Ausdehnung des Prozesses sich ergebende Funktionsstörung, die dem Prozess innewohnende Aktivität und ihre Auswirkungen auf den Allgemeinzustand und außerdem etwaige Folgekrankheiten (z. B. Anämie, Amyloidose) zu berücksichtigen. Bei ausgeprägt schubförmigem Verlauf ist ein Durchschnitts-GdS zu bilden.

Ruhende Osteomyelitis (Inaktivität wenigstens fünf Jahre) . 0 – 10

Chronische Osteomyelitis

geringen Grades
(eng begrenzt, mit geringer Aktivität, geringe Fisteleiterung) .... mindestens 20

mittleren Grades
(ausgedehnterer Prozess, häufige oder ständige Fisteleiterung, Aktivitätszeichen auch in Laborbefunden) .... mindestens 50

schweren Grades
(häufige schwere Schübe mit Fieber, ausgeprägter Infiltration der Weichteile, Eiterung und Sequesterabstoßung, erhebliche Aktivitätszeichen in den Laborbefunden) .... mindestens 70

Eine wesentliche Besserung wegen Beruhigung des Prozesses kann erst angenommen werden, wenn nach einem Leidensverlauf von mehreren Jahren seit wenigstens zwei Jahren – nach jahrzehntelangem Verlauf seit fünf Jahren – keine Fistel mehr bestanden hat und auch aus den weiteren Befunden (einschließlich Röntgenbildern und Laborbefunden) keine Aktivitätszeichen mehr erkennbar gewesen sind. Dabei ist in der Regel der GdS nur um 20 bis 30 Punkte niedriger einzuschätzen und zwei bis vier Jahre lang noch eine weitere Heilungsbewährung abzuwarten, bis der GdS nur noch von dem verbliebenen Schaden bestimmt wird.

Der Abschnitt zur Einstufung der Osteomyelitis ist durch die therapieresistenten Knocheninfektionen bei Beschädigten des Zweiten Weltkriegs geprägt. Seit Aufnahme der Osteomyelitis in die Anhaltspunkte (Ausgabe 1973) haben sich die Behandlung und der Krankheitsverlauf der chronischen Knocheninfektion gewandelt. Mit einer konsequenten chirurgischen Therapie, der Entfernung befallenen Knochens, einer lokalen und systemischen antibiotischen Behandlung sowie rekonstruktiven Eingriffen (Knochentransplantation, Lappenplastiken) gelingt es, die chronische Osteomyelitis mit wenigen Ausnahmen klinisch auszuheilen, d. h. in einen „ruhenden Zustand" zu überführen. Da Keime im Knochen verbleiben, sind Rezidive zum Beispiel bei Verschlechterung des Allgemeinbefindens nicht auszuschließen. Die Forderung einer „Rezidivfreiheit von wenigstens fünf Jahren" ist allerdings als überholt anzusehen, da der „ruhende Zustand" in den meisten Fällen bereits nach einer nur wenige Monate andauernden Behandlung erreicht wird.

18.6 Muskelkrankheiten

Bei der Beurteilung des GdS ist von folgenden Funktionsbeeinträchtigungen auszugehen:

Muskelschwäche

mit geringen Auswirkungen (vorzeitige Ermüdung, gebrauchsabhängige Unsicherheiten) .... 20 – 40

mit mittelgradigen Auswirkungen (zunehmende Gelenkkontrakturen und Deformitäten, Aufrichten aus dem Liegen nicht mehr möglich, Unmöglichkeit des Treppensteigens)	50 – 80
mit schweren Auswirkungen (bis zur Geh- und Stehunfähigkeit und Gebrauchsunfähigkeit der Arme)	90 – 100

Zusätzlich sind bei einzelnen Muskelkrankheiten Auswirkungen auf innere Organe (z. B. Einschränkung der Lungenfunktion und / oder der Herzleistung durch Brustkorbdeformierung) oder Augenmuskel-, Schluck- oder Sprechstörungen (z. B. bei der Myasthenie) zu berücksichtigen.

Zur Gruppe der Muskelkrankheiten gehören vor allem die mit dem Diagnoseschüssel ICD-10 G70-G73 versehenen Krankheiten im Bereich der neuromuskulären Synapse und des Muskels:

ICD-10: G 70 Myasthenia gravis und sonstige neuromuskuläre Krankheiten
ICD-10: G 71 Primäre Myopathien (Muskeldystrophien, Myotone Syndrome, angeborene Myopathien)
ICD-10: G 72 Sonstige Myopathien

In seltenen Fällen können auch erbbedingte oder durch Mutation entstandene periphere Syndrome einen GdB von mehr als 50 und den Nachteilsausgleich G begründen. Dies gilt auch dann, wenn keines der drei Kriterien erfüllt ist, die unter den „mittelgradigen Auswirkungen“ erscheinen.

18.7 Kleinwuchs

Körpergröße nach Abschluss des Wachstums

über 130 bis 140 cm	30 – 40
über 120 bis 130 cm	50

Bei 120 cm und darunter kommen entsprechend höhere Werte in Betracht.

Dieser GdS ist auf harmonischen Körperbau bezogen.

Zusätzlich zu berücksichtigen sind (z. B. bei Achondroplasie, bei Osteogenesis imperfecta) mit dem Kleinwuchs verbundene Störungen wie

mangelhafte Körperproportionen,
Verbildungen der Gliedmaßen,
Störungen der Gelenkfunktion, Muskelfunktion und Statik,
neurologische Störungen,
Einschränkungen der Sinnesorgane,
endokrine Ausfälle und
außergewöhnliche psychoreaktive Störungen.

18.8 Großwuchs

Großwuchs allein rechtfertigt noch nicht die Annahme eines GdS. Auf psychoreaktive Störungen ist besonders zu achten.

18.9 Wirbelsäulenschäden

Der GdS bei angeborenen und erworbenen Wirbelsäulenschäden (einschließlich Bandscheibenschäden, Scheuermann-Krankheit, Spondylolisthesis, Spinalkanalstenose und dem sogenannten Postdiskotomiesyndrom) ergibt sich primär aus dem Ausmaß der Bewegungseinschränkung, der Wirbelsäulenverformung und -instabilität sowie aus der Anzahl der betroffenen Wirbelsäulenabschnitte.

Der Begriff Instabilität beinhaltet die abnorme Beweglichkeit zweier Wirbel gegeneinander unter physiologischer Belastung und die daraus resultierenden Weichteilveränderungen und Schmerzen. Sogenannte Wirbelsäulensyndrome (wie Schulter-Arm-Syndrom, Lumbalsyndrom, Ischialgie sowie andere Nerven- und Muskelreizerscheinungen) können bei Instabilität und bei Einengungen des Spinalkanals oder der Zwischenwirbellöcher auftreten.

Für die Bewertung von chronisch-rezidivierenden Bandscheibensyndromen sind aussagekräftige anamnestische Daten und klinische Untersuchungsbefunde über einen ausreichend langen Zeitraum von besonderer Bedeutung. Im beschwerdefreien Intervall können die objektiven Untersuchungsbefunde nur gering ausgeprägt sein.

Wirbelsäulenschäden

ohne Bewegungseinschränkung oder Instabilität	0
mit geringen funktionellen Auswirkungen (Verformung, rezidivierende oder anhaltende Bewegungseinschränkung oder Instabilität geringen Grades, seltene und kurz dauernd auftretende leichte Wirbelsäulensyndrome) .	10
mit mittelgradigen funktionellen Auswirkungen in einem Wirbelsäulenabschnitt (Verformung, häufig rezidivierende oder anhaltende Bewegungseinschränkung oder Instabilität mittleren Grades, häufig rezidivierende und über Tage andauernde Wirbelsäulensyndrome)	20
mit schweren funktionellen Auswirkungen in einem Wirbelsäulenabschnitt (Verformung, häufig rezidivierende oder anhaltende Bewegungseinschränkung oder Instabilität schweren Grades, häufig rezidivierende und Wochen andauernde ausgeprägte Wirbelsäulensyndrome)	30
mit mittelgradigen bis schweren funktionellen Auswirkungen in zwei Wirbelsäulenabschnitten	30–40
mit besonders schweren Auswirkungen (z. B. Versteifung großer Teile der Wirbelsäule; anhaltende Ruhigstellung durch Rumpforthese, die drei Wirbelsäulenabschnitte umfasst [z. B. Milwaukee-Korsett]; schwere Skoliose [ab ca. 70° nach Cobb])	50–70
bei schwerster Belastungsinsuffizienz bis zur Geh- und Stehunfähigkeit	80–100

Anhaltende Funktionsstörungen infolge Wurzelkompression mit motorischen Ausfallerscheinungen – oder auch die intermittierenden Störungen bei der Spinalkanalstenose – sowie Auswirkungen auf die inneren Organe (z. B. Atemfunktionsstörungen) sind zusätzlich zu berücksichtigen.

Bei außergewöhnlichen Schmerzsyndromen kann auch ohne nachweisbare neurologische Ausfallerscheinungen (z. B. Postdiskotomiesyndrom) ein GdS über 30 in Betracht kommen.

Die gültige Fassung des Kapitels 18.9 interpretiert chronische Wirbelsäulenleiden als primär organische Erkrankung. Diese Annahme ist durch die Entwicklung bildtechnischer Verfahren (Myelographie und Computertomographie) sowie die Erfolge der Bandscheibenchirurgie gefördert worden. Noch in der Ausgabe 1965 der „Anhaltspunkte" werden Wirbelsäulenleiden nur als Folgen von Verletzungen (Frakturen) und der Bechterew'schen Krankheit berücksichtigt. Im Jahre 1973 bewerten die „Anhaltspunkte" „degenerative Veränderungen je nach Sitz, Ausdehnung, Bewegungsbehinderung und Beschwerden" mit einer MdE von 0–50 v. H.

In den letzten drei Jahrzehnten hat sich das Verständnis chronisch-unspezifischer Wirbelsäulenleiden grundlegend gewandelt. Als Ursache organischer Behinderungen spielen pathologisch-anatomische Erkrankungen der Wirbelsäule nach wie vor eine Rolle: angeborene Leiden, die Skoliose, posttraumatische Fehlstellungen, Infektionen, primäre Tumoren und Metastasen. Bei akuten Wirbelsäulenerkrankungen stehen radikuläre und pseudoradikuläre Syndrome u. a. als Folge von Nervenwurzelkompressionen (durch Verlagerung von Bandscheibengewebe oder andere mechanische Reizungen der Spinalnerven) im Vordergrund. Allerdings weisen eine Vielzahl von Studien (vgl. „Nationale VersorgungsLeitlinie – Unspezifischer Kreuzschmerz", 2. Aufl. 2017) nach, dass es sich dabei in der Regel um zeitlich begrenzte Erkrankungen handelt, die keine dauerhafte Behinderung hinterlassen.

Die Tendenz zur Chronifizierung und zu anhaltenden Beschwerden ergibt sich im Allgemeinen nicht aus den primär organischen Veränderungen, sondern aus der Krankheitsverarbeitung, diese wird durch persönliche und gesellschaftliche Rahmenbedingungen geprägt. Hierzu gehören eine individuelle Tendenz zur Somatisierung und Depression, psychische Komorbidität, Instabilität im partnerschaftlichen und familiären Bereich sowie ökonomische und soziale Faktoren, z. B. ungünstige wirtschaftliche Situation bei Selbstständigen, Arbeitslosigkeit. Wissenschaftlich abgesicherte Studien empfehlen eine „Demedikalisierung" von Rückenbeschwerden. Es helfe dem Betroffenen am besten, wenn dieser den (unspezifischen) Rückenschmerz als Teil des normalen Lebens akzeptiere und lerne, damit zu leben. Das Gefühl, auf Dauer behindert zu sein, kann zu einer Behinderung beitragen.

Solange die bisherige Fassung der Versorgungsmedizinischen Grundsätze ihre Gültigkeit behält, ist darauf zu achten, dass sich die Einstufung auf den organpathologischen Befund und die sich daraus ergebende Behinderung bezieht. Funktionelle Wirbelsäulenbeschwerden sind nach den Vorgaben von Teil B 3.7 zu bewerten. Ein zusätzlicher GdB wegen eines organischen Wirbelsäulenschadens kommt in diesen Fällen nicht in Betracht. Einzelne Befunde, die akute Erkrankungen dokumentieren (akutes Lumbal- oder Zervikalsyndrom – auch bei gleichzeitigem Nachweis eines Bandscheibenvorfalls) begründen keinen GdB. Die Erläuterungen des Abschnitts 18.9 weisen darauf hin, dass „für die Bewertung von chronisch-rezidivierenden Bandscheibensyndromen" „aussagekräftige anamnestische Daten und klinische Untersuchungsbefunde über einen ausreichend langen Zeitraum" von besonderer Bedeutung seien. Aus gutachterlicher Sicht kann ein entsprechender Nachweis durch die Vorlage allgemein- und fachärztlicher Befunde und den Ausdruck der elektronischen Behandlungsdatei über einen Zeitraum von mindestens zwölf Monaten geführt werden.

Das neurogene Hinken ist etwas günstiger als vergleichbare Einschränkungen des Gehvermögens bei arteriellen Verschlusskrankheiten zu bewerten.

Bei einer Einengung des Wirbelkanals (Spinalkanalstenose), die zu einer Beeinträchtigung der Gehfähigkeit führt („neurogenes Hinken"), kann ein GdB bis 50 angemessen sein. (Beirat 11/2000).

18.10 Beckenschäden

ohne funktionelle Auswirkungen	0
mit geringen funktionellen Auswirkungen (z. B. stabiler Beckenring, degenerative Veränderungen der Kreuz-Darmbeingelenke)	10
mit mittelgradigen funktionellen Auswirkungen (z. B. instabiler Beckenring einschließlich Sekundärarthrose)	20
mit schweren funktionellen Auswirkungen und Deformierung	30–40

Die Einstufung bezieht sich auf Verletzungen oder Erkrankungen des Beckenrings. Nicht einbezogen sind Verletzungen des Acetabulums (der Hüftpfanne). Mögliche sich hieraus ergebende Beeinträchtigungen der Funktion des Hüftgelenkes sind zusätzlich zu berücksichtigen.

18.11 Gliedmaßenschäden, Allgemeines

Der GdS bei Gliedmaßenschäden ergibt sich aus dem Vergleich mit dem GdS für entsprechende Gliedverluste. Trotz erhaltener Extremität kann der Zustand gelegentlich ungünstiger sein als der Verlust.

Die aufgeführten GdS für Gliedmaßenverluste gehen – soweit nichts anderes erwähnt ist – von günstigen Verhältnissen des Stumpfes und der benachbarten Gelenke aus. Bei ausgesprochen ungünstigen Stumpfverhältnissen, bei nicht nur vorübergehenden Stumpfkrankheiten sowie bei nicht unwesentlicher Funktionsbeeinträchtigung des benachbarten Gelenkes sind diese Sätze im Allgemeinen um 10 zu erhöhen, unabhängig davon, ob Körperersatzstücke getragen werden oder nicht.

Körperersatzstücke, orthopädische und andere Hilfsmittel mindern bei Verlust und Funktionsstörungen der Gliedmaßen sowie bei Funktionseinschränkungen des Rumpfes die Auswirkungen der Behinderung, ohne dass dadurch der durch den Schaden allein bedingte GdS eine Änderung erfährt.

Bei der Bewertung des GdS von Pseudarthrosen ist zu berücksichtigen, dass straffe Pseudarthrosen günstiger sind als schlaffe.

Bei habituellen Luxationen richtet sich die Höhe des GdS außer nach der Funktionsbeeinträchtigung der Gliedmaße auch nach der Häufigkeit der Ausrenkungen.

18.12 Endoprothesen

Es werden Mindest-GdS angegeben, die für Endoprothesen bei bestmöglichem Behandlungsergebnis gelten. Bei eingeschränkter Versorgungsqualität sind höhere Werte angemessen.

Die Versorgungsqualität kann insbesondere beeinträchtigt sein durch

- Beweglichkeits- und Belastungseinschränkung,
- Nervenschädigung,
- deutliche Muskelminderung,
- ausgeprägte Narbenbildung.

Die in der GdS-Tabelle angegebenen Werte schließen die bei der jeweiligen Versorgungsart üblicherweise gebotenen Beschränkungen ein.

Hüftgelenk

bei einseitiger Endoprothese beträgt der GdS mindestens	10
bei beidseitiger Endoprothese beträgt der GdS mindestens	20

Kniegelenk

bei einseitiger Totalendoprothese beträgt der GdS mindestens	20
bei beidseitiger Totalendoprothese beträgt der GdS mindestens	30
bei einseitiger Teilendoprothese beträgt der GdS mindestens	10
bei beidseitiger Teilendoprothese beträgt der GdS mindestens	20

Oberes Sprunggelenk	
bei einseitiger Endoprothese beträgt der GdS mindestens	10
bei beidseitiger Endoprothese beträgt der GdS mindestens	20
Schultergelenk	
bei einseitiger Endoprothese beträgt der GdS mindestens	20
bei beidseitiger Endoprothese beträgt der GdS mindestens	40
Ellenbogengelenk	
bei einseitiger Totalendoprothese beträgt der GdS mindestens	30
bei beidseitiger Totalendoprothese beträgt der GdS mindestens	50
Kleine Gelenke	
Endoprothesen bedingen keine wesentliche Teilhabebeeinträchtigung.	

Die Endoprothesen wurden in der Dritten Verordnung zur Änderung der VersMedV einer Neubewertung unterzogen. Damit trug der Verordnungsgeber dem medizinischen Fortschritt Rechnung. Die Behandlungsergebnisse haben sich nach der Implantation von Endoprothesen in den letzten Jahrzehnten erheblich gebessert. Durch den Einbau von Kunstgelenken werden Beweglichkeit und Belastbarkeit erkrankter Gelenke wiederhergestellt. Der Träger kann damit wieder weitgehend unbehindert am gesellschaftlichen Leben teilhaben.

Am Kniegelenk wird zwischen einer Teilendoprothese und einer Totalendoprothese unterschieden. Bei Teilendoprothesen wird nur der innere oder äußere Gelenkanteil endoprothetisch durch eine Schlittenprothese ersetzt. Umgangssprachlich könnte man von einer „Überkronung" der medialen oder lateralen Oberschenkelrolle und des dazugehörigen Tibiaplateaus sprechen. In die Oberschenkelrolle wird ein kufenförmiges Implantat aus Metall eingebracht, Knorpel und subchondraler Knochen des Tibiaplateaus werden durch ein Implantat aus Kunststoff ersetzt.

Der Begriff „kleine Gelenke" bezieht sich auf Finger- und Zehengelenke. Bei Patienten, deren Fingergelenke durch eine rheumatoide Arthritis destruiert sind, können einzelne Fingergelenke endoprothetisch ersetzt werden. Am Großzehengrundgelenk wird gelegentlich ein Kunstgelenk wegen einer einsteifenden Arthrose (Hallux rigidus) implantiert.

Böhr (2011) verwies darauf, dass die Neubewertung der Endoprothesen auch eine Herabsetzung des GdB und einen Entzug von Merkzeichen begründen könne, s. hierzu auch VersMedV, Teil A Nr. 7 a).

Koss (2011) differenzierte das „bestmögliche Behandlungsergebnis“ an Hüft- und Kniegelenken und schlug vor, dieses bei einer Beugefähigkeit des künstlichen Gelenkes an Hüfte und Knie von 120° anzunehmen. Entscheidend sei die Alltagstauglichkeit ohne Teilhabebeeinträchtigung. Bei Vorliegen der genannten Voraussetzungen sei der Mindest-GdB anzusetzen. Anhaltende Reizzustände mit einer schonungsbedingten Muskelminderung erhöhten den Mindest-GdB um 10.

Nach künstlichem Ersatz der Schulter seien stärkere Beeinträchtigungen als nach Ersatz von Hüfte und Knie zu erwarten. Die Funktion sei dann als gut einzustufen, wenn der Arm im Schultergelenk bis 90° abgespreizt und vorgeführt werden könne. Hierfür sei dann ein GdB von 20 anzunehmen. Bei ungünstigem Therapieergebnis sei ein GdB von 30 gerechtfertigt. Dies entspricht der vollständigen Schulterversteifung. Ein höherer GdB nach Implantation einer Schulterprothese sei deshalb in aller Regel nicht begründet. Nach Ersatz des Ellenbogengelenkes sei auch die Beeinträchtigung der Umwendbewegung zu berücksichtigen. Nach künstlichem Ersatz von Gelenken, die nicht in den Vers-MedV aufgeführt seien, müsse die Funktion individuell eingeschätzt werden. Die Implantation einer funktionstüchtigen Endoprothese des Handgelenks kann mit einem GdB zwischen 10 und 20 eingeschätzt werden.

Aseptische Nekrosen

Hüftkopfnekrosen (z. B. Perthes-Krankheit)
während der notwendigen Entlastung 70

Lunatum-Malazie
während der notwendigen Immobilisierung 30

Der Grad einer möglicherweise bleibenden Behinderung richtet sich nach der Funktionsbeeinträchtigung des betroffenen Gelenkes. Mit einem GdB zwischen 0 und 20 ist zu rechnen.

18.13 Schäden der oberen Gliedmaßen

Extremitätenverlust

Verlust beider Beine oder Hände 100

Verlust eines Armes und Beines 100

Verlust eines Armes im Schultergelenk oder mit sehr kurzem
Oberarmstumpf 80

Unter einem sehr kurzen Oberarmstumpf ist ein Stumpf zu verstehen, der eine gleiche Funktionseinbuße wie der Verlust des Armes im Schultergelenk zur Folge hat. Das ist immer dann der Fall, wenn die Absetzungsebene in Höhe des Collum chirurgicum liegt.

Verlust eines Armes im Oberarm oder im Ellenbogengelenk	70
Verlust eines Armes im Unterarm	50
Verlust eines Armes im Unterarm mit einer Stumpflänge bis 7 cm	60
Verlust der ganzen Hand	50
Versteifung des Schultergelenks in günstiger Stellung bei gut beweglichem Schultergürtel	30

Eine Versteifung im Schultergelenk in einem Abspreizwinkel um ca. 45° und leichter Vorhalte gilt als funktionell günstig.

Versteifung des Schultergelenks in ungünstiger Stellung oder bei gestörter Beweglichkeit des Schultergürtels	40 – 50
Bewegungseinschränkung des Schultergelenks (einschließlich Schultergürtel)	
Armhebung nur bis zu 120° mit entsprechender Einschränkung der Dreh- und Spreizfähigkeit	10
Armhebung nur bis zu 90° mit entsprechender Einschränkung der Dreh- und Spreizfähigkeit	20
Instabilität des Schultergelenks	
geringen Grades, auch seltene Ausrenkung (in Abständen von einem Jahr und mehr)	10
mittleren Grades, auch häufigere Ausrenkung	20 – 30
schweren Grades (auch Schlottergelenk), auch ständige Ausrenkung	40
Schlüsselbeinpseudarthrose	
straff	0 – 10
schlaff	20
Verkürzung des Armes bis zu 4 cm bei freier Beweglichkeit der großen Armgelenke	0

Oberarmpseudarthrose

straff 20

schlaff 40

Riss der langen Bizepssehne .... 0 – 10

Versteifung des Ellenbogengelenks einschließlich Aufhebung der Unterarmdrehbewegung

in günstiger Stellung 30

in ungünstiger Stellung .... 40 – 50

Die Versteifung in einem Winkel zwischen 80° und 100° bei mittlerer Pronationsstellung des Unterarms ist als günstige Gebrauchsstellung aufzufassen.

Bewegungseinschränkung im Ellenbogengelenk

geringen Grades (Streckung / Beugung bis 0 – 30 – 120 bei freier Unterarmdrehbeweglichkeit) .... 0 – 10

stärkeren Grades (insbesondere der Beugung einschließlich Einschränkung der Unterarmdrehbeweglichkeit) ...... 20 – 30

Isolierte Aufhebung der Unterarmdrehbeweglichkeit

in günstiger Stellung (mittlere Pronationsstellung) 10

in ungünstiger Stellung 20

in extremer Supinationsstellung 30

Ellenbogen-Schlottergelenk 40

Unterarmpseudarthrose

straff 20

schlaff 40

Pseudarthrose der Elle oder Speiche .... 10 – 20

Versteifung des Handgelenks

in günstiger Stellung (leichte Dorsalextension) 20

in ungünstiger Stellung 30

Bewegungseinschränkung des Handgelenks

geringen Grades (z. B. Streckung / Beugung bis 30 – 0 – 40) .... 0 – 10

stärkeren Grades .... 20 – 30

Nicht oder mit Deformierung verheilte Brüche oder Luxationen der Handwurzelknochen oder eines oder mehrerer Mittelhandknochen mit sekundärer Funktionsbeeinträchtigung	10 – 30
Versteifung eines Daumengelenks in günstiger Stellung	0 – 10
Versteifung beider Daumengelenke und des Mittelhand-Handwurzelgelenks in günstiger Stellung	20
Versteifung eines Fingers in günstiger Stellung (mittlere Gebrauchsstellung)	0 – 10
Versteifungen der Finger in Streck- oder starker Beugestellung sind oft störender als ein glatter Verlust.	
Verlust des Daumenendgliedes	0
Verlust des Daumenendgliedes und des halben Grundgliedes	10
Verlust eines Daumens	25
Verlust beider Daumen	40
Verlust eines Daumens mit Mittelhandknochen	30
Verlust des Zeigefingers, Mittelfingers, Ringfingers oder Kleinfingers, auch mit Teilen des dazugehörigen Mittelhandknochens	10
Verlust von zwei Fingern	
mit Einschluss des Daumens	30
II+III, II+IV	30
sonst	25
Verlust von drei Fingern	
mit Einschluss des Daumens	40
II+III+IV	40
sonst	30
Verlust von vier Fingern	
mit Einschluss des Daumens	50
sonst	40
Verlust der Finger II bis V an beiden Händen	80
Verlust aller fünf Finger einer Hand	50
Verlust aller zehn Finger	100

Obige Sätze gelten für den Gesamtverlust der Finger bei reizlosen Stumpfverhältnissen. Bei Verlust einzelner Fingerglieder sind sie herabzusetzen, bei schlechten Stumpfverhältnissen zu erhöhen.

Fingerstümpfe im Mittel- und Endgelenk können schmerzhafte Narbenbildung und ungünstige Weichteildeckung zeigen. Empfindungsstörungen an den Fingern, besonders an Daumen und Zeigefinger, können die Gebrauchsfähigkeit der Hand wesentlich beeinträchtigen.

Nervenausfälle (vollständig)

Armplexus	80
oberer Armplexus	50
unterer Armplexus	60
N. axillaris	30
N. thoracicus longus	20
N. musculocutaneus	20
N. radialis	
ganzer Nerv	30
mittlerer Bereich oder distal	20
N. ulnaris	
proximal oder distal	30
N. medianus	
proximal	40
distal	30
Nn. radialis und axillaris	50
Nn. radialis und ulnaris	50
Nn. radialis und medianus	50
Nn. ulnaris und medianus	50
Nn. radialis, ulnaris und medianus im Vorderarmbereich	60

Trophische Störungen sind zusätzlich zu berücksichtigen; Teilausfälle der genannten Nerven sind entsprechend geringer zu bewerten.

18.14 Schäden der unteren Gliedmaßen

Verlust beider Beine im Oberschenkel	100
Verlust eines Beines im Oberschenkel und eines Beines im Unterschenkel	100
Verlust eines Beines und Armes	100
Verlust eines Beines im Hüftgelenk oder mit sehr kurzem Oberschenkelstumpf	80
Unter einem sehr kurzen Oberschenkelstumpf ist ein Stumpf zu verstehen, der eine gleiche Funktionseinbuße wie der Verlust des Beines im Hüftgelenk bedingt. Das ist immer dann der Fall, wenn die Absetzungsebene in Höhe des Trochanter minor liegt.	
Verlust eines Beines im Oberschenkel (einschließlich Absetzung nach Gritti)	70

Bei der Absetzung nach Gritti handelt es sich um die Amputation oberhalb der Oberschenkelknorren. Die entknorpelte Kniescheibe wird von distal an den Oberschenkelstumpf fixiert, dieser wird mit der Kniescheibe „abgedeckelt". Das Verfahren ist heute verlassen worden.

Notwendigkeit der Entlastung des ganzen Beines (z. B. Sitzbeinabstützung)	70
Verlust eines Beines im Unterschenkel bei genügender Funktionstüchtigkeit des Stumpfes und der Gelenke	50
Notwendigkeit der Entlastung eines Unterschenkels (z. B. Schienbeinkopfabstützung)	50

Die Versorgung mit einem entlastenden Apparat kann bei verzögerter Heilung einer komplexen Fraktur, zum Beispiel einem Sprungbeinbruch, notwendig werden (Allgöwer-Apparat). Der Unterschenkel und Fuß hängen dabei im Apparat, die Last des Körpers wird beim Gehen auf den Schienbeinkopf übertragen. Erforderlich ist eine Schuherhöhung der Gegenseite.

Verlust eines Beines im Unterschenkel bei ungenügender Funktionstüchtigkeit des Stumpfes und der Gelenke	60
Verlust beider Beine im Unterschenkel	80
bei einseitig ungünstigen Stumpfverhältnissen	90
bei beidseitig ungünstigen Stumpfverhältnissen	100
Teilverlust eines Fußes, Absetzung	
nach Pirogow	
einseitig, guter Stumpf	40
beidseitig	70

Ziel der Amputation des Fußes nach Pirogow ist die Gewinnung einer belastbaren Auftrittsfläche der Ferse: Sprungbein und Knöchel werden entfernt, die Ferse wird erhalten und mit dem distalen Schien- und Wadenbein vereinigt (Abb. S. 324).

nach Chopart	
einseitig, guter Stumpf	30
einseitig, mit Fußfehlstellung	30 – 50
beidseitig	60

Bei der Amputation nach Chopart wird der Fuß vor dem Sprungbein abgesetzt (vorderes Sprunggelenk, Chopart'sche Gelenklinie). Das obere Sprunggelenk bleibt erhalten (Abb. S. 324).

nach Lisfranc oder im Bereich der Mittelfußknochen nach Sharp	
einseitig, guter Stumpf	30
einseitig, mit Fußfehlstellung	30 – 40
beidseitig	50

Bei der Amputation nach Lisfranc werden die Mittelfußknochen amputiert. Die Amputation nach Sharp erhält die Basis der Mittelfußknochen (Abb. S. 324).

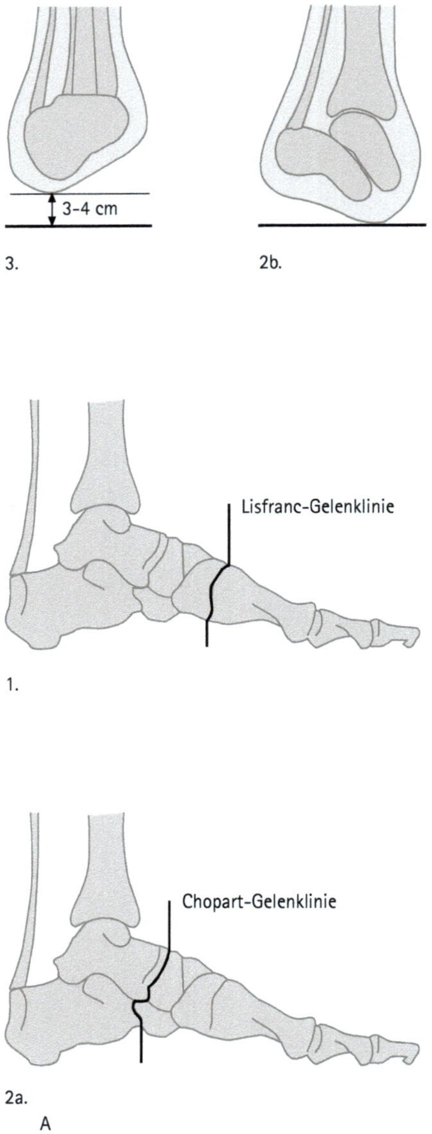

A

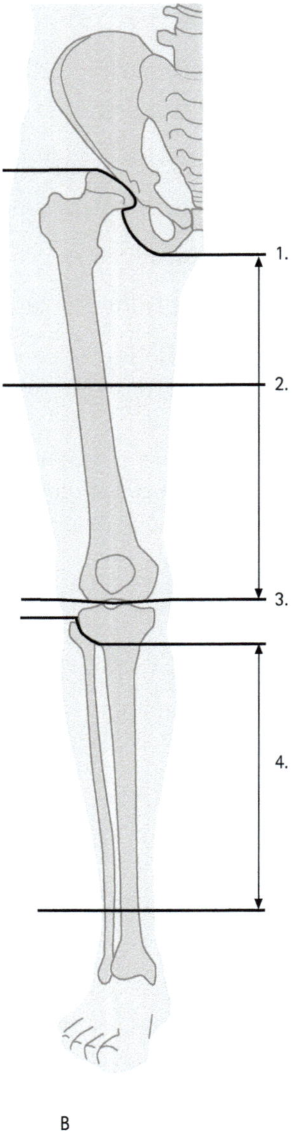

B

A) Amputationen am Fuß

1. Amputation am Übergang der Fußwurzel zum Mittelfuß: Lisfranc-Gelenklinie
2.a Übergang vom Sprung- und Fersenbein zur distalen Fußwurzel: Chopart-Gelenklinie
2.b Amputation in der Chopart-Gelenklinie
3. Amputation nach Pirogow

B) Amputationshöhen der unteren Extremität

1. Exartikulation im Hüftgelenk
2. Amputation im Oberschenkel
3. Exartikulation im Kniegelenk (z. B. Absetzung nach Gritti)
4. Amputation im Unterschenkel

Verlust einer Zehe	0
Verlust einer Großzehe	10
Verlust einer Großzehe mit Verlust des Köpfchens des I. Mittelfußknochens	20
Verlust der Zehen II bis V oder I bis III	10
Verlust aller Zehen an einem Fuß	20
Verlust aller Zehen an beiden Füßen	30
Versteifung beider Hüftgelenke je nach Stellung	80 – 100
Versteifung eines Hüftgelenks	
in günstiger Stellung	40

Die Versteifung eines Hüftgelenks in leichter Abspreizstellung von ca. 10°, mittlerer Drehstellung und leichter Beugestellung gilt als günstig.

in ungünstiger Stellung	50 – 60

Ungünstig sind Hüftgelenkversteifungen in stärkerer Adduktions-, Abduktions- oder Beugestellung.

Bewegungseinschränkung der Hüftgelenke	
geringen Grades (z. B. Streckung / Beugung bis zu 0 – 10 – 90 mit entsprechender Einschränkung der Dreh- und Spreizfähigkeit)	
einseitig	10 – 20
beidseitig	20 – 30
mittleren Grades (z. B. Streckung / Beugung bis zu 0 – 30 – 90 mit entsprechender Einschränkung der Dreh- und Spreizfähigkeit)	
einseitig	30
beidseitig	50
stärkeren Grades	
einseitig	40
beidseitig	60 – 100

Hüftdysplasie (einschließlich sogenannte angeborene Hüftluxation)	
für die Dauer der vollständigen Immobilisierung	100
danach bis zum Abschluss der Spreizbehandlung	50
Anschließend und bei unbehandelten Fällen richtet sich der GdS nach der Instabilität und der Funktionsbeeinträchtigung.	
Hüftgelenksresektion je nach Funktionsstörung	50 – 80
Schnappende Hüfte	0–10
Beinverkürzung	
bis 2,5 cm	0
über 2,5 cm bis 4 cm	10
über 4 cm bis 6 cm	20
über 6 cm	wenigstens 30
Oberschenkelpseudarthrose	
straff	50
schlaff	70
Faszienlücke (Muskelhernie) am Oberschenkel	0 – 10
Versteifung beider Kniegelenke	80
Versteifung eines Kniegelenks	
in günstiger Stellung (Beugestellung von 10–15°)	30
in ungünstiger Stellung	40 – 60
Lockerung des Kniebandapparates	
muskulär kompensierbar	10
unvollständig kompensierbar, Gangunsicherheit	20
Versorgung mit einem Stützapparat, je nach Achsenfehlstellung	30–50
Kniescheibenbruch	
nicht knöchern verheilt ohne Funktionseinschränkung des Streckapparates	10
nicht knöchern verheilt mit Funktionseinschränkung des Streckapparates	20 – 40

Habituelle Kniescheibenverrenkung	
seltene Ausrenkung (in Abständen von einem Jahr und mehr)	0 – 10
häufiger	20
Bewegungseinschränkung im Kniegelenk	
geringen Grades (z. B. Streckung / Beugung bis 0 – 0 – 90)	
einseitig	0 – 10
beidseitig	10 – 20
mittleren Grades (z. B. Streckung / Beugung 0 – 10 – 90)	
einseitig	20
beidseitig	40
stärkeren Grades (z. B. Streckung / Beugung 0 – 30 – 90)	
einseitig	30
beidseitig	50
Ausgeprägte Knorpelschäden der Kniegelenke (z. B. Chondromalacia patellae Stadium II – IV) mit anhaltenden Reizerscheinungen, einseitig	
ohne Bewegungseinschränkung	10 – 30
mit Bewegungseinschränkung	20 – 40

Die Bewertung kommt bei ausgeprägten Knorpelschäden in Betracht, bei denen trotz Therapie keine anhaltende Besserung zu erzielen ist. Eine kernspintomographisch oder arthroskopisch nachgewiesene Chondromalazie ohne anhaltende Reizerscheinungen (Gelenkerguss, Synovialitis – Gelenkkapselentzündung) begründet keinen GdB.

Schienbeinpseudarthrose	
straff	20 – 30
schlaff	40 – 50
Teilverlust oder Pseudarthrose des Wadenbeins	0 – 10
Versteifung des oberen Sprunggelenks in günstiger Stellung (Plantarflexion um 5° bis 15°)	20

Versteifung des unteren Sprunggelenks in günstiger Stellung (Mittelstellung)	10
Versteifung des oberen und unteren Sprunggelenks	
in günstiger Stellung	30
in ungünstiger Stellung	40
Bewegungseinschränkung im oberen Sprunggelenk	
geringen Grades	0
mittleren Grades (Heben / Senken 0 – 0 – 30)	10
stärkeren Grades	20
Bewegungseinschränkung im unteren Sprunggelenk	0 – 10
Klumpfuß je nach Funktionsstörung	
einseitig	20 – 40
beidseitig	30 – 60
Andere Fußdeformitäten	
ohne wesentliche statische Auswirkungen (z. B. Senk-Spreizfuß, Hohlfuß, Knickfuß, auch posttraumatisch)	0
mit statischer Auswirkung je nach Funktionsstörung	
geringen Grades	10
stärkeren Grades	20
Versteifung aller Zehen eines Fußes	
in günstiger Stellung	10
in ungünstiger Stellung	20
Versteifungen oder Verkrümmungen von Zehen außer der Großzehe	0
Versteifung der Großzehengelenke	
in günstiger Stellung	0 – 10
in ungünstiger Stellung (z. B. Plantarflexion im Grundgelenk über 10°)	20
Narben nach größeren Substanzverlusten an Ferse und Fußsohle	
mit geringer Funktionsbehinderung	10
mit starker Funktionsbehinderung	20 – 30

Nervenausfälle (vollständig)

Plexus lumbosacralis	80
N. glutaeus superior	20
N. glutaeus inferior	20
N. cutaneus femoralis lat	10
N. femoralis	40
N. ischiadicus	
proximal	60
distal (Ausfall der Nn. peronaeus communis und tibialis)	50
N. peronaeus communis oder profundus	30
N. peronaeus superficialis	20
N. tibialis	30

Trophische Störungen sind zusätzlich zu berücksichtigen. Teilausfälle der genannten Nerven sind entsprechend geringer zu bewerten.

Völlige Gebrauchsunfähigkeit eines Beines	80

Literatur

American Medical Association (Hg.) (2008). *Guides to the Evaluation of Permanent Impairment.* 6. Auflage.

Arzneimittelkommission der Deutschen Ärzteschaft (2007). *Therapieempfehlungen: Kreuzschmerz.* Deutscher Ärzte Verlag, Köln, 3. Auflage.

AWMF (2017). S3-Leitlinie Definition, Pathophysiologie, *Diagnostik und Therapie des Fibromyalgiesyndroms*, Registernummer 145–004 (AWMF online: https://www.awmf.org/leitlinien/detail/ll/145-004.html, Stand 2022-21-02).

AWMF (2017). *Leitlinie für die ärztliche Begutachtung von Menschen mit chronischen Schmerzen* („Leitlinie Schmerzbegutachtung“), Registernummer 094–003 (AWMF online: https://www.awmf.org/leitlinien/detail/ll/094-003.html, Stand 2022-21-02).

BÖHR, R (2011). Endoprothesen. Neue Beurteilungskriterien im Schwerbehindertenrecht. *Hess. Ärzteblatt* 72: 357–359.

Bundesärztekammer; Kassenärztliche Bundesvereinigung, Arbeitsgemeinschaft der Wissenschaftlichen Medizinischen Fachgesellschaften (AWMF) (Hg.) (2017). *Nationale VersorgungsLeitlinie „Nicht spezifischer Kreuzschmerz"*. Langfassung (https://www.leitlinien.de/themen/kreuzschmerz/2-auflage, Stand 2023-23-02).

Bundesministerium für Arbeit und Soziales: *Entwurf Sechste Verordnung zur Änderung der VersMedV vom 28.8.2018* (http://infothek.paritaet.org/ pid/fachinfos.nsf/0/d1b5c893b161af93c125835300438b40/$FILE/Entwurf_6-%C3%84ndVO-VersMedV_2018-08-28.pdf, Stand 2021-01-12).

Bundesministerium für Arbeit und Sozialordnung (1973). *Anhaltspunkte für die Ärztliche Gutachtertätigkeit im Versorgungswesen.* Eigenverlag, Bonn.

CARRAGEE, EJ, ALAMI, TF, MILLER, JL & CARRAGEE, JM (2005). Discographic, MRI and psychosocial determinants of low back pain disability and remission: a prospective study in subjects with benign persistent back pain. *Spine J 5:*24–35.

Europäische Union (Hg.) (2004). *European Guidelines for the Management of Acute Low Back Pain in Primary Care.* COST B 13 Working Group on the Management of Acute Low Back Pain in Primary Care. www.backpaineurope.org

Europäische Union (Hg.) (2004). *European Guidelines for the Management of Chronic Low Back Pain.* COST B 13 Working Group on Guidelines for the Management of Chronic Low Back Pain www.backpaineurope.org

Europäische Union (Hg.) (2004). *European Guidelines for Prevention in Low Back Pain.* COST B 13 Working Group on Guidelines for Prevention in Low Back Pain. www.backpaineurope.org

GEHLEN, M, PFEIFER, M & LAZARESCU, AD (2019). Begutachtung von Patienten mit Osteoporose im Schwerbehindertenrecht, *Osteologie 28:* 202–20.

GOLTERMANN, S (2009). *Die Gesellschaft der Überlebenden.* München.

GROSSER, V, SCHRÖTER, F (2020). Osteoporose. In: Thomann KD, Schröter F, Grosser V, Schröter F (Hg.) *Handbuch der orthopädisch-unfallchirurgischen Begutachtung.* Urban & Fischer, München: 91-9789-95.

KOSS, M (2011). Die Beurteilung des Grades der Schädigungsfolgen nach dem sozialen Entschädigungsrecht und des Grades der Behinderung nach dem Schwerbehindertenrecht bei endoprothetischem Gelenkersatz. *MedSach 107:* 189–190.

KOSS, M, NIEDER, P (2020). Schwerbehindertenrecht. In: Thomann KD, Grosser V, Schröter F (Hg.) *Handbuch der orthopädisch-unfallchirurgischen Begutachtung.* Urban & Fischer, München: 545–548.

NACHEMSON, A, JONSSON, E (2000). Neck and Back Pain: *The Scientific Evidence of Causes, Diagnosis and Treatment,* Lippincott.

NEUNER, S (2011). *Politik und Psychiatrie. Die staatliche Versorgung psychisch Kriegsbeschädigter in Deutschland 1920–1939.* Vandenhoeck & Ruprecht, Göttingen.

Reichsarbeitsministerium (1921). Anhaltspunkte für die Beurteilung der MdE (Minderung der Erwerbsfähigkeit) nach dem Reichsversorgungsgesetz vom 12. Mai 1920. *Reichsversorgungsblatt 1114,* 1, 567.

THOMANN, KD, GROSSER, V & RAUSCHMANN, M (2010). Begutachtung von Wirbelsäulenverletzungen. *Orthopäde 39:* 312–328.

WHO, DIMDI (Hg.) (2005). *ICF. Internationale Klassifikation der Funktionsfähigkeit, Behinderung und Gesundheit.* DIMDI, Köln.

WIESEL, SM, TSOURMAS, N, FEFFER, HL, CITRIN, CM & PATRONAS, N (1984). A study of computer-assisted tomography-I. The incidence of positive CAT scans in an asymptomatic group of patients. *Spine 9:* 545–551.

WILIAMSON, OD, CAMERON, P (2021). *The Global Burden of Low Back Pain.* International Association on the Study of Pain (IASP), Juli 2021. (https://www.iasp-pain.org/resources/fact-sheets/the-global-burden-of-low-back-pain/, Stand 2023-23-02).

Teil D:

Merkzeichen

Kommentare: PETRA NIEDER

Nachteilsausgleiche und Merkzeichen

Zum Ausgleich behinderungsbedingter Nachteile oder Mehraufwendungen sind für behinderte Menschen Nachteilsausgleiche vorgesehen, die so gestaltet werden, dass sie unabhängig von ihrer Ursache der Art oder Schwere der Behinderung Rechnung tragen (§ 209 SGB IX).

Sind neben dem Vorliegen einer Behinderung weitere gesundheitliche Merkmale Voraussetzung für die Inanspruchnahme von Nachteilsausgleichen nach dem SGB IX oder anderen Rechtsvorschriften, wie z. B. dem Einkommensteuergesetz (EStG), so treffen die zuständigen Behörden gemäß § 152 Abs. 4 SGB IX die erforderlichen Feststellungen. Entsprechend ist der Ausweis für schwerbehinderte Menschen nach den Vorgaben der Schwerbehindertenausweisverordnung (SchwbAwV) durch Merkzeichen zu kennzeichnen. Nachteilsausgleiche können u. a. zu steuerlichen Vergünstigungen, besonderem Kündigungsschutz oder der unentgeltlichen Beförderung im Nahverkehr berechtigen.

Das bedeutet für medizinische Sachverständige, dass die Entscheidung zum GdB-Vorschlag Priorität hat und darauf aufbauend an zweiter Stelle zu prüfen ist, ob und wenn ja, welche(r) Nachteilsausgleich(e) bzw. welche(s) Merkzeichen unter Beachtung der rechtlichen Vorgaben zusteht/zustehen. In vielen Fällen werden die Voraussetzungen für die Vergabe von Nachteilsausgleichen erst durch das Hinzutreten weiterer Teilhabebeeinträchtigungen geschaffen, so dass unter Zusammenschau aller vorliegenden Behinderungen grundsätzlich eine Korrelation zwischen der Höhe des GdB und der Anzahl zustehender Merkzeichen besteht.

Auf der Grundlage von § 153 Abs. 2 SGB IX ist das Bundeministerium für Arbeit und Soziales (BMAS) ermächtigt, durch Rechtsverordnung mit Zustimmung des Bundesrates neben den Kriterien für die Bewertung des GdB und für die Bewertung der Hilflosigkeit auch die für die Vergabe von Merkzeichen maßgeblichen medizinischen Grundsätze aufzustellen.

Mit dem Inkrafttreten der ersten Reformstufe des Bundesteilhabegesetzes (BTHG) am 1. Januar 2017 wurden die gesundheitlichen Voraussetzungen für das Merkzeichen aG in § 229 Abs. 3 SGB IX neu gefasst. Diesbezügliche Regelungen sind der gesetzlichen Normenhierarchie folgend seitdem nicht mehr Inhalt von Teil D der Anlage zu § 2 der VersMedV, Versorgungsmedizinische Grundsätze. Auch andere nach Bundesrecht im Schwerbehindertenausweis einzutragende Merkzeichen und Nachteilsausgleiche, die aber gleichwohl Gegenstand des Feststellungsverfahrens nach § 152 SGB IX sind, werden deshalb nicht bzw. nicht mehr in den Versorgungsmedizinischen Grundsätzen geregelt.

Aus diesem Grunde folgt dieses Kapitel nicht der Systematik von Teil D der Anlage zu § 2 VersMedV, sondern es orientiert sich an den Erfordernissen des Verwaltungsverfahrens und umfasst auch solche Nachteilsausgleiche und Merkzeichen, die in den Versorgungsmedizinischen Grundsätzen nicht berücksichtigt sind.

Die Kommentare zu

Hilflosigkeit (Merkzeichen H)

und

Blindheit (Merkzeichen Bl)

finden sich unter Teil A 4 sowie Teil A 6.

Mobilitätsbezogene Merkzeichen: G, B, aG (§ 229 SGB IX), Parkerleichterungen

Erhebliche Beeinträchtigung der Bewegungsfähigkeit im Straßenverkehr (Merkzeichen G)

1. Erhebliche Beeinträchtigung der Bewegungsfähigkeit im Straßenverkehr (Merkzeichen G)

a) Nach dem Neunten Buch Sozialgesetzbuch (SGB IX) ist zu beurteilen, ob ein behinderter Mensch infolge seiner Behinderung in seiner Bewegungsfähigkeit im Straßenverkehr erheblich beeinträchtigt ist. Hilflose und Gehörlose haben stets einen Anspruch auf unentgeltliche Beförderung im öffentlichen Personenverkehr.

b) b) In seiner Bewegungsfähigkeit im Straßenverkehr erheblich beeinträchtigt ist, wer infolge einer Einschränkung des Gehvermögens, auch durch innere Leiden, oder infolge von Anfällen oder von Störungen der Orientierungsfähigkeit nicht ohne erhebliche Schwierigkeiten oder nicht ohne Gefahren für sich oder andere Wegstrecken im Ortsverkehr zurückzulegen vermag, die üblicherweise noch zu Fuß zurückgelegt werden. Bei der Prüfung der Frage, ob diese Voraussetzungen vorliegen, kommt es nicht auf die konkreten örtlichen Verhältnisse des Einzelfalles an, sondern darauf, welche Wegstrecken allgemein – d. h. altersunabhängig von nicht behinderten Menschen – noch zu Fuß zurückgelegt werden. Als ortsübliche Wegstrecke in diesem Sinne gilt eine Strecke von etwa zwei Kilometern, die in etwa einer halben Stunde zurückgelegt wird.

c) Auch bei Säuglingen und Kleinkindern ist die gutachtliche Beurteilung einer erheblichen Beeinträchtigung der Bewegungsfähigkeit im Straßenverkehr erforderlich. Für die Beurteilung sind dieselben Kriterien wie bei Erwachsenen mit gleichen Gesundheitsstörungen maßgebend. Es ist nicht zu prüfen, ob tatsächlich diesbezügliche behinderungsbedingte Nachteile vorliegen oder behinderungsbedingte Mehraufwendungen entstehen.

d) Die Voraussetzungen für die Annahme einer erheblichen Beeinträchtigung der Bewegungsfähigkeit im Straßenverkehr infolge einer behinderungsbedingten Einschränkung des Gehvermögens sind als erfüllt anzusehen, wenn auf die Gehfähigkeit sich auswirkende Funktionsstörungen der unteren Gliedmaßen und/oder der Lendenwirbelsäule bestehen, die für sich einen GdS von wenigstens 50 bedingen. Darüber hinaus können die Voraussetzungen bei Behinderungen an den unteren Gliedmaßen mit einem GdS unter 50 gegeben sein, wenn diese Behinderungen sich auf die Gehfähigkeit besonders auswirken, z. B. bei Versteifung des Hüftgelenks, Versteifung des Knie- oder Fußgelenks in ungünstiger Stellung, arteriellen Verschlusskrankheiten mit einem GdS von 40. Auch bei inneren Leiden kommt es bei der Beurteilung entscheidend auf die Einschränkung des Gehvermögens an. Dementsprechend ist eine erhebliche Beeinträchtigung der Bewegungsfähigkeit vor allem bei Herzschäden mit Beeinträchtigung der Herzleistung wenigstens nach Gruppe 3 und bei Atembehinderungen mit dauernder Einschränkung der Lungenfunktion wenigstens mittleren Grades anzunehmen. Auch bei anderen inneren Leiden mit einer schweren Beeinträchtigung der körperlichen Leistungsfähigkeit, z. B. chronische Niereninsuffizienz mit ausgeprägter Anämie, sind die Voraussetzungen als erfüllt anzusehen.

e) Bei hirnorganischen Anfällen ist die Beurteilung von der Art und Häufigkeit der Anfälle sowie von der Tageszeit des Auftretens abhängig. Im Allgemeinen ist auf eine erhebliche Beeinträchtigung der Bewegungsfähigkeit erst ab einer mittleren Anfallshäufigkeit mit einem GdS von wenigstens 70 zu schließen, wenn die Anfälle überwiegend am Tage auftreten. Analoges gilt beim Diabetes mellitus mit häufigen hypoglykämischen Schocks.

f) Störungen der Orientierungsfähigkeit, die zu einer erheblichen Beeinträchtigung der Bewegungsfähigkeit führen, sind bei allen Sehbehinderungen mit einem GdS von wenigstens 70 und bei Sehbehinderungen, die einen GdS von 50 oder 60 bedingen, nur in Kombination mit erheblichen Störungen der Ausgleichsfunktion (z. B. hochgradige Schwerhörigkeit beiderseits, geistige Behinderung) anzunehmen. Bei Hörbehinderungen ist die Annahme solcher Störungen nur bei Taubheit oder an Taubheit grenzender Schwerhörigkeit im Kindesalter (in der Regel bis zum 16. Lebensjahr) oder im Erwachsenenalter bei diesen Hörstörungen in Kombination mit erheblichen Störungen der Ausgleichsfunktion (z. B. Sehbehinderung, geistige Behinderung) gerechtfertigt. Bei geistig behinderten Menschen sind entsprechende Störungen der Orientierungsfähigkeit vorauszusetzen, wenn die behinderten Menschen sich im Straßenverkehr auf Wegen, die sie nicht täglich benutzen, nur schwer zurechtfinden können. Unter diesen Umständen ist eine erhebliche Beeinträchtigung der Bewegungsfähigkeit bei geistigen Behinderungen mit einem GdS von 100 immer und mit einem GdS von 80 oder 90 in den meisten Fällen zu bejahen. Bei einem GdS unter 80 kommt eine solche Beeinträchtigung der Bewegungsfähigkeit nur in besonders gelagerten Einzelfällen in Betracht.

Hierzu regelt § 228 Abs. 1 SGB IX: „Schwerbehinderte Menschen, die infolge ihrer Behinderung in ihrer Bewegungsfähigkeit im Straßenverkehr erheblich beeinträchtigt oder hilflos oder gehörlos sind, werden von Unternehmern, die öffentlichen Personenverkehr betreiben, gegen Vorzeigen eines entsprechend gekennzeichneten Ausweises [...] unentgeltlich befördert." Alternativ kann eine Kraftfahrzeugsteuerermäßigung in Anspruch genommen werden (§ 228 Abs. 5 SGB IX).

Die persönlichen Voraussetzungen sind in SGB IX wie folgt festgelegt:

§ 229 SGB IX Persönliche Voraussetzungen

(1) In seiner Bewegungsfähigkeit im Straßenverkehr erheblich beeinträchtigt ist, wer infolge einer Einschränkung des Gehvermögens (auch durch innere Leiden oder infolge von Anfällen oder von Störungen der Orientierungsfähigkeit) nicht ohne erhebliche Schwierigkeiten oder nicht ohne Gefahren für sich oder andere Wegstrecken im Ortsverkehr zurückzulegen vermag, die üblicherweise noch zu Fuß zurückgelegt werden. Der Nachweis der erheblichen Beeinträchtigung in der Bewegungsfähigkeit im Straßenverkehr kann bei schwerbehinderten Menschen mit einem Grad der Behinderung von wenigstens 80 nur mit einem Ausweis mit halbseitigem orangefarbenem Flächenaufdruck und eingetragenem Merkzeichen „G" geführt werden, dessen Gültigkeit frühestens mit dem 1. April 1984 beginnt, oder auf dem ein entsprechender Änderungsvermerk eingetragen ist.

...

Der Nachteilsausgleich „soll als Sozialleistung (BSG, Urteil vom 11. November 1987 – 9a RVs 7/86) bestimmte besonders schwer Behinderte von den finanziellen Belastungen freistellen, die ihnen durch die behinderungsbedingte Benutzung von öffentlichen Verkehrsmitteln auf den auch von ihnen sonst zu Fuß zurückgelegten Wegen entstehen". Die Definition der Wegstrecken im Ortsverkehr, die üblicherweise noch zu Fuß zurückgelegt werden können, ergibt sich aus einem Urteil des Bundessozialgerichtes vom 17.12.1987 (B 9a RVs 11/87). Danach sind die Wegstrecken, „die üblicherweise noch zu Fuß zurückgelegt werden" und die der Schwerbehinderte infolge seiner Funktionsausfälle nicht ohne erhebliche Schwierigkeiten und Gefahren bewältigen kann, mit zwei Kilometern bei einer Fußwegdauer von einer halben Stunde zu bemessen. Dabei darf nicht außer Acht gelassen werden, dass sich die ärztliche Beurteilung, ob eine Bewegungsbehinderung in einem solchen Ausmaß tatsächlich gegeben ist, auf das Vorliegen objektiver, d. h. final bewiesener Befunde stützen muss.

Die unter e) bis f) genannten Regelfälle tragen der Tatsache Rechnung, dass das Gehvermögen einer Person von individuellen Faktoren wie z. B. Körperbau, Trainingszustand oder Motivation geprägt ist. Die „Versorgungsmedizinischen Grundsätze" legen fest, welche Funktionseinschränkungen in welchem Ausmaß vorliegen müssen, um zu der Annahme einer erheblichen Einschränkung der Bewegungsfähigkeit im Straßenverkehr zu berechtigen (Urteil des BSG vom 13.8.1997, 9RVs 1/96).

Die Liste der Regelbeispiele in Betracht kommender Gesundheitsstörungen ist nach höchstrichterlicher Rechtsprechung in Bezug auf die medizinischen Fachgebiete nicht abschließend. Schwerbehinderte Menschen, die nach Prüfung im Einzelfall aufgrund anderer Erkrankungen hinsichtlich der Auswirkungen auf die Gehfunktion und die zumutbare Wegstrecke dem beispielhaft genannten Personenkreis gleichzustellen sind, haben ebenfalls Anspruch auf das Merkzeichen G. Da der umfassende Behindertenbegriff im Sinne von § 2 SGB IX die Einbeziehung aller körperlichen, seelischen und geistigen Beeinträchtigungen gebietet, sind hier nicht erwähnte Behinderungen mitnichten ausgeschlossen (BSG, Urteil vom 11.8.2015, B9 SB 1/14 R). Das gilt insbesondere für psychische Erkrankungen. Ist bei psychischen Erkrankungen das Gehvermögen nicht betroffen, muss zwingend eine Vergleichbarkeit mit den für Anfallsleiden und Orientierungsstörungen geltenden Voraussetzungen erfüllt sein, um die Vergünstigung in Erwägung ziehen zu können (s. hierzu beispielhaft die Entscheidung des LSG Berlin-Brandenburg vom 14.12.2020 [L11 SB 87/19] zum Merkzeichen G bei einem ausgeprägten schizophrenen Residualsyndrom: Der Kläger sei „ein geistig behinderter Mensch, der sich im Straßenverkehr auf Wegen, die er nicht täglich benutzt, nur schwer zurechtfinden kann“). Diese Beschränkung betrifft jedoch psychische oder psychosomatische Krankheitsbilder nicht, die sich spezifisch auf das Gehvermögen auswirken, wie z. B. die der zitierten Entscheidung des BSG von 2015 zugrunde liegende „psychogene Gangstörung“ und „Schmerzproblematik“.

Beim Zusammentreffen einer Hör- mit einer Sehbehinderung ist von einer Beeinträchtigung der Orientierungsfähigkeit auszugehen, da die jeweilige Ausgleichsfunktion betroffen ist. Die Voraussetzungen für die Vergabe von „G“ sind gegeben, wenn eine Sehbehinderung, die einen GdB von 50 oder 60 bedingt (s. auch unter f]), mit einer beiderseitigen hochgradigen Schwerhörigkeit (GdB 50) einhergeht oder auch, wenn bei Taubheit oder an Taubheit grenzender Schwerhörigkeit im Erwachsenenalter zugleich eine Sehbehinderung mit einem GdB von 30 vorliegt (Beirat 11/2004).

Bei Dialysepatienten und Patienten mit chronischer Niereninsuffizienz ist die körperliche Leistungsfähigkeit bei einem Wert des roten Blutfarbstoffes (Hb-Wert) auf weniger als 8g/dl (4,968 mmol/l) so weit herabgesetzt, dass eine erhebliche Beeinträchtigung der Bewegungsfähigkeit im Straßenverkehr anzunehmen ist (Beirat 10/1988).

Bei einer ausgeprägten Fettleibigkeit (Adipositas permagna) liegt eine erhebliche Beeinträchtigung der Bewegungsfähigkeit nicht generell vor. Sie kann jedoch ein durch anderweitige Gesundheitsstörungen eingeschränktes Gehvermögen derart nachteilig beeinflussen, dass ein Vergleich mit den unter d), Satz 2 genannten Störungen gerechtfertigt ist (Beirat 4/2002, BSG-Urteil vom 24.4.2008, B 9/9a SB 7/06 R).

Berechtigung für eine ständige Begleitung (Merkzeichen B)

2. Berechtigung für eine ständige Begleitung (Merkzeichen B)

a) Für die unentgeltliche Beförderung einer Begleitperson ist nach dem SGB IX die Berechtigung für eine ständige Begleitung zu beurteilen. Auch bei Säuglingen und Kleinkindern ist die gutachtliche Beurteilung der Berechtigung für eine ständige Begleitung erforderlich. Für die Beurteilung sind dieselben Kriterien wie bei Erwachsenen mit gleichen Gesundheitsstörungen maßgebend. Es ist nicht zu prüfen, ob tatsächlich diesbezügliche behinderungsbedingte Nachteile vorliegen oder behinderungsbedingte Mehraufwendungen entstehen.

b) Eine Berechtigung für eine ständige Begleitung ist bei schwerbehinderten Menschen (bei denen die Voraussetzungen für die Merkzeichen „G", „Gl" oder „H" vorliegen) gegeben, die bei der Benutzung von öffentlichen Verkehrsmitteln infolge ihrer Behinderung regelmäßig auf fremde Hilfe angewiesen sind. Dementsprechend ist zu beachten, ob sie bei der Benutzung öffentlicher Verkehrsmittel regelmäßig auf fremde Hilfe beim Ein- und Aussteigen oder während der Fahrt des Verkehrsmittels angewiesen sind oder ob Hilfen zum Ausgleich von Orientierungsstörungen (z. B. bei Sehbehinderung, geistiger Behinderung) erforderlich sind.

c) Die Berechtigung für eine ständige Begleitung ist anzunehmen bei
Querschnittgelähmten,
Ohnhändern,
Blinden und
Sehbehinderten, Hörbehinderten, geistig behinderten Menschen und Anfallskranken, bei denen die Annahme einer erheblichen Beeinträchtigung der Bewegungsfähigkeit im Straßenverkehr gerechtfertigt ist.

Wie für das Merkzeichen G sind die individuellen Voraussetzungen auch für das Merkzeichen B in § 229 SGB IX im folgenden Abs. 2 geregelt:

§ 229 SGB IX Persönliche Voraussetzungen

…

(2) Zur Mitnahme einer Begleitperson sind schwerbehinderte Menschen berechtigt, die bei der Benutzung von öffentlichen Verkehrsmitteln infolge ihrer Behinderung regelmäßig auf Hilfe angewiesen sind. Die Feststellung bedeutet nicht, dass die schwerbehinderte Person, wenn sie nicht in Begleitung ist, eine Gefahr für sich oder für andere darstellt.

Das Merkzeichen B kann erst erwogen werden, wenn auf die in Betracht zu ziehenden Gesundheitsstörungen **ein GdB von wenigstens 70** entfällt. Das ergibt sich aus den zum Merkzeichen G unter D 1 e) und f) genannten Regelfällen. Bei einer Mobilitätsstörung, die die Voraussetzung für die Vergabe von „G" erfüllt, liegen dann häufig weitere Beeinträchtigungen, z. B. im Bereich der oberen Extremität, vor, die eine Benutzung des ÖPNV ohne Begleitung unmöglich machen, die Gesamtbeeinträchtigung ist dann deutlich höher.

Auch hier gilt das Gleiche wie für das Merkzeichen G: Die Regelungen in Teil D 2 sind nicht abschließend. Unter Bezugnahme auf das BSG-Urteil vom 11.8.2015 (s. o.) erachtete das LSG Niedersachsen-Bremen (Urteil vom 25.4.2018 - L 13 SB 127/16) bei einer Klägerin, die an einer diffusen Angststörung litt, bei zutreffend festgestelltem Merkzeichen G die Feststellung des Merkzeichens B als gegeben. Eine erhebliche psychotische Symptomatik mit diffuser Angst der Klägerin vor Menschen führe dazu, dass sie öffentliche Verkehrsmittel nicht mehr ohne fremde Hilfe nutzen könne. Hierbei sei nicht entscheidend, dass weder eine anhaltende Orientierungsstörung noch eine anhaltende Bewegungseinschränkung die Notwendigkeit einer ständigen Begleitperson erforderlich machten.

Die ständige Rechtsprechung geht zudem davon aus, dass die Berechtigung für eine ständige Begleitung auch dann in Betracht zu ziehen ist, wenn nicht nur eine Gesundheitsstörung für sich allein, sondern mehrere Behinderungen in der „funktionellen Gesamtschau" eine Teilhabebeeinträchtigung ergeben, die eine Gleichstellung mit den „Katalogfällen" rechtfertigt (LSG Baden-Württemberg, Urteil vom 22.3.2019 - L 8 SB 3550/18).

Außergewöhnliche Gehbehinderung (Merkzeichen aG)

Die Straßenverkehrsordnung sieht Ausnahmegenehmigungen im Sinne von Parkerleichterungen, etwa der Nutzung eines Behindertenparkplatzes, für schwerbehinderte Menschen mit außergewöhnlicher Gehbehinderung vor. Ist dieses Merkzeichen auf dem Schwerbehindertenausweis eingetragen, stellt die örtlich zuständige Straßenverkehrsbehörde nach Erteilen der Ausnahmegenehmigung den EU-einheitlichen blauen Parkausweis aus.

Beim berechtigten Personenkreis nennt die Verwaltungsvorschrift zu § 46 Abs. 1 Nummer 11 StVO (Rn 128) an erster Stelle schwerbehinderte Menschen im Sinne des § 229 Absatz 3 SGB IX:

§ 229 SGB IX Persönliche Voraussetzungen

...

(3) Schwerbehinderte Menschen mit außergewöhnlicher Gehbehinderung sind Personen mit einer erheblichen mobilitätsbezogenen Teilhabebeeinträchtigung, die einem Grad der Behinderung von mindestens 80 entspricht. Eine erhebliche mobilitätsbezogene Teilhabebeeinträchtigung liegt vor, wenn sich die schwerbehinderten Menschen wegen der Schwere ihrer Beeinträchtigung dauernd nur mit fremder Hilfe oder mit großer Anstrengung außerhalb ihres Kraftfahrzeuges bewegen können. Hierzu zählen insbesondere schwerbehinderte Menschen, die auf Grund der Beeinträchtigung der Gehfähigkeit und Fortbewegung – dauerhaft auch für sehr kurze Entfernungen – aus medizinischer Notwendigkeit auf die Verwendung eines Rollstuhls angewiesen sind. Verschiedenste Gesundheitsstörungen (insbesondere Störungen bewegungsbezogener, neuromuskulärer oder mentaler Funktionen, Störungen des kardiovaskulären oder Atmungssystems) können die Gehfähigkeit erheblich beeinträchtigen. Diese sind als außergewöhnliche Gehbehinderung anzusehen, wenn nach versorgungsärztlicher Feststellung die Auswirkung der Gesundheitsstörungen sowie deren Kombination auf die Gehfähigkeit dauerhaft so schwer ist, dass sie der unter Satz 1 genannten Beeinträchtigung gleich kommt.

Mit dem Inkrafttreten der ersten Stufe des Bundesteilhabegesetzes (BTHG) wurde die Definition der außergewöhnlichen Gehbehinderung, die zuvor bestimmte Diagnosen in den Mittelpunkt stellte, durch eine am Behinderungsbegriff der UN-Behindertenrechtskonvention teilhabeorientierte Betrachtungsweise abgelöst. Zwar war es schon zuvor in der versorgungsärztlichen Begutachtungspraxis sowohl zulässig als auch allgemein üblich, nicht nur Beeinträchtigungen im Bereich der Gehwerkzeuge im engeren Sinn, sondern auch andere Gesundheitsstörungen sowie Kombinationen mehrerer Behinderungen diesbezüglich zu berücksichtigen.

Die Neufassung hält an dem bewährten Grundsatz fest, das Recht zur Nutzung von Behindertenparkplätzen nur unter engen Voraussetzungen einzuräumen. Der Gesetzgeber führt in seiner Begründung (Deutscher Bundestag – 18. Wahlperiode – 319

– Drucksache 18/9522, S. 317) an, dass eine Ausweitung des Berechtigtenkreises zu einer vermehrten Belegung heute freier Plätze führe mit der Folge, dass die von der Zielgruppe zurückzulegenden Wege sich verlängern.

Der Gesetzgeber führt hierzu des Weiteren aus, dass ganz unterschiedliche Gesundheitsstörungen dazu führen können, dass sich jemand dauernd nur mit fremder Hilfe oder mit großer Anstrengung außerhalb seines Kraftfahrzeuges fortbewegen kann.

Die genannten Voraussetzungen können beispielsweise erfüllt sein bei
- zentralnervösen, peripher-neurologischen oder neuromuskulär bedingten Gangstörungen mit der Unfähigkeit, ohne Unterstützung zu gehen oder wenn eine dauerhafte Rollstuhlbenutzung erforderlich ist (insbesondere bei Querschnittlähmung, Multipler Sklerose, Amyotropher Lateralsklerose [ALS], Parkinsonerkrankung, Para- oder Tetraspastik in schwerer Ausprägung),
- einem Funktionsverlust beider Beine ab Oberschenkelhöhe oder einem Funktionsverlust eines Beines ab Oberschenkelhöhe ohne Möglichkeit der prothetischen oder orthetischen Versorgung (insbesondere bei Doppeloberschenkelamputierten und Hüftexartikulierten),
- schwerster Einschränkung der Herzleistungsfähigkeit (insbesondere bei Linksherzschwäche Stadium NYHA IV),
- schwersten Gefäßerkrankungen (insbesondere bei arterieller Verschlusskrankheit Stadium IV),
- Krankheiten der Atmungsorgane mit nicht ausgleichbarer Einschränkung der Lungenfunktion schweren Grades,
- einer schwersten Beeinträchtigung bei metastasierendem Tumorleiden (mit starker Auszehrung und fortschreitendem Kräfteverfall).

In Abkehr von der bis zum 31.12.2016 geltenden Rechtslage, die sich an Regel- und ihnen gleichzustellenden Fällen orientierte, normiert § 229 Abs. 3 SGB IX nun kumulativ als Anspruchsvoraussetzung für Betroffene zum einen eine erhebliche mobilitätsbezogene Teilhabebeeinträchtigung, die darüber hinaus einem GdB von mindestens 80 entsprechen muss.

In seinem Urteil vom 16.3.2016 (B9 SB 1/15 R) hat das BSG zum wiederholten Male betont, dass sich ein anspruchsausschließendes individuelles Restgehvermögen weder quantifizieren noch qualifizieren lasse. Insofern stellten die maßgebenden straßenverkehrsrechtlichen Vorschriften nicht darauf ab, über welche Wegstrecke ein schwerbehinderter Mensch sich außerhalb seines Kraftfahrzeuges zumutbar noch bewegen könne, sondern darauf, unter welchen Bedingungen ihm dies nur noch möglich sei: nämlich nur mit fremder Hilfe oder mit großer Anstrengung. Wer diese Voraussetzung – praktisch von den ersten Schritten außerhalb seines Kraftfahrzeugs an – erfülle, qualifiziere sich für den entsprechenden Nachteilsausgleich auch dann, wenn er gezwungenermaßen auf diese Weise längere Wegstrecken zurücklege. Dabei könnten Art und Umfang schmerz- oder erschöpfungsbedingter Pausen von Bedeutung sein (Rn. 21).

In seinem Urteil vom 23.2.2021 (L 10 SB 75/19) stellte der erkennende Senat des LSG Niedersachsen-Bremen fest, dass bei dem Kläger aufgrund „sich überschneidender deutlich potenzierende(n)r Gesundheitsstörungen“ eine erhebliche mobilitätsbezogene Teilhabebeeinträchtigung mit einem GdB von mindestens 80 vorliege und er bei zusammenfassender Betrachtung „unter erheblichen Schmerzen und nur unter Nutzung von Hilfsmitteln (Fußheberorthese, Rollator, Unterarmgehstütze) in einem kleinschrittigen – mit den Worten des Sachverständigen: kümmerlichen – Gang praktisch von den ersten Schritten außerhalb eines Kfz an bestenfalls bis zu 20 Meter weit gehen kann und dann eine Pause einlegen muss, weil er bereits nach dieser kurzen Wegstrecke erschöpft ist und neue Kräfte sammeln muss, um weitergehen zu können. Hierbei handelt es sich um die erforderliche – und für das Merkzeichen aG geforderte – große körperliche Anstrengung (vgl. BSG-Urteil vom 10.12.2002, B 9 SB 7/01 R sowie Urteil vom 16.3.2016, B 9 SB 1/15 R). Das Merkzeichen aG setzt nicht voraus, dass der schwerbehinderte Mensch nahezu unfähig ist, sich fortzubewegen“ (Rn 42).

In der oben zitierten Entscheidung vom 16.3.2016 hat das BSG allerdings ausdrücklich darauf hingewiesen, dass die dauernde Gefahr des Eintretens einer außergewöhnlichen Gehunfähigkeit infolge von anfallsartigen Ereignissen bei neurologischen Erkrankungen, wie z. B. epileptische Anfälle oder plötzliches Erstarren der Bewegungen bei M. Parkinson, nicht dem „dauernden Fortbestand“ der außergewöhnlichen Gehunfähigkeit gleichzusetzen sei, die die ständige Nutzung eines Rollstuhls erforderlich mache (Rn. 23).

In einer anderen Entscheidung zu dieser Thematik hat das BSG klargestellt, dass es dem Sinn des Nachteilsausgleiches nicht entspreche, wenn die durch den Nachteilsausgleich aG vermittelten Parkvergünstigungen Begleitpersonen, die Menschen mit Behinderungen zu überwachen und zu leiten hätten, ihre Aufgabe durch eine Verkürzung des Weges erleichtern. Der Nachteilsausgleich solle allein die neben der Kraftfahrzeugbenutzung unausweichliche Wegstrecke für Schwerbehinderte abkürzen, die sich nur mit außergewöhnlicher und großer Anstrengung zu Fuß fortbewegen können (BSG v. 13.12.1994 - 9 RVs 3/94).

Parkerleichterungen für Menschen mit Behinderungen nach § 46, Abs. 1 Nr. 11 der Allgemeinen Verwaltungsvorschrift zur Straßenverkehrsordnung (VwV-StVO)

Der Berechtigtenkreis von Menschen mit Behinderungen, denen Parkerleichterungen gewährt werden können, wurde durch die Allgemeine Verwaltungsvorschrift zur Änderung der VwV-StVO durch das Bundesministerium für Verkehr in der aktuellen Fassung vom 8. November 2021 bestätigt (BAnz AT 15.11.2021 B1). Neben schwerbehinderten Menschen mit außergewöhnlicher Gehbehinderung i. S. von § 229 Abs. 3 SGB IX, beiderseitiger Amelie oder Phokomelie bzw. vergleichbaren Funktionseinschränkungen und blinden Menschen sind drei weitere Personengruppen zusätzlich erfasst, die zwar nicht außergewöhnlich gehbehindert sind, aber unter sehr starken Einschränkungen beim Gehen leiden.

Unter den Randnummern 134 bis 136 sind zusätzlich genannt:

- Schwerbehinderte Menschen mit den Merkzeichen G und B und einem GdB von wenigstens 70 allein für Funktionsstörungen an den unteren Gliedmaßen (und der Lendenwirbelsäule, soweit sich diese auf das Gehvermögen auswirken) und gleichzeitig einem GdB von wenigstens 50 für Funktionsstörungen des Herzens oder der Atmungsorgane
- Schwerbehinderte Menschen, die an Morbus Crohn oder Colitis ulcerosa erkrankt sind, wenn hierfür ein GdB von wenigstens 60 vorliegt
- Schwerbehinderte Menschen mit künstlichem Darmausgang und zugleich künstlicher Harnableitung, wenn hierfür ein GdB von wenigstens 70 vorliegt.

Eine Ausnahmegenehmigung kann auch denjenigen schwerbehinderten Menschen erteilt werden, die nach versorgungsärztlicher Feststellung dem genannten Personenkreis gleichzustellen sind.

Der (bundeseinheitliche) orangefarbene Parkausweis ist bei der örtlichen Straßenverkehrsbehörde zu beantragen und kann für die Dauer von fünf Jahren ausgestellt werden, er gilt im gesamten Bundesgebiet. Er berechtigt jedoch nicht generell zur Nutzung von Behindertenparkplätzen, es sei denn, es gibt eine regional gültige Sonderbestimmung.

Weitere Merkzeichen

Gehörlosigkeit (Merkzeichen Gl)

4. Gehörlosigkeit (Merkzeichen Gl)

Gehörlos sind nicht nur Hörbehinderte, bei denen Taubheit beiderseits vorliegt, sondern auch Hörbehinderte mit einer an Taubheit grenzenden Schwerhörigkeit beiderseits, wenn daneben schwere Sprachstörungen (schwer verständliche Lautsprache, geringer Sprachschatz) vorliegen. Das sind in der Regel Hörbehinderte, bei denen die an Taubheit grenzende Schwerhörigkeit angeboren oder in der Kindheit erworben worden ist.

Schwerbehinderte Menschen, die gehörlos sind, werden von Unternehmern, die öffentlichen Personenverkehr betreiben, gegen Vorzeigen eines nach § 152 Abs. 5 SGB IX entsprechend gekennzeichneten Ausweises im Nahverkehr dann unentgeltlich befördert, wenn der Ausweis mit einer gültigen Wertmarke versehen ist (§ 228 Abs. 1 SGB IX).

Dieses Merkzeichen ist konkret bei einem GdB von 80 für eine Taubheit und bei einem GdB von 70 für eine an Taubheit grenzende Schwerhörigkeit kombiniert mit schweren Sprachstörungen zu vergeben.

Taubblind (Merkzeichen TBl)

Dieses Merkzeichen wurde mit der ersten Reformstufe des Bundesteilhabegesetzes am 1. Januar 2017 neu eingeführt und die Schwerbehindertenausweisverordnung entsprechend ergänzt:

Art 18 Abs. 3 Bundesteilhabegesetz (BTHG)

...

(3) Die Schwerbehindertenausweisverordnung in der Fassung der Bekanntmachung vom 25. Juli 1991 (BGBl. I S. 1739), die zuletzt durch Artikel 1 der Verordnung vom 7. Juni 2012 (BGBl. I S. 1275) geändert worden ist, wird wie folgt geändert: ...

„8. TBl, wenn der schwerbehinderte Mensch wegen einer Störung der Hörfunktion mindestens einen Grad der Behinderung von 70 und wegen einer Störung des Sehvermögens einen Grad der Behinderung von 100 hat."

Die Neuregelung geht laut der Gesetzesbegründung auf Forderungen der Verbände behinderter Menschen zurück, für die durch diese außergewöhnlich schwerwiegende Behinderung eigener Art betroffenen Menschen ein eigenes Merkzeichen zu schaffen. Die beteiligte Fachgruppe schätzte die Beeinträchtigungen der Teilhabe der vom Merkzeichen erfassten Personengruppe als äußerst heterogen ein, so dass sich einheitliche konkrete Bedarfe nicht haben ermitteln lassen. Deswegen ist das Merkzeichen mit keinem konkreten bundesrechtlichen Nachteilsausgleich verbunden, kommt allerdings als Nachweis für die Befreiung vom Rundfunkbeitrag nach dem Rundfunkbeitragsstaatsvertrag in Betracht. Das Merkzeichen umfasst nicht automatisch die Nachteilsausgleiche für blinde und gehörlose Menschen, wie z. B. Landesblindengeld, Landesgehörlosengeld oder steuerliche Nachteilsausgleiche. Deshalb werden die Merkzeichen Bl (blind) und Gl (gehörlos) bei Vorliegen der jeweiligen Voraussetzungen zusätzlich zum Merkzeichen „TBl" in den Schwerbehindertenausweis eingetragen (BT-Drucks.18/9522 v. 5.9.2016).

Für den Gutachter ist beachtlich, dass die Voraussetzungen für dieses Merkzeichen mit der Feststellung definierter GdB-Werte von 70 bzw. 100 bei gleichzeitig vorliegender Hör- und Sehbehinderung kumulativ erfüllt sind.

Das Merkzeichen soll Betroffenen helfen, bei Behörden taubblindenspezifische Bedarfe durchzusetzen, wie z. B. bei der Beantragung einer qualifizierten Taubblindenassistenz oder von passenden Hilfsmitteln bzw. speziellen Maßnahmen zur Rehabilitation.

Befreiung von der Rundfunkgebührenpflicht (Merkzeichen RF)

In den Schwerbehindertenausweis ist das Merkzeichen RF einzutragen, wenn der schwerbehinderte Mensch die landesrechtlich festgelegten Voraussetzungen erfüllt. Diese Voraussetzungen sind im Rundfunkbeitragsstaatsvertrag (RBStV) vom 15.12.2010 geregelt, womit lediglich eine Ermäßigung des Beitrages auf ein Drittel gewährt wird und nicht mehr die zuvor (häufig streitbefangene) vollständige Befreiung von der Rundfunkgebührenpflicht.

Rundfunkbeitragsstaatsvertrag

§ 4 Befreiungen von der Beitragspflicht, Ermäßigung

...

(2) Der Rundfunkbeitrag nach § 2 Abs. 1 wird auf Antrag für folgende natürliche Personen auf ein Drittel ermäßigt:

1. blinde oder nicht nur vorübergehend wesentlich sehbehinderte Menschen mit einem Grad der Behinderung von wenigstens 60 allein wegen der Sehbehinderung,

2. hörgeschädigte Menschen, die gehörlos sind oder denen eine ausreichende Verständigung über das Gehör auch mit Hörhilfen nicht möglich ist, und
3. behinderte Menschen, deren Grad der Behinderung nicht nur vorübergehend wenigstens 80 beträgt und die wegen ihres Leidens an öffentlichen Veranstaltungen ständig nicht teilnehmen können.

Die gesundheitlichen Voraussetzungen sind zuletzt in den „Anhaltspunkten für die ärztliche Gutachtertätigkeit" in ihrer Ausgabe von 2004 unter Nr. 33 konkretisiert worden:

Anhaltspunkte für die ärztliche Gutachtertätigkeit im sozialen Entschädigungsrecht und Schwerbehindertenrecht (Teil 2 SGB IX) 2004

33 Gesundheitliche Voraussetzungen für die Befreiung von der Rundfunkgebührenpflicht

…

(2) Diese gesundheitlichen Voraussetzungen sind nach landesrechtlichen Vorschriften und ergänzender Rechtsprechung immer erfüllt bei

a) Blinden oder nicht nur vorübergehend wesentlich Sehbehinderten mit einem GdB von wenigstens 60 allein wegen der Sehbehinderung.
b) Hörgeschädigten, die gehörlos sind oder denen eine ausreichende Verständigung über das Gehör auch mit Hörhilfen nicht möglich ist. Letzteres ist dann nicht möglich, wenn an beiden Ohren mindestens eine hochgradige kombinierte Schwerhörigkeit oder hochgradige Innenohrschwerhörigkeit vorliegt und hierfür ein GdB von wenigstens 50 anzusetzen ist. Bei reinen Schallleitungsschwerhörigkeiten sind die gesundheitlichen Voraussetzungen im Allgemeinen nicht erfüllt, da in diesen Fällen bei Benutzung von Hörhilfen eine ausreichende Verständigung möglich ist.
c) Behinderten Menschen mit einem GdB von wenigstens 80, die wegen ihres Leidens an öffentlichen Veranstaltungen ständig nicht teilnehmen können. Hierzu gehören

- behinderte Menschen, bei denen schwere Bewegungsstörungen – auch durch innere Leiden (schwere Herzleistungsschwäche, schwere Lungenfunktionsstörung) – bestehen und die deshalb auf Dauer selbst mit Hilfe von Begleitpersonen oder mit technischen Hilfsmitteln (z. B. Rollstuhl) öffentliche Veranstaltungen in zumutbarer Weise nicht besuchen können,
- behinderte Menschen, die durch ihre Behinderung auf ihre Umgebung unzumutbar abstoßend oder störend wirken (z. B. durch Entstellung, Geruchsbelästigung bei unzureichend verschließbarem Anus praeter, häufige hirnorganische Anfälle, grobe unwillkürliche Kopf- und Gliedmaßenbewegungen bei Spastikern, laute Atemgeräusche, wie sie etwa bei Asthmaanfällen und nach Tracheotomie vorkommen können),
- behinderte Menschen mit – nicht nur vorübergehend – ansteckungsfähiger Lungentuberkulose,
- behinderte Menschen nach Organtransplantation, wenn über einen Zeitraum von einem halben Jahr hinaus die Therapie mit immunsuppressiven Medikamenten in einer so hohen Dosierung erfolgt, dass dem Betroffenen auferlegt wird, alle Menschenansammlungen zu meiden. Nachprüfungen sind in kurzen Zeitabständen erforderlich.
- geistig oder seelisch behinderte Menschen, bei denen befürchtet werden muss, dass sie beim Besuch öffentlicher Veranstaltungen durch motorische Unruhe, lautes Sprechen oder aggressives Verhalten stören.

Die behinderten Menschen müssen allgemein von öffentlichen Zusammenkünften ausgeschlossen sein. Es genügt nicht, dass sich die Teilnahme an einzelnen, nur gelegentlich stattfindenden Veranstaltungen – bestimmter Art – verbietet. Behinderte Menschen, die noch in nennenswertem Umfang an öffentlichen Veranstaltungen teilnehmen können, erfüllen die Voraussetzungen nicht. Die Berufstätigkeit eines behinderten Menschen ist in der Regel ein Indiz dafür, dass öffentliche Veranstaltungen – zumindest gelegentlich – besucht werden können, es sei denn, dass eine der vorgenannten Behinderungen vorliegt, die bei Menschenansammlungen zu unzumutbaren Belastungen für die Umgebung oder für den Betroffenen führt.

Unter welchen Bedingungen auch mit Hörhilfen eine Verständigung über das Gehör nicht ausreichend möglich ist, konnte bis heute nicht unumstößlich festgelegt werden, so dass in der allgemeinen Verwaltungspraxis die bislang nicht widerrufenen Vorgaben der Anhaltspunkte aus dem Jahr 2004 weiterhin zur Anwendung kommen. Bei Hör- und Sehbehinderten sind die Voraussetzungen für RF jedoch nur dann gegeben, wenn die zugrunde liegende Störung der Sinneswahrnehmung den GdB von 50 bzw. 60 für sich allein ausfüllt (Beirat 10/1989). Wenn beispielsweise erst ein zusätzlicher Tinnitus den GdB für eine Hörbehinderung auf 50 hebt, sind sie nicht erfüllt.

Nach der Rechtsprechung des BSG ist eine enge Auslegung von Gebührenbefreiungsvorschriften geboten (Urteil vom 12.2.1997, 9 RVs 2/96). Das bedeutet, dass ein schwerbehinderter Mensch wegen seiner Leiden ständig, d. h. allgemein und umfassend, vom Besuch von Zusammenkünften politischer, künstlerischer, wissenschaftlicher, kirchlicher, sportlicher, unterhaltender oder wirtschaftlicher Art ausgeschlossen sein, praktisch an das Haus gebunden sein muss und allenfalls an einer nicht nennenswerten Zahl von Veranstaltungen teilnehmen kann. Maßgeblich ist dabei allein die Möglichkeit der körperlichen Teilnahme, gegebenenfalls mit technischen Hilfsmitteln, z. B. einem Rollstuhl, und/oder mit Hilfe einer Begleitperson.

Die Rechtsprechung hat als öffentliche Veranstaltungen Zusammenkünfte politischer, künstlerischer, wissenschaftlicher, kirchlicher, sportlicher, unterhaltender und wirtschaftlicher Art, die länger als 30 Minuten dauern, definiert. Dazu gehören nicht nur Theater-, Opern-, Konzert- und Kinovorstellungen, sondern auch Veranstaltungen wie etwa Ausstellungen, Messen, Museen, Märkte, Gottesdienste, Volksfeste, Sportveranstaltungen, Besuche von Tier- und Pflanzengärten sowie letztlich auch öffentliche Gerichtsverhandlungen. Dieser restriktive Umgang wird auch von dem Leitgedanken geprägt, dass der auf die gesellschaftliche Teilhabe gerichtete Zweck des Merkzeichens in sein Gegenteil verkehrt würde, wenn es mit dem Ziel zuerkannt werden könnte, besonderen Empfindlichkeiten der Öffentlichkeit Rechnung zu tragen und damit Menschen mit Behinderungen an ihrer gleichberechtigten Teilhabe zu hindern. Deshalb stehe das Merkzeichen auch besonders empfindsamen Menschen mit Behinderungen nicht allein deshalb zu, weil sie die Öffentlichkeit um ihrer Mitmenschen willen meiden, so das LSG Baden-Württemberg unter Berufung auf die ständige Rechtsprechung des BSG (Urteil vom 18.2.2021 - L 6 SB 3623/20).

Bei einem Kleinkind mit Behinderungen liegen die gesundheitlichen Voraussetzungen für den Nachteilsausgleich RF nach einem BSG-Urteil nicht vor Vollendung des zweiten Lebensjahres vor. Der Sachverständigenbeirat beim BMAS vertritt hier insoweit eine abweichende Auffassung, als dass er Kinder im zweiten Lebensjahr als körperlich und geistig durchaus in der Lage sieht, bestimmten kindgerechten Veranstaltungen zu folgen (Beirat 11/1997).

Sozialtarif bei der Telekommunikation (Sb)

Unter bestimmten Voraussetzungen werden von einem Telekommunikationsdienstleister für schwerbehinderte Menschen Vergünstigungen für Festnetzanschlüsse in Gestalt von festen Gutschriften bei Verbindungen ins deutsche Festnetz angeboten, die zum einen an die Feststellung des Merkzeichens RF gebunden sind, zum anderen aber auch blinden, gehörlosen und sprachbehinderten Menschen bei einem GdB von wenigstens 90 gewährt werden können, sofern darin nach versorgungsärztlicher Feststellung die Sprachbehinderung mit einem GdB von wenigstens 30 enthalten ist.

Die letztgenannte Fallgestaltung ist zwar nicht Gegenstand einer Prüfung im Sinne von § 152 Abs. 4 SGB IX, vielerorts aber Gegenstand bei der versorgungsärztlichen Begutachtung im Feststellungsverfahren, zu dem eine gutachterliche Aussage von der Verwaltung erbeten wird.
(https://www.telekom.de/hilfe/vertrag-meine-daten/tarife-optionen/sozialtarif-bestellen-oder-verlaengern?samChecked=true, Stand 2021-09-02)

Gesundheitliche Voraussetzungen für die Benutzung der 1. Wagenklasse mit Fahrausweis für die 2. Klasse (Merkzeichen 1. Klasse)

Der folgende Nachteilsausgleich findet der Vollständigkeit halber Erwähnung, er ist heute aufgrund der nur noch äußerst geringen Zahl der anspruchsberechtigten Personen praktisch bedeutungslos. Demnach werden „Schwerkriegsbeschädigte, deren Erwerbsfähigkeit durch die Leiden um mindestens 70 %*) gemindert ist und deren körperlicher Zustand eine ständige Unterbringung in der 1. Wagenklasse erfordert, mit einer Fahrkarte für die 2. Wagenklasse in der 1. Wagenklasse befördert. Dies gilt nur, wenn das Erfordernis der ständigen Unterbringung in der 1. Wagenklasse in dem Ausweis des schwerbehinderten Menschen entsprechend vermerkt ist“ (Beförderungsbedingungen für Personen durch die Unternehmen der Deutschen Bahn AG [BB Personenverkehr], Beförderungsbedingungen für besondere Personengruppen, D.2 Personen mit Behinderungen [schwerbehinderte und schwerkriegsbeschädigte Menschen], S. 62. pdf, Stand 2022-22-12)

Die gesundheitlichen Voraussetzungen wurden zuletzt beschrieben in:

Anhaltspunkte für die ärztliche Gutachtertätigkeit im sozialen Entschädigungsrecht und Schwerbehindertenrecht (Teil 2 SGB IX) 2008

34 Gesundheitliche Voraussetzungen für die Benutzung der 1. Wagenklasse mit Fahrausweis für die 2. Klasse

(1) Dieser Nachteilsausgleich kommt **für Schwerkriegsbeschädigte und Verfolgte im Sinne des Bundesentschädigungsgesetzes mit einer MdE* von mindestens 70 *)** in Betracht.

(2) Die Voraussetzungen für die Benutzung der 1. Klasse mit Fahrausweis der 2. Klasse bei Eisenbahnfahrten sind in der Regel als gegeben anzusehen, wenn unter Anlegung eines strengen Maßstabes festzustellen ist, dass der auf den anerkannten Schädigungsfolgen beruhende körperliche Zustand bei Eisenbahnfahrten die Unterbringung in der 1. Wagenklasse erfordert. Bei schwerkriegsbeschädigten Empfängern der drei höchsten Pflegezulagestufen sowie bei Kriegsblinden, kriegsbeschädigten Ohnhändern und kriegsbeschädigten Querschnittsgelähmten wird das Vorliegen der Voraussetzungen unterstellt.

*): seit 21.12.2007: GdS 70

Anhang/Erreichbarkeiten

(Stand Internetrecherche 23.02.2023)

Gesetze

Gesetz zur Stärkung der Teilhabe und Selbstbestimmung von Menschen mit Behinderungen (Bundesteilhabegesetz – BTHG)
https://www.bmas.de/SharedDocs/Downloads/DE/Gesetze/bthg.pdf?__blob=publicationFile&v=2

Sozialgesetzbuch Neuntes Buch – Rehabilitation und Teilhabe von Menschen mit Behinderungen
(Neuntes Buch Sozialgesetzbuch vom 23. Dezember 2016 [BGBl. I S. 3234], das zuletzt durch Artikel 4 des Gesetzes vom 20. Dezember 2022 (BGBl. I S. 2560) geändert worden ist)
https://www.gesetze-im-internet.de/sgb_9_2018/SGB_IX.pdf

Versorgungsmedizin-Verordnung – VersMedV – Versorgungsmedizinische Grundsätze
https://www.bmas.de/SharedDocs/Downloads/DE/Publikationen/k710-versorgungsmed-verordnung.pdf?__blob=publicationFile&v=1

Änderungsverordnungen zur Versorgungsmedizin-Verordnung
https://www.bmas.de/DE/Soziales/Versorgungsmedizin/aenderungsverordnung-versorgungsmedizin.html

Gesetz zur Gleichstellung von Menschen mit Behinderungen (Behindertengleichstellungsgesetz – BGG)
https://www.gesetze-im-internet.de/bgg/BJNR146800002.html

Institutionen und Gerichte

Versorgungsämterübersicht
https://www.rehadat-adressen.de/anlaufstellen/versorgungsaemter-schwerbehindertenausweis/index.html?query=%28%22Versorgungs%C3%A4mter%2FSchwerbehindertenausweis%22%29&filter=%28art_adr%3A%28%22Versorgungs%C3%A4mter%2FSchwerbehindertenausweis%22%29%29%20AND%20doc_type%3AADR&listtitle=alle%20zust%C3%A4ndigen%20Stellen%20f%C3%BCr%20die%20Ausstellung%20des%20Schwerbehindertenausweises&mode=list

Beauftragter der Bundesregierung für die Belange von Menschen mit Behinderung
Mauerstr. 117
10117 Berlin
Themenbereich „Infos für Menschen mit Behinderungen“:
030 221 911 006.
https://www.behindertenbeauftragter.de/DE/Home/home_node.html

Behindertenbeauftragte in den Bundesländern, Ansprechpartner
https://www.behindertenbeauftragter.de/DE/AS/der-beauftragte/behindertenbeauftragte-in-bundeslaendern/behindertenbeauftragte-in-bundeslaendern-node.html

Bundesarbeitsgemeinschaft der Integrationsämter und Hauptfürsorgestellen (BIH) e. V., Geschäftsstelle
c/o Landschaftsverband Rheinland
Deutzer Freiheit 77–79
50663 Köln
Telefon: 0221 809-5390
Telefax: 0221 8284-1605
https://www.bih.de/bih/

Bundesarbeitsgemeinschaft für Rehabilitation (BAR) e. V.
Solmsstraße 18
60486 Frankfurt/Main
Telefon: 069 60 50 18-0
Telefax: 069 60 50 18-29
https://www.bar-frankfurt.de/service/reha-info-und-newsletter/reha-info-2021/reha-info-042021/politische-partizipation-von-menschen-mit-beeintraechtigungen.html

Bundesarbeitsgemeinschaft für Unterstützte Beschäftigung (BAG UB) e. V.
Schulterblatt 36
20357 Hamburg
Telefon: +49 40 432 53 12-3
Telefax: +49 40 432 53 12-5
https://www.bag-ub.de/

Bundesministerium für Arbeit und Soziales
Dienstsitz Berlin:
Wilhelmstraße 4
10117 Berlin
Postanschrift: 11017 Berlin
Telefon: 030 18 527-0

Dienstsitz Bonn:
Rochusstraße 1
53123 Bonn
Postanschrift: 53107 Bonn
Telefon: 0228 99 527-0
https://www.bmas.de/DE/Startseite/start.html

Themenbereich Versorgungsmedizin:
https://www.bmas.de/DE/Soziales/Versorgungsmedizin/versorgungsmedizin.
html

Bundessozialgericht
Graf-Bernadotte-Platz 5
34119 Kassel
Telefon: 0561 3107-1
Telefax: 0561 3107-475
https://www.bsg.bund.de/DE/Home/home_node.html

Deutsche Vereinigung für Rehabilitation (DVfR) e. V.
Maaßstraße 26
69123 Heidelberg
Telefon: 06221 187 901-0
Telefax: 06221 166 009
https://www.dvfr.de/

Integrations- und Inklusionsämter
https://www.bih.de/integrationsaemter/

Landessozialgerichte, Sozialgerichte
https://www.sozialgerichtsbarkeit.de/gerichte

Verbände, Selbsthilfegruppen

Bundesarbeitsgemeinschaft Selbsthilfe e. V.
Kirchfeldstr. 149
40215 Düsseldorf
Telefon: +49 211 31006-0
Telefax: +49 211 31006-48
http://www.bag-selbsthilfe.de

Deutscher Behindertenrat (DBR)
c/o Weibernetz e. V.
Samuel-Beckett-Anlage 6
34119 Kassel
https://www.deutscher-behindertenrat.de/ID25032

Sozialverband Deutschland (SoVD) e. V.
Stralauer Str. 63
10179 Berlin
Telefon: 030 72 62 22-0
Telefax: 030 72 62 22-311
https://www.sovd.de/

Sozialverband VdK Deutschland e. V.
Linienstraße 131
10115 Berlin
Telefon: 030 9210580-0
Telefax: 030 9210580-110
https://www.vdk.de/deutschland/pages/der_vdk/4543/startseite

Bundesverband für körper- und mehrfachbehinderte Menschen (BVKM) e. V.
Brehmstr. 5–7
40239 Düsseldorf
Telefon: 0211 64004-0
Telefax: 0211 64004-20
https://bvkm.de/

Diese Aufzählung ist nicht abschließend. Weitere Adressen finden Sie unter den angegebenen Links.

Literatur

Leitlinien der Arbeitsgemeinschaft der Wissenschaftlichen Medizinischen Fachgesellschaften (AWMF-Leitlinien)
http://www.awmf.org/leitlinien.html

Bundesärztekammer, Kassenärztliche Bundesvereinigung, AWMF: Nationale Versorgungsleitlinien

für

- Asthma
- COPD
- Depression
- Diabetes
- Herzinsuffizienz
- Hypertonie
- Koronare Herzkrankheit (KHK)
- Kreuzschmerz

http://www.versorgungsleitlinien.de/themen

Stichwortverzeichnis

E

F

G

I

J

K

L

M

P

T

U

Die Nadel im Heuhaufen...
...suchen kann dauern, aber Branchennews in unserem
Online-Zugang finden, geht schnell und bequem.
JETZT KOSTENLOS TESTEN
• Zwei Ausgaben probelesen
• Zugriff auf das Online-Heftarchiv
• E-Paper Versand vorab
Hier geht's zur Anmeldung:
www.asu-arbeitsmedizin.com/Abo
Gentner
Einfach.
Aktuell.
Informieren.
Auch als E-Paper.
Arbeitsmedizin | Sozialmedizin | Umweltmedizin
ASU
Zeitschrift für medizinische Prävention

Hans u. Paul Vredeman de Vries, Gerechtigkeit und Ungerechtigkeit, 1594-1595

Dirk Bieresborn (Hrsg.)

Einführung in die medizinische Sachverständigentätigkeit vor Sozialgerichten

Ein Handbuch für medizinische Gutachter, Rechtsanwälte, Richter und Mitarbeiter in Sozialversicherungen und Verwaltungen

Referenz Verlag

Francisco De Goya 1746-1828, El albañil herido

Klaus-Dieter Thomann

Medizinische Bewertung und Entschädigung von Verletzungen und Personenschäden

Gesetzliche Unfallversicherung
Private Unfallversicherung
Haftpflichtrecht
Schwerbehindertenrecht
Dienstrecht
Soziales Entschädigungsrecht
Gesetzliche Rentenversicherung
Private Berufsunfähigkeitsversicherung

Allgemeinverständlicher Leitfaden für Mitarbeiter in gesetzlichen und privaten Versicherungen, Juristen und Ärzte

Referenz Verlag